Dieter Giesen
Andrea Lossen

MIT DEM WOHNMOBIL DURCH NEUSEELAND

Teil 1: Die Nordinsel

Die Anleitung für einen Erlebnisurlaub

DER WOHNMOBIL-VERLAG
D-98634 Mittelsdorf/Rhön

Bibliografische Information der Deutschen Bibliothek

Die Deutsche Bibliothek verzeichnet diese Publikation in der Deutschen Nationalbibliografie.
Detaillierte bibliografische Daten sind im Internet über <http://dnb.ddb.de> abrufbar.

Titelbild: Mount Taranaki über dem Lake Mangamahoe (Tour N04)
Innentitel: Cape Maria von Diemen (Tour N02)

Karten: alle von den Autoren

Fotos: Janika Giesen: S. 17, S. 18, S.19, Roland Heinrich: S.196
Waitangi Treaty Grounds: S. 51
Alle anderen von den Autoren

3. Auflage 2018

Druck:
Gutenberg Beuys Feindruckerei, 30851 Langenhagen

Vertrieb:
GeoCenter, 70794 Filderstadt

Herausgeber:
WOMO-Verlag, 98634 Mittelsdorf/Rhön
GPS: N 50° 36' 38.2" E 10° 07' 55.6"

Fon: 0049 (0) 36946-20691
Fax: 0049 (0) 36946-20692
eMail: verlag@womo.de
Internet: www.womo.de

Autoren-eMail: Giesen@womo.de

ISBN 978-3-86903-933-6

EINLADUNG NORDINSEL

Die „Kiwis", wie sich die Neuseeländer selber gerne nennen, leben in einem jungen Land. Noch vor tausend Jahren gab es hier keine Menschen. Und dennoch wird Ihnen das „schönste Ende der Welt" gar nicht so fremd vorkommen. Es erwarten Sie schneebedeckte Berge wie in den Alpen und weiße Sandstrände wie in der Karibik. Dazu Regenwälder, Vulkane, Geysire und entspannende heiße Mineralbäder.
Neuseelands Natur ist atemberaubend und seine Tier- und Pflanzenwelt einzigartig. Die riesigen Kauri-Fichten, der flugunfähige Nationalvogel Kiwi und der frech-schlaue Bergpapagei Kea gehören dazu.

Doch nicht nur das Land wird Sie verzaubern, auch die polynesisch-geprägte Kultur der Maori, ihre Handwerkskunst, ihre Begrüßungszeremonie, ihre im Erdofen gefertigten Hangi-Gerichte und ihre Mythen. Die ersten Einwanderer Neuseelands tauften ihre neue Heimat in ihrer bildhaften Sprache Aotearoa, Land der langen weißen Wolke.

Heute leben die Maori prächtig mit den weißen „Kiwis" zusammen, die als entspannt, offen und gastfreundlich gelten. Auch kulturelle- und kulinarische Attraktionen werden Ihnen geboten: feine Weine, frische Meeresfrüchte, ausgezeichnete Café-Variationen und unschlagbare „Carrot Cakes".

Neuseeland ist ein dünn besiedeltes Land, in der die Ansammlung von fünf „Kiwis" als Menschenauflauf und ein fünf Kilometer langer Strand mit mehr als 10 Menschen als „crowded" gilt.
Es ist ein sicheres und sehr einfach zu bereisendes Land, ein Paradies für Camper. Wer das Campen, Wandern und die Natur liebt, kommt voll auf seine Kosten.

Lassen Sie sich von Andrea Lossen und Dieter Giesen in 14 ausgewählten Touren durch die Naturschönheiten von Aotearoas Nordinsel, vom Cape Reinga im winterlosen Norden, bis in die 1.050 km südlich gelegene Hauptstadt Wellington führen.

Neuseeland wird als Reiseland immer beliebter, fahren Sie los!

Ihre

Waltraud Roth-Schulz

Sehr geehrte Leserinnen und Leser, liebe WOMO-Freunde!

Reiseführer sind für einen gelungenen Urlaub unverzichtbar – das beweisen Sie mit dem Kauf dieses Buches. Aber aktuelle Informationen altern schnell, und ein veralteter Reiseführer macht wenig Freude.
Sie können helfen, Aktualität und Qualität dieses Buches zu verbessern, indem Sie uns nach Ihrer Reise mitteilen, welchen unserer Empfehlungen Sie gefolgt sind (freie Stellplätze, Campingplätze, Wanderungen, Gaststätten usw.) und uns darüber berichten (auch wenn sich gegenüber unseren Beschreibungen nichts geändert hat).
Bitte füllen Sie dafür schon während Ihrer Reise das Info-Blatt am Buchende aus und senden Sie es uns sofort nach Ihrer Rückkehr zu (per Brief, Fax oder formlos als eMail).
Dafür gewähren wir Ihnen auch bei späteren Buch- und Kartenbestellungen direkt beim Verlag ein Info-Honorar von 10%.
Aktuelle Korrekturen finden Sie unter: forum.womoverlag.de

Um die freien Übernachtungs- und Campingplätze auf einen Blick erfassen zu können, haben wir diese im Text in einem Kasten nochmals farbig hervorgehoben und, wie auf den Karten, fortlaufend durchnummeriert. Wir nennen dabei wichtige Ausstattungsmerkmale und geben Ihnen eine kurze Zufahrtsbeschreibung. "Max. WOMOs" soll bei freien Plätzen andeuten, wie viele WOMOs dieser Platz maximal verträgt und nicht, wie viele auf ihn passen würden (schließlich gibt es auch Einwohner und andere Urlauber)!
Übernachtungsplätze mit **B**ademöglichkeit sind mit hellblauer Farbe unterlegt. **W**anderparkplätze sind grün gekennzeichnet. **P**icknickplätze erkennen Sie an der violetten Farbe. Auf Schlafplätzchen, denen die gerade genannten Merkmale fehlen – also auf einfache **S**tellplätze – weist die Farbe Gelb hin. Empfehlenswerte Campingplätze haben olivgrüne Kästchen. Wanderungen, die wir Ihnen besonders ans Herz legen möchten, haben wir hellgrün unterlegt.

Und hier kommt das Kleingedruckte:
Jede Tour und jeder Stellplatz sind von uns meist mehrfach überprüft worden, wir können jedoch inhaltliche Fehler nie ganz ausschließen. Bitte achten Sie selbst auf Hochwasser, Brandgefahr, Steinschlag und Erdrutsch!
Verlag und Autoren übernehmen keine Verantwortung für die Legalität der veröffentlichten Stellplätze und aller anderen Angaben. Unsere Haftung ist, soweit ein Schaden nicht an Leben, Körper oder Gesundheit eingetreten ist, ausgeschlossen, es sei denn unsere Verantwortung beruht auf Vorsatz oder grober Fahrlässigkeit.

Inhaltsverzeichnis

Kleine Gebrauchsanleitung

Neuseeland eignet sich wie kein zweites Land dafür, mit dem Wohnmobil erkundet zu werden. Dieser Reiseführer will Ihnen bei der Planung Ihrer Reiseroute und der Suche nach Übernachtungsplätzen helfen. Er liefert darüber hinaus Informationen zu den Hauptsehenswürdigkeiten, Wanderungen, Badestränden sowie Cafés und Restaurants. Er eignet sich auch, wenn Sie mit dem Pkw durch Neuseeland reisen möchten, denn fast alle Campingplätze in Neuseeland verfügen über *tourist cabins* und *motel units*, bieten also auch Pkw-Reisenden Unterkunftsmöglichkeiten. Schließlich ist dieser Reiseführer auch denen von Nutzen, die im Zelt übernachten wollen.

Finden statt Suchen, der Aufbau des Buches

Die beste Basis für die Orientierung im Buch ist die Übersichtskarte in der hinteren Umschlagklappe, die Ihnen einen Überblick darüber gibt, in welchen Teilen der Nordinsel Neuseelands die einzelnen Touren verlaufen. Hier wählen Sie eine Tour aus, die Sie sich genauer anschauen möchten. Die in dieser **Tourenübersicht** angegebene Seitennummer bringt Sie direkt zur detaillierten Übersichtskarte der von Ihnen ausgewählten Tour. Jede Tour beginnt mit einer solchen Tourenkarte, in der Sehenswürdigkeiten und alle Übernachtungsplätze eingetragen sind. Die Plätze sind innerhalb einer Tour fortlaufend nummeriert. Für jeden Übernachtungsplatz finden Sie an einer geeigneten Stelle in der Tourbeschreibung einen zugehörigen Kasten der gleichen Nummer, der Sie mit detaillierten Informationen versorgt. Wir beschreiben dort alle Stell- und Campingplätze, liefern Ihnen meist auch Bilder und immer die GPS-Koordinaten und eine Anfahrtsbeschreibung.

Die **Tourenkarte** dient der Orientierung. Eine professionelle Straßenkarte, die Sie von den Wohnmobilvermietern erhalten, ist zusätzlich unbedingt erforderlich. Wir empfehlen den *New Zealand, Motorhome and Camping Atlas, ISBN 9878-1-877302-794* von Hema Maps.

An die Tourenkarte schließt sich der Textteil der Tour an, der mit einer farblich hinterlegten Übersicht beginnt, in der wir Ihnen in Kurzform Stell- und Campingplätze vorschlagen, Badestrände nennen, Sie auf Wanderrouten hinweisen und Cafés oder Restaurants empfehlen. Diese Angaben werden dann im anschließenden Text näher beschrieben. Dem Übersichtsteil folgt ein erster Textabsatz, der Sie auf die Attraktionen und Besonderheiten der Tour einstimmt.

Im hinteren Teil des Buches finden Sie die Rubrik **Tipps und Infos**. Wir haben dort viele wichtige Informationen zu den Gegebenheiten in Neuseeland für Sie zusammengestellt. Insbesondere die Hinweise unter den Stichworten **Campen** und **Wohnmobil** dürften Sie brennend interessieren. Suchen Sie Informationen zu einem bestimmenten Ort, hilft Ihnen das Stichwortverzeichnis auf Seite 331.

Ihnen werden in diesem Reiseführer immer wieder englische Ausdrücke begegnen wie: *Hauraki Gulf, Raukumara Range, Whangarei Harbour* oder *Coromandel Peninsula*. Wir haben uns entschlossen diese nicht zu übersetzen, weil sie Ihnen in Neuseeland auf Schildern, in Broschüren oder in Landkarten immer im Original begegnen. Einige häufig verwendete englische Begriffe haben wir für Sie unter **Sprache** in der Rubrik **Tipps und Infos** übersetzt.

Tourenplanung

Wir beschreiben auf der Nordinsel Neuseelands insgesamt 14 Touren. Die Touren variieren in ihrer Länge und in ihrem Zeitbedarf. Während die Touren N02 und N09 jeweils mindestens drei Tage erfordern, kann Tour N14 problemlos an einem Tag gefahren werden. Wer die 14 Touren in voller Länge fahren will, benötigt dazu unseres Erachtens mindestens fünf Wochen. Um sämtliche Touren entspannt zu genießen, sind zwei bis drei Monate erforderlich. Viele Neuseelandurlauber werden nicht so viel Zeit haben. Sie müssen Abstriche machen, einige Touren ganz ausfallen lassen, oder Abkürzungen wählen. Wenn Sie nur drei Wochen zur Verfügung haben, empfehlen wir Ihnen, sich zunächst auf die Nordinsel zu konzentrieren. Die Südinsel können Sie dann in einem weiteren Neuseelandurlaub besuchen. Neuseeland ist zu schön, um im Eiltempo durchfahren zu werden.

Damit Sie auf der Suche nach Übernachtungsmöglichkeiten nicht unnötig Zeit verlieren, schlagen wir Ihnen auf der Nordinsel 238 Plätze für die Übernachtung vor. Wenn Sie sich für die von uns ausgearbeiteten Touren entscheiden, wird immer einer dieser Plätze in Ihrer Nähe sein.

Übernachtungsplätze

Wir unterscheiden zwischen Stellplätzen und Campingplätzen. Stellplätze, an denen keine Gebühr erhoben wird, bezeichnen wir als freie Stellplätze. In diesem Buch haben wir 150 Stellplätze für Sie ausgesucht, an denen Sie in landschaftlich meist überaus reizvoller Umgebung übernachten können. Um Ihnen überall eine Übernachtungsmöglichkeit bieten zu können, mussten wir auch einige weniger schöne Stellplätze aufnehmen. Sie erkennen diese an der Beurteilung im zugehörigen Kasten. Dort steht dann eine Formulierung wie: „Gut für eine Nacht“. Unter den Stellplätzen befinden sich 32 (darunter 12 DOC-Campingplätze), an denen eine Gebühr (*fee*) erhoben wird. Wir weisen diese im zugehörigen Kasten unter „Preiskategorie“ aus. Fehlt diese Angabe, so wird keine Übernachtungsgebühr fällig (118 Plätze). Die von uns angegebenen Preiskategorien beziehen sich auf die Gebühren für eine Übernachtung für zwei Personen ohne Strom in der Hochsaison im Januar und Februar 2017.

Preiskategorie 0:	keine Gebühr
Preiskategorie 1:	Gebühr < 20 NZD
Preiskategorie 2:	20 NZD ≤ Gebühr < 40 NZD
Preiskategorie 3:	40 NZD ≤ Gebühr < 60 NZD
Preiskategorie 4:	60 NZD ≤ Gebühr

Neben den 150 Stellplätzen haben wir 88 kommerzielle Campingplätze für Sie ausgewählt und beschrieben. Steht in der Kastenüberschrift Campingplatz-Tipp, dann können wir Ihnen den Platz sehr empfehlen. Die anderen Campingplätze haben wir aufgenommen, um bestehende Lücken zu füllen, Ihnen also bei Bedarf eine Übernachtungmöglichkeit zu bieten. Zur Standardausstattung der kommerziellen Campingplätze gehören Ver- und Entsorgung, sanitäre Einrichtungen, große und gut bestückte Gemeinschaftsküchen, Waschmaschinen, Trockner und Grillbereiche. Bietet der Campingplatz darüber hinaus Spielplätze, Swimmingpools oder andere Extras, so weisen wir im zugehörigen Kasten unter *Ausstattung* darauf hin. Bei Stellplätzen wird die maximale Zahl an Wohnmobilen angegeben, während bei Campingplätzen unter WOMOs die Anzahl der Stellplätze (*sites*) ausgewiesen wird. Fehlt der Zusatz „mit Stromanschluss", so sind keine Plätze mit Strom (*powered sites*) verfügbar. Fast jeder Campingplatz bietet eine Entsorgungsstation (*dump station*), die für Übernachtungsgäste kostenlos ist. Daneben verfügt nahezu jede Gemeinde über eine gut ausgeschilderte Entsorgungsstation.

Für alle Übernachtungsplätze geben wir die GPS-Koordinaten an und empfehlen Ihnen sehr, ein **Navigationsgerät** zu nutzen. Für all diejenigen unter Ihnen, die Ihr Ziel selber suchen möchten, geben wir Weg- oder Zufahrtsbeschreibungen an. Die dort gemachten Angaben *links* oder *rechts* beziehen sich dabei auf die Richtung der Tour.

Schwerpunkt freie Stellplätze

Von den Reiseführern des WOMO-Verlages sind Sie gewohnt, dass der Schwerpunkt auf freie Stellplätze gelegt wird. In Neuseeland wird das freie Campen durch zwei Umstände eingeschränkt. Zum einen führen weite Abschnitte der beschriebenen Touren durch Nationalparks, in denen freies Campen generell verboten ist. Neuseelands Umweltschutzbehörde *Department of Conservation (DOC)* bietet hier einfache und preisgünstige Campingplätze an. Zum anderen sind weite Teile Neuseelands Farmland. Die Straßen führen vorbei an scheinbar endlos langen Zäunen, und die Einfahrten zu den Farmen sind Privatwege und oft durch Tore blockiert. Nach wie vor hat freies Campen (*freedom camping*) in Neuseeland jedoch große Tradition und ist im Selbstverständnis der Neuseeländer ein natürlich gegebenes Recht.

Baden, Wandern, Essen und Trinken

In der Übersicht, die jeder Tour vorausgeht, finden Sie neben *Stell-* und *Campingplätzen* die Rubriken *Baden*, *Wandern* und *Essen*. Die aufgelisteten Stichworte sind im folgenden Text fett gedruckt. Bei den Badestränden haben wir die schönsten Strände aufgenommen, die sich zum Baden eignen. Bitte informieren Sie sich vor Ort über Sicherheitsaspekte beim Schwimmen. Auf attraktive Wanderungen weisen wir hin. Sofern wir sie nicht im Detail beschreiben, nennen wir Ihnen den Namen der Wander-Broschüren, die ihnen die Touristeninformationen (*i-SITEs*) gerne zur Verfügung stellen. Von einzelnen Cafés oder Restaurants, die wir empfehlen können, haben wir Namen, Anschrift und Telefonnummer notiert. Bitte beachten Sie, dass bei der Angabe der Webseite ein Trennzeichen entstehen kann, das nicht Bestandteil der Webseite ist. Soweit die Bilder nicht mit einer Bildunterschrift versehen sind, geht ihr Verständnis aus dem benachbarten Text hervor.

Reiseführer und der Zahn der Zeit

Wir haben nach bestem Wissen gründlich recherchiert, können aber keinen Anspruch auf die Richtigkeit und Gültigkeit aller Angaben erheben, denn eine Restaurant-Empfehlung erweist sich oft als kurzlebig, und ein heute noch heißer Stellplatz-Tipp kann schon morgen durch Baumaßnahmen oder behördliche Aktivitäten seine Qualität einbüßen. Sie helfen uns daher sehr, wenn Sie uns Veränderungen präzise mitteilen und uns auf neue Stellplätze aufmerksam machen. **Wir sind Ihnen für Ihre elektronischen Zuschriften wirklich sehr dankbar.** Bitte richten Sie Ihr Schreiben an den Verlag oder an

Dr. Andrea Lossen, Dieter Giesen
Bahnhofanlage 18
D 68723 Schwetzingen
giesen@womo.de

Ein Wohnmobil-Reiseführer lebt ganz wesentlich von der Aufmerksamkeit und den Tipps seiner Leser.

Tipp: Bevor Sie sich auf die Reise begeben, lohnt ein Blick in das Forum des WOMO-Verlages (**forum.womoverlag.de**). Wir halten dort aktuelle Informationen für Sie bereit.

Einige Freunde haben uns bei der Anfertigung dieses Reiseführers sehr geholfen. Wir bedanken uns ganz herzlich bei: Hans-Peter Fecht, Dr. Ralf Gréus, Wolfgang Schmidt, Lydia Wagner, und Simone Würth.

Auckland Flughafen - Abgabe des Wohnmobiles

Die meisten Verleihfirmen von Wohnmobilen befinden sich in der Nähe des Flughafens Auckland. Für Sie ist es daher wichtig, in nicht allzu großer Entfernung einen Übernachtungsplatz zur Verfügung zu haben, um dort die erste Nacht nach der Fahrzeugübernahme, oder die letzte Nacht vor Rückgabe des Wohnmobiles zu verbringen. Seit der Campingplatz Manukau Top 10 geschlossen wurde, haben wir in unseren Touren keinen Campingplatz in der Nähe des Airports aufgeführt, jedenfalls nicht in südlicher Richtung. Diese Lücke wollen wir nachfolgend schließen. Übernachtungsplätze in Auckland, nördlich und östlich des Flughafens, finden Sie in den Touren N01 und N14.

Bitte beachten Sie, dass bei Rückgabe das Wohnmobil besenrein sauber sein soll. Bevor Sie bei der Reinigung zu weit gehen ein Tipp: Es wird weder eine Wohnmobilwäsche noch eine professionelle Innenreinigung von Ihnen erwartet.

Der Tank muss voll und der Abwassertank leer sein. Letzteres gilt auch für die Bordtoilette. Das alles wird sehr genau genommen. Bei Nichteinhaltung zahlen Sie eine gesalzene Gebühr! Sie benötigen also einen geeigneten Platz für die letzte Nacht, wo Sie ungestört einige Stunden mit Reinigungsarbeiten, Aus- und Aufräumen, Fegen, Abwaschen und Packen verbringen können. Die Verfügbarkeit von Strom ist wünschenswert und eine Entsorgungsstation unabdingbar.

Nachfolgend zwei Plätze südlich Auckland, nahe dem SH1 Richtung Hamilton, die diese Anforderungen erfüllen, ein Campingplatz und ein freier Stellplatz.

(421) WOMO-Campingplatz-Tipp: South Auckland Caravan Park

GPS: S 37°8'38" E 174°57'45". **WOMOs:** 40 mit Stromanschluss
Ausstattung/Lage: Spielplatz / Inmitten von Farmland
Zufahrt: 650 m vom SH1 entfernt. **Preiskategorie 2.**
Kontakt: 25 Ararimu Rd, Ramarama, Tel. 09 294 8903, sacp@ihug.co.nz
Beurteilung: Nichts besonderes, aber ein ruhiger, großer Platz mit freundlichem Service. Sanitäranlagen gut. 29 km bis Auckland Airport.

(422) WOMO-Stellplatz: Te Kauwhata Domain

GPS: S 37°24'21" E 175°8'53". **Max. WOMOs:** 5
Ausstattung/Lage: Toilette, Wasser, Dump Station / An einem Rugbyplatz.
Zufahrt: Nördlich des Lake Waikare in die Te Kauwhata Rd abbiegen und 2,6 km bis zur Mahi Rd fahren. Bitte geben Sie 5 NZD in die **Honesty Box** am Eingang.
Beurteilung: Großer, ruhiger Platz, saubere Toiletten. Sie stehen auf Asphalt, wenn der Rasenplatz wegen Nässe gesperrt ist. Da es eine Entsorgungsstation und sogar drei Elektroanschlüsse gibt, ist der Platz ideal für die letzte Nacht vor der Rückgabe. 65 km bis Auckland Airport.

Doch nun genug der Vorrede. Wir wünschen Ihnen bei der Erkundung Neuseelands viel Vergnügen!

TOUR N01

Tour N02
Tour N02
Baylys Beach
Dargaville
14
Whangarei
Whangarei Falls
11
10 WC
25 km
Whangarei Harbour
Marsden Point
Ruakaka
Waipu Caves
09 WC
Ruawai
WC 12
12
Waipu
Bream Bay
13
Matakohe
1
Kaipara Harbour
08
Kaiwaka
07 WC
Mangawhai Heads
Kaipara Entrance
WC 14
Port Albert
Wellsford
C
Pakiri
Goat Island
06
WC 05
Leigh
Kaipara Harbour
Mt Auckland 308 m
Glorit
Warkworth
Gibbs Farm
Sandspit
04 WC
Kawau Island
Puhoi
Wenderholm Regionalpark
Parakai Hot Springs
15
Toll Road
Waiwera
Helensville
01
02 WC
Orewa
Shakespear Regionalpark
16
1
03 WC E
Tiritiri Matangi Island
Tölpelkolonie
16
Kumeu
Muriwai Beach
Hauraki Gulf
Te Henga Bethels Beach
17
Waitemata Harbour
Rangitoto Island
Motutapu Island
Piha
Karekare
Waitakere Ranges Regional Park
Arataki Visitor Centre
Waiheke Island
WC 18
WC 19
Auckland
Manukau Harbour
Tamaki Strait
Stellplätze siehe Tour N14

Tour N01: Aucklands Norden und Westen

Auckland - Hibiscus Coast - Whangarei - Dargaville - Helensville - Muriwai - Waitakere Range - Auckland - 500 km

Stellplätze:	Gulf Harbour, Snells Beach, Whangarei Town Basin, Kaikawa Tennis Club, Ureti Beach, Ruawai Wharf, Port Albert Domain, Arataki VC Carpark, Margaret Griffen Park
Camping:	Orewa, Sandspit, Goat Island, Mangawhai Heads, Ruakaka, Whangarei Top10, Baylys Beach, Matakohe, Parakai Springs, Muriwai Beach, Piha Beach
Baden:	Orewa Beach, Thermalbad Waiwera, Sandspit Beach, Ureti Beach, Mangawhai Heads, Langs Beach, Waipu Cove, Baylys Beach, Parakai Springs, Lake Wainamu Kitekite Falls
Wandern:	Shakespear Regional Park, Moir Hill, Whangarei Waterfall, Whangarei Walks, Canopy Walkway, Mangawhai Cliff Walkway, Baylys Beach, Mt Auckland Walkway, Te Henga Walk, Lake Wainamu Track, Kitekite Falls Walk, Tasman Lookout Track, Cave Rock Track, Hillary Trail
Essen:	Whangarei: The Quay, Suk Jai Thai, Brauhaus Frings, Waimaukau, Bees Online, Elevation, Piha Café,

Die Reise durch Neuseelands Norden, von den Neuseeländern **„The Winterless North"** genannt, bietet sich für den Beginn oder den Abschluss des Neuseelandurlaubes an. Im subtropischen Klima mit milden Wintern bei 15 bis 20°C und Sommertemperaturen zwischen 24 bis 35°C gedeihen Palmen, Zitrusfrüchte und Bananen. Mehr als die Hälfte der Fläche wird land- oder forstwirtschaftlich genutzt. Das hügelige Land mit kurvenreichen Straßen trennt die grüne *Tasman See* der Westküste vom blauen *Pazifik* der Ostküste. Während die Ostküste von vielen kleinen Fjorden, Halbinseln und Buchten mit ruhigen und sicheren Stränden geprägt ist, erstrecken sich auf der wenig strukturierten Westküste langgestreckte Dünenstrände, an denen Baden wegen gefährlicher Strömungen nur bedingt zu empfehlen ist.

Denjenigen Teil Neuseelands, der nördlich von Auckland liegt, beschreiben wir in den Touren N01 und N02. Die Streckenführung folgt dabei im Wesentlichen dem *Twin Coast Discovery Highway,* der von Auckland hinauf in den Hohen Norden Neuseelands bis hin zum Cape Reinga führt. Für die Gesamtstrecke von 950 Kilometer sollten Sie sich idealerweise fünf Tage Zeit lassen.

Tour N01 führt entlang der Ostküste bis Whangarei, wobei Sie zunächst der *Hibiscus Coast* folgen. Der **Shakespear Regional Park**, der **Wenderholm Regional Park** und das Mee-

Badeplatz Arundel am Strand von Orewa

resreservat um die vorgelagerte Insel **Goat Island** gehören zu den Höhepunkten. In **Whangarei** besuchen Sie das am Whangarei Harbour gelegene Town Basin mit schicken Cafés, Museen und Kunstgalerien. Danach durchqueren Sie Northland und folgen ab Dargaville auf dem Weg zurück nach Auckland dem **Kaipara Harbour**. In Matakohe können Sie sich im **Kauri Museum** über die empfindlichen Baumriesen informieren. Abschließend erkunden Sie den Westen Aucklands, die **Waitakere Ranges**, die Tölpelkolonie von **Muriwai** und die schwarzen Quarzstrände von **Piha Beach** und **Karekare Beach**. Eine Beschreibung von Auckland erfolgt in Tour N14.

(001) WOMO-Campingplatz-Tipp: Orewa Beach Top 10
GPS: S 36°35'47" E 174°41'57". **WOMOs:** 300 Stellplätze
Ausstattung/Lage: Spielplatz / Direkt am Strand mit sehr guten Bademöglichkeiten. **Preiskategorie 3**
Zufahrt: Direkt am SH17. **Kontakt:** 265 Hibiscus Coast Highway, Orewa, Tel. 0800 673 921, www.orewabeachtop10.co.nz
Beurteilung: Die Stellplätze liegen sehr schön unter alten Pohutukawas. Das hat zwei Nachteile, es fliegen viele trockene Blätter herum und es wächst kein Gras. Dem versucht man mit Kunstrasen beizukommen.

Auckland - Wellsford

Sie verlassen Neuseelands größte Stadt über die Harbour Bridge. Die 1 150 m lange stählerne Brückenkonstruktion über den *Waitemata Harbour* mit seinen unzähligen Segelbooten ist das Wahrzeichen der Stadt. Der State Highway 1 (SH1) führt 30 km nördlich Auckland, kurz vor **Orewa**, auf einen 7,5 km langen mautpflichtigen Abschnitt, der sich *Northern Gateway Toll Road* nennt. Sie fahren hier vom SH1 ab und erreichen über den Grand Drive nach 2,5 Kilometern **Orewa**, einen kleinen Ferienort, in dem die **Hibiscus Coast** beginnt. Das Mal-

Freier Stellplatz am Gulf Harbour

vengewächs verleiht der Küstenlandschaft zwischen Dezember und März mit seinen rötlichen Blüten einen bezaubernden Reiz. Einige Kilometer außerhalb des Ortes befindet sich das Wohnhaus des 2008 verstorbenen Mt. Everest Bezwingers **Sir Edmund Hillary.** Zum Gedenken an ihn gibt es in der 5 000 Einwohner zählenden Stadt eine Statue (Hillary Square).

(002) WOMO-Badeplatz: Orewa Arundel Reserve

GPS: S 36°34'30" E 174°41'30". **Max. WOMOs:** 5
Ausstattung/Lage: Toilette, Picknicktische, kalte Dusche / Parkplatz am Meer. **Zufahrt:** Am nördlichen Ende von Orewa rechts neben dem Highway, kurz bevor dieser die Küste verlässt.
Beurteilung: Wunderbar am oberen Ende des Strandes gelegen.
Hinweise: Geeignet für Wohnmobile bis 6 m. Der zulässige Bereich ist durch Pfeile gekennzeichnet. Zwischen 5 pm und 10 am.

(003) WOMO-Badeplatz: Gulf Harbour Boat Ramp

GPS: S 36°37'29" E 174°47'12". **Max. WOMOs:** 30
Ausstattung/Lage: Toilette, Picknicktische, Entsorgungsstation / Großer Parkplatz am Meer neben dem Yachthafen und dem Fährterminal.
Zufahrt: In Orewa die Whangaparaoa Rd bis Laurie Southwick Parade in Gulf Harbour, Whangaparaoa nehmen. Im Kreisverkehr zweite Ausfahrt.
Beurteilung: Tolle Übernachtungsmöglichkeit kurz vor dem Shakespear Regional Park mit wunderbarem Blick auf Rangitoto Island und Auckland Downtown. Einige Wohnmobile stellen sich auf die Grasfläche.
Hinweise: Am vorderen Teil des Platzes gibt es eine Badebucht. Das Auckland Distrikt Council erlaubt maximal zwei Nächte. Sie können von hier aus Auckland besuchen. Einfach die Fähre nehmen!
360 Discovery Cruises, Tel. 09 307 8005, www.360discovery.co.nz

Orewa bietet dem Besucher vielfältige Freizeitmöglichkeiten und hat einen 3 km langen Sandstrand. Wer genügend Zeit mitbringt, dem empfehlen wir einen Abstecher über den SH17 zur *Whangaparaoa Halbinsel*. Sie finden hier neben ausgezeichneten Möglichkeiten zum Windsurfen und Kajakfahren

Blick auf den Wenderholm Regional Park

auch herrliche Sandstrände. Das System von Wanderwegen des **Shakespear Regional Parks** sei vor allem an Botanik Interessierten ans Herz gelegt, da sich hier ursprüngliche neuseeländische Flora und Fauna wunderbar beobachten lassen. Im Naturschutzgebiet gibt es einen Campingplatz für Zelte, der auch einige Stellplätze für Wohnmobile bereithält, die Sie über die Auckland Regional Council (Tel. 0800 806040, GPS: 36°36′48″S 174°49′16″E) buchen können.

Am nördlichen Ortsrand des 5 km nördlich *Orewa* an einer breiten Flussmündung gelegenen **Waiwera** befindet sich ein großzügig angelegtes Freibad, das von Thermalquellen gespeist wird. Es bietet Schwimmbecken, die bei Temperaturen zwischen 35 und 39 Grad Celsius zum Entspannen einladen. Nur 5 Minuten hinter Waiwera liegt der besuchenswerte **Wenderholm Regional Park** mit friedvollen Sandstränden. Der seichte Wellengang und der flach abfallende Strand sind wie geschaffen für Eltern mit Kindern. Die von den Maori Pohutukawa genannten Bäume des Parks blühen in der Zeit zwischen Mitte Dezember und Mitte Januar in herrlichem Rot und werden deswegen von den Neuseeländern liebevoll „Christmas Tree“ genannt. Der Park liegt zwischen dem *Waiwera* und dem *Puhoi River* und bietet die Möglichkeit zu schönen Kajak Touren. Umgeben von einem Waldstück und umrahmt von einer Blumenwiese finden Sie in der Nähe des Parkplatzes das *Couldrey House*. Dieses über 150 Jahre alte Holzhaus im viktorianischen Stil wurde während der zurückliegenden Jahren in mühevoller Kleinarbeit renoviert, restauriert und steht nun als Museum zur Verfügung. Eingerichtet wie in der Gründerzeit und mit entsprechenden Informationen ausgestattet bietet es den Besuchern einen Einblick in die Lebensweise und den

Bilderrahmen, Shakespear Regional Park

Alltag der ehemaligen Bewohner. Und wenn man genug von der Sonne hat und sich etwas bewegen möchte, dann steigt man den Berg der Halbinsel hinauf.

Mehrere leichte und gut ausgebaute Wanderwege führen direkt vom Parkplatz aus durch dichten Regenwald hinauf zu verschiedenen Aussichtspunkten, die einen wunderbaren Blick auf den Park und die Flussmündung bieten. Auch die Skyline von Auckland mit Skytower und Harbourbridge können Sie in der Ferne erkennen. Es gibt einen Campingplatz mit Basisausstattung, der auch einige Stellplätze für Wohnmobile aufweist, die Sie über die Auckland Regional Council buchen können (Tel. 09 366 2000, GPS: 36°31′53″S 174°42′41″E).

(004) WOMO-Stellplatz: Snells Beach - Sunrise Boulevard

GPS: S 36°25'11" E 174°43'47". **Max. WOMOs:** 5
Ausstattung/Lage: Picknicktische / Parkplatz am Meer.
Zufahrt: 9 km von Warkworth entfernt. Sie biegen dort vom SH1 in die Sandspit Road ein, nach 5 km rechts in die Mahurangi East Rd, dann links in die Snells Beach Rd.
Beurteilung: Wunderbarer Übernachtungsplatz. Im gekennzeichneten Bereich dürfen Sie zwischen 5 pm und 10 am stehen. Maximal zwei Nächte.

Kurz hinter dem *Wenderholm Regional Park* treffen Sie wieder auf den SH1, dessen mautpflichtigen Teil Sie damit umfahren haben. Bald darauf bietet sich Ihnen die Gelegenheit zu einem Abstecher nach **Puhoi**. Das verträumte Dörfchen wurde 1863 von einer Gruppe von böhmischen (Egerländer) Einwanderern besiedelt. Daher stammt auch der Beiname des Ortes *Bohemian Settlement*. Puhoi liegt in einem abgeschiedenen Tal. Das Puhoi Cottage lädt zu einer Rast ein, ebenso der urige Country Pub des Puhoi Hotels, der mit alten Fotos und landwirtschaftlichen Geräten ein Hauch Pionierzeit vermit-

Couldrey House, Wenderholm Regional Park

telt. In der neuseelandweit bekannten Puhoi Käserei - in jedem Supermarkt wird Ihnen der Name begegnen - können Sie sich zu sehr günstigen Preisen mit Käse eindecken.

Zurück auf dem SH1 halten Sie kurz vor **Warkworth** an einem Aussichtspunkt. Dort startet der **Moirs Hill Walkway** (3,5 km Rundweg) mit herrlichen Ausblicken auf den *Hauraki Gulf*. *Warkworth* selbst liegt am *Mahurangi River* und bietet neben der Touristeninformation auch einige Campingplätze. Wer lieber am Meer übernachten möchte, kann zum Campingplatz nach Sandspit fahren, der idyllisch an der *Kawau-Bay* liegt. (**Puhoi Valley Cafe & Cheese Store**, 275 Ahuroa Road, Puhoi, Mo-Fr 9.30 bis 16.30 Uhr, Sa-So 9 bis 17 Uhr).

Sandspit ist ideal als Ausgangspunkt für einen überaus lohnenden Abstecher per Fähre zur vorgelagerten Kawau-Insel. **Kawau** wurde 1862 von dem damaligen Generalgouverneur von Neuseeland Sir George Grey als privater Rückzugsort gekauft. Er baute das Haus des Bergwerkverwalters zu einem der schönsten Gebäude im Kolonialstil aus (*Mansion House*). Das umliegende Land verwandelte er mit eingeführten Pflanzen und Tieren in einen Botanischen und Zoologischen Garten. Inzwischen beherbergt die Insel wieder ausschließlich einheimische Arten. Das Mansion House gehört heute zum *Kawau Island Historic Reserve*. Das historische Gebäude hält jede Menge spannende Geschichte bereit und das angeschlossene Café bietet dem Besucher gutes Essen an.

Von *Warkworth* aus bietet sich ein weiterer Ausflug an, der Sie 22 km nördlich nach **Leigh** mit seinem anmutigen Hafen führt. Vier Kilometer nördlich von Leigh finden Sie das erste Meeresreservat Neuseelands, das *Cape Rodney-Okakari Marine Reserve*. Dort gibt es einen tollen Strand zum Schnorcheln im glasklaren Wasser und die Möglichkeit mit einem Glasbo-

General Store, Puhoi

denboot um die vorgelagerte Insel **Goat Island** zu fahren. Sie werden über die Artenvielfalt erstaunt sein, die Ihnen hier unter Wasser begegnet. Sie hat ihre Ursache darin, dass hier die

(005) WOMO-Stellplatz: Matheson Bay Reserve

GPS: S 36°18'2" E 174°47'53". **Max. WOMOs:** 5
Ausstattung/Lage: Toilette, Picknicktische / Parkplatz am Meer.
Zufahrt: Kurz vor Leigh biegen Sie rechts in die Matheson Bay Rd ein.
Beurteilung: Sehr schöner Übernachtungsplatz. Im gekennzeichneten Bereich dürfen Sie zwischen 8 pm und 8 am stehen. Maximal zwei Nächte.

(006) WOMO-Campingplatz: Goat Island Camping

GPS: S 36°16'21" E 174°47'38". **WOMOs:** 40 Stellplätze mit Strom.
Ausstattung/Lage: Spielplatz, Skateboard Rampe / Am Hang, mit Blick auf Goat Island.

Preiskategorie 3
Zufahrt: Von Leigh aus fahren Sie 2 km die Pakiri Road und dann 1,2 km die steil abfallende Goat Island Road. Die Einfahrt zum Platz liegt links.
Kontakt: 123 Goat Island Road RD5 Warkworth, Tel. 09 422 6185, www.goatislandcamping.co.nz
Beurteilung: Ein wilder und unkonventioneller Campingplatz, der Kindern sicherlich sehr gut gefallen wird. Die Erwachsenen werden sich an der ungenügenden Zahl von sanitären Einrichtungen stören. Wer gerne schnorchelt, kann sich hier die Ausrüstung ausleihen und bekommt Tipps obendrein. 400 m zur Beach.

geschützten Gewässer des Hauraki Golfes und des nährstoffreichen Pazifiks aufeinandertreffen. Eine starke Meeresströmung sorgt für die nötige Durchmischung. Glasbodenboote starten wetterabhängig zu jeder vollen Stunde direkt am Ufer.

Blick auf den Campingplatz in Mangawhai Heads (rechts)

Lassen Sie sich keinesfalls das 100 m neben dem Parkplatz liegende neue Meeresmuseum „Goat Island Marine Discovery Centre“ entgehen. Ein am Hang gelegener Campingplatz mit toller Aussicht auf die Bucht wird Ihnen obendrein geboten.

Auf dem Weg von *Warkworth* nach Norden verlassen Sie die Ostküste und passieren nach 4 km die *Sheepworld*, eine der zahlreichen Gelegenheiten, gegen Eintritt etwas über die Schafzucht zu lernen.

(007) WOMO-Stellplatz: Kaiwaka Tennis Club

GPS: S 36°9'31" E 174°26'42". **Max. WOMOs:** 5
Ausstattung/Lage: Toilette, Dusche / Parkplatz am Tennisclub.
Zufahrt: 14 Gibbons Rd. In Kaikawa rechts abbiegen auf die Kaiwaka-Mangawhai Rd, dann links abbiegen auf Gibbons Rd. Parkschild folgen.
Beurteilung: Übernachtungsmöglichkeit in camperfreundlicher Umgebung.
Hinweis: Die Toiletten sind normalerweise die ganze Nacht geöffnet. Falls die Duschen abgeschlossen sind, bekommen Sie den Schlüssel im Four Square Supermarkt. Dort können Sie auch eine freiwillige Spende entrichten.

Wellsford - Whangarei

Wir empfehlen Ihnen, 7 km hinter Wellsford den SH1 zu verlassen und über die Mangawhai Road zum idyllischen **Mangawhai Harbour** zu fahren. Falls Sie auf dem Parkplatz des Kaiwaka Tennis Club übernachten wollen, können Sie auch dort, 20 km hinter Wellsford, nach Mangawhai abbiegen. Am südlichen Ende des Mangawhai Harbour treffen Sie auf den Ort Mangawhai und später auf Mangawhai Heads. Dort, am Ausgang des Naturhafens mit großer Sanddüne, finden Sie einen ausgesprochen charmant am Wasser gelegenen Campingplatz mit sehr guten Bademöglichkeiten. Besonders reizvoll ist es, von hier aus den **Mangawhai Cliff Walkway** in Angriff zu nehmen. Die Wanderung startet nahe dem Surf Club, führt

Blick vom Mangawhai Cliff Walkway

zunächst 15 Minuten am Strand entlang und dann an markierter Stelle steil nach oben mit grandiosen Ausblicken auf die vorgelagerten Inseln (5 km, 2-3 h hin und zurück).

(008) WOMO-Campingplatz-Tipp: Mangawhai Heads Holiday Park

GPS: S 36°5'7" E 174°35'20". **WOMOs:** 37 Stellplätze mit Strom.
Ausstattung/Lage: Standard / Direkt am Strand des Mangawhai Harbour und einer gegenüber liegenden langgestreckten Sanddüne.
Preiskategorie 2
Zufahrt: 7 km hinter Wellsford rechts vom SH1 in die Mangawhai Rd einbiegen und dieser 31 km bis Mangawhai Heads folgen. Dann rechts in die Mangawhai Heads Road einbiegen.
Kontakt: 2 Mangawhai Heads Road, Tel. 09 431 4675, www.mangawhaiheadsholidaypark.co.nz.
Hinweis: Der Platz hat links vom Office einen nördlichen und rechts vom Office einen südlichen Teil. Der Zustand der Sanitäranlagen ist unbefriedigend.
Beurteilung: Sehr schön gelegener Platz. Viele Plätze sind von Dauercampern belegt. Dies und die vielen Zelte zeigen, dass der Platz bei Neuseeländern sehr beliebt ist. Bei Flut herrscht ein geschäftiges Strandleben mit geschützter Möglichkeit zu schwimmen. Etwa 1 km nördlich beginnt am Surfstrand der Clifff Walkway, der zunächst über Treppen steil nach oben führt und dann als Höhenweg verläuft (2.15 h hin und zurück).

Danach fahren Sie zunächst durch sanft hügeliges Hinterland und dann entlang der Bream Bay nach **Waipu**. Auf dem Weg dorthin liegen die beliebten Strände von **Langs Beach** und **Waipu Cove**. An letzterem gibt es einen schönen Picknickplatz mit Toiletten und Umkleidekabinen. Das ausgezeichnete Waipu Museum zeigt die sehr anschaulich illustrierte Geschichte von 900 schottischen Siedlern, die Mitte des 19. Jahrhunderts in Waipu eine neue Heimat suchten. Im Hinterland zwischen Waipu und Ruakaka befinden sich die **Waipu Caves**, in denen Sie neben Glühwürmchen die längsten Stalagmiten des Landes bewundern können. Informieren Sie sich

DOC Campingplatz Uretiti Beach mit Zugang zum Strand

vor einem Besuch in der i-SITE über die Besonderheiten der Höhle. Auf Höhe der *Bream Bay* liegen die *Hen and Chicken Islands*, eine Inselgruppe, bestehend aus *Henne und Küken*. Hier versank 1940 die Niagara, getroffen von einer deutschen Mine. Der Schiffsrumpf nahm einen Goldschatz im Wert von fünf Millionen Dollar mit auf den Meeresgrund. Kurz dahinter liegt unweit des Highways die *Marsden Point Refinery.* Hier wird das bei *New Plymouth* geförderte Gas und Öl verarbeitet. Wer Lust auf Technik hat: die einzige Ölraffinerie Neuseelands hat ein Informationszentrum, das Ihnen einen Überblick über die aktuellen umwelttechnologischen Entwicklungen der Erdöl-Raffinerie gibt.

(009) WOMO-Badeplatz: Uretiti Beach - DOC Scenic

GPS: S 35°56'4" E 174°27'36". **Max. WOMOs:** 300
Ausstattung/Lage: Toilette, Dusche, Mülleimer / Am Meer, hinter den Dünen.
Preiskategorie 2. Zufahrt: Am SH1, 3 km vor Ruakaka. Nicht zu übersehen.
Beurteilung: Freundlicher großer Platz. Wenn Sie sich in die Nähe der Zugänge zur Beach stellen, sind Sie in drei Minuten an einem prachtvollem langen weißem Sandstrand mit tollem Blick auf die vorgelagerten Inseln. Einfache saubere Toiletten. Das Gelände ist etwas hügelig.
Hinweis: Der Schlagbaum ist zwischen 7.30 und 21 Uhr geschlossen. In der Hochsaison ist eine Buchung zu empfehlen, Tel. 09 432 1051.

Whangarei

Das kommerzielle und industrielle Zentrum des *Nordlandes*, begrüßt seine Besucher als „Tor zum Norden". Bei der Anfahrt auf die Stadt haben Sie einen Panorama-Blick auf den Whangarei Hafen und die dahinter liegenden, bizarren Felsrücken. Zu den Attraktionen der 50 000 Einwohner zählenden Stadt gehören das *Uhrenmuseum* am Jachthafen (*Town Basin*), der *Rose Garden*, ein kleiner öffentlicher Park, und der mit einer

Uhrenmuseum in Whangarei

Farnzuchtanlage ausgestattete *Cafler Park*.

Das bezaubernde *Town Basin* mit seinen Galerien, Bars, Cafés und Restaurants wird Ihnen sicherlich gefallen. Wenn Sie am Wasser entlangspazieren, können Sie bis zur *Waka & Wave Sculpture* einige Kunstwerke bewundern. Der Wanderweg führt weiter über die elegante Fußgängerbrücke 'Kotuitui Whitinga' und die Klappbrücke 'Te Matau a Pohe', die einen Architekturpreis gewonnen hat. Der 4,2 km lange **Hatea Loop Walkway** führt durch den William Fraser Memorial Park und über die „Victoria Canopy Bridge" zurück zum Town Basin. Die camperfreundliche Stadt bietet Ihnen hier auch einen freien Stellplatz.

(010) WOMO-Stellplatz: Whangarei Town Basin Carpark

GPS: S 35°43'34" E 174°19'42".
Max. WOMOs: 4
Ausstattung/Lage:
Toilette / Parkplatz am Hatea River, nahe Town Basin.
Zufahrt:
300 m südöstlich Uhren Museum.
Beurteilung:
Recht ruhig gelegener Parkplatz im kulturellen Zentrum von Whangarei.

Wenn Sie am Town Basin einen Kaffee trinken wollen, empfehlen wir das **The Quay** (31 Quayside, Tel. 09 430 2628), gegenüber dem Uhrenmuseum. Auf der einladenden Terrasse serviert man Ihnen auch leckere Imbisse. Sehr gute Reviews bekommt auch das nur 100 m entfernte **Brauhaus Frings** (104

Café am Whangarei Town Basin

Dent St, Whangarei 0110, Tel. 09 438 4664) mit einer ausgezeichneten Auswahl handgemachter Biere. Abends gibt es oft live Musik und im gemütlichen Garten-Restaurant können Sie zu einem in deutscher Tradition frisch gezapften Bier eine leckere Pizza essen. Im La Familia, 84 Cameron Street, können Sie von Dienstag bis Samstag sehr gutes Brot kaufen.

Vom *Parahaka War Memorial*, einem Kriegerdenkmal in Form eines metallverkleideten Obelisken, genießen Sie die beste Aussicht auf die Stadt. Sie erreichen den Aussichtspunkt auf dem 240 m hohen Mt Parihaka vom Town Basin aus über den Riverside Drive und den Memorial Drive. Empfehlenswert ist auch der Besuch des etwa 4 km Richtung Dargaville gelegenen Whangarei Museumparks *Kiwi North*. Neben reizvoll präsentierten Exponaten aus der Lokalgeschichte ist besonders das Kiwi House sehenswert. Die 25 m hohen **Whangarei Falls** finden Sie 4,5 km nördlich in Richtung *Bay of Islands.* Sie werden verblüfft sein, den oberen Bereich des Wasserfalles bereits nach wenigen Metern zu erreichen. Ein Fußweg führt Sie in 5 Minuten zum unteren Bereich der Fälle mit einem großartigen Blick auf die wunderbar vielfältig bewachsene Steilwand.

Hundertwasser: Modell für geplanten Neubau

Wenn Sie dem am Hatea River entlangführenden Wanderweg folgen, erreichen Sie nach 30 Minuten den **A.H. Reed Memorial Kauri Park.** Der **Canopy Walkway** führt Sie zu 500 Jahre alten Kauri Bäumen. Abschließend noch eine **kulinarische Empfehlung:** Ausgezeichnet thailändisch speisen können Sie im **Suk Jai Thai Restaurant** (93 Kamo Rd, Kensington, Tel. 09 437 7287). Vom Top 10 Holiday Park laufen Sie 700 m zum Restaurant.

Whangarei Falls

(011) WOMO-Campingplatz-Tipp:
Whangarei Top 10 Holiday Park

GPS: S 35°42'40" E 174°19'40". **WOMOs:** 50 Stellplätze mit Strom.
Ausstattung/Lage: Standard / Neben dem Mair Park, oberhalb des Hatea River. **Preiskategorie 3**
Zufahrt: Vom Zentrum die Hatea St 2 km nach Norden. Mair St rechts.
Kontakt: 24 Mair Street, Tel. 09 437 6856, www.whangareitop10.co.nz.
Beurteilung: Noch recht neuer ruhiger kleiner Platz neben dem Hatea River. Stellplätze sind eng, aber sehr gut gepflegt. Freundliches Personal. Neue, aber nicht hochwertige Sanitäranlagen. Trampolin für Kinder. Freier Internetzugang für bis zu 100 MB täglich. Diverse Wanderwege, 2 km zum Town Basin, 4 km zu den Wasserfällen.

Über Dargaville zurück nach Auckland

Tour N01 führt nun über das an der Westküste von Northland gelegene Dargaville, und dann vorbei am tief ins Land reichenden Kaipara Harbour, zurück nach West-Auckland. Wenn Sie weiter nach Norden fahren wollen, so wechseln Sie jetzt bitte zu Tour N02.

Dargaville liegt am Ufer des mächtigen *Wairoa River* und verdankt Namen und Entstehung dem Holzhändler und Politiker *Joseph McMullen Dargaville* (1837-1896). Die Stadt wurde während des Booms des Holz- und Bernsteinhandels im 19. Jahrhundert gegründet und war kurzzeitig die bevölkerungsreichste Stadt Neuseelands. Der ursprünglich dichte Kauri Wald ist inzwischen abgeholzt. Das Umland von *Dargaville* wird heute von der Landwirtschaft dominiert, dazu gehören Milchwirtschaft, Rinderhaltung und Schafzucht. Das Gebiet um die Stadt ist außerdem eines der bedeutendsten Anbaugebiete für Süßkartoffeln in Neuseeland. Von den Äckern der

Blick vom Maritim Museum auf Dargaville

Umgebung stammen etwa 95% aller in Neuseeland angebauten Kumaras, weshalb sich die durchaus charmante, touristisch aber kaum beachtete, Kleinstadt den Beinamen „Kumara Capital“ zulegte. Wer mehr über dieses Grundnahrungsmittel der neuseeländischen Ureinwohner erfahren möchte, sollte bei Warren Suckling eine Traktor-Tour über seine Farm buchen. Ernie der Kumara König, wie ihn Einheimische gerne nennen, kennt jede Menge Geschichten rund um die Süßkartoffel und wird Sie auf der kurzweiligen Tour mit Anekdoten über Maoris, Farmer und Holzfäller unterhalten. Jede Führung endet mit einem hausgemachten Essen, in dessen Mittelpunkt natürlich die Kumara steht. **The Kumara Box,** Tel. 09 439 7018, www.kumarabox.co.nz.

Dargaville ist heute mit ca. 4500 Einwohnern das administrative Zentrum des *Kaipara-Distrikts*. Neben hübschen Holzhäusern kann man sich in der Stadt das sehenswerte *Dargaville Maritime Museum* anschauen, vor dem die Masten des berühmten Greenpeace Schiffes Rainbow Warrior aufgestellt sind. Es gibt ein gut erhaltenes 150 Jahre altes Maori Kriegskanu zu bewundern und viele Erinnerungsstücke an die im tückisch flachen Kaipara Harbour havarierten Schiffe. Das Museum liegt sehr attraktiv im Harding Park oberhalb des Wairoa River.

Dargaville hat mit dem 13 km von der Stadt entfernten, 90 km langen **Baylys Beach**, einen der längsten ununterbrochenen Sandstrände Neuseelands, der größtenteils auch befahrbar ist. An der Küste lebt die große und sehr schmackhafte Muschelart *Toheroa*. Der etwas herunter gekommene Campingplatz in *Baylys Beach* liegt 500 m von der Beach entfernt. Wer Rock-Geschichte liebt, ist im nebenan gelegenen knalligen **Funky Fish** (The Funky Fish, Restaurant, Café and Bar, 34 Seaview Rd, Baylys Beach, Tel. 09 439 8883) an der richtigen Adresse:

Freier Stellplatz an der Ruawai Wharf

Miteigentümer David war mehrere Jahre internationaler Tour-Manager der Rock-Gruppe Led Zeppelin.

(012) WOMO-Stellplatz: Ruawai Wharf

GPS: S 36°8'19" E 174°1'19". **Max. WOMOs:** 8
Ausstattung/Lage: Toilette, Wasser, Picknicktische / Neben der Wharf mit der Bootsrampe.
Zufahrt: 28 km hinter Dargaville biegen Sie in Ruawai vom SH12 rechts in die Ruawai Wharf Street ein und folgen dieser 270 m.
Beurteilung: Grasplatz mit Bäumen, Picknicktischen und einer modernen Toilettenanlage, am Ufer des Wairoa River gelegen. Da die Toilettenanlage gelegentlich auch nachts besucht wird, haben Sie im hinteren Teil des Grasplatzes mehr Ruhe.

Durch flaches Farmland fahren Sie nun in den 28 km südlich von Dargaville gelegenen Ort Ruawai. Nahe Tokatoka, etwa auf halber Strecke, ragt der Tokatoka Peak 180 m hoch über der Landschaft. Die Besteigung des erloschenen Vulkans nimmt etwa 15 Minuten in Anspruch und ist absolut lohnend. Die erste Passage ist relativ einfach zu laufen, nur gegen Ende geht es steil bergauf. Auf der Kuppe angelangt bietet sich Ihnen ein fantastischer Panoramablick auf den Bereich des nördlichen Wairoa River. Zum Ausgangspunkt der kurzen Wanderung gelangen Sie, indem Sie in Tokatoka in die Tokatoka Road einbiegen und dem Schild „Scenic Reserve“ folgen.

(013) WOMO-Campingplatz-Tipp: Matakohe Holiday Park

GPS: S 36°8'1" E 174°11'20". **WOMOs:** 40 Stellplätze mit Stromanschluss
Ausstattung/Lage: Spielplatz / Am Kaipara Harbour.
Preiskategorie 2
Zufahrt: Sie folgen der Church Road 500 m am Kauri Museum vorbei.
Kontakt: 66 Church Road, Matakohe, Tel. 09 431 6431, www.matakohe-holidaypark.co.nz.
Beurteilung: Schön am Kaipara Harbour gelegener Platz.

Kunstwerk auf dem Gelände der Gibbs Farm

In Ruawai können Sie an der *wharf* frei übernachten. Der Wairoa River ist hier schon sehr breit und geht bald in den Kaipara Harbour über. Am Ortsausgang links am SH12 liegt das gemütliche „award winning" **Ellecee Café** mit freiem Internetzugang. 16 km hinter Ruawai erreichen Sie **Matakohe**, einen 400 Einwohner zählenden Ort, dessen ausgezeichnetes **Kauri-Museum** der Geschichte der auf dem Einschlag von Kauribäumen basierenden Holzindustrie der Gegend gewidmet ist. Auf dem Parkplatz können Sie frei übernachten.

Hinter Matakohe folgen Sie dem SH12 etwa 26 km bis zum SH1 und folgen diesem Richtung **Auckland** bis Wellsford. Hier biegen Sie rechts in den *Kaipara Coast Highway* SH16 Richtung Helensville ein. Drei Kilometer hinter Wellsford zweigt rechts eine 8 km lange Straße nach Port Albert ab. Dort finden Sie einen freien Übernachtungsplatz am Ufer des Kaipara Harbour. Die Niederlassung am Oruawharo River wurde zwischen 1862 und 1865 gegründet und nach dem Mann von Queen Victoria benannt.

(014) WOMO-Stellplatz: Port Albert Domain

GPS: S 36°16'17" E 174°25'48". **Max. WOMOs:** 8
Ausstattung/Lage: Toilette, Picknicktische, Spielplatz / Am Ufer des Kaipara Harbour. **Zufahrt:** Vom SH16 biegen Sie 3 km hinter Wellsford links in die Port Albert Rd ein und folgen dieser 8 km.
Beurteilung: Großer Schotterplatz an einer Bootsrampe, Picknicktische auf Grasfläche mit Bäumen. Ruhiger Platz zum Entspannen.
Hinweis: Das Rodney District Council erlaubt maximal zwei Nächte.

Kaipara Harbour

Die Bucht des **Kaipara Harbour** ist mit ihren weit in das Land hineinragenden Ausläufern einer der größten Naturhäfen der Erde. Die verzweigten Arme der Bucht bilden insgesamt eine Wasserfläche von 530 km² und weisen eine beeindruckende Uferlinie von 3200 km Länge auf. Die Einfahrt in die Bucht,

Kunstwerk auf dem Gelände der Gibbs Farm

die Kaipara Entrance genannt wird, hat eine Breite von etwa 4 km. Der Kaipara Entrance wird von den Halbinseln Pouto Peninsula im Norden und South Head im Süden eingerahmt. Direkt vor der Einfahrt befinden sich mehrere gefährliche Klippen und wandernde Sandbänke, die einige Anforderungen an die Schiffsnavigation stellen. Zudem ist der Naturhafen sehr flach und bei Ebbe fallen weite Teile trocken. Alles zusammen führte in den 1950er Jahren zur Einstellung der Nutzung als Wirtschaftshafen. Heute wird er zunehmend von Sport- und Segelbooten genutzt. Schiffstouren im Kaipara Harbour starten in Helensville.

Auf Ihrer Fahrt durch flaches Farmland ins 60 km entfernte Helensville gibt es zwei Optionen. Zunächst haben Sie nahe **Glorit**, 26 km hinter Wellsford, die Möglichkeit, den 305 m hohen Mt Auckland zu besteigen. Es gibt zwei Startpunkte. Der erste liegt 2 km vor Glorit am SH16. Der Weg zum Gipfel ist von hier aus recht steil. Den zweiten Startpunkt finden Sie, wenn Sie in Glorit der Kaipara Hills Road 3 km nach links folgen. Dieser Weg führt durch einheimischen Wald mit sich langsam erholenden Rimu- und Kauribeständen (**Mount Auckland Atuanui Walkway**, 3h hin und zurück).

Sieben Kilometer hinter Glorit treffen Sie mit der **Gibbs Farm** auf die andere Option. Der erfolgreiche Geschäftsmann und Kunstsammler Alan Gibbs hat auf dem weiträumigen Gelände der Farm dutzende riesige Skulpturen von neuseeländischen und internationalen Künstlern platzieren lassen. Inmitten von absoluter Stille und grünen Wiesen können Sie mit Blick auf den Kaipara Harbour die eindrucksvollen Kunstwerke in einem Rundgang von drei bis vier Stunden Dauer auf sich wirken lassen. Dieses unglaublich eindrucksvolle Erlebnis will allerdings von langer Hand geplant sein. Es gibt pro Monat nur einen - kostenlosen - Besichtigungstermin, der oft lange vorher

Tölpelkolonie in Muriwai

ausgebucht ist. Versuchen Sie Ihr Glück (**Gibbs Farm**, GPS: S 36°31'11" E 174°26'56", www.gibbsfarm.org.nz).

(015) WOMO-Campingplatz: Parakai Springs Motor Camp
GPS: S 36°39'32" E 174°25'57". **WOMOs:** 25 Stellplätze mit Strom.
Ausstattung/Lage: Standard / Neben den Parakai Hot Springs.
Preiskategorie 2
Zufahrt: Sie biegen hinter Helensville vom SH16 rechts in die Parkhurst Road ab. In Parakai folgen Sie den Schildern zu den Parakai Springs.
Kontakt: 150 Parkurst Road, Parakai, Tel. 0800 468 766, oder 09 420 8998, www.parakaisprings.co.nz/campground.html
Beurteilung: Plätze auf Gras und Beton, Probleme bei Regen. Der Platz ist von Bäumen umgeben. Sauberer und sehr günstiger Platz. Anmeldung bei den Hot Springs. Für den Besuch der Springs zahlen Sie nur die Hälfte!

Helensville - Waitakere Ranges

Bis Mitte des neunzehnten Jahrhunderts war **Helensville** von Kauri-Wald umgeben. Der erste europäische Siedler in diesem Gebiet war der schottische Holzfäller John McLeod, der hier ein Haus mit dem Namen Helen's Villa im Gedenken an seine Frau errichtete. Die Stadtbewohner eiferten ihm nach und gaben der Stadt den Namen seiner Frau. Helensville wuchs durch die aufstrebende Kauri-Industrie schnell. Auf dem Höhepunkt des Booms der Holzindustrie lebten in der Stadt mehr als 10 000 Menschen. Sie waren größtenteils beim Holzeinschlag, dem Transport mit Pferdefuhrwerken und Waldbahnen sowie der Verarbeitung in Sägewerken beschäftigt.

Nach dem Niedergang der Holzindustrie, Anfang des 20. Jahrhunderts, entstanden auf den abgeholzten Waldflächen fruchtbare Weiden, die die Basis für die Milchwirtschaft legten. Heute versprüht das von grünen Wiesen umgebene Helensville den Charme einer Kleinstadt auf dem Lande. Es hat einige his-

Tölpelkolonie in Muriwai

torische Gebäude und freundliche, bodenständige Bewohner. Zwei kleine Museen geben einen Einblick in die vergangenen Zeiten der Region. Es gibt Antiquitätenläden und Cafés, eine **i-SITE** im Moment leider nicht. Es gibt einen *Helensville Heritage Trail* und *Helensville Riverside Walkway*.

Die Stadt liegt am *Kaipara River*, der bald in einen nahe gelegenen Ausläufer des *Kaipara Harbour* mündet. Der heute nicht mehr kommerziell genutzte Hafen, früher gab es einen regelmäßigen Fährverkehr nach Dargaville, diente bis in die 1950er Jahre zur Anlieferung von Gütern und dem Abtransport von Produkten der Region. Sie können ihn heute zu einem Bootsausflug nutzen (**Kaipara Cruises**, Tel. 09 420 8466, www.kaiparacruises.co.nz). Ganz in der Nähe der Stadt wurden die thermischen Kräfte der Erde für ein natürlich beheiztes Schwimmbad erschlossen. Schon vor 100 Jahren wurde der Ort durch die drei Kilometer westlich der Stadt bei Parakai entdeckten heißen Quellen zu einem kleinen Touristenzentrum. Heute wird der Aquatic Park, besonders an kühlen Wintertagen, gerne von Auckländern besucht (**Aquatic Park Parakai Springs**, 150 Parkhurst Rd, Tel. 09 420 8998, große Thermalschwimmbecken, kleine

Historisches Post Office in Helensville

Tölpelpaar bei der Begrüßungszeremonie

Privatpools, Wasserrutsche, tgl. 10-21 Uhr).

Der *Woodhill Forest* liegt 14 km südlich von Helensville. Dort wartet ein ganz besonderes Abenteuer auf Sie. **Tree Adventures** bietet insgesamt neun Hochseilstrecken unterschiedlichster Ausgestaltung an: Balancebalken, Netze, schwingende Baumstämme und einen Flying Fox (Boundary Road, Woodhill Forest, Tel. 0800 827 926, www.treeadventures.co.nz). Nebenan gibt es den **Woodhill Mountainbike Park** (Tel. 027 278 0949).

An den *Woodhill Forest* schließt sich südlich der *Muriwai Beach Regional Park* an. In Waimauku zweigt die 8 km lange Muriwai Road zur **Muriwai Beach** ab. Diesen Abstecher sollten Sie sich alleine wegen der Tölpelkolonie nicht entgehen lassen. Von einem großen Parkplatz aus führen hölzerne Stege zu Beobachtungspunkten oberhalb der Brutplätze auf den Klippen. Zwischen August und April nisten dort bis zu 3 000 Austral-Tölpel, in der Maorisprache auch Takapu genannt. Die Tölpel sind mit ihrer Flügelspannweite von 1,8 – 2 m elegante Flugkünstler, die geschickt die Aufwinde am Kliff zu nutzen wissen. Ihrem Namen machen sie bei der Landung alle Ehre. Sie verläuft sehr schwerfällig und endet oft mit Stürzen. Ein Schmunzeln kann man sich als Beobachter dann nicht verkneifen. Da die Nester sehr eng beieinander liegen haben die Tölpel aber auch nicht viel Platz zur Landung. Besonders schön anzuschauen ist das Begrüßungsritual, bei dem die Tiere ihre Hälse wie im Tanz gegeneinander reiben. Die Eltern wechseln sich bei der Brut und Futterbeschaffung ab und sind dazu oft lange unterwegs. Wenn die jungen Tölpel flügge geworden sind, fliegen sie 2 000 km nach Australien, um dann nach ein paar Jahren für den Rest ihres Tölpel-Lebens wieder zur Kolo-

Te Henga Beach

nie zurückzukehren. Für die Neuseeländer - den Australiern in brüderlicher Liebe verbunden - ist der Grund für die Rückkehr nach Neuseeland klar: Die Tölpel haben von den Australiern die Nase gestrichen voll.

Auf einem Felsplateau unterhalb der Klippen stehen zahlreiche Angler. Ein gefährlicher Platz, denn die See ist oft aufgewühlt und es wurden schon Menschen von großen Wellen ins Meer gespült. Zur 60 km langen Muriwai Beach kommen aber nicht nur Angler und Vogelbeobachter, sondern auch Surfer und Allradfreaks, denn der Strand ist für allradbetriebene Autos freigegeben. Die oft vorherrschenden Westwinde werden auch zum Drachenfliegen, Kiteboarding, Parasailing und Hanggleiten genutzt. Strandsegler werden an der Küste vermietet. Ausflüge in den Busch werden durch Plankenwege erleichtert. Der **Muriwai Lookout Track** führt in einer halben Stunde zu einem Aussichtspunkt. Er startet in 32 Domain Cresent, einer Nebenstrasse der Motutara Road, unweit des empfehlenswerten **Sand Dunz Beach Cafés** (455 Motutara Rd, Tel. 09 411 8558).

(016) WOMO-Campingplatz: Muriwai Beach Motor Camp

GPS: S 36°49'38" E 174°25'41". **WOMOs:** 31 Stellplätze mit Strom.
Ausstattung/Lage: Standard / Nur durch die Dünen vom langen Surfstrand getrennt. **Preiskategorie 2**
Zufahrt: Vom SH16 gelangen Sie nach 8 km nach Muriwai. Dort ausgeschildert. **Kontakt:** Muriwai Beachfront, Tel. 09 411 9262, www.muriwaimotorcamp.co.nz. **Beurteilung:** Großer, wilder Platz, der bei Surfern sehr beliebt ist. Bis zur Tölpelkolonie laufen Sie 20 Min. Das Gelände ist nicht sehr eben und die Sanitäranlagen sind nicht sehr ansprechend.

Gegenüber dem Café führt eine Straße zu einem Parkplatz oberhalb eines Surfstrandes. Sie können von hier aus zu den Beobachtungspunkten der Tölpelkolonie laufen. Falls

Piha Beach mit dem Lion Rock

der Campingplatz ausgebucht ist, können Sie hier auch über Nacht stehen (GPS: S 36°50'3" E 174°25'39"). Eine ausgezeichnete Toilettenanlage ist vorhanden. Es gibt auch viele Mountainbike-Strecken in den Kiefernwald, besonders Downhill- und Freeride-Strecken. Auf dem Campingplatz tummeln sich viele junge Leute, die letztgenannten Beschäftigungen mit Begeisterung nachgehen.

Aucklands Westen - Waitakere Ranges

Um zu den anderen Stränden des *Waitakere Ranges Regional Parks* zu gelangen, müssen Sie zum SH16 zurückkehren. Der Highway bringt Sie ins 6 km entfernte und 7 000 Einwohner zählende Städtchen **Kumeu**, das sich selbst als „The Fruit Bowl of Auckland" („Die Fruchtschale Aucklands") bezeichnet. Das Gebiet um Kumeu - von Waimauku bis Huapai - ist aber vor allem ein Weinbaugebiet, das von dem milden Klima mit nicht zu heißen Sommern profitiert. Die Weingüter werden heute oft noch von den gleichen Familien betrieben, die hier vor mehr als 100 Jahren die ersten Reben pflanzten. Namen wie Sapich (**Weingut Sapich**, 150 Forest Rd, Henderson, Tel. 09 8134 4902), Braikovich (**Weingut Kumeu River Wines**, 550 SH16, 09 412 8415) und Slojans (**Slojans Estate**, 366 SH16, Tel. 09 412 2680) sind drei hervorzuhebende Vertreter. Die heutige Nobilo Wine Group, 1943 von Nikola Nobilo gegründet, ist Neuseelands zweitgrößter Weinproduzent. **Fine Wine Tours** (Tel. 0800 023 111, www.insidertouring.co.nz) bietet von Auckland aus Weintouren nach Kumeu mit Besuch von Muriwai Beach an.

Wenn Sie ein Bier bevorzugen, sind Sie in der **Kleinbrauerei Hallertau** (1171 Coatesville Riverhead Hwy, Riverhead, Tel. 09 412 5555 www.hallertau.co.nz) richtig. Ein 3-km-Abstecher

Piha Beach südlich des Lion Rock

bringt Sie auf die Terrasse des Bar-Restaurants mit fünfteiligen Bierproben, darunter auch ein Kölsch. Nächstes Ziel sind die traumhaften Beaches im Westen Aucklands, Bethells Beach, Piha Beach und Karekare Beach, alle mit Stränden aus golden-schwarzem Sand, einer starken Brandung und markanten Felsen ausgestattet. Die 42 km lange Strecke zur Piha Beach können Sie über den SH16 und die Piha Road zurücklegen oder über die Waitakere Road und den Scenic Drive.

(017) WOMO-Campingplatz-Tipp: Piha Domain Motor Camp

GPS: S 36°57'14" E 174°28'20". **WOMOs:** 20 Stellplätze mit Strom.

Ausstattung/Lage: Spielplatz, keine Entsorgungsstation / Zwischen Straße und schwarzem Sandstrand.

Preiskategorie 2

Zufahrt: In Piha nicht zu verfehlen, gegenüber Lion Rock.

Kontakt: 21 Seaview Road, Piha, Tel. 09 812 8815, www.piha.co.nz/piha-domain-camp.

Beurteilung: Großer Grasplatz, der sehr von der Nähe zur Black Beach profitiert. Sie haben Blick auf den Lion Rock und den Strand. Neue Sanitäranlagen.

Te Henga, früher Bethells Beach genannt, können Sie nur über den Scenic Drive erreichen. Der Strand ist dort nicht so beliebt wie die anderen Strände der *Waitakere Ranges*, dafür bieten sich ausgesprochen tolle Wanderungen an. Der **Te Henga Walkway** und der **Lake Wainamu Track (**8 km, 2,5 h,

Piha Beach nördlich des Lion Rock

hin und zurück). Letzterer startet am Parkplatz an der Bethells Road, folgt dem flachen Waiti Stream bis zum Lake Wainamu mit kleinem Wasserfall. Hier können Sie gut schwimmen.

Am Treffpunkt von Scenic Drive und Piha Road befindet sich auf einer Hügelkuppe das **Elevation** (473 Scenic Drive, Waiatarua, Tel. 09 814 1919). Hier können Sie bei traumhafter Aussicht - 350 m oberhalb Aucklands ist sogar der Skytower zu sehen - hausgemachten Kuchen essen. Die landschaftlich sehr reizvolle Fahrt führt Sie quer durch die Waitakere Ranges in den kleinen Ort **Piha**, der nur wenige Einwohner hat. Schon die Anfahrt bietet einen spektakulären Blick auf den gold-schwarzen Sandstrand mit dem 101 m hohen Lion Rock in seiner Mitte. Der Fels war ein Maori Wehrdorf und kann bei Ebbe - bei Flut steht er im Wasser - bis zu einer Höhe von 70 m bestiegen werden. Der Strand ist aber zum Schwimmen nur bedingt zu empfehlen, da die Brandung sehr stark ist. Gehen Sie daher nur in den bewachten Bereichen schwimmen. Die beste Möglichkeit zu schwimmen gibt es in South Piha, da dort die Wellen flacher sind. Bei Surfern ist **Piha Beach** sehr beliebt, ja ein richtiggehender Surfer Hotspot und am Wochenende meist überfüllt. Surfer sehen bei ihren waghalsigen Wellenritten manchmal einige der bedrohten Maui-Delfine. Im Ort gibt es einen kleinen Kramladen, eine Bibliothek, ein Café (**Piha Café**, 20 Seaview Rd, Tel. 09812 8808), einen Campingplatz, aber keine Tankstelle! Am nördlichen Ende des Strandes gibt es eine Kolonie von Zwergpinguinen. Zwei kurze Wanderungen möchten wir Ihnen empfehlen:

Kitekite Falls Walk (1,5 h Rundgang).
Packen Sie Ihre Schwimmsachen ein, denn der einfach zu laufende Weg führt zu einem klaren Pool, in den sich das Wasser der Kitekite Falls über drei Ebenen mit insgesamt 40 m Höhe

Blick vom Elevation Café nach Auckland

ergießen. Die Wanderung startet an einem Parkplatz am Ende der Glenesk Rd.

Tasman Lookout Track (40 Min. hin und zurück). Der kurze, aber steile Weg führt vom Südende des Strandes zu einem Aussichtspunkt hinauf. Unten am Strand drücken sich die anrollenden Wellen durch eine schmale Öffnung, was bei kräftiger Brandung eindrucksvolle Gischtfontänen erzeugt.

Zur 7 km südlich gelegenen **Karekare Beach** fahren Sie auf einer engen Straße, die sich durch den dichten Regenwald hindurch windet. Um vom Parkplatz zu dem charaktervollem flach ins Meer abfallendem schwarzsandigem Strand zu gelangen, müssen Sie einen knöcheltiefen Bach durchwaten. An dem stimmungsvollem Strand wurde 1993 die Eingangsszene zu Jane Campoins Welterfolg „Das Piano“ gedreht. Doch Vorsicht, bei Flut kann die Brandung ungeahnte Gewalt erreichen, die Karekare Beach zu einer der gefährlichsten des Landes macht. Wenn keine Lifeguards am Strand sind, sollten Sie nicht mal an das Schwimmen denken! Es lauern überall gefährliche “rips” mit starken Rückströmungen, die Sie in kurzer Zeit weit auf´s offene Meer hinaus ziehen können. Also, nur zwischen den Flaggen ein Bad im Meer nehmen! Oder ist Ihnen eher nach einer Wanderung zumute? An der Lone Kauri Road beginnt eine kurze Wanderung zu einem Aussichtspunkt auf die 30 m hohen **Karekare Falls**. Ergänzend können Sie den steilen **Cave Rock Track** laufen, der am Picknickplatz neben dem Parkplatz startet.

Sie verlassen nun die wilde Westküste Aucklands, fahren zurück zum Scenic Drive und folgen diesem nach rechts für vier Kilometer. Auf der rechten Straßenseite liegt nun das beeindruckende **Arataki Visitor Centre** (300 Scenic Dr, Oratia, Tel. 09 817 0077, tgl. 9 bis 17 Uhr). In dem kinderfreundlichen

Typischer schwarzgoldener Strand im Westen Aucklands

Gebäude können Sie sich auf Nachfrage einen 12-minütigen Film über die Waitakere Ranges anschauen. Beeindruckend sind die Maori Schnitzereien, besonders der aus einem Kauri Baum herausgearbeitete Pou (Maori Pfahl). Herausragend ist auch die Sicht von der Terrasse. Ein Besuch ist auf jeden Fall lohnend. Besorgen Sie sich den *Waitakere Ranges Recreation and Track Guide.* Einige der dort aufgeführten Wanderwege beginnen hier, darunter zwei Naturlehrpfade von 10 bzw. 90 Minuten Länge.

(018) WOMO-Stellplatz: Arataki Visitor Centre Carpark
GPS: S 36°56'48" E 174°36'25". **Max. WOMOs:** 5
Ausstattung/Lage: Toilette, Picknicktische / Parkplatz, von Wald umgeben.
Preiskategorie 1
Zufahrt: Am Scenic Drive nicht zu verfehlen. 5 km vor Titirangi.
Kontakt: 300 Scenic Dr, Oratia, Auckland Regional Council, Tel. 09 366 2000.
Beurteilung: Parkplatz in attraktiver Lage. Free *WiFi* im Visitor Centre.
Hinweis: Das Auckland Regional Council erlaubt maximal zwei Nächte.

Zu Ehren von Sir Edmund Hillary wurde der **Hillary Trail** (70 km, 3-4 Tage) ins Leben gerufen. Er führt vom Arataki Visitor Centre über Karekare, Piha und Te Henga nach Muriwai Beach. Die enorm abwechslungsreiche Route führt vorbei an entlegenen Staudämmen, Seen und bizarr geformten Sanddünen, durch Sumpfgebiete und urwaldgleiche Buschlandschaften. Auf dem letzten Abschnitt der Wanderung haben Sie immer wieder Ausblicke auf die typischen gold-schwarzen Strände der West Coast. Die Strecke wurde ganz im Geiste des Everest-Erstbesteigers angelegt, denn schon nach wenigen hundert Metern wird klar, der Hillary Trail richtet sich eher an Liebhaber der ruppigen Gangart. In stetem Auf und Ab führt ein schmaler Weg über Wurzeln und Felsblöcke durch die zerklüfteten Hügel der Waitakere Range (maximale Höhe 390 m). Oft watet man durch Schlamm, manchmal auch durch kleine Bäche. Sollten

Blick ins Innere des Arataki Visitor Centre

Sie nun noch Interesse an dieser urigen Mehrtageswanderung haben, Informationen gibt es im Visitor Centre.

Nur 600 m westlich des Visitor Centre gab es eine wesentlich weniger anstrengende Möglichkeit, die Waitakere Ranges kennen zu lernen. Der **Rain Forest Express**, der auf einer alten für den Kauri Transport eingerichteten Strecke verlief, startete an Jacobson's Depot, 280 Scenic Drive, Titirangi. Nach einem Erdrutsch wurde die Linie 2014 eingestellt. Erkundigen Sie sich im Visitor Centre, ob es zwischenzeitlich eine Wiedereröffnung gab. Zum Zentrum Aucklands, haben Sie nun nur noch 22 km zurückzulegen.

(019) WOMO-Stellplatz: Margaret Griffen Park

GPS: S 36°55'14" E 174°43'16". **Max. WOMOs:** 10
Ausstattung/Lage: Toilette / Parkplatz neben einem Sportgelände.
Zufahrt: Sie biegen von der Kinross St/Urban Route 15 links in die Griffen Park Rd ab. Die Zufahrt zum Parkplatz liegt nach 200 m auf der rechten Seite.
Beurteilung: Parkplatz in attraktiver Lage.
Hinweis: Die zugelassenen Übernachtungsplätze sind durch Pfeile gekennzeichnet. Erlaubt sind maximal zwei Nächte zwischen 8 pm und 8 am.

TOUR N02

30 km
Cape Reinga
Cape Maria van Diemen
North Cape
Te Paki Sanddünen
Te Paki
Parengarenga Harbour
Great Exhibition Bay
Ninety Mile Beach
Aupouri Halbinsel
Houhora Heads
Hukatere
Rangaunu Bay
Cape Karikari
Rangaunu Harbour
Karikari Halbinsel
Ahipara Bay
Doubtless Bay
Awanui
Ahipara
Kaitaia
Mangonui
Hihi
Herekino Forest
Raetea Forest
Taupo Bay
Whangaroa Bay
Wrack der Rainbow Warrier
Whangaroa
Cavalli Islands
Warawara Forest
Puketi Forest
Matauri Bay
Takou Bay
Hokianga Harbour
Rawene
Wairere Boulders
Rainbow Falls
Opononi
Omapere
Kerikeri
Hone Heke Monument
Haruru Falls
Waitangi Treaty Grounds
Kaikohe
Bay of Islands
Cape Brett
Ngawha Springs
Paihia
Russell
Waipoua Forest
Kawakawa
Aranga Beach
Trounson Kauri Park
Russell Forest
Kai-Iwi-Lakes
Oakura
Helena Bay
Sandy Bay
Dargaville
Tour N01
Whangarei Falls
Whangarei
Tutukaka

Tour N02: Durch den winterlosen Norden

Whangarei - Tutukaka - Bay of Islands - Kerikeri - Kaitaia - Cape Reinga - Waipoua Kauri Forest - Dargaville - 640 km

Stellplätze:	Helena Bay, Lake Waiparera, Raetea North Side, Tapotupotu Bay, Arai Te Uru Lookout, Waipoua Forest, Trounson Kauri Park, Kai Iwi Lakes, Ruawai Wharf
Camping:	Tutukaka, Russell Top 10, Paihia Beach Side, Paihia Waitangi, Matauri Bay, Hihi Beach, Whatuwhiwhi Top 10, Awanui, Wagener Holiday Park, Ahipara, Rawene, Kauri Coast Top 10, Baylys Beach, Matakohe
Baden:	Whale Bay, Woolleys Bay, Helena Bay, Russell Oneroa Bay, Paihia TeTi Bay, Coopers Beach, Ngawha Springs, Whatuwhiwhi Beach, Tokerau Beach, Tapotupotu Bay, Ahipara Bay, Aranga Beach, Kai Iwi Lakes, Lake Taharoa, Baylys Beach
Wandern:	Mangawhai Cliffs Walkway, Whale Bay, Russell Heritage Walk, Flagstaff Hill Walk, Waitangi Treaty Grounds, Cape Reinga: Te Werahi Beach Walk, Tapotupotu Bay, Kaitaia Walkway, Rawene Mangrove Walkway, Wairere Boulders Walk, Arai Te Uru Heritage Walk, Waiotemarama, Waipoua Kauri Forest, Lake Taharoa, Trounson Kauri Park Loop Track, Baylys Beach
Essen:	Russell Road: Gallery & Café, Russell: The Wharf Restaurant & Bar, Paihia:Only Seadfood, Waterfront, Treaty Grounds: Whare Waka Café, Kerikeri: Pear Tree Mangonui Fish Shop, Kaitaia: Bushman's Hut Restaurant, Pukenui Pacific Bar & Café, Rawene: Copthorne Hotel

Tour N02 führt Sie tiefer hinein in die nördlichste der sechzehn Verwaltungsregionen Neuseelands. Zur Weihnachtszeit erleben Sie hier einen wahren Farbenrausch. Das Potpourri von allgegenwärtigen knallroten Pohutukawa-Blüten, türkisblauem Meerwasser, dunkelgrün bewaldeten Kalkfelsen und saftig grünen Wiesen wird auch Sie bezaubern. **Northland** mit dem Verwaltungssitz **Whangarei** gilt als die „Wiege Neuseelands". In *Northland* wurden einige der ältesten Spuren menschlicher Besiedlung in Neuseeland gefunden, und auch die ersten dauerhaften europäischen Siedlungen entstanden hier. Die ersten Maori in ihren Auslegerbooten, aus dem legendären Hawaiki kommend, landeten in Northland und in der Bay of Islands wurde im 19. Jahrhundert der gleichnamige Friedensvertrag zwischen Maori und europäischen Siedlern geschlossen. Der am 6. Februar 1840 unterzeichnete **Vertrag von Waitangi** ist die Gründungsurkunde des modernen Neuseelands. Dieser Pakt gilt heute noch als neuseeländische Verfassung schlechthin. Wenn Sie die Geschichte von Maori und Europäern hautnah

Strandleben an der Matapouri Bay

erleben möchten, besuchen Sie das 71 km nördlich Whangarei gelegene **Waitangi Treaty House** in der Bay of Islands.

Danach folgen Sie der Ostküste und fahren bis zum 450 km nördlich Auckland gelegenen **Cape Reinga.** Dort treffen die Tasmanische See und der Pazifik eindrucksvoll aufeinander. Kilometerweit sichtbar ringen sie schäumend um Vorherrschaft. Nach dem Mythos der Maori reisen die Seelen der Verstorbenen entlang der **90 Mile Beach,** um *Aotearoa* vom Cape Reinga aus in Richtung **Hawaiki** zu verlassen. Auf der Rückreise nach Süden werden Sie den Hokianga Harbour passieren, in dem, den Legenden der Maori zufolge, vor etwa 1000 Jahren der legendäre polynesische Seefahrer und Navigator Kupe anlandete. Im benachbarten **Waipoua Kauri Forest** werden Sie anschließend den riesigen und 2000 Jahre alten *Tane Mahuta* kennen lernen. Der Gott des Waldes, wie er auch genannt wird, ragt 51 m hoch in den Himmel und hat einen Umfang von 13,8 m.

Ein perfekter Tag an der Tutukaka Coast

Wir raten Ihnen, sich auf dem Weg nach Norden die **Tutukaka Coast** anzuschauen. Sie fahren nach dem Besuch der *Whangarei Falls* nicht zurück zum SH1, sondern auf der *Ngunguru Road* Richtung Küste. Die wunderschöne Straße ist recht schmal und sehr kurvenreich. Nach der kleinen Siedlung *Ngunguru* erreichen Sie den Hafenort **Tutukaka**. Hier werden Tauchfahrten in die farbenfrohe Unterwasserwelt der vorgelagerten **Poor Knights Islands** angeboten, die als eines der besten Tauchgebiete der Welt gelten (www.diving.co.nz). Sehr zu empfehlen ist die *Perfect Day Ocean Cruise* zu den *Poor Knights Islands*, die einen Lunch, Heißgetränke, Schnorcheln und Kajakfahren beinhaltet (**Dive Tutukaka und Perfect Day**,

Whale Bay

Marina Rd, Tel. 0800 288 882, www.diving.co.nz, www.aperfectday.co.nz). Im Hafen von Tutukaka liegt eine stattliche Zahl von Fischerbooten, die Gelegenheit zum Hochseeangeln bieten. Kurz bevor sich die Straße wieder von der Küste abwendet, befindet sich die *Woolleys Bay* mit einem feinen Sandstrand. Auf dem Hügel vor der Woolleys Bay liegt ein Parkplatz, von dem aus Sie eine 20-minütige Wanderung zur idyllischen **Whale Bay** unternehmen können.

(031) WOMO-Campingplatz-Tipp: Tutukaka Holiday Park
GPS: S 35°36'31" E 174°31'23". **WOMOs:** 55 Stellplätze mit Strom
Ausstattung/Lage: Standard / Bis zum Shoppingzentrum und zum Hafen haben Sie 5 Minuten zu laufen
Preiskategorie 2
Zufahrt: In Tutukaka direkt an der Hauptstraße, Schildern folgen.
Kontakt: 288 Matapouri Road, Tutukaka 1073, Tel. 09 434 3938, www.tutukaka-holidaypark.co.nz
Beurteilung: Die Stellplätze liegen alle auf gepflegtem Rasen. Sanitärbereich und Küche sind sehr schön und sauber.

Über die Russell Road in die Bay of Islands

Wenn Sie sich gegen den Abstecher zur *Tutukaka Coast* entscheiden, folgen Sie ab Whangarei dem SH1 und haben nach etwa 22 km kurz vor Whakapapa erneut die Qual der Wahl. Sie können auf dem SH1 bleiben oder rechts in die **Russell Road** abbiegen. Die Russell Road ist eng, sehr kurvenreich, hat steile Passagen und kann nur langsam befahren werden. Wer sie dennoch befährt, wird durch einsame, verzauberte Sandstrände und einen der schönsten erhaltenen Urwälder Neuseelands reichlich belohnt. Vorsicht, die 6 km hinter Hikurangi liegende Abbiegung in die Russell Road ist leicht zu übersehen. 21 km nachdem sie den SH1 verlassen hat, trifft die Russell Road in **Helena Bay** auf die Küste. Hier können Sie die Nacht ver-

Elliot Bay

bringen und in der Bucht schwimmen, siehe Badeplatz (032). Kurz vor der *Helena Bay* bietet sich eine Rast im hoch gelegenen **The Gallery & Café** (www.galleryhelenabay.co.nz, Tel. 09 433 9934) an. Genießen Sie hier bei herrlichem Fernblick Fair-Trade-Kaffee und ausgezeichneten Kuchen.

(032) WOMO-Badeplatz: Helena Bay

GPS: S 35°25'58" E 174°21'38" **Max. WOMOs:** 3

Ausstattung/Lage: Keine / Parkplatz, direkt an der Helena Bay.

Zufahrt: Wenn die Old Russell Road die Küste erreicht, rechts in die Webb Road einbiegen. Nach 100 m links in die Helena Bay Road fahren. Der Parkplatz liegt am Ende der Straße rechts, leicht oberhalb des schwarzsandigen Strandes.

Hinweis: Lassen Sie sich nicht durch das Schild „no camping" mit rot durchgestrichenem Zelt abschrecken. Es gilt nicht für *selfcontained motorhomes!*

Zwanzig Kilometer hinter der Helena Bay gabelt sich die Straße. Links führt die nun unbefestigte Russell Rd in das *Ngaiotanga Scenic Reserve* mit den jeweils 10-minütigen **Kauri Grove Nature Walk** und **Twin Bole Kauri Walk**. Rechts zweigt die befestigte Rawhiti Rd ab, die ebenfalls - 5 km länger, aber asphaltiert - nach Russell führt. Drei Kilometer hinter dieser Abzweigung führt eine Nebenstraße auf eine reizvolle Halbinsel. Das dort gelegene *Whangaruru Horth Head Scenic Reserve* bietet tolle Strände und einen sehr schönen DOC-Campingplatz (**Puriri Bay - DOC Standard Campsite**, **GPS:** S 35°21'50" E 174°21'36"). Weitere 3 km hinter diesem Abzweig biegen Sie links in die Whangaruru North Rd ein, die

Blick auf die Strandpromenade Russell

an einigen malerischen Buchten vorbeiführt und schließlich wieder auf die Russell Road trifft. Nach weiteren 14 km haben Sie Russell erreicht.

Über den SH1 in die Bay of Islands

Wer dem SH1 folgt, sollte sich in Towai, 17 km vor Kawakawa, einen Besuch der **Ruapekapeka Historic Reserve** mit einem der bedeutendsten Maori Pa nicht entgehen lassen. An diesem historischen Ort fand 1845/46 die letzte Schlacht zwischen Engländern und Maori - mit Häuptling Hone Heke - statt. Vom Parkplatz aus, wo kostenlose Infobroschüren bereitliegen, laufen Sie 15 Minuten zur alten Maori Festung, dem Schauplatz der Schlacht. Maori Anführer Te Ruki Kawiti hatte eine ausgetüftelte Verteidigungsanlage gebaut, von der heute noch einige Stellungen in der Landschaft erahnt werden können. Sein ausgetüfteltes System aus Tunneln, Gräben und Unterständen diente als Vorbild für die Schützengräben im ersten Weltkrieg. Auch die in die Erde gebaute Stellung der Briten samt einigen Kanonen ist noch zu sehen. Deren Beschuss konnte die Anlage aber auf Dauer nicht standhalten.

Fünf Kilometer vor *Kawakawa* führt eine ein Kilometer lange Abzweigung zu den Kawiti Caves in Waiomio. Die weit verzweigten und vielgestaltigen Tropfsteinhöhlen faszinieren ihre Besucher durch riesige Stalaktiten und Stalagmiten. In der eindrucksvollen Glühwürmchen-Grotte hängen tausende klebriger Fäden von der Decke, auf denen die leuchtenden Larven sitzen. Es werden täglich zwischen 9 und 16 Uhr halbstündige Führungen angeboten. **Kawiti Caves,** 49 Waiomio Road, Waiomio, Tel. 09 404 0583.

Eine Stunde oder 55 km nördlich Whangarei erreichen Sie auf dem SH1 **Kawakawa**, das hübsch am gleichnamigen

Hundertwasser Toilette in Kawakawa

Fluss gelegene Verwaltungszentrum der **Bay of Islands**. Im Sommer kann man täglich mit einer restaurierten Dampfeisenbahn eine wunderschöne 45-minütige Fahrt durch Tunnel und über Brücken entlang des *Kawakawa River* unternehmen. Eng verbunden mit Kawakawa ist auch der Name **Friedensreich Hundertwasser**. Der österreichische Künstler ließ sich hier 1975 nieder und lebte bis zu seinem Tode im Jahr 2000 im nahe gelegenen *Kaurinui Valley* in einem grün bewachsenen, windschiefen Holzhaus auf seinem 180 ha großen Grundstück. Seinen Mitbürgern in *Kawakawa* gestaltete er 1997 die extravagante öffentliche Toilette des Ortes, die heute jährlich von vielen tausend Besuchern bewundert und fotografiert wird.

(033) WOMO-Stellplatz: Kawakawa - Hundertwasser Carpark
GPS: S 35°22'45" E 174°4'2" **Max. WOMOs: 4**
Ausstattung/Lage: Toilette / Parkplatz hinter den Hundertwasser Toiletten.
Zufahrt: Über die Mackereth Lane.
Hinweis: Auf maximal zwei Nächte pro Fahrzeug begrenzt.

Um die *Bay of Islands* zu erkunden, müssen Sie spätestens in *Kawakawa* den SH1 verlassen. Sie folgen dem SH11, der zunächst North Rd und wenig später Paihia Rd heißt, zunächst bis **Opua** und nehmen in dem kleinen, attraktiven Jachthafen die Fähre Richtung *Russell*. Sie ist nicht sehr geräumig, aber es verkehren ständig zwei Fähren, so dass fast keine Wartezeit entsteht. Kassiert wird während der kurzen Überfahrt nach **Okiato**.

Bay of Islands

Die ehemalige Walfanghochburg **Russell** hat ihren viktorianischen Charme bewahrt. Heute ein beliebter Ferienort mit etwa 1 200 Einwohnern war Russell Anfang des 19. Jahrhunderts

Bay of Islands

die erste weiße Stadt Neuseelands. Nach der Unterzeichnung des Vertrages von *Waitangi* wurde Russell 1840 für kurze Zeit zur Hauptstadt des Landes. Trotz bewegter Vergangenheit (die *Christ Church* weist heute noch Einschüsse aus der Zeit der Auseinandersetzung zwischen einer Gruppe Maori und der britischen Marine im Jahr 1844 auf) zeigt sich *Russell* heute als Schmuckstück im viktorianischen Stil. Vor allem an der Hafenfront mit seinem Pier blieb die Zeit stehen. Dort finden Sie den *Duke of Marlborough*, ein Hotel mit den angeblich ältesten Schankrechten im Lande, den *Swordfish Club* der Hochseeangler, das Rathaus, das *Pompallier House* sowie die ehemalige *Missionsdruckerei*. Im neben der i-SITE gelegenen Museum wird an die Zeit des großen Seefahrers Captain James Cook erinnert. Es zeigt u.a. einen Nachbau von Cooks Schiff Endeavour im Maßstab 1:5.

(034) WOMO-Campingplatz-Tipp: Russell Top 10

GPS: S 35°15'32" E 174°7'29". **WOMOs:** 140 Stellplätze

Ausstattung/Lage: Spielplatz / Grenzt an ein Wohngebiet.
Preiskategorie 3-4: Je nach Lage gestaffelt.
Zufahrt: In Russell geradeaus fahren und den Schildern folgen.
Kontakt: 1 James St, Russell, Tel. 0800 148 671, www.russelltop10.co.nz
Beurteilung: Sehr gepflegter Platz. Die höher gelegenen Plätze bieten tolle Ausblicke auf die Bay of Islands. Bis zum Bootsanleger haben Sie 10 Minuten zu laufen.

Blick auf die vor Anker liegende Tucker Thompson

An der Uferpromenade „The Strand“ liegen eine ganze Reihe von Cafés und Restaurants, unter denen das **The Wharf Restaurant & Bar** (29 The Strand, Tel. 09 403 7771) mit seiner großzügigen Terrasse und ausgezeichnetem Essen herausragt. Die historischen Stätten Russells kann man am besten kennenlernen, wenn man den drei **Heritage Walkways** folgt. Eine imposante Aussicht auf Russel hat man vom **Flagstaff Hill** und dem **Tapeka Point**. Badestrände findet man an der östlichen Seeseite der Landzunge in der **Oneroa Bay**.

(035) WOMO-Campingplatz-Tipp: Beachside Holiday Park

GPS: S 35°18'3" E 174°6'7". **WOMOs:** 91 Stellplätze, davon 12 direkt am Wasser (ohne Strom).

Ausstattung/Lage: Spielplatz / An der Bay of Islands.

Preiskategorie 3: Starke Preisstaffelung, abhängig von der Reihe in der Sie stehen.

Zufahrt: 3,5 km vor Paihia biegen Sie rechts vom SH11 ab.

Kontakt: 1290 SH11, Paihia, Tel. 09 402 7678, www.beachside-holiday.co.nz

Beurteilung: Ein toll gelegener Platz, bei dem alles stimmt. Zu den in Paihia startenden Ausflugsfahrten werden Sie abgeholt. Freies *WiFi!*

Da von Russel nur eine Personenfähre zum nahe gelegenen *Paihia* führt, müssen Sie, um nach *Paihia* zu gelangen, die Bucht umfahren und erneut die Fähre von *Okiato* nach *Opua* nehmen. Früher war **Paihia** ein kleines Fischerdorf, das überwiegend durch seine Nähe zum historischen Waitangi bekannt

Hole in the Rock

war. Heute ist Paihia ein beliebter und umtriebiger Ferienort in abwechslungsreicher landschaftlicher Umgebung an der Bay of Islands gelegen, der seinen Besuchern Kauribäume, Obstplantagen und einen langen Sandstrand bietet. Hochseeangler starten hier ihren Trip zu den reichhaltigen Fanggründen vor der Küste, und auch für Taucher beginnt im Hafen ein schöner Tag auf und in dem Meer.

Ausflugsboote laden zu verschiedenen Bootsausflügen durch die Bucht ein, die auch per Kajak erkundet werden kann. Anbieter von Touren zum „Hole in the Rock" oder „Schwimmen mit Delfinen" sind **Great Sights** (Tel. 0800 653 339, www.dolphincruises.co.nz) und **Explore NZ** (Tel. 0800 397 567, www.exploregroup.co.nz), deren Büros an der *Paihia Wharf* liegen. Delfine sind bei den Touren fast immer zu sehen. Wenn Delfinbabys mit vor Ort sind, ist das Schwimmen mit ihnen allerdings nicht erlaubt. Einen gemütlichen 5,5 stündigen Ausflug können Sie mit dem Segelschiff R. Tucker Thompson unternehmen (Tel. 0800 633 255, www.tucker.co.nz).

(036) WOMO-Campingplatz-Tipp: Waitangi Holiday Park

GPS: S 35°16'36" E 174°4'39" **WOMOs:** 56 mit Stromanschluss.
Ausstattung/Lage: Trampolin / Liegt am Strand des Waitangi River, bis zu den Waitangi Treaty Grounds 10 Minuten zu laufen, bis zum Zentrum Paihias 1,5 km. **Preiskategorie 3**
Zufahrt: In Paihia geradeaus weiterfahren, vor der Brücke nach Waitangi links abbiegen und den Schildern folgen. **Kontakt:** 21 Tahuna Rd, Paihia Bay of Islands, Tel. 09 402 7866, www.waitangiholidaypark.co.nz

Wenn Sie gerne Fisch essen, sind Sie im **Only Seadfood** (40 Marsden Rd, Tel. 09 402 6066) an der richtigen Adresse. Das reizvoll an der Uferpromenade gelegene **Waterfront** serviert Ihnen schmackhaftes und sehr liebevoll angerichtetes Essen

Der Vertrag von Waitangi (Treaty of Waitangi)

Um britische Handelsinteressen zu wahren und der zunehmenden Rechtlosigkeit zu begegnen, ernannte die britische Regierung im Jahre 1833 James Busby zu ihrem Regierungsvertreter in Neuseeland. Er hatte die Aufgabe, ein legitimiertes Abkommen für das Zusammenleben der Maori und der britischen Siedler zu erarbeiten. Als Ende der 1830er Jahre die Sorge wuchs, Neuseeland an Frankreich zu verlieren, wurde der Vertrag eilig vorangetrieben. Der Vertragstext wurde von James Busby und Generalgouverneur William Hobson unter Mithilfe des Missionars Henry William, der die Sprache der Maori perfekt beherrschte und das Vertrauen einiger ihrer Häuptlinge hatte, aufgesetzt. Die 46 anwesenden Maori Häuptlinge diskutierten den Vertragsinhalt zwei Tage lang, bevor sie ihn am 6. Februar 1840 im Treaty House (Vertragshaus) unterzeichneten.

Danach schlossen sich mehr als 500 Maori Häuptlinge im ganzen Land dem Treaty of Waitangi an. Sie ordneten sich damit der britischen Krone unter, bekamen im Gegenzug deren Schutz zugesichert und wurden britische Staatsbürger mit allen Rechten und Pflichten. Den Maori wurde das uneingeschränkte Recht an ihren Besitzungen, Land, Wäldern, Fischgründen usw. versprochen; nur die Krone durfte Land von den Maori kaufen.

Bald nach Vertragsunterzeichnung kam es zu Problemen und Spannungen um seine Auslegung. Diese Streitigkeiten wurzelten in der Tatsache, dass es den Vertrag in zwei Varianten gab: Englisch und Maori. Diese wichen teilweise voneinander ab. Vor allem die konkrete Umsetzung des Vertrages erbitterte die Maori, weil die britische Krone das den Maori abgekaufte Land zu wesentlich teureren Preisen an Siedler weiterverkaufte. Bis heute beschäftigt die korrekte Auslegung die höchsten Gerichte des Landes und bei den Feierlichkeiten an den Jahrestagen des Vertrages kommt es immer wieder zu heftigen Protesten. In jüngster Vergangenheit gab es Schadensersatzzahlungen an Maori-Stämme, die damit für die widerrechtliche Enteignung von Fischgründen entschädigt wurden. Der Vertrag von Waitangi gilt als Neuseelands Gründungsdokument. Der 6. Februar ist nationaler Feiertag und wird jährlich als „Waitangi Day“ gefeiert.

Waitangi Treaty House

zu moderaten Preisen (48 Marsden Road, Tel. 09 402 6701). Die Straße von *Paihia* nach *Waitangi* verläuft entlang des Sandstrandes der TeTi-Bay. Hinter dem Shipwreck Museum führt die Straße einspurig über eine schmale Brücke direkt zu den **Waitangi Treaty Grounds**, also mitten hinein in Neuseelands Geburtsstätte. Es gibt einen Parkplatz für Wohnmobile. Direkt hinter dem Eingang befindet sich das neue und wirklich beeindruckende Museum „Te Kōngahu Museum of Waitangi". Durch Mangrovenwald, vorbei an Maorisäulen und einem 35 m langen, aus zwei Kauristämmen zusammengesetzten Maori-Kriegskanu, es kann neben den 80 Ruderern 70 Krieger aufnehmen, führt der Weg zu dieser wichtigsten historischen Stätte Neuseelands. Hier wurde am 6. Februar 1840 im **Treaty House** der **Treaty of Waitangi** unterzeichnet. Von der riesigen, gepflegten Rasenfläche vor dem *Treaty House* hat man einen herrlichen Blick auf die Bay of Islands. Das häufig umgebaute Haus ist wenig spektakulär; sein ursprüngliches Aussehen kann nur erahnt werden. Einige Schritte vom *Treaty House* entfernt steht das prunkvolle **Whare Runanga**, ein Maori Meeting House, mit Schnitzereien und Symbolen mehrerer Maori-Stämme aus dem Northland. Es wurde 1934 neben dem *Treaty House* im Stile eines traditionellen Versammlungshauses errichtet und bei der Hundertjahrfeier im Jahre 1940 eingeweiht. Im Visitor Centre wird man in einer ausgezeichneten audiovisuellen Show über die historischen Zusammenhänge informiert. Es empfiehlt sich, eine Führung zu buchen. Besuchen Sie auch die sehr instruktive Abendveranstaltung im

Te Waimate Mission Station

Carved Meeting House mit anschließendem Hangi im **Whare Waka Café** (**Hangi & Concert**, Tel. 0800 9248 2644, www.waitangi.org.nz).

Sie fahren von *Paihia* aus über den SH11 Richtung *Kerikeri*. Nach 4 km biegen Sie rechts ab, um den **Haruru Falls** einen kurzen Besuch abzustatten. Die Wasser des *Waitangi River* stürzen hier kurz vor seiner Mündung hufeisenförmig 5 m in die Tiefe, ein imposantes Schauspiel. Sie finden hier auch einen

beliebten Campingplatz. Etwa 9 km hinter den *Haruru Falls* biegen Sie rechts auf den SH10 ab, dem Sie für 8 km folgen, um dann rechts in die Kerikeri Rd abzubiegen. Schnell werden Sie feststellen, dass Sie sich nun in der ergiebigen **„Fruchtschüssel des Nordlands"** befinden, denn entlang der Straße laden Farmer durch Schilder dazu ein, Käufe ihrer Feldfrüchte in ihrem Hof zu tätigen. Darüber hinaus finden Sie am Wegrand Stände, an denen Orangen, Äpfel, Kiwis, Paprika oder Tomaten auf Selbstbedienungsbasis angeboten werden. Die ebenfalls angebauten Weine können Sie in einer Winery kosten. Immer wieder sind hohe Hecken zu sehen, die die Anbaugebiete vor dem oft heftigen Wind schützen sollen.

Kerikeri Stone Store

In der kleinen Hafenbucht von **Kerikeri** (6 000 Einw.) befindet sich mit dem 1822 gebauten **Kemp House**, das einen guten Einblick in die Zeit der europäischen Besiedlung vermittelt, das älteste Gebäude Neuseelands und mit dem **Stone Store** das älteste Steingebäude des Landes (1835), dessen historische Mauern heute einen kleinen Kramladen beherbergen. Beide Gebäude gehörten zur *Kerikeri Missionsstation,* die 1821-1822 unter Reverend *John Gare Butler* errichtet wurde. Das Missionshaus war die erste ständige Mission Neuseelands, weswegen Kerikeri häufig auch als die „Wiege der Nation" bezeichnet wird. Mit der *St. James Kirche* und der *Methodist Church* befinden sich auch noch zwei Kirchen aus dem 19. Jahrhundert in *Kerikeri.* Im oberhalb des Yachthafens gelegenen Freilichtmuseum **Rewa's Maori Village** ist die Nachbildung eines Maori-Dorfes (Kainga) aus der Zeit vor der Ankunft der Europäer zu bewundern (Sept.-April tgl. 9-17, sonst 10-16 Uhr). Auch das Naturschauspiel der **Rainbow Falls** sollten Sie sich nicht entgehen lassen. Vom nahe gelegenen Parkplatz laufen sie fünf Minuten zu den Wasserfällen, schauen von oben in das *Kerikeri Basin* und können bei Sonnenschein einen Regenbogen bewundern. Vom Rewa's Maori Village Parkplatz aus startet der Kerikeri Walkway, der Sie in einer Stunde zu den Rainbow Falls führt. Unterwegs können Sie die nicht weniger schönen **Wharepuke Falls** bewundern.

Tipp: Gegenüber dem Kemp Haus liegt mit Blick auf den kleinen Hafen das **Pear Tree Bar & Restaurant** (215 Kerikeri Rd, Far North, Tel. 09 407 8479). Auf der sehr schönen Terrasse können Sie das hübsch angerichtete Essen bei dezenter Livemusik genießen. Kunden des Restaurants dürfen mit dem Wohnmobil auf dem Parkplatz kostenlos übernachten! Nur 50 m oberhalb gibt es saubere und gepflegte öffentliche Toiletten.

Blick vom Hone Heke Memorial Park in Kaikohe

Von Kerikeri zum Hokianga Harbour

Wenn Ihr Zeitplan eine Weiterfahrt nach Far North und Cape Reinga nicht vorsieht, können Sie von Kerikeri oder der Bay of Islands aus über den SH12 nach Westen zum Hokianga Harbour fahren. Erste Station sind die **Ngawha Springs**. Die 3 km abseits des Highways liegenden nördlichsten Thermalquellen Neuseelands werden von den Maori schon seit 300 Jahren wegen ihrer heilenden Wirkung genutzt. Für wenig Geld können Sie in der einfachen und rustikal wirkenden Anlage den ganzen Tag verbringen. Die Pools haben unterschiedliche Temperaturen, und ein fauliger Schwefelgeruch ist allgegenwärtig. (**Waiariki Pools**, Ngawha Springs Rd, Ngawha Springs, Tel. 09 405 2245, www.ngawhasprings.co.nz). Unterwegs haben Sie die Gelegenheit eine der ersten Ansiedlungen in Neuseeland zu besuchen, die **Te Waimate Mission Station**.

Wenige Kilometer westlich liegt der kleine gemütliche Ort **Kaikohe**. Geschichtlich Interessierte finden im *Pioneer Village* mehrere restaurierte historische Gebäude, darunter u.a. Neuseelands ältestes Gerichtsgebäude, eine Maori-Hütte, eine Sägemühle, ein Gefängnis, eine Schmiede und eine Schule. Ferner werden auch Ausstellungsstücke zur Maori Kultur gezeigt. Auch eine Fahrt auf den Kaikohe-Hill lohnt sich. Zum einen haben Sie von hier aus einen wunderbaren Blick, zum anderen befindet sich hier die Erinnerungsstätte an einen der größten Maori Häuptlinge, **Hone Heke**. Er war einer der Unterzeichner des Vertrags von Waitangi, begann aber bald an diesem zu zweifeln. Als Zeichen seiner Ablehnung fällte Hone Heke den britischen Fahnenmast auf dem Flagstaff Hill in Russell. Im Verlauf von einem Jahr wiederholte Hone Heke dies noch dreimal, obwohl zuletzt ein ganzes Bataillon britischer Solda-

Wairere Boulders

ten zur Bewachung des Fahnenmastes abgestellt war. Dies führte zum sogenannten *Flagstaff War*, dem ersten Abschnitt der Neuseelandkriege.

(037) WOMO-Stellplatz: Kaikohe - Lindvart Park

GPS: S 35°24'37" E 173°48'13" **Max. WOMOs:** 6
Ausstattung/Lage: Toilette (5 Gehminuten entfernt), Entsorgungsstation nebenan / Parkplatz neben einer Sportanlage.
Zufahrt: Vom SH2 links abbiegen auf die Mangakahia Rd und nach 450 m rechts abbiegen auf die Recreation Rd.
Beurteilung: Kein besonders schöner Ort, aber gut für eine Nacht.

In Taheke, 18 km hinter Kaikohe, zweigt die Taheke-Horeke Rd rechts Richtung Horeke ab. Dieser Abstecher bietet Ihnen zwei Attraktionen. Zunächst die Wairere Boulders und wenig später die Mangungu Mission. Die **Wairere Boulders** sind eine beeindruckende Felsformation, die das Schweizer Ehepaar Rita und Felix Schaad 1987 entdeckten und mit viel Arbeit zur Sehenswürdigkeit ausbauten. Die Felsformation ist das Überbleibsel eines 10 bis 20 Meter dicken vulkanischen Plateaus, das sich aus der Lava eines Vulkanausbruches knapp 3 Millionen Jahre gebildet hat. Über viele hunderttausend Jahre ist die auf einer weichen Lehmunterlage ruhhende Basaltschicht in unzählige bizarre Teile verwittert, die durch Ätzungen entstandene markante Riffelungen aufweisen. Die enorme Erosion erklärt sich durch einen Kauriwald, der über der Basaltschicht entstand. Die Blätter der Kauribäume sind so säurehaltig, dass der Regen die darunterliegenden Felsen im Laufe der Zeit in viele bizarre Formen ausgelaugt hat. Der sehr schön erschlossene Rundgang nimmt 40 Minuten in Anspruch. Eine weitere Stunde benötigen Sie, um durch Regenwald zu einer Plattform am Ende des Tales zu gelangen. Sie dürfen hier auch

Blick auf die Matauri Bay und den Campingplatz

mit ihrem Wohnmobil über Nacht stehen bleiben, falls Sie das Eintrittsgeld für den Park bezahlt haben. Toilette und Picknicktisch sind vorhanden (**Wairere Boulders**, 70 McDonnell Rd, Horeke, Tel. 09 401 9935, tgl. bis Sonnenuntergang). Der 12 km lange Ausflug zu den Wairere Boulders, die letzten 5 km sind ungeteert, lohnt sich unbedingt.

Zwei Kilometer hinter den Boulders treffen Sie auf das **Mangungu Mission House**, ein sehr schönes Holzgebäude aus den Jahren 1838/39. Eine historische Bedeutung erhielt das Missionshaus ein Jahr nach seiner Fertigstellung. Die Maori Häuptlinge der Hokianga Region unterzeichneten hier den Vertrag von Waitangi. Zurück auf dem Highway treffen Sie nach 19 km auf den Abzweig nach Rawene und damit auf die Hauptroute von Tour N02.

Von Kerikeri nach Awanui

Auf der Weiterfahrt nach Norden (Far North) empfehlen wir 16 km hinter Kerikeri rechts in die Matauri Bay Road einzubiegen, um dem Traumstrand an der **Matauri Bay** einen Besuch abzustatten. Nach 14 km bleiben Sie in dem gleichnamigen Ort auf der Matauri Bay Road und haben bald einen überwältigenden Blick auf die Bucht und die vorgelagerten Cavalli Islands.

Am Nordende der Bucht führt ein Weg eine Anhöhe hinauf zu dem **Rainbow Warrior Memorial**. Das Denkmal des Künstlers Chris Booths ist ein aus Steinen zusammengesetzter Bogen, der einen Regenbogen stilisieren soll. An ihm ist die Original-Schiffsschraube des Greenpeace-Schiffs befestigt, das am 10. Juli 1985 von einem vom französischen Geheimdienst ausgeführten Bombenanschlag versenkt wurde. Ein noch heute unfassbarer barbarischer Akt. Neben dem Memorial ist auf

Rainbow Warrior Memorial

einem Stein die Lage des nicht sehr weit entfernt liegenden Wracks eingemeißelt. Im Matauri Bay Holiday Park werden Tauchgänge zum Frack angeboten. Neben dem Holiday Park liegt ein einfacher Platz, der fast ausschließlich von Maori bevölkert ist. Die Bucht ist im Besitz des Ngati Kura Stammes, dessen historisches Kanu *Mataatua* nicht weit entfernt auf dem Grunde des Meeres liegt.

(038) WOMO-Campingplatz-Tipp: Matauri Bay Holiday Park

GPS: S 35°1'43" E 173°54'51". **WOMOs:** 51 Stellplätze mit Strom.
Ausstattung/Lage: Standard / Direkt am Strand der Matauri Bay.
Preiskategorie 3. **Zufahrt**: Vom SH10 in die Matauri Rd abbiegen. Nach 14 km nicht links dem Scenic Drive folgen, sondern auf der Matauri Rd bleiben. Diese bringt sie nach 3 km zum Platz.
Kontakt:
Matauri Bay Road, Matauri Bay, Tel. 09 405 0525, www.matauribayholidaypark.co.nz.
Hinweis:
Der Platz ist bei Neuseeländern sehr beliebt und in der Ferienzeit oft ausgebucht. Er beherbergt eine Tauchbasis, von der aus Tauchgänge zum Frack der Rainbow Warrior angeboten werden. Der Weg zum Rainbow Warrior Memorial startet am östlichen Ende des Platzes.

Beurteilung: Schon die Fahrt hinab in die Bay bietet einen traumhaften Ausblick. Die Stellplätze liegen wunderbar zwischen der Matauri Bay und der Putataua Bay. Goldgelber, feiner Sandstrand. Sicheres Schwimmen in der Bucht ist möglich. Am Strand gibt es gut ein Dutzend großer Norfolk Pinien. Der Zustand der Plätze und die Qualität der Sanitäreinrichtungen können mit dieser Schönheit nicht mithalten.

Blick auf die Matauri Bay und vorgelagerte Inseln

Zurück im Ort **Matauri Bay** können Sie die hübsche *Samuel Marsden Memorial Church* besichtigen, die an die Anlandung des Missionars 1814 und seine Vermittlungstätigkeit zwischen Maori Stämmen erinnert. Sie fahren nicht direkt zurück zum SH10, sondern folgen der Wainui Road, die sich bald an der Küste entlangschlängelt. In Tauranga Bay gibt es einen sehr schön gelegenen Campingplatz. Kurz bevor Sie wieder auf den SH10 treffen, erreichen Sie **Whangaroa** mit einem bei Hochseefischern beliebten Hafen. Die Stadt bezeichnet sich selbst als „Marlin Capital", Ausflugsfahrten werden angeboten. Vom 230 m hohen St Pauls Rock (30 Min.) haben Sie einen wunderbaren Blick auf den Ort und die tief ins Landesinnere reichende Meeresbucht Whangaroa Harbour.

(039) WOMO-Campingplatz: Hihi Beach Holiday Camp
GPS: S 34°58'8,5" E 173°32'20". **WOMOs:** 31 Stellplätze mit Strom.
Ausstattung/Lage: Standard / Durch die Straße von der Doubtless Bay getrennt. **Preiskategorie 3**
Zufahrt: 5 km vor Mangonui biegen Sie rechts vom SH10 ab und folgen der Hihi Beach Road 5 km. Der Platz liegt rechts.
Kontakt: Hihi Beach Road, Tel. 09 406 0307, www.hihicamp.co.nz.
Beurteilung: Einfacher, friedvoller und grüner Platz

Der SH10 führt zunächst am Whangaroa Harbour entlang und verläuft dann im Hinterland. Kurz bevor er wieder die Küste erreicht, können Sie rechts nach Hihi abbiegen und auf einem ruhig gelegenen Campingplatz relaxen. Der SH10 trifft nach dieser Abzweigung bald auf die mit langen Sandstränden geschmückte **Doubtless Bay**. Mal wieder war *Captain Cook* der Namensgeber, der bei seiner Ankunft meinte, dieses Gewässer wäre „doubtless a bay". Im Südosten mündet der *Oruati River* in die *Doubtless Bay* und bildet den Naturhafen **Mangonui**

Tauranga Bay Holiday Park

Harbour, der durch die Halbinsel *Osprey Head* von der Bucht getrennt ist. Zentrum der *Doubtless Bay* ist der historische Ort **Mangonui**, westlich davon erstrecken sich diverse Vororte wie *Coopers Beach* oder *Cable Bay*.

(040) WOMO-Stellplatz: Mangonui Lions Park

GPS: S 34°59'45" E 173°32'5". **Max. WOMOs:** 5
Ausstattung/Lage: Toilette, Entsorgungsstation / Parkplatz mit Bäumen.
Zufahrt: An der Nebenstrasse nach Mangonui (Waterfront Drive).
Beurteilung: Netter Platz. Trotz der Nähe zur Straße ist das Krähen des Hahnes das lauteste Geräusch.

(041) WOMO-Campingplatz-Tipp: Whatuwhiwhi Top 10

GPS: S 34°52'28" E 173°23'24". **WOMOs:** 17 Stellplätze mit Strom.
Ausstattung/Lage: Spielplatz / Direkt hinter der Straße liegt die romantische Perehipe Beach.
Preiskategorie 4
Zufahrt: 18 km vom SH10 entfernt, gut ausgeschildert.
Kontakt: 17 Whatuwhiwhi Road, Whatuwhiwhi, Tel. 0800 142 444, www.whatuwhiwhitop10.co.nz
Beurteilung: Sehr gepflegter und ruhig liegender Platz mit großen Stellplätzen auf Gras. Gute und saubere Sanitäranlagen, aber wenig Duschkabinen.

Blick vom DOC Platz auf die Matai Bay

In Mangonui lohnt ein Stopp unbedingt, denn zwischen den historischen Gebäuden befinden sich zahlreiche Souvenirläden und Cafés. Sie finden im Ort auch den weithin bekannten **Mangonui Fish Shop**, der immer wieder Preise für die besten „Fish & Chips“ des Landes bekommt. In *Mangonui* kann man Bootstouren und Schwimmen mit Delfinen buchen. Sportfischer können Boote chartern, und es gibt Angebote zum Tauchen oder zum Mieten von Kajaks.

(042) WOMO-Badeplatz: Matai Bay - DOC Scenic

GPS: S 34°49'47" E 173°24'27". **Max. WOMOs:** 100
Ausstattung/Lage: Toilette, kalte Dusche / An der Matai Bay, am Ende der Karikari Halbinsel. **Preiskategorie 2**
Zufahrt: Vom SH10 auf die Inland Rd und später auf die Matai Bay Rd abbiegen. Die letzten 1,3 km sind Schotterstraße.
Beurteilung: Großer Grasplatz auf mehreren Ebenen. Uns hat es oben am besten gefallen. An der Dünen Kante darf man zwar nicht mit dem Womo stehen, aber Tisch und Stühle können Sie sehr wohl mit dorthin nehmen. Der Blick auf die Bucht und den Strand sind einfach umwerfend. Manchmal sind Delfine und sogar Orcas zu sehen. Ein abgelegenes Juwel! Wandern Sie den Matai Bay Headland Track.
Hinweis: Keine Buchung möglich. Wer zuerst kommt, mahlt zuerst.

(043) WOMO-Campingplatz: Awanui Norfolk Motel & Campervan Park

GPS: S 35°2'46" E 173°15'33". **WOMOs:** 12 Stellplätze mit Strom.
Ausstattung/Lage: Spielplatz, Swimmingpool, Spapool / Hinter dem Hotel.
Preiskategorie 3
Zufahrt: 150 m bevor der SH10 auf den SH1 trifft links abbiegen.
Kontakt: 29 SH10, Awanui, Tel. 0800 266 736, www.norfolkmotel.co.nz
Beurteilung: Saubere Sanitäreinrichtungen. Gut für eine Nacht.

Die Doubtless Bay wird an ihrer Nord- und Westseite von der **Karikari Peninsula** begrenzt. Hier liegen die Orte **Wha-**

tuwhiwhi und **Tokerau Beach.** Der gleichnamige Sandstrand zieht sich über die gesamte Westseite der Bucht nach Süden. Sie verlassen Mangonui auf dem SH10 und erreichen nach ca. 30 km

Aus einem Kauristamm gefertigte Bank

Awanui. **Awanui** ist ein kleiner, 350 Einwohner zählender Ort, an der Basis der *Aupori Peninsula*, an deren Nordspitze **Cape Reinga** liegt. Der *Awanui River* fließt durch den Ort Richtung Norden in die *Rangaunu Bay*. In den 1920er Jahren wurde Kauriholz und Kauriharz aus *Kaitaia* über *Awanui* an die Küste gebracht. Wir empfehlen einen Blick in den am SH1 liegenden Show Room der Firma *Ancient Kauri Kingdom* zu werfen, in dem aus ausgegrabenen alten Baumstümpfen der Urwaldriesen gearbeitete Möbel, Skulpturen und Gebrauchsgegenstände zu bewundern und zu kaufen sind. In *Awanui* trifft der SH10 wieder auf den SH1.

(044) WOMO-Stellplatz: Awanui Sports Complex

GPS: S 35°2'37" E 173°15'21" **Max. WOMOs:** 6
Ausstattung/Lage: Nichts / Parkplatz neben einem Rugby Feld.
Zufahrt: Vom SH10 rechts auf SH1 abbiegen. Nach 300 m links.
Beurteilung: Gute freie Übernachtungsmöglichkeit. Caretaker ist vor Ort.

Sie müssen sich nun entscheiden, ob Sie dem Camper zum *Cape Reinga* fahren wollen oder aber eine organisierte Bustour vorziehen. Wenn Sie den gewaltigen Sandstrand der **Ninety Mile Beach** hautnah genießen wollen, müssen Sie auf

Cape Reinga - Zusammentreffen der Meere

Ihr Wohnmobil verzichten und mit einem der Spezialbusse vorliebnehmen. Die Fahrt mit dem Wohnmobil ist auf dem breiten harten Sandstrand prinzipiell möglich. Wir raten davon jedoch dringend ab. Die Gefahren und Risiken sind zu groß. Wenn Sie einen Blick auf die Ninety Mile Beach werfen wollen, wählen sie eine der Zufahrtsstraßen, am besten gleich die waipapakauri ramp, 6 km nördlich Awanui. Parken Sie wenn es sandig wird und laufen die restliche Strecke.

Bustour zum Cape Reinga

Die Touren starten in der Regel im 8 km südlich gelegenen *Kaitaia*. Wer sich in Absprache mit dem Veranstalter in *Awanui* für die Tour auflesen lassen will, kann hier im Ninety Mile Beach Holiday Park übernachten, schöne Lage, schlechte Kritiken. Auch im von uns empfohlenen Campingplatz in **Ahipara** werden Sie zu den Touren abgeholt. Auch in Mangonui und sogar in Paihia starten Bustouren zum Cape Reinga. Letztere 11-stündige Tour macht aus unserer Sicht für Wohnmobilreisende keinen Sinn.

Eine Bustour zum **Cape Reinga** dauert den ganzen Tag und schließt ein Picknick zur Mittagszeit mit ein. Am *Cape Reinga* legt der Bus eine 45-minütige Pause ein. Das ist für diesen stimmungsvollen Ort etwas kurz. Ein 10-minütiger Spaziergang führt Sie zum Leuchtturm und dem dahinterliegenden Aussichtspunkt auf das Kap. An den hohen Sanddünen am **Te Paki Stream** halten die Busse, um Sandschlittenfahren zu ermöglichen. Wer will, kann sich einen Plastikschlitten schnappen, die Düne hinaufsteigen und in rasanter Fahrt zum Fluss hinunter flitzen. Zunächst eine Klarstellung: Die **Ninety Mile Beach** ist tatsächlich nur 64 Meilen (103 km) lang. Die Bus-

Cape Maria von Diemen

se befahren die *Ninety Mile Beach* fast in ihrer vollen Länge zwischen der Mündung des *Te Paki Stream* und der *waipapakauri beach*. Sie jagen bei Ebbe mit etwa 100 km/h den festen Sandstrand entlang und verlangsamen ihre Fahrt nur gelegentlich im Mündungsbereich eines der kleinen Wasserläufe, die sich in die *Tasmansee* ergießen. Der Rest der Rundreise führt über den SH1. Ob die *Ninety Mile Beach* auf der Hinfahrt zum *Cape Reinga* oder erst der Rückfahrt befahren wird, hängt von den Gezeiten ab. Die Tour wird in der beschriebenen Art von mehreren Busunternehmen angeboten und kann auf jedem Campingplatz und in jeder i-SITE gebucht werden. Wir können sie sehr empfehlen. Busunternehmen mit Start in Kaitaia und Ahipara:

Harrison Cape Runner, 123 North Rd, Kaitaia, Tel. 0800 227 373, www.harrisonscapereingatours.co.nz

Sand Safaries, 36 Wireless Rd, Kaitaia, Tel. 0800 869 090, www.sandsafaris.co.nz

Mit dem Wohnmobil zum Cape Reinga

Die Fahrt mit dem Wohnmobil lohnt wegen der einzigartigen Landschaftsbilder und der freien Zeiteinteilung. Sie können Ihre Pausen selbst gestalten, länger am stimmungsvollen Cape Reinga verweilen, Wanderungen unternehmen und sogar eine Übernachtung auf der **Aupouri Halbinsel** einplanen. Wenn Sie den nahe des Kaps an einem tollen Strand gelegenen DOC Campingplatz Tapotupotu wählen, können Sie am Nachmittag oder vielleicht sogar bei Sonnenuntergang Cape Reinga besuchen und gleich wieder am nächsten Morgen, bevor die Busse eintreffen.

Cape Reinga - Leuchtturm

Der 103 km lange Weg zum *Cape Reinga* führt durch das leicht hügelige Innere der Halbinsel. Der gut zu fahrende SH1, der Sie dorthin bringen wird, ist seit 2010 durchgängig geteert. Die Straße ist wenig befahren, und ab und zu gibt es Haltemöglichkeiten mit schöner Aussicht auf Wald, grüne Wiesen und das Meer. Es gibt einige Rinderfarmen, und auf der Westseite wird der Blick zur Ninty Mile Beach durch Kiefernwald verstellt. Es gibt nur wenige Ansiedlungen, die meisten Menschen leben im Hafenstädtchen Houhora am flachen Houhora Harbour. Wesentliche Wirtschaftszweige der ländlichen Halbinsel sind heute Forst- und Fischereiwirtschaft sowie der Anbau von Avocados. Die Halbinsel ist zudem bekannt für ihre Wildpferde. Im März kommt es in jedem Jahr zu einem sehr speziellen Langlaufwettbewerb, dem **Te Houtawea Challenge**. Dann werden an der Ninety Mile Beach ein 60 km Ultra-Marathon, ein Marathon und ein Halbmarathon ausgetragen. Begleitveranstaltungen werden Ihnen obendrein geboten.

(045) WOMO-Stellplatz: Lake Waiparera

GPS: S 34°56'44" E 173°11'13". **Max. WOMOs**: 4
Ausstattung/Lage: Toilette, Picknicktisch / Großer Grasplatz am See.
Zufahrt: 500 m nördlich Waiharara ist die Zufahrt zum See ausgeschildert. 200 m Schotterstraße.
Beurteilung: Ruhig gelegener großer etwas unebener Grasplatz am Lake Waiparera. Genießen sie ein Dinner in der Abendsonne am komfortablen Picknicktisch unter einer großen Pinie.
Hinweis: Maximal vier Wohnmobile erlaubt, maximal eine Nacht. Die Toilette liegt in der Einfahrt rechts (wenig appetitliches Plumpsklo).

Anfang des 20. Jahrhunderts befand sich die südliche Halbinsel fest in der Hand aus Dalmatien stammender Gumdigger. Sie suchten in der Erde nach den von den Kaurifichten stammenden riesigen Harzklumpen, dem neuseeländischen Bernstein. Im *Gumdiggers Park* können Sie das Leben und Arbeiten der Gumdigger nachvollziehen. Er liegt 16 km nordwestlich

Sanddüne am Te Paki Stream - Sandboarding

von *Awanui* nahe *Waiharara*. Von Ende des 19. bis weit in das 20. Jahrhundert trug der Handel mit Kauriharz ganz wesentlich zum Wohlstand des Northlands bei. Kurz hinter Waiharara haben Sie am *Lake Waiparera* eine schöne Möglichkeit zur freien Übernachtung.

Das auf Ostseite der Halbinsel am *Houhora Harbour* liegende **Houhora** erreichen Sie 17 km hinter dem Lake Waiparera. Der 900 Seelen-Ort besteht aus den Ortschaften Raio ,Pukenui, Te Raupo und Waihopo die wie an einer Perlenschnur hintereinander aufgereiht liegen. Davor zweigt eine 3 km lange Straße nach Houhora Heads ab. Dort finden Sie den Wagener Holiday Park. Der Naturhafen Houhora Harbour ist 9 km lang und tidenabhängig bis 1 km breit. An der Nordspitze befindet sich eine 236 m hohe Erhebung, die am 10. Dezember 1789 von James Cook den Namen **Mt. Camel** erhielt. Der Houhora Harbour ist ein wahres Naturparadies mit Feuchtgebieten, Wildlife und Stränden.

(046) WOMO-Campingplatz-Tipp: Wagener Holiday Park

GPS: S 34°49'27" E 173°8'53". **WOMOs:** 120 Stellplätze mit Strom.

Ausstattung/Lage: Spielplatz, Pool / Am Houhora Harbour

Preiskategorie 3

Zufahrt: Vom SH1 rechts in die Houhora Heads Rd einbiegen, 2 km fahren. **Kontakt:** 214 Houhora Heads Road, Houhora Heads, Tel. 09 409 8564, www.wagenerholidaypark.co.nz

Beurteilung: Die Sanitäranlagen sind recht bescheiden und die Plätze uneben, dafür ist die Lage an der Einfahrt zum Houhora Harbour märchenhaft. Suchen Sie sich einen Platz mit guter Sicht auf den Naturhafen! Der Wagener Holiday Park kann auf eine lange Tradition zurückblicken. Die Familie Wagener gehörte zu den ersten Pionieren der Region.

Houhora Harbour mit Mt Camel

Vom Steg in Houhora kann man mit einigem Glück Orcas und Delfine beobachten. Sie jagen hier die Stachelrochen, die in der geschützten Bucht zahlreich zu finden sind. Besonders lohnenswert ist ein Ausflug ins Arethusa Reserve, welches 10 Minuten westlich vom Ortszentrum zu finden ist. Die neuseeländische Naturschutzorganisation Forest and Bird hat hier im Buchenwald und den Feuchtgebieten ganze Arbeit geleistet. Neben seltenen grauen Enten leben hier Elsternscharben, Paradieskasarka, Eisvögel und Flusssumpfhühner. Im Ort finden Sie direkt am Steg einen 4Square Minimarkt und die letzte zuverlässige Tankmöglichkeit vor Cape Reinga. Das Pukenui Pacific Bar & Café (816 Far North Rd, Tel. 09 409 8816) bietet reichhaltige Kost bei schönem Ausblick auf den Hafen und die historische Houhora Tavern (Saleyard Ave, Pukenui, Tel. 09 409 8805) ist das nördlichste Pub Neuseelands.

Cape Reinga - Absprungplatz der Seelen

Von Houhora zum Cape Reinga haben Sie noch 67 km zurückzulegen. Der letzte Abschnitt der ruhigen Fahrt bietet Ihnen wahrhaft überwältigende Ausblicke. Auf Ihrer linken Seite (im Westen) liegt die Küste der Tasmanischen See. Besonders beeindrucken werden Sie sicherlich die großen Sanddünen des **Cape Maria van Diemen**. Bei einer 30-minütigen Wanderung zur Te Werahi Beach, kommen Sie diesem fotogenen Ort noch viel näher.

Zunächst aber fahren Sie zum großen Parkplatz am Ende der Straße, der saubere öffentliche Toiletten für Sie bereithält. Schon der 10-minütige Fußmarsch zu dem malerisch auf einer Klippe gelegenen Leuchtturm ist eine wahre Freude. Sie befinden sich nun ca. 160 Meter über dem Meer und haben

Tapotupotu Beach

alles im Blick. Neben dem von dem holländischen Seefahrer Abel Tasman so genannten Cape Maria van Diemen sehen Sie im Osten das North Cape und bei guter Sicht die vorgelagerten **Three Kings Ilands**.

Etwas westlich unterhalb des Leuchtturms vereinigen sich der Pazifische Ozean und die Tasmanische See. Das geht nicht ohne einiges Schäumen ab, denn es gilt Unterschiede in den Gezeiten auszugleichen. Auch Sie werden sicherlich die besondere Magie dieses Ortes empfinden und hier eine Weile verharren. Eine ganz besondere Bedeutung hat Cape Reinga für die Maori. In Ihrer Mythologie reisen die Seelen der Verstorbenen entlang der Ninety Mile Beach, um Aotearoa vom Cape Reinga aus über die Wurzeln eines 800 Jahre alten Pohutukawa-Baums in Richtung ihrer Vorfahren nach Hawaiki zu verlassen. Das Maori Wort "Reinga" bedeutet so viel wie "Unterwelt". Ein anderer Maori-Name für diesen bedeutungsvollen Ort ist "Te Rerenga Wairua", was sich in Etwa mit "Absprungplatz der Seelen" übersetzten lässt.

(047) WOMO-Badeplatz: Tapotupotu Beach - DOC Standard

GPS: S 34°26'14" E 172°42'58". **WOMOs**: 45 Stellplätze.
Ausstattung/Lage: Modernes Plumpsklo, kalte Duschen / An der Mündung des Tapotupotu Stream in die Tapotupotu Bay.
Preiskategorie 1
In der Hochsaison gibt es einen Host, ansonsten Selbstregistrierung.
Zufahrt: Drei Kilometer vor Cape Reinga rechts in die Tapotupotu Rd abbiegen, und die breite Schotterstraße hinab zur Beach fahren, teilweise starke Steigung. **Kontakt:** Tel. 09 470 3300
Beurteilung: Großartiger Platz an einem traumhaften Strand.

Das Cape Reinga mit seinem viel fotografierten Leuchtturm wird oft als Neuseelands nördlichster Punkt bezeichnet. Dieser liegt tatsächlich weiter im Osten, an den **Surville Cliffs**. Deren

Das südliche Ende der Ninety Mile Beach

Antipoden liegen ziemlich genau bei Rabat an der Küste Marokkos. Die Surville Cliffs sind nur über unwegsame Pisten zu erreichen und in Maori-Besitz. Einer weiteren Maori-Legende zufolge zog der Halbgott Maui, auf der Südinsel (seinem Kanu) sitzend, einen Fisch aus dem Wasser, die Nordinsel Neuseelands. Das **North Cape** und Cape Reinga bilden zusammen den Fischschwanz (Te Hika o te Ika) der Nordinsel.

Am Leuchtturm starten einige Wanderwege: zur **Te Werahi Beach** (30 Min, Schwimmen ist gefährlich!), zur **Sandy Bay** (30 Min) und weiter zur **Tapotupotu Bay** mit DOC Campingplatz (120 Min). Außerdem der 134 km lange **Cape Reinga Walkway** entlang des Ninety Mile Beach, der in drei Tagen bewältigt werden kann. Auf dem Rückweg nach Awanui empfehlen wir Ihnen einen Besuch der bezaubernden **Tapotupotu Bay**, auch wenn Sie auf dem dortigen DOC-Campingplatz nicht übernachten wollen. Bereits nach zwei Kilometern führt links eine breite, 3 km lange und teilweise steile Schotterstraße hinab zur Bucht. Um die Mittagszeit kann Ihnen durchaus einer der Tourbusse entgegenkommen, denn diese legen hier ihre Lunchpause ein. Zuletzt eröffnet sich Ihnen ein großartiger Blick auf die malerische Bucht, die von einer dicht bewaldeten Hügelkette eingefasst wird. Im Dezember bilden die rot blühenden Pohutukawa Bäume einen prächtigen Farbkontrast zum türkisblauen Wasser. Die Straße endet auf einem Besucherparkplatz, auf dem Sie eine Picknick- und Badepause einlegen können. Kinder können bei Ebbe sicher am kleinen Flüsschen spielen, das am Ende der Bucht mündet. Bei Flut wird vor dem Schwimmen gewarnt. Es kostet allerdings einige Überwindung, nicht in die herrlichen Wellen hinein zu springen. Auf beiden Seiten der Bucht führen Wanderwege hinauf auf die umgebenden Hügel. Auch wenn Sie keine längere Wanderung machen

Ahipara Bay

wollen, lohnt sich die Besteigung der Bergkuppen wegen des tollen Ausblickes. Am Ende der Bucht liegt der Campingplatz und dahinter ein Mangrovenwäldchen, durch das Sie auf einem Holzsteg wandern können.

Von Awanui zum Hokianga Harbour

Im 5 600 Einwohner zählenden **Kaitaia** (Stadtmotto: „Where Journeys begin") befindet sich nahe der i-SITE ein sehenswertes Lokalmuseum. Das **The Far North Regional Museum** (Ecke South Rd & Matthews Ave, Tel. 09 408 9454, wochentags von 9 bis 16 Uhr) informiert über die Besiedlungsgeschichte sowohl der Maori, als auch der ersten Pakehas, die hier als *gumdigger* das begehrte Kauriharz sammelten. Eine erstaunlich große Zahl schön polierter Exponate dieses Bernstein Neuseelands sind hier zu bewundern. Kaitaia bedeutet so viel wie „im Überfluss vorhandenes Essen", was sich in der Region vorwiegend auf Fisch und Meeresfrüchte bezieht. Im zentral gelegenen **Bushman's Hut Restaurant** (5 Bank Sreet, Kaitaia, Tel. 09 408 4320) bekommen Sie auch saftige Steaks. Jeden Samstag ist in Kaitaia Markttag. Auf dem typischen Farmers Market bekommen Sie frisches, lokal angebautes Obst und Gemüse, allerlei andere lokal hergestellte Produkte und Meeresfrüchte. Der **Kaitaia Walkway** (1,5 h, 4 km, hin und zurück) führt durch Busch zu einem Kauriwäldchen. Den Startpunkt der Wanderung erreichen Sie, wenn Sie von Kaitaia aus den SH1 3 km in südlicher Richtung fahren und dann rechts abbiegen. Der Larmer Road bis zum Ende folgen, der Track ist ausgeschildert.

Von Kaitaia kommend erreichen Sie über eine Nebenstrecke nach 14 km die 1000-Einwohner-Gemeinde **Ahipara**, deren *Ahipara Bay* bei Surfern Kultstatus genießt. Der Ort *Ahipara* verströmt mit seiner Kombination aus Designerhäusern und alten, leicht verwitterten Ferienhäusern einen besonderen Charme. In vielen Reiseführern kommt dieser reizvolle Ort zu kurz. Der lange Strand bietet genug Platz zum Strandsegeln, zu Pferdeausflügen oder einfach nur zum Genießen der salzigen Luft beim Spaziergang. Da die Bustouren zum Cape Reinga auch in Ahipara starten, empfehlen wir Ihnen, hier zu übernachten. Dies können Sie im Ahipara Motor Camp, das etwa 300 m von der Küste entfernt liegt (siehe Kasten). Etwa 4 km südöstlich von Ahipara liegen die *Ahipara Gum Fields*, in denen die Pioniere das kostbare Kauriharz aus dem Boden buddelten. Es wurde in der nahen *Shipwreck Bay* (bei Ebbe werden mehrere Schiffswracks sichtbar) auf Schiffe verladen und nach *Auckland* transportiert. Am Ende der *Shipwreck Bay* befindet sich ein wunderbar gelegener, aber sehr einfacher Campingplatz ohne Stromanschlüsse (Te Kohanga).

(048) WOMO-Campingplatz-Tipp: Ahipara Kiwi HP

GPS: S 35°9'37" E 173°9'42". **WOMOs:** 77 Stellplätze mit Stromanschluss.
Ausstattung/Lage: Spielplatz / Im Grünen, ruhig.
Preiskategorie 3

Zufahrt: In Ahipara rechts in die Takahe Road abbiegen und dieser ca. 1 km folgen. Der Platz liegt rechts vor dem Golfplatz.
Kontakt: 164-170 Takahe Street, Ahipara, Tel. 0800 888 988, www.ahiparaholidaypark.co.nz
Beurteilung: Sehr ansprechende und ruhig gelegene Anlage mit hübschen, bepflanzten Stellplätzen und großem Kommunikationsbereich, der auch von Backpackern genutzt wird. Über die Kaka Street gelangt man nach 600 m zur Beach. Abholung zu Cape Reinga Bus Touren.

(049) WOMO-Stellplatz: Raetea North Side DOC Basic

GPS: S 35°10'9" E 173°26'1". **Max. WOMOs:** 20
Ausstattung/Lage: Plumpsklo / Am Wald.
Zufahrt: 18 km hinter Kaitaia am SH1 rechts.
Beurteilung: DOC Basic Campsite mit großer Wiese am Waldrand, nahe SH1. Um zur Toilette zu gelangen, müssen Sie - mit oder ohne Wohnmobil - einen Bach überqueren. Die Idylle des Platzes kann durch Trucks am nahen Highway gestört werden.

In Kaitaia beginnt Ihre Rückreise nach Auckland entlang der Westseite des Nordlandes. Die Küstenlinie verläuft hier, im Gegensatz zur reich gegliederten Ostküste, sehr geradlinig. Unterbrochen wird der endlose Sandstrand im Wesentlichen nur durch den **Hokianga Harbour**, einen weit verzweigten und rund 32 km langen Meeresarm, der tief in das Land hineinführt. Sie folgen zunächst 37 km dem SH1 durch die *Mangamuka Ranges* gen Süden. Die Strecke ist sehr hügelig und kurvig. Der Abschnitt durch dichten Wald vorbei an Raetea und der Mangamuka Gorge ist ausgesprochen reizvoll. Unterwegs erreichen Sie eine Höhe von mehr als 400 m. Vor der Mangamuka Bridge biegen Sie rechts ab, folgen der Mangamuka Rd für etwa 10 km und biegen dann links Richtung Kohukohu ab. Nachdem in **Kohukohu** das originelle Café The Waterline geschlossen hat, gibt es kein Café mehr, das direkt am Wasser liegt. Sie steuern nun die 3 km entfernte Anlegestelle **Narrows Landing** an und setzen mit der Fähre, die Ihnen einen 70 km Umweg über *Kaikohe* erspart, nach *Rawene* über, wobei Sie den **Hokianga Harbour** überqueren.

(050) WOMO-Campingplatz-Tipp: Rawene Holiday Park

GPS: S 35°24'11" E 173°30'11". **WOMOs:** 26 Stellplätze mit Strom.
Ausstattung/Lage: Pool, BBQ / Auf einem Hügel, von ursprünglichem „native bush" umgeben. **Preiskategorie 2**

Zufahrt: Vom Fähranleger kommend biegen Sie nach 750 m von der Parnell St rechts in die Birch St ab, nach 200 m rechts in die Mariner St und nach 400 m links in die Manning St. Einfahrt zum Platz ist links.
Kontakt: 1 Marmon St West, Rawene, Tel. 09 405 7720, www.rawene-holidaypark.co.nz
Hinweis: Die Zufahrt ist recht steil und eng und ist für Wohnmobile von über 8 m Länge nicht geeignet.
Beurteilung: Toller Rundumblick durch das Buschwerk auf den Hokianga Harbour. Wunderschöne und liebevoll gepflegte kleine Anlage mit ausgezeichneten Sanitäreinrichtungen.

Sanddüne am Hokianga Harbour

In der kleinen Ansiedlung **Rawene** befinden sich zahlreiche historische Gebäude. Das *Clendon House,* errichtet 1860 durch den Händler *James Clendon*, das *Manison Hotel* aus dem Jahre 1875, die *Methodist Church* von 1876 und das *Gerichtsgebäude* von 1876. Sehenswert sind auch das *Wharf House*, das heute ein Restaurant beherbergt, und das *Rawene Hotel*. Besichtigen können Sie nur das Clendon House (Nov-April, Sa, So und Mo, 10-16 Uhr). Neben der Westpack-Bank ist das Maori-Kanu *Te Hawera* aufgebaut. Wer Lust auf Natur bekommt, sollte den **Mangrove Walkway** entlangspazieren, der durch das umliegende Feuchtgebiet führt. Direkt am Strand, auf der ausladenden Terrasse des **Copthorne Hotel**, kann man sich anschließend mit einem ausgezeichneten Kaffee verwöhnen lassen. Wunderbar auf einem Hügel des Ortes gelegen befindet sich ein bezaubernder Campingplatz.

Von *Rawene* aus fahren Sie auf der Rawene Road Richtung Süden und biegen nach 5,5 km rechts auf den SH12 ab und erreichen nach weiteren 12 km **Opononi**, das langsam in das 3,5 km dahinter liegende **Omapere** übergeht. Auf der Fahrt haben Sie einen wunderbaren Blick auf die riesige goldgelbe Dünenlandschaft auf der Nordseite des *Hokianga Harbour*. Mit dem Wassertaxi können Sie sich übersetzen und später wieder abholen lassen. Ein beliebtes Vergnügen ist, eine Düne hochzuklettern und auf Plastikschlitten in rasantem Tempo wieder hinunterzurutschen. *Opononi* wurde schon 1956 einer Attraktion beraubt, als der zutrauliche Delfin *Opo*, der Kinder auf seinem Rücken reiten ließ, einen Tag vor Inkrafttreten eines Sondergesetzes zu seinem Schutz erschossen aufgefunden wurde! In der i-SITE in *Omapere* können Sie sich in einem sehenswerten Video anschauen, welchen Rummel es damals

Four Sisters - Waipoua Kauri Forest

um den lustigen Delfin gab. Der kleine Sandstrand war über und über mit Menschen bevölkert, die alle den Delfin berühren wollten. Die auch in Deutschland ausgestrahlte amerikanische TV-Serie Flipper wurde durch die Ereignisse um *Opo* inspiriert.

Omapere bietet Muscheln und fangfrischen Fisch als kulinarische Spezialitäten und ein breites Angebot an Wanderwegen. Wir können Ihnen einen Besuch des **Copthorne Hotel & Resort** sehr empfehlen. Auf der Terrasse des 3-Sterne-Hotels haben Sie einen wunderbaren Blick auf die direkt gegenüberliegenden Sanddünen und zudem eine delikate Auswahl an traditionellen Gerichten der neuseeländischen Küche. Genießen Sie eine der Meeresfrüchtespezialitäten mit Aussicht auf den Hokianga Harbour.

(051) WOMO-Wanderplatz: Arai te Uru - Scenic Lookout
GPS: S 35°32'18" E 173°22'21". **Max. WOMOs:** 8
Ausstattung/Lage: Picknicktische / Parkplatz zum Aussichtspunkt auf die Sanddüne des Hokianga Harbours (North Head Sand Dunes).
Zufahrt: Sie biegen nahe Omapere in die Signal Rd ein und folgen dieser 1 km. **Beurteilung:** Tagsüber ist viel los, am Nachmittag wird es ruhiger. Es ist wunderbar, morgens mit Blick auf den Hokianga Harbour an einem der Picknicktische zu frühstücken. Sie laufen 10 Minuten zum South Head Aussichtspunkt. Der Coastal Walkway zu verschiedenen Stränden startet hier.

Den besten Blick auf die beeindruckenden Sanddünen haben Sie von der Landspitze westlich von *Omapere* aus. Sie folgen der Signal Station Road bis zum Parkplatz und gelangen nach einer wunderbaren kleinen Wanderung über den **Arai Te Uru Heritage Walk** bis zur Landspitze. 12 km hinter *Omapere* haben Sie die Gelegenheit, vom SH12 abzubiegen und einen Spaziergang zu einem Wasserfall zu unternehmen. Eine unbefestigte Straße bringt Sie nach 3 km zum Ausgangspunkt des beliebten **Waiotemarama Walk**. Die Wanderung führt durch ein Tal mit Nikau-Palmen, Farnen und Kauris zu einem kleinen Wasserfall (40 Minuten hin und zurück). Auch ein dreistündiger Rundweg startet hier.

Waipoua Kauri Forest

Der Waipoua Kauri Forest bietet dem Besucher den größten zusammenhängenden Bestand an Kauribäumen und ist gleichzeitig Neuseelands größter subtropischer Regenwald. In dem 91 km² großen Areal wachsen drei Viertel der erhalten gebliebenen Kauribäume Neuseelands. Da diese Fichtensorte durch ihr sehr hartes Holz, den geraden Wuchs und die erhebliche Höhe von besonderem Interesse für den Bootsbau der Maori und später der Engländer war, sind die Kauris heute fast ausgestorben. Seit einigen Jahren werden die Kauris von einer Wurzelfäule heimgesucht, die als „Kauri dieback disease" bezeichnet wird. Verursacher ist ein mikroskopisch kleiner pilzartiger Krankheitserreger, der sich über das Wasser im Erdboden von Wurzel zu Wurzel verbreitet. Befallene Kauribäume bekommen erst gelbe Blätter und sterben dann langsam ab. Alle Besucher werden gebeten, ihre Schuhe zu säubern, bevor sie die Wege betreten. Zu diesem Zweck sind an Startpunkten und Kreuzungen der Wanderwege Säuberungsstationen eingerichtet worden.

Im Waipoua Kauri Forest können Sie zwei der bekanntesten und mächtigsten Bäume Neuseelands bewundern. Zum einen den **Tane Mahuta (Herr des Waldes)**, mit der stattlichen Höhe von 52 m unbestritten größter Kauribaum Neuseelands. Er fasst 13 m im Umfang, sein Holzvolumen wird auf gut 244 m³ und sein Alter auf mehr als 2 000 Jahre geschätzt. Ebenso imposant ist der **Te Matua Ngahere (Vater des Waldes)**, der zwar nicht die Höhe des Tane Mahuta erreicht, aber dafür mit seinen 18 m Umfang noch massiver wirkt. Ende des 19. Jahrhunderts wurde nördlich von *Dargaville* ein Kauri gefällt, der mit einem Holzvolumen von 453 m³ zu den mächtigsten Bäumen der Welt zählte. Kauris können bis zu 4 000 Jahre alt werden. Beide Giganten sind am SH12 ausgeschildert und können über kurze Wanderungen erreicht werden. Eine weitere empfehlenswerte Wanderung führt zu den **Four Sisters**, einem Kauribaum, der sich in eine Gruppe von vier Stämmen aufteilt. Von dem Weg zu den Four Sisters zweigt der 20-minütige Wanderweg zu Te Matua Ngahere ab. Die Wanderungen durch die ursprünglichen Kauriwälder sind ausgesprochen beeindruckend und ein absolutes Muss. Schon die Fahrt mit dem Wohnmobil durch den dichten Wald, dessen Baumwipfel meist in die Straße hineinragen, ist ein phantastisches Erlebnis. An der engsten Stelle wird die Straße links und rechts von zwei mächtigen Kauris begrenzt. Zu Beginn des Jahres 2007 bedrohte ein Waldbrand den Waipoua Forest. Das Feuer brach am 1. Februar aus, nachdem jemand an der nahegelegenen Küste auf offenem Feuer Muscheln gekocht hatte. Das Feuer vernichtete Kiefernpflanzungen in der Nachbarschaft des Waipoua Forest und zerstörte die Vegetation in ökologisch wichtigen Feuchtgebieten. Das Feuer näherte sich dem *Tane Mahuta* bis auf 3 km. Den neuseeländischen Feuerwehrleuten und Freiwilligen des Department of Conservation gelang es glücklicherweise noch rechtzeitig, das Feuer mit Wasserabwürfen von Hubschraubern und Feuergassen unter Kontrolle zu bringen.

Tane Mahuta - Der Herr des Waldes

(052) WOMO-Stellplatz: Waipoua Forest Camping Area
GPS: S 35°39'8" E 173°33'7". **WOMOs**: 20 Stellplätze.
Ausstattung/Lage: Toilette, Dusche, Gemeinschaftsküche, Waschmaschine / Von Wald umgeben. **Preiskategorie 2**
Zufahrt: Am Waipoua River vom SH12 rechts abbiegen, am Visitor Centre vorbeifahren, nach 1,2 km rechts abbiegen
Kontakt: 1 Waipoua River Road, Dargaville, Tel. 09 439 6445, www.waipouakauriforest.co.nz. **Beurteilung:** Friedvolle Lage mitten im Wald. Im nahen Waipoua River können Sie schwimmen.

Im **Waipoua Kauri Forest Visitor Centre** werden alle verbleibenden Fragen zu den Baumriesen beantwortet und Hinweise zu Wanderwegen gegeben. Das schöne Besucherzentrum ist leider nur über eine recht holprige Schotterstraße zu erreichen. Neben einem einladenden Picknickplatz bietet sich hier auch noch eine Bademöglichkeit am Fluss an. Ein Stück weiter hinten im Tal des Waipoua River liegt ein einfacher und sehr friedvoller Campingplatz. Am Ende des Parks führt eine Seitenstraße zu einem 30 m hoch gelegenen Aussichtspunkt über den Regenwald und das Tal des *Waipoua River*.

(053) WOMO-Campingplatz-Tipp: Kauri Coast Top 10 HP

GPS: S 35°45'1" E 173°40'27". **WOMOs:** 40 mit Stromanschluss.
Ausstattung/Lage: Trampolin, Flying Fox (Kinder werden ihren Spaß haben) / Im Trounson Park, von Wald umgeben. **Preiskategorie 3**
Zufahrt: 8 km hinter dem Waipoua River, kurz hinter dem Ort Kaitui, biegen Sie links in die Kaitui Road ein. Nach 5 km geht die schmale Straße in die Trounson Road, die sie nach 8 km zum Ziel führt.
Kontakt: Trounson Park Rd, Kaihu, Dargaville, Tel. 0800 807 200, www.kauricoasttop10.co.nz

Beurteilung: Sehr gepflegter Platz mit modernen und sauberen Sanitäranlagen. Große Stellplätze auf Gras. Am Kaihu River, der sich um den Platz herumschlängelt, gibt es einige Stellen, an denen Sie schwimmen können. Auf die geführte Nachttour gibt es 20% Nachlass (reservieren!).

(054) WOMO-Stellplatz: Trounson Kauri Park - DOC Serviced

GPS: S 35°43'17" E 173°39'7". **WOMOs**: 8 Stellplätze mit Strom.
Ausstattung/Lage: Toilette, Dusche, Küche, Wasser / Am Waldrand.
Preiskategorie 2. Selbstregistrierung.
Zufahrt: Trounson Road, 4,5 km hinter dem Top10 HP.
Kontakt: Tel. 09 439 3450 **Beurteilung:** Friedvolle Lage mitten im Wald. Nicht ganz saubere Einrichtungen. **Hinweis:** An einem Tor am hinteren Ende des Platzes startet ein 40-minütiger Lehrpfad durch einen wundervollen Kauriwald. Wegen der Kauri dieback disease bitte die Stiefel mit dem bereitgestellten Desinfektionsmittel reinigen. Abends können Sie hier Kiwis begegnen. Taschenlampen rot abkleben und leise sein!

Die 53 km lange Route nach *Dargaville* ist kurvenreich und durchquert naturbelassenen Wald. Gelegenheit zu einem lohnenden Abstecher bietet der **Trounson Kauri Park**, der auf seinem 586 ha Areal neben Baumriesen auch eine DOC-Rangerstation mit sehr empfehlenswerter DOC-Campsite und einen Top 10 Campingplatz zu bieten hat. Fressfeinde der Kiwi werden im Park von den DOC Rangern intensiv bekämpft und so können Sie mit einigem Glück auf einer der geführten zweistündigen Nachtwanderungen einen Streifen Kiwi zu Gesicht bekommen. Tagsüber ist der Wald mit den Rufen der neuseeländischen Vogelwelt erfüllt. Mit etwas Glück können Sie die Vögel nicht nur hören, sondern auch sehen. Ein 40-minütiger Rundweg durch den Kauriwald startet am Picknickplatz und an der DOC-Campsite (**Trounson Kauri Park Loop Track**).

Auch ein Ausflug zur **Aranga Beach** ist empfehlenswert. Der 459 m hohe Felsrücken des *Maunganui Bluff* unterbricht den fast 100 km langen Sandstrand von der nördlich gelegenen Mündung des Hokianga Harbour bis zum Kaipara Harbour im Süden. Im weiteren Streckenverlauf lohnt sich der 11 km lange Abstecher zu den kristallklaren Seen der **Kai-Iwi-Lakes,** die zum Baden und Boot fahren einladen. Der mit Abstand größte der Seen, der *Lake Taharoa*, bietet sogar die Vorzüge eines Sandstrandes. Eine Wanderung auf markierten Pfaden zur nahe gelegenen Küste ist ebenfalls möglich. Auch hier können Sie mit Ihrem Womo über Nacht stehen.

(055) WOMO-Badeplatz: Kai Iwi Lakes - Lake Taharoa

GPS: S 35°48'32" E 173°39'47". **Max. WOMOs:** 400
Ausstattung/Lage: Toilette, Wasser, Dusche (2NZD), Picknicktische, Müll-

tonnen / Grasplatz am Lake Taharoa. **Preiskategorie 2**.
Die Gebühr wird abends vom Ranger kassiert.
Buchung: Tel. 09 439 4757. E-Mail: lakes@kaipara.govt.nz.
Zufahrt: Sie biegen 32 km vor Dargaville rechts in die Monteith Rd ein und folgen dieser. Wenn Sie den See sehen, rechts halten.
Beurteilung: Wunderbare Badegelegenheit. Feiner weißer Sand, das kristallklare Wasser fällt schnell steil ab. Leider ist die Umgebung entwaldet (Der Platz nannte sich früher „Pine Beach").

(056) WOMO-Badeplatz: Kai Iwi Lakes - Promenae Point

GPS: S 35°48'19" E 173°38'17". **Max. WOMOs:** 100
Ausstattung/Lage: Toilette, Wasser / Grasplatz auf der Westseite des Lake Taharoa. **Preiskategorie 2**. Wird abends vom Ranger kassiert.
Buchung: Tel. 09 439 0986, E-Mail: lakes@kaipara.govt.nz.
Zufahrt: Sie biegen 32 km vor Dargaville rechts in die Monteith Rd ein und folgen dieser. Wenn Sie den See sehen, fahren Sie geradeaus.
Beurteilung: Gute Badegelegenheit. Feiner weißer Sand, das kristallklare Wasser fällt schnell steil ab. Einige Büsche und Bäume vorhanden.

TOUR N03
N
15 km
Auckland 75 km
1
Lake Waahi
Huntly
Taupiri
Waikato River
Ngaruawahia
WC 61
Waingaro
Waingaro Hot Springs
62
Hamilton
Lake Rotoroa
WC 63
67
Raglan Harbour
Raglan
23
39
68
Bridal Veil Falls
Pirongia Forest Park
Aotea Harbour
The Cone
945 m
Mount Pirongia
959 m
WC 64
Pirongia
71 WC
70
31
69
Kawiha
Te Puia Hot Springs
Kawhia Harbour
Kiwi House
65
Otorohanga
3
Piripiri Caves
Mangapohue Natural Bridge
74
Waitomo
66
Te Anga
Marokopa Falls
73 WC
Ruakuri Natural Tunnel
Waitomo Caves
Te Kuiti
72
Marokopa

Tour N03: Zu den Glühwürmchen von Waitomo

Auckland - Hamilton - Waitomo Caves - Te Kuiti - 220 km
Alternativroute über Raglan - Kawhia - Te Kuiti - 330 km

Stellplätze:	Ngaruawahia Memorial Reserve, Hamilton Porritt Stadium, Hamilton Classics Museum, Pirongia, Otorohanga, Bridal Veil Falls, Te Rauamoa, Oparau Roadhouse, Marokopa, Mangopohui Natural Bridge, Haggas Lookout
Camping:	Raglan Kopua, Waitomo Top 10, Kawhia CG
Baden:	Waingaro Hot Springs, Raglan: Te Kopua Beach, Kawhia: Tu Puia Hot Springs, Marokopa Beach
Wandern:	Hamilton Gardens, Hamilton Lake, Te Toto Track, Bridal Veil Falls, Waitomo Walk, Ruakuri Walk, Marokopa Falls, Piripiri Caves, Mangopohui Natural Bridge, Rukuri Walk
Essen:	Hamilton: The Verandah Café, Pirongia Village Café, Kihikihi: Viands Bakery, Otorohanga: Thirsty Weta, Raglan: Orca, The Herbal Dispensary

Im Verlauf von Tour N03 werden Sie **Ngaruawahia**, die historisch bedeutsame Maori Hauptstadt des King Movement kennenlernen und die Universitätsstadt **Hamilton** mit ihren ausgedehnten Gartenanlagen besuchen. Die Hauptstrecke führt danach über **Pirongia** und das Kiwi-Haus von **Otorohanga** zu den berühmten Glühwürmchenhöhlen von **Waitomo**. Wenn Sie die sehr zu empfehlende Alternativroute wählen, können Sie den Surfern im 50 km entfernten **Raglan** bei ihren waghalsigen Wellenritten zuschauen. Danach wandern Sie zu den 45 m hohen **Bridal Veil Falls** und besuchen die Te Puia Hot Springs an der Ocean Beach in **Kawhia.** Die Strecke führt nun vorbei an den Marokopa Falls, den Piripiri Caves und der Mangapohue Natural Bridge nach Waitomo.

Hamilton, Waikato River

Von Auckland nach Hamilton

Auf Ihrem Weg vom winterlosen Norden in den Westen der Nordinsel verweilen Sie nicht in *Auckland*, auch wenn die Silhouette der Stadt mit dem markanten Skytower Sie dazu einlädt, sondern passieren die Harbour Bridge und gelangen geradewegs auf den *Motorway One South*, der Sie dicht am *Manukau Harbour* vorbei südlich aus der Stadt führt. In einer der Satellitenstädte *Onehunga, Otahuhu* oder *Manukau* können Sie im Supermarkt Ihre Vorräte auffüllen. Danach verengt sich der Motorway zum SH1 und verläuft für ca. 100 km durch eine fruchtbare Ebene. Die **Waikato Plains**, so der Name der Ebene, wurden zu Beginn der weißen Besiedelung dem ausgedehnten Sumpfland abgerungen. Der SH1 folgt bis *Hamilton* dem **Waikato River**, dem mit 425 Kilometern längsten Fluss Neuseelands. Zuvor hatten schon die Maori das fruchtbare Waikato-Schwemmland für Kumara-Pflanzungen genutzt.

(061) WOMO-Stellplatz: Ngaruawahia - Memorial Reserve

GPS: S 37°39'45" E 175°8'46". **Max. WOMOs:** 3

Ausstattung/Lage:
Toilette / Parkplatz an der Einmündung des Waipa River in den Waikato River.

Zufahrt:
1 Lower Waikato Esplanade Ngaruawahia.

Beurteilung:
Stimmungsvoller Platz. Auf dem Gelände befinden sich zahlreiche Erinnerungsstätten. Mit etwas Glück können Sie Jungs von einem Bootsanleger in den Fluss springen sehen.

Hamilton Gardens

Heute gedeihen im milden feuchten Klima Obst und Gemüse und das Gras auf den Rinder- und Pferdeweiden wächst neun Monate im Jahr. Aber auch Kohlebergwerke, ein großes Kohlekraftwerk (Huntly Power Station), sowie einige Wasserkraftwerke an Stauwerken des *Waikato River* liegen an Ihrem Weg in die Universitätsstadt *Hamilton*. 20 km vor Hamilton mündet das kleine Flüsschen *Waipa* in den *Waikato*. Dort liegt die 5000-Einwohner-Ortschaft **Ngaruawahia**, die historisch bedeutsame **Maori-Hauptstadt des King Movement**. In dieser für alle Maori-Stämme wichtigen Stadt ließ Prinzessin *Te Pueha* zu Beginn des letzten Jahrhunderts das *Turangawaewae-Marae* bauen, das heute mit seinen traditionellen Versammlungshäusern Sitz des Maori Königtums ist. Jedes Jahr am 17. März, dem St Patrick's Day, findet in *Ngaruawahia* auf dem *Waikato River* eine traditionelle Regatta mit Kriegskanus der Maori statt. Das Gelände des **Ngaruawahia Memorial Reserve** umfasst einige Gedenkstätten. Es befindet sich am Zusammenfluss der oben genannten Flüsse und bietet Wohnmobil-Reisenden eine stimmungsvolle Gelegenheit zur freien Übernachtung.

(062) WOMO-Stellplatz: Hamilton Porritt Stadium

GPS: S 37°45'16" E 175°17'20". **Max. WOMOs:** 6
Ausstattung/Lage: Nichts / Parkplatz am Porritt Stadium
Zufahrt: Anglesa St Richtung Nordwesten, rechts in Boundary Rd, links in Wairere Drive, im Kreisverkehr erste Ausfahrt in Crosby Rd.
Kontakt: H.C.C. Parks & Gardens Unit, Tel. 07 838 6699.
Beurteilung: Ruhiger Platz, nur 7 km vom Zentrum entfernt.
Hinweise: Maximal 6 Wohnmobile und maximal 3 Nächte. In der Zeit zwischen 17 Uhr und 9 Uhr dürfen Sie mit Ihrem Wohnmobil hier stehen.

Das 129 Kilometer südlich von *Auckland* im Zentrum der Waikato-Region gelegene **Hamilton** ist mit mehr als 141.000 Einwohnern die viertgrößte Stadt Neuseelands. Das heutige Stadtgebiet war ursprünglich von Maori-Dörfern (Pa) besiedelt und wurde nach *Captain Fane Charles Hamilton* benannt, der

Hamilton Gardens

als Kommandeur in einer Schlacht nahe dem heutigen Tauranga getötet wurde. Die Stadt liegt inmitten Neuseelands fruchtbarster Landwirtschaftsregion und war lange landwirtschaftlich orientiert. Noch heute zeichnet das landwirtschaftliche Forschungszentrum in Ruakura für einen Großteil der Innovationen in der neuseeländischen Landwirtschaft verantwortlich. Die Region hat inzwischen eine wachsende und breitgefächerte Wirtschaft. Bildung und Forschung sind nicht nur durch die hier ansässige Universität von Waikato repräsentiert.

Außerdem gibt es im schnell gewachsenen Hamilton eine Vielzahl von kleineren Kunstgalerien und Museen, unter ihnen auch das **Waikato Museum** (1 Grantham St, Tel. 07 838 6606, tgl. 10 -16.30 Uhr). Es beherbergt mit dem *Te Winika* eines der ältesten erhaltenen *Waka (Kriegskanus)* noch aus der Zeit vor der europäischen Kolonialisierung.

(063) WOMO-Stellplatz: Hamilton Classics Museum

GPS: S 37°47'2" E 175°15'11". **Max. WOMOs:** 10
Ausstattung/Lage: Toilette im Museum / Parkplatz am Museum.
Zufahrt: SH1 bis Rifle Range Rd in Dinsdale folgen. Am Kreisverkehr ist das Museum leicht zu erkennen (3 Railside Place).
Beurteilung: Nicht ganz leise. Nur 3 km vom Zentrum entfernt.

Die bekannteste Touristenattraktion aber ist zweifelsohne die weitläufige Gartenanlage **Hamilton Gardens**. An den Teichen, Palmenhäusern und abwechslungsreichen Gärten der Anlage werden Sie ganz sicher Ihre Freude haben. Sie sind thematisch nach geographischen Gebieten, unterschiedlichen Epochen und Kulturkreisen ausgerichtet. Beispielsweise gibt es einen Garten eines chinesischen Gelehrten der Sung Dynastie, einen japanischen Garten, einen italienischen Renaissancegarten und einen neu angelegten Tudor Garten. Die Landscape

Waikato River

Garden Collection beinhaltet das Bussaco Woodland, den Hamilton East Friedhof und den Echo Bank Bush 2014 erhielten die Hamilton Gardens die Auszeichnung „International Garden of the Year“. Vom Stadtzentrum aus führt ein wunderschöner Wanderweg am stattlichen und durchaus flott dahinfließenden Waikato River entlang zu dieser reizenden Gartenanlage (**Hamilton Gardens**, Cobham Drive, Tel. 07 838 6782, www.hamiltongardens.co.nz. tgl. 7.30 bis zur 20 Uhr, Eintritt frei).

Auf dem *Waikato* können Sie an einer Motorboot-Tour teilnehmen oder den Fluss entlang paddeln **(Waikato River Explorer, Tel. 0800 1 39756, www.waikatoexplorer.co.nz).** Wer nicht gegen den Strom anpaddeln möchte, kann sich flussabwärts einsammeln lassen. Andere Attraktionen der Stadt sind der *Hamilton Zoo,* die *ArtsPost Gallery* und das *Sky Riverside Casino*. An jährlichen Großveranstaltungen sind das *Balloons over Waikato-Festival*, ein fünf Tage dauerndes Heißluftballon-Festival und die *National Agricultural Fieldays*, eine große landwirtschaftliche Messe, zu nennen. Sofern es Ihre Zeitplanung erlaubt, empfehlen wir Ihnen abschließend den 40-minütigen **Rundweg um den Hamilton Lake**. Starten können Sie beispielsweise am Café „The Verandah Cafe & Function Centre“ am Rotoroa Drive.

Hauptroute nach Waitomo über SH37

Zu den Glühwürmchenhöhlen der *Waitomo Caves* führen zwei Wege. Wir beschreiben zunächst den direkten Weg über den SH37 und danach die Alternativroute über Raglan und Kawhia. In der direkten Streckenführung verlassen Sie Hamilton gen Süden über die Tuhikaramea Road, die an dem *Lake Koromatua Wildlife Reserve* vorbeiführt. Schließlich biegen Sie links in den SH39 ein, passieren Pirongia und erreichen nach 60 km **Otorohanga**. In Pirongia können Sie im gegenüber dem His-

Pirongia i-SITE

toric Visitor Centre liegenden **Café Pirongia Village** im Garten gemütlich einen Cappuccino trinken. Ein Ausflug in den beliebten *Pirongia Forest Park* bietet sich an. Neben einigen kleinen Wanderungen können Sie auch die anspruchsvolle 5- bis 6 stündige (hin und zurück) Wanderung auf den Mount Pirongia unternehmen.

(064) WOMO-Stellplatz: Pirongia Township

GPS: S 37°59'23" E 175°12'2". **Max. WOMOs:** 3 **Ausstattung/Lage:** Toilette, Picknicktische / Parkplatz neben dem hübschen Heritage & Visitor Centre.

Zufahrt: Am SH39.
Beurteilung: Guter Platz. Gegenüber im Café Pirongia Village gibt es im Garten Cappuccino. *Gorgeous Things* (nette Kleinigkeiten) bekommen Sie obendrein.

Von Hamilton aus können Sie auch über den SH3 nach Otorohanga fahren. Beide Strecken sind in etwa gleich lang. Falls Sie sich für den SH3 entscheiden, können wir Ihnen unterwegs zwei Stopps anbieten. 18 km hinter Hamilton treffen Sie auf den kleinen und unscheinbaren Ort Ohaupo. Hier hält der hübsche Antiquitätenladen **Ohaupo Antiques** (118 Great South Rd, SH3, Tel. 07 823 8225, Mittwoch bis Sonntag 10.30 bis 17 Uhr) viele Relikte aus Großmutters Zeiten für Sie bereit. Die Besitzerin Jane Daly präsentiert ihre Kleinode liebevoll wie in einem Wohnzimmer. Von Art-déco-Lampen über Porzellanpuppen, silbernen Messbändern oder Puppennähmaschinen bis hin zu antiken Gläsern ist hier alles zu finden. Nach weite-

Letzte Instuktionen vor dem Black Water Rafting

ren 18 km wartet die **Viands Bakery** (80 Lyon St, Tel. 07 871 7488) in **Kihikihi** auf Ihren Besuch. Die Bäckerei war zweifacher Gewinner des Wettbewerbs New Zealand Supreme Pie Competition, bei der 444 Bäckereien aus dem gesamten Land gegeneinander antraten. Ob klassische mit Hackfleischfüllung, mit Meeresfrüchten, vegetarisch oder als süßer Obstkuchen, die Viands Bakery hat die gefüllten heißen Blätterteigtaschen in allen Variationen.

Die Hauptattraktion des kleinen Ortes **Otorohanga** ist das Kiwi House, in dessen schummrigem Licht sich der flügellose Wappenvogel Neuseelands gut beobachten lässt. Im benachbarten Otorohanga Kiwi Town Holiday Park können Sie die Nacht verbringen und in der Weinbar **Thirsty Weta** (57 Maniapoto St, Tel. 07 873 6699) gut essen und danach Livemusik genießen. SH3 bringt Sie in 8 km nach Hangatiki, von wo aus Sie SH37 nach 8 km in den kleinen Ort **Waitomo** bringt.

(065) WOMO-Campingplatz: Otorohanga Kiwi Town HP
GPS: S 38°10'50" E 175°12'45". **Max.WOMOs:** 25 mit Strom
Ausstattung/Lage: Standard / Zwischen Kiwi House und einem Sportplatz.
Preise: Stellplatz mit Strom für zwei Personen 35 NZD.
Zufahrt: Den Schildern zum Kiwi House folgen. **Kontakt:** 7 Domain Drive, Otorohanga, Tel. 07 873 8214, www.campkiwi.co.nz
Beurteilung: Einfacher Platz, sauber, das Kiwi House ist sehr zu empfehlen! Sie zahlen am Office des Kiwi Hauses, 8.00 bis 17.00 Uhr.

Waitomo besteht im Wesentlichen aus ein paar wenigen Häusern, einem Restaurant, einer Kneipe, dem Waitomo Caves Hotel, einer Touristeninformation und dem Waitomo Top 10 Holiday Park. Natürlich gibt es auch ein kleines *Waitomo Museum of Caves*, in dem man sich über die Höhlen und das Leben der leuchtenden Larven der Langhornmücke Arachnacampa luminosa informieren kann. Der Name Waitomo kommt

Eingang zu den Waitomo Caves

aus der Sprache der Maori und bedeutet Wasser und Loch, bezogen auf die zahlreichen aus Kalkstein geformten Höhlen der Umgebung. Und tatsächlich, wer nach Waitomo kommt, der möchte unter die Erde, hinab ins Dunkel und in eine fast unwirkliche Welt, wie sie in Millionen von Jahren geschaffen wurde. Die mit Abstand meistbesuchte dieser Höhlen, durch die im Minutentakt Touristenhorden geschleust werden, ist die **Aranui Cave**, an deren Decke „Glühwürmchen" wie ein Sternenhimmel funkeln.

(066) WOMO-Campingplatz-Tipp: Waitomo Top 10 Holiday Park

GPS: S 38°15'37" E 175°6'37". **WOMOs:** 35 mit Stromanschluss

Ausstattung/Lage: Spielplatz, Swimmingpool, Spa / Gegenüber der i-SITE.
Preise: Stellplatz mit Strom 46 NZD für 2 Erwachsene.
Kontakt: 12 Te Anga Rd, Waitomo, Tel. 07 878 7639, u. 0508 498 666, www.waitomopark.co.nz
Beurteilung: Guter Top 10 Platz, sauber und ordentlich. Nahe den Waitomo Caves gelegen.

Die angrenzende *Ruakuri Cave* ist der Black Water Rafting-Tour vorbehalten. Teilnehmer dieser Tour hüllen sich in Gummianzüge und lassen sich auf Gummiringen über unterirdische Flüsse treiben. Das Touristeninformationszentrum, in dem man die Touren in die umliegenden Höhlen buchen kann und in dem man Informationen zum umliegenden **Kings Country** bekommt, ist meist total überfüllt.

Höhlen am Ruakuri Walk

Auf zwei Wanderungen wollen wir Sie aufmerksam machen. Die erste führt von der i-SITE zum Parkplatz des Ruakuri Scenic Reserve. Sie folgt dem Waitomo Stream und durchquert sowohl schattigen Wald als auch offenes Farmland, wobei sich spektakuläre Ausblicke bieten (**Waitomo Walk**, 3,3 km, 1 h 15 min). Vom Parkplatz des *Ruakuri Scenic Reserve* aus startet die zweite Wanderung, der Rundweg **Ruakuri Walk** (1 km, 45 min). Er ist als Lehrpfad angelegt und wurde wie üblich vom DOC ausgezeichnet präpariert. Der Weg folgt der bewaldeten Schlucht des Waitomo Stream zum kolossalen *Ruakuri Natural Tunnel*. Diese beeindruckende Wanderung sollten Sie sich keineswegs entgehen lassen. Zum Parkplatz mit benachbartem Picknickplatz gelangen Sie, indem Sie von der i-SITE aus die Te Anga Road in westliche Richtung fahren, nach 400 m links der Tumutumu Road folgen und nach 2 km rechts zum Parkplatz abbiegen (GPS: S 38°15'54" E 175°4'48").

Das heute landwirtschaftlich geprägte ca. 4.700 Einwohner zählende **Te Kuiti** liegt 19 km südöstlich von Waitomo.

Alternativroute über Raglan und Kawhia

Wenn Sie über genügend Zeit verfügen, empfehlen wir Ihnen die im Folgenden beschriebene **Alternativroute** von Hamilton nach Waitomo über Raglan und Kawhia. Der SH23 bringt Sie von Hamilton nach 48 km in den Badeort **Raglan** mit seinem malerischen Naturhafen und langen Stränden. Mehrere einflussreiche Umweltorganisationen wurden hier gegründet und das Stadtmaskottchen ist der extrem vom Aussterben bedrohte Maui-Delfin. Einstündige Hafenrundfahrten beginnen am Anleger. Raglan wird bei Wochenendausflüglern aus Hamilton zunehmend beliebter und unter Wellenreitern hat sein Name sogar internationalen Rang, denn hier gibt es die bes-

Surfer an der Ngarunui Beach Wainui

te linksbrechende Welle der Welt. Besuchen Sie **Ngarunui Beach**, **Whale Bay** oder **Manu Bay** und beobachten Sie die Surfer bei ihren halsbrecherischen Wellenritten von den Aussichtspunkten aus.

(067) WOMO-Campingplatz-Tipp: Raglan Kopua HP

GPS: S 37°48'15" E 174°51'47" **WOMOs:** 200 mit Stromanschluss
Ausstattung/Lage: Spielplatz / Liegt auf einer Landzunge im Meeresarm des Raglan Harbour. Stadtzentrum von Raglan in Laufweite.
Preise: Stellplatz mit Strom 18 NZD pro Erwachsenem, 9 NZD pro Kind.
Zufahrt: Vom Zentrum kommend biegt die Oxford Street direkt hinter dem Waipoua River links vom SH2 ab. **Kontakt:** 61 Marine Parade, Raglan, Tel. 07 825 8283, www.raglanholidaypark.co.nz
Beurteilung: Großer Platz, viele wenig schöne Dauercamper, gute Sanitäranlagen (leider nur ein Haken in der Duschkabine), schöner Badestrand. Sie erreichen das Ortszentrum über eine Fußgängerbrücke die einen Meeresarm überquert.

Am Hafen liegt ein sehr schöner Campingplatz (Raglan Kopua Holiday Park) mit dem sicherem Badestrand **Te Kopua**. Ihre leiblichen Gelüste werden im zentral gelegenen **Orca** (2 Wallis St, Tel. 07 825 6543) befriedigt. Traditionell neuseeländische Fish'n Chips bekommen Sie direkt an der Fischerwerft Raglan Wharf. Gutes Brot bietet **The Herbal Dispensary**, 6 Wallis St. Wer gerne klettert, hat dazu 12 km südlich von Raglan an der Whaanga Rd Gelegenheit, wo der **Te Toto Track** (8 km hin und zurück, 5-6 h) auf den 755 m hohen Gipfel des Mt Karioi beginnt.

Hinweis: Wenn Sie auf einen Besuch Hamiltons verzichten wollen, können Sie schon in **Ngaruawahia** nach Raglan abbiegen. Unterwegs haben Sie in Waingaro die Gelegenheit zum Besuch der gleichnamigen Thermalquellen (**Waingaro Hot Springs,** Waingaro Road, Tel. 07 825 4761, www.waingarohotsprings.co.nz).

Raglan, Fußgängerbrücke zum Campingplatz

Die Alternativroute führt Sie nun Richtung Kawhia durch eine sanfte Hügellandschaft, die gelegentliche Blicke bis zum Mt Taranaki freigibt. Kurz hinter Te Mata liegen die 45 m hohen **Bridal Veil Falls** inmitten eines kleinen Regenwaldes. Sie sind über einen gut ausgeschilderten 10-minütigen Fußweg, der durch dichten Busch führt, zu erreichen. Der Parkplatz an den Bridal Falls wird auch als freier Stellplatz genutzt. Die insgesamt 55 km lange Strecke nach Kawhia ist auf den letzten 22 km unbefestigt und sehr kurvenreich. Dieser Abschnitt ist landschaftlich sehr schön, aber unangenehm zu fahren.

(068) WOMO-Wanderparkplatz: Bridal Veil Falls

GPS: S 37°54'26" E 174°54'3". **Max. WOMOs:** 5
Ausstattung/Lage: Keine / An der Straße, von Wald umgeben.
Zufahrt: 4 km südlich Raglan vom SH23 Richtung Kawhia in die Maungatawhiri Rd einbiegen, die später in die Te Mata Rd übergeht. Kurz darauf links in die Kauroa-Kawhia Rd einbiegen. Der Parkplatz ist ausgeschildert.
Beurteilung: Einfacher Parkplatz. Die 45 m hohen Bridal Veil Falls sind über einen 10-minütigen Fußweg durch dichten Busch zu erreichen.

(069) WOMO-Campingplatz-Tipp: Kawhia Camping Ground

GPS: S 38°4'12" E 174°48'54". **WOMOs:** 15 mit Stromanschluss
Ausstattung/Lage: Standard / Am Ortsende, nahe dem geschützten Naturhafen Kawhia Harbour. **Preiskategorie 2.**
Zufahrt: Im Zentrum Kawhias folgen Sie der Waiwera St, biegen fast am Ortsende links in die Kawhia St ein und wenig später links in die Moke St.
Kontakt: 73 Moke St, Tel. 07 871 0863, www.kawhiacampingground.co.nz
Beurteilung: Große Stellplätze. Ruhiger, gepflegter Platz. Die Te Puia Springs sind nur wenige km entfernt.

Das Fischerdorf **Kawhia** ist wegen seiner jährlich am 1. Januar stattfindenden Walboot-Regatta bekannt. In unmittelbarer Umgebung der friedlichen 650-Seelen-Gemeinde befinden sich Kalksteinfelsen, bewaldete Sanddünen und lange Strän-

Bridal Veil Falls

de mit schwarzem Sand. Die Hauptstraße Jervois Street verläuft entlang des langgestreckten Hafens und endet an der lokalen „Fish'n Chips"-Imbissbude. Sie liegt direkt neben dem Bootsclub am Anlegeplatz. Während Sie den frischen Fisch genießen, können Sie die Boote beobachten, die hier an- oder ablegen. Hier beginnen verschiedene Bootstouren, die auf einem Fischereifrachter angeboten werden.

An der nahe gelegenen Ocean Beach können Sie sich sogar Ihr eigenes Thermalbad buddeln, ähnlich wie in der wesentlich bekannteren Hot Water Beach in Coromandel. Die **Tu Puia Hot Springs** sind über die 4 km lange Tai-Nui-Kawhia Forest Road zu erreichen. Hinter dem Parkplatz müssen Sie über die recht hohen Dünen klettern. Das heiße Wasser kommt in der Verlängerung von zwei gelben Stangen aus dem Sand. Eine Stunde vor bis eine Stunde nach der Ebbe ist die beste Besuchszeit. Alternativ können Sie eine Quad-Tour, die am Strand entlangführt, buchen.

(070) WOMO-Stellplatz: Te Rauamoa Lookout

GPS: S 38°4'27" E 175°1'4". **Max. WOMOs:** 3
Ausstattung/Lage: Keine / Lookout am SH31.
Zufahrt: Am SH31 kurz vor Te Rauamoa.
Beurteilung: Toller Blick auf den Kawhia Harbour.

Hinweis: Der südlich des Pirongia Forest Parks verlaufende SH31 führt Sie bei Bedarf zurück zur **Hauptroute**, auf die Sie in **Otorohanga** treffen. Unterwegs haben Sie die Gelegenheit zur freien Übernachtung.

Von Kawhia nach Waitomo

Warmes Bad am Strand der Te Puia Hot Springs

Wenn Sie weiterhin unserer Alternativroute folgen wollen, biegen Sie 16 km hinter Kawhia vom SH31 rechts in die schmale Kawhia Harbour Rd ein. Unterwegs gibt es am Oparau Roadhouse eine ganz wunderbare Gelegenheit zur freien Übernachtung. Nutzen Sie die Möglichkeit zu tanken, denn bis Waitomo haben Sie nun eine 78 km lange kurvenreiche und schmale, dafür faszinierende Nebenstraße vor sich. Die Kawhia Harbour Road windet sich für 28 km am tief ins Land reichenden, verästelten Kawhia Harbour entlang. Sie können hier am Straßenrand durchaus freilaufenden Tieren begegnen. In Kinohaku wendet sich die Straße ins Landesinnere und heißt für die nächsten 8 km - bis Te Anga - Te Waitere Rd, bevor sie bis Waitomo zur Te Anga Road wird.

Wenn Sie noch weiter in die Einsamkeit vorstoßen wollen, fahren Sie 15 km bis **Marokopa**. Auf der Fahrt dorthin reihen sich zahllose grüne Hügel so malerisch aneinander, dass man glaubt hinter der nächsten Kurve in Hobbiton anzukommen. In dem Küstenörtchen mit seinen historischen bunten Holzhäuschen gibt es einen einfachen Campingplatz (1 Rauparaha St, Marokopa, Tel. 07 876 7444, GPS: S 38°18'13" E 174°43'15"). Schwer vorstellbar, dass Marokopa einmal das Hauptquartier des Holzhandels im King Country war. Interessant ist es zur Flussmündung zu laufen und dort den zahlreichen Fischern zuzuschauen. Sie sollten hier unbedingt die Gezeiten beachten, sonst könnte Ihnen der Rückweg abgeschnitten werden!.

Marokopa Falls

Hinter den Sanddünen treffen Sie auf einen wilden schwarzen Quarzsandstrand an dem Sie in südliche Richtung zu hohen weißen Kalksteinklippen wandern können, die einen tollen Kontrast zum schwarzen Strand bilden. Achtung: In den Dünen brüten Pinguine und andere seltene Seevögel! Neben dem Strand sind auch Wanderungen durch den unberührten Buschwald äußerst lohnend. Marokopa ist ein idealer Ort, um während der Reise mal für einen Tag richtig abzuschalten.

Von Marokopa Richtung Süden nach Awakino gibt es eine 60 km lange unbefestigte Straße, die wir Ihnen jedoch nicht empfehlen können. Zurück auf der Te Anga Road warten schon bald die 30 m hohen **Marokopa Falls** auf Ihren Besuch. Sie werden oft als die schönsten Wasserfälle Neuseelands bezeichnet. Die von dichter Vegetation umgebenen Fälle sind vom Parkplatz aus über einen 10-minütigen Fußmarsch zu erreichen. Tragen Sie für den kurzen Weg ruhig gutes Schuhwerk, denn er ist leicht unwegsam und manchmal rutschig. Malerisch umgeben von üppigem Grün fällt / fließt das Wasser auf breiter Front über einige Felsvorsprünge. Das Wasser zerstäubt dabei in feinem Nebel und manchmal entsteht sogar ein Regenbogen am Fuße der Wasserfälle.

Etwa 2 km östlich liegen die **Piripiri Caves**, die Sie in fünf Minuten zu Fuß erreichen. Sie erwartet ein ausgedehntes Höhlensystem, an dessen Decken unzählige Fossilien zu finden sind. Im Oyster Room handelt es sich dabei um versteinerte Riesenaustern. Sichere Holztreppen führen hinab in die Tiefe der Höhlenlandschaft, in die Sie unbedingt eine Taschenlampe mitnehmen sollten. Glühwürmchen werden Sie in den ungemein eindrucksvollen Grotten allerdings vergeblich suchen.

Weitere 4 km östlich befindet sich die **Mangapohue Natural Bridge**. Schon der 5-minütige Pfad zu der riesigen Kalksteinformation ist wunderschön. Zuletzt führt ein Plankenweg an Felswänden vorbei, der wegen des unterhalb fließenden *Mangapohue Stream* an eine Klamm erinnert. Eine 17 m hohe Brücke aus Kalkstein spannt sich über das Flüsschen. An deren Decke befinden sich stalaktitenähnliche tropfenförmige Ablagerungen. Der 20-minütige Rundweg führt nun über Farmland zurück zum Parkplatz. Achten Sie unbedingt auf die Felsblöcke, die Sie passieren. Es finden sich dort zahlreiche 35 Millionen Jahre alte fossile Austern. Waitomo - und damit die Hauptroute - liegt nun 26 km östlich.

Mangapohue Natural Bridge

(071) WOMO-Stellplatz: Oparau Roadhouse

GPS: S 38°3'11" E 174°55'2". **WOMOs:** 10 mit Stromanschluss
Ausstattung/Lage: Toilette, Picknicktische / Am Roadhouse, SH31.
Preise: Stellplatz mit Strom 5 NZD, kostenlos ohne Strom!
Zufahrt: Am SH31, 13 km hinter Kawhia.
Kontakt: Kawhia Road (SH31), Tel. 07 871 0683
Beurteilung: Schöner kostenloser Platz! Ausgesprochen freundliche Eigentümer der Raststätte. Im dortigen Café ist man auf hausgemachten Kuchen spezialisiert. Obendrein gibt es kostenloses WiFi.

(072) WOMO-Wanderplatz: Mangapohue Natural Bridge

GPS: S 38°15'41" E 174°53'57". **Max.WOMOs:** 5
Ausstattung/Lage: Toilette, Picknicktische / Parkplatz am Wald.
Zufahrt: An der Te Anga Rd, 7 km hinter Te Anga.
Beurteilung: Guter kostenloser Platz. Wenn Sie die kleine Fußgängerbrücke überqueren, treffen Sie auf die Toilette und die Picknicktische. Ruhiger Platz, da kein Verkehr. 10 min Fußmarsch zur Natural Bridge.

(073) WOMO-Stellplatz: Haggas Lookout

GPS: S 38°15'47" E 175°1'39". **WOMOs:** 3
Ausstattung/Lage: Keine / An der Straße.
Zufahrt: An der Te Anga Rd, 7 km vor Waitomo.
Beurteilung: Der Pluspunkt dieses Platzes ist die atemberaubende Aussicht. Morgens werden Sie von Vogelgesang geweckt. Kaum Verkehr.

TOUR N04
N
25 km
Te Kuiti
Kopaki
91 WC
Pureora Forest Park
Omaru Falls
3
4
Taumaranui
112
WC 113
Ohura
WC 114
Awakino
92
Mokau
Tongaporutu
WC 93
Three Sisters
Mount Damper Falls
Tangarakau Scenic Reserve
WC 115
Moki Tunnel
116 WC
Tahora
Whanganui National Park
White Cliffs
117
94
Whangamomona
43
95
Waitara
WC 96
97
New Plymouth
WC 98
100
99
Lake Mangamahoe
Inglewood
Forgotten World Highway
Oakura
105
Ngamamaku Garden
Stanleigh Garden
Cairnhill Garden
Pukeiti Garden
Egmont Nationalpark
101 WC
102 WC
Stratford
103
Dawson Falls
Mt Taranaki 2518 m
Fanthams Peak 1966 m
104 WC
Eltham
106 WC
Cape Egmont Leuchtturm
Openlands Garden
Puketarata Garden
107
Auroa
Sanderson Garden
Hawera
nach Whanganui
Patea
Waverley
Ohawe
109
WC 110
Opunake
108
45
E WC 111
Waiinu Beach

Tour N04: Zum liebeskranken Vulkan Taranaki

Te Kuiti - Mokau - New Plymouth - Mount Taranaki - Stratford - Hawera - Whanganui - 325 km

Stellplätze:	Mangaotaki, Tongaporutu, Lake Rotomanu, New Plymouth, North Egmont, Stratford Plateau, Dawson Falls, Cape Egmont, Waverly Beach, Waiinu Beach, Te Maire, Ohinepane, Tangarakau Gorge, Moki Forest
Camping:	Mokau, Waitara, New Plymouth: Fitzroy Beach, Belt Road Seaside, Oakura Beach, Opunake Beach, Ohawe Beach, Taumarunui, Back Country
Baden:	Opunake, Ohawe, Waverly, Waiinu, Taumarunui River
Wandern:	Mokau, New Plymouth: Coastal Walkway, Heritage Walkways, Marsden Hill Walk, District Guide to Walkways, Short Walks in Mt Egmont, Ngatoro Loop Track, Kapuni Loop Track, Wilkies Pools Loop Track, Omaru Falls Walk, Te Maire Track, Mount Damper Falls Track
Essen:	New Plymouth: Arboria, Puke Ariki Café, North Egmont Café, Pukeiti Garden Café

Tour N04 verlässt die Schafscherer-Stadt Te Kuiti Richtung Südwesten und trifft nach 74 km in Awakino auf die Tasmanische See. Im nahen **Mokau** können Sie eine Flussfahrt- und wenig später in Tongaporutu eine Wanderung zur markanten Felsformation Three Sisters unternehmen. Danach besuchen Sie das freundliche **New Plymouth** mit seinen wunderbaren Gartenanlagen. Um näher an den immer mit einer Schneehaube überzogenen Gipfel des **Mount Taranaki** heranzukommen, bieten wir Ihnen drei Alternativstrecken zu Bergstationen an, jeweils mit der Möglichkeit zur freien Übernachtung. Danach besuchen Sie die Surfer an den Buchten des Surf Highways SH45 und den Leuchtturm am Cape Egmont. Über Hawera führt Sie die Fahrt schließlich bis **Whanganui**, wo der Whanganui River in einer ausgedehnten Dünenlandschaft in die Tasmanische See mündet. Wenn Sie gerne den **Forgotten World Highway** fahren wollen, folgen Sie bitte unserer Alternativstrecke von Te Kuiti über Taumarunui nach Stratford.

Hauptroute von Te Kuiti nach Stratford

Das heute landwirtschaftlich geprägte ca. 4 700 Einwohner zählende **Te Kuiti** befindet sich 19 km südöstlich von Waitomo an der Kreuzung von SH3 und SH30. Die an der Eisenbahnlinie North Island Main Trunk Railway liegende Stadt ist ein Haltepunkt des Overlanders. Der Eisenbahn verdankt die Stadt auch ihre Existenz, denn sie entstand 1887 aus einem Eisenbahncamp, von dem aus Waldrodungen, Landvermes-

Schafscherer Statue in Te Kuiti

sungen und schließlich der Bau des letzten Teils der Eisenbahnstrecke Auckland - Te Kuiti vorangetrieben wurden. Die Stadt vermarktet sich als *„Welthauptstadt der Schafschur"*. Sie ist Gastgeber der jährlichen Nationalen Meisterschaften im Schafscheren. Inmitten der Stadt wurde eine 7 m hohe Statue eines Schafscherers aufgestellt.

(091) WOMO-Stellplatz: Mangaokewa Scenic Reserve

GPS: S 38°21'26" E 175°11'35". **Max. WOMOs:** 3
Ausstattung/Lage: Toilette, Picknicktische, geschützte Spüle mit Wasser / Von Wald umgebene Wiese an einem Bachlauf.
Zufahrt: 3 km südlich von Te Kuiti am SH30 ausgeschildert. Die Zufahrtsstraße führt rechts etwa 500 m in den Wald hinein.
Beurteilung: Toll gelegener Picknickplatz. Saubere Toilette. Eine kleine Hängebrücke führt in den dichten Wald hinein. Wandermöglichkeiten

Tour N04 startet in der Schafscherer-Stadt Te Kuiti Richtung Südwesten und verläuft zunächst durch dünn besiedeltes Farmland. Nach Überquerung einiger Bergkämme folgt der SH3 dem langgezogenen Tal des Awakino River durch die Awakino Gorge zur Tasmanischen See. Unterwegs haben Sie in Piopio im **Fat Pigeon** (41 Moa St, Piopio, Tel. 07 877 8822) die Gelegenheit zu einer entspannten Pause. Der verschlafen wirkende Ort **Mokau** liegt malerisch an der Flussmündung des Mokau River mit Blick auf den Mt Taranaki und hat einen wunderschönen schwarzen Sandstrand, der allerdings wegen gefährlicher Strömungen nicht zum Schwimmen geeignet ist. In Pioniertagen war Mokau ein wichtiger Hafen zur Verschiffung von Bauholz und Kohle. Das Tainui Museum zeigt historische Fotos aus dieser Zeit. Rund um den Ort gibt es Wanderwege und Wasserfälle. Einige Szenen aus dem Film von *Jane Campion „The Piano"* wurden hier gedreht. Die Häuser

Mündungsbereich des Mokau River

haben meist gepflegte, hübsche Bauerngärten, die auch besichtigt werden können. Auch eine Kanu Tour auf dem Mokau River bietet sich an.

(092) WOMO-Campingplatz: Mokau Seaview Holiday Park

GPS: S 38°40'40" E 174°37'8". **WOMOs:** 30 mit Stromanschluss.
Ausstattung/Lage: Standard / Am Strand, nahe Mokau.
Preiskategorie 2
Zufahrt: Am SH3 rechts, zwischen Awakino (3 km) und Mokau (2 km).
Kontakt: Am SH3, Mokau, Tel. 0800 478 786,
www.holidayparks.co.nz/waikato/seaview-holiday-park
Beurteilung: Tolle Lage oberhalb eines Surfstrandes. Schöne Stellplätze auf Gras. Sanitäranlagen sehr in die Jahre gekommen aber sauber.

(093) WOMO-Wanderplatz: Tongaporutu Three Sisters

GPS: S 38°49'2" E 174°35'28". **Max. WOMOs:** 10
Ausstattung/Lage: Toilette / Am Mündungsbereich des Tongaporutu River.
Zufahrt. An der Südseite der Brücke über den Tongaporutu River auf der Clifton Rd in Richtung Meer fahren, an den Häusern vorbei bis rechts ein einfacher Parkplatz kommt.
Beurteilung: Bei Ebbe ideal zum Wandern entlang der Küste bis zum offenen Meer (20 min). Von den „Three Sisters" ist 2005 eine eingestürzt. Neben dem Platz finden Sie auf einer Wiese mit Bäumen weitere Stellplätze. Lassen Sie sich nicht durch das Schild „no camping" mit rot durchgestrichenem Zelt abschrecken. Es gilt nicht für *self contained motorhomes*!

Die zwei Überlebenden der Three Sisters

Größere Boote können den Mokau River, dessen Quelle dem südlich von *Te Kuiti* gelegenen *Pureroa Forest* entspringt, bis zu 37 Kilometer flussaufwärts befahren. Wer möchte kann bei einer Ausflugsfahrt des 90 Jahre alten Milchbootes *MV Cygnet* einige geschichtlich bedeutende Stätten kennenlernen (**Mokau River Cruises**, Tel. 0800 665 2874, www.mokaurivercruises.co.nz, Abfahrt tgl. 11 Uhr, außer sonntags).

(094) WOMO-Campingplatz: Urenui Beach Camp

GPS: S 38°59'26" E 174°23'37". **WOMOs:** 130 mit Stromanschluss.
Ausstattung/Lage: Standard, Spielplatz / Am Strand.
Zufahrt: Am SH3 rechts ausgeschildert, 18 km vor Waitara, 2 km zum Platz.
Kontakt: 148 Urenui Beach Rd, Urenui. Tel. 06 7523838, www.urenuibeachcamp.co.nz. **Preiskategorie 3**
Beurteilung: Großer, bei Neuseeländern beliebter Platz. Es gibt eine Bootsrampe und Möglichkeiten zu angeln. Ausgezeichnete Sanitäranlagen. Links von der Beach gibt es eine attraktive Kalksteinformation.

Der SH3 folgt nun der *North Taranaki Bight* genannten Meeresbucht bis **Tongaporutu**. Bei Ebbe haben Sie hier die Gelegenheit zu einer wunderbaren Wanderung zur Felsformation der *Three Sisters*. Überqueren Sie die Brücke über den Tongaporutu River und biegen Sie dann rechts in die Clifton Road ab. Am Ende der Straße liegt ein Parkplatz. Bei Ebbe können Sie von hier aus dem felsigen und recht rutschigen Flussufer bis zur Mündung folgen (15 min). Es bietet sich Ihnen nun ein großartiger Anblick auf Klippen, Höhlen und die namensgebenden freistehenden Felsen. Sie werden nur zwei von ihnen entdecken, denn die dritte ist 2005 eingestürzt. 2016 sind zwei neue Formationen enstanden. Richtung Westen sehen Sie die eindrucksvollen Kalksteinklippen der White Cliffs und dahinter Mt Taranaki. Bitte gehen Sie rechtzeitig wieder zurück, denn

Whitecliffs Walkway

bei einsetzender Flut schneidet Ihnen der steigende Flusspegel sehr schnell den Rückweg ab.

SH3 umfährt nun die Steilküste, windet sich in vielen Kurven über den Mount Messenger, durchquert das *Messeneger Scenic Reserve* und trifft erst nahe Urenui wieder auf die Küste. Kurz vor Urenui haben Sie in Mimi die Gelegenheit rechts in die Pukearuhe Road abzubiegen. An dem Ende dieser Straße befindet sich die Pukearuhe Bootsrampe. Dort startet der spannende **Whitecliffs Walkway**. Es gibt keinen richtigen Parkplatz. Suchen Sie daher für Ihr Wohnmobil einen Platz am Straßenrand. Schon alleine die kurze Wanderung unterhalb der hohen weißen Sandsteinklippen ist sehr eindrucksvoll. Wenn Sie mehr Zeit mitbringen, dann können Sie die Wanderung zu einem 5- bis 7-stündigen Rundweg, der über die üppig grünen Hügel zurückführt, ausweiten. Es wird empfohlen, zwei Stunden vor Niedrigwasser zu starten.

(095) WOMO-Campingplatz: Waitara Marine Park MC

GPS: S 38°59'21" E 174°13'31". **WOMOs:** 32 mit Stromanschluss.
Ausstattung/Lage: Standard / Unweit der Mündung des Waitara River in den Taranaki Bight. **Preiskategorie 2**
Zufahrt: In Waitara südlich der Brücke in die Centennial Ave einbiegen:
Kontakt: Centennial Avenue, West Beach, Waitara, Tel. 06 754 7121
Beurteilung: Einfacher, sauberer Platz auf Gras. Der nahe lange Sandstrand ist übersät mit angeschwemmten Baumstämmen.

New Plymouth

Nachdem vor der Küste einige der größten Öl- bzw. Gasvorkommen des gesamten Landes gefunden wurden, siedelten sich in **New Plymouth** öl- und gasverarbeitende Betriebe sowie Firmen auf dem Sektor der Petrochemie an. Die Einwohnerzahl stieg schnell auf über 70.000 und machte New Plymouth zur

Blick auf den Hafen von New Plymouth

mit Abstand größten Stadt der *Region Taranaki*. Ein ebenfalls stark wachsender Wirtschaftszweig ist der Tourismus. In *New Plymouth* Urlaub zu machen oder sogar dort zu wohnen wird immer populärer, weil man an der Küste vortreffliche Surfbedingungen vorfindet (Daher entstammt der Name *„Surf Highway 45"*) und weil man nicht weit bis zum *Mount Taranaki* fahren muss, um dort im Egmont-Nationalpark zu wandern oder im Winter Ski zu fahren oder zu snowboarden.

New Plymouth ist eine sehr sympathische Stadt, die Gäste freundlich willkommen heißt und gegenüber freien Übernachtungen in self-contained motorhomes ausgesprochen großzügig ist. Starten Sie Ihren Besuch am besten in der i-SITE, die im **Puke Ariki** Komplex (65 St Aubyn Street) untergebracht ist. Sie bekommen hier neben einer guten Beratung viele nützliche Broschüren ausgehändigt, darunter **„New Plymouth District Guide to Walkways"**, die Wanderwege der Umgebung beschreibt. Im Puke Ariki Komplex sind auch ein empfehlenswertes Café, die Stadtbibliothek (freies Wi-Fi) und ein ausgezeichnetes interaktives Museum untergebracht, in dem u.a. ein Skelett des ausgestorbenen Riesenvogels Moa zu sehen ist.

Unmittelbar vor dem Komplex sehen sie an der Uferpromenade ein 45 m hohes rotes gebogenes Fiberglasrohr mit einer Leuchtkugel an der Spitze. Es handelt sich hierbei um eine Skulptur von Len Lye, genannt „Wind Wand" (Wind-Stab). An der Uferpromenade vorbei führt der 11 km lange **Coastal Walkway**, den Sie von hier aus in beide Richtungen laufen können. Mit der *Govett-Brewster Kunstgalerie* existiert in New Plymouth die bedeutendste Sammlung zeitgenössischer Kunst in ganz Australasien. Hinter der *St. Marys Church*, der im Jahr 1845 gebauten ältesten Steinkirche Neuseelands, liegt

Lake Rotomanu

der **Marsden Hill**, der einem die Mühen des Aufstieges durch einen wunderbaren Rundblick lohnt und zudem das Observatorium beherbergt. In New Plymouth und Umgebung gibt es eine stattliche Zahl von Parks.

(096) WOMO-Wanderplatz: Lake Rotomanu

GPS: S 39°2'33" E 174°6'57". **Max. WOMOs:** 5
Ausstattung/Lage: Toilette, Wasser, Picknicktische / Am Lake Rotomanu.
Zufahrt: Von New Plymouth kommend vor dem Waiwhakaiho River links vom SH3 in die Devon St einbiegen und dann rechts in die Clemow Rd.
Beurteilung: Wunderschöne Stellplätze auf Gras. Spazierweg um den See, 30 Minuten. Der Coastal Walkway führt 3,5 km am See vorbei bis zur Stadtmitte. Die tolle Brücke über den Waiwhakaiho River liefert Fotomotive mit Mt Taranaki im Hintergrund. Sehr zu empfehlender Platz!

(097) WOMO-Campingplatz: Fitzroy Beach Holiday Park

GPS: S 39°2'42" E 174°5'55". **WOMOs:** 30 mit Stromanschluss.
Ausstattung/Lage: Spielplatz, Pool / Am Meer, am Coastal Walkway.
Preiskategorie 2
Zufahrt: 3 km östlich der i-SITE, die Beach St zweigt von der Devon St ab.
Kontakt: 1D Beach St, New Plymouth, Tel. 06 758 2870, fitzroybeach.co.nz
Beurteilung: Tolle Lage am Meer. Neuer Besitzer, neue Sanitäranlagen, neue Küche. Über den Coastal Walkway laufen Sie 30 Minuten in die Stadt. Die Te Rewa Rewa Brücke ist in 12 Minuten zu erwandern.

Te Rewa Rewa Bridge

Vom Zentrum aus hinter dem Marsden Hill liegt 1,5 km entfernt der sehenswerte Botanische Garten **Pukekura Park**, Schauplatz des jährlich von Mitte Dezember bis Anfang Februar stattfindenden **Festival of Lights**. Auf dem **New Plymouth Heritage Trail** lernen Sie auf einer zweistündigen Wanderung viele historisch und architektonisch interessante Plätze und Gebäude der Stadt kennen. Gut essen können Sie in angenehmem Ambiente und mit Blick aufs Meer im **Arboria** (North Wing Puke Ariki, 1 Ariki St, Tel. 06 759 1241).

(098) WOMO-Stellplatz: New Plymouth Kawaroa Park

GPS: S 39°3'23" E 174°3'38". **Max. WOMOs:** 5
Ausstattung/Lage: Toilette / Parkplatz am Meer.
Zufahrt: 8 Tisch Avenue, 1 km westlich der i-Site, neben dem Todd Energy Aquatic Centre (Schwimmzentrum). **Beurteilung:** Sehr guter Platz.

(099) WOMO-Campingplatz-Tipp: Belt Road Seaside HP

GPS: S 39°3'28" E 174°3'17". **WOMOs:** 60 mit Stromanschluss.
Ausstattung/Lage: Spielplatz / Auf einer Anhöhe am Meer/Hafen.
Preiskategorie 3
Zufahrt: 2 km westlich der i-SITE, St Aubyn St und dann rechts in die Belt Rd.
Kontakt: 2 Belt Rd, New Plymouth, Tel. 0800 804 0228, www.beltroad.co.nz.
Beurteilung: Tolle Lage, neue Sanitäranlagen. Suchen Sie sich einen Platz direkt am Meer. Über den Coastal Walkway laufen Sie 20 Minuten in die Stadt.

Mount Taranaki

Mount Taranaki

Der Hauptanziehungspunkt der Region ist der 2.518 m hohe, atemberaubend schöne **Mount Taranaki** mit seinem gleichmäßig geformten Vulkankegel, der immer von Schnee und Eis bedeckt ist. Der von den Maori seit jeher Taranaki genannte Berg wurde von *James Cook* nach dem *Earl of Egmont* in *Mount Egmont* umbenannt. Der Berg erhielt jedoch in den 80er Jahren des letzten Jahrhunderts wieder seinen alten Namen, und nur der ihn umgebende *Egmont-Nationalpark* erinnert an den Adligen, der nie in Neuseeland war. Der *Mt Taranaki*, dessen letzter Ausbruch auf das Jahr 1755 datiert wird, ist von vielen einzigartigen Pflanzen bewachsen und ihm entspringen mehr als 50 Flussläufe, die von sehr starken Niederschlägen gespeist werden. In den Sommermonaten Dezember bis März kann der am meisten bestiegene Gipfel Neuseelands auch ohne Kletterausrüstung erreicht werden. *Mt Taranaki* gehört zu den neuseeländischen Regionen, die echte vier Jahreszeiten haben. Im Frühjahr erwacht das Leben (Zehntausende Rhododendren erblühen zu dieser Jahreszeit in den Garten- und Parkanlagen.) der Sommer ist bei Wanderern, Outdoor-Fans und Alpinisten beliebt, der Herbst färbt die Blätter und wartet mit warmen Tagen und kalten Nächten auf und der Winter bietet sogar Schnee zum Skifahren.

Von den vielen **Maori Legenden**, die sich um den Berg ranken, sei hier die schönste wiedergegeben: *Früher lebte der Taranaki mit den anderen Vulkanen zusammen im Zentrum der Nordinsel, als Nachbar und Rivale von Tongariro. Eines Tages verliebten sich beide in den mit grünem Wald überwachsenen kleinen Vulkan Pihanga, wodurch es zum Streit zwischen den mächtigen Vulkanen kam. Während der Schlacht schüttelte sich die Erde, und der Himmel wurde schwarz, bis sich schließlich Pihanga für Tongariro entschied. Traurig und von Tongariro bedrängt, wanderte Taranaki nach Westen, bis ihn das Meer*

Mount Taranaki über dem Lake Mangamahoe

stoppte. Der tiefe Graben, den er auf seiner Wanderung hinter sich herzog, verwandelte sich zum Bett des Whanganui River, der von Taranakis Wunden gespeist wurde.

Die Taranaki Region ist bekannt als Gartenparadies. In der Umgebung des Vulkans gibt es unzählige variantenreich angelegte Gärten mit einheimischen sowie exotischen Pflanzen zu bestaunen. Zu den zwei im Frühjahr stattfindenden Gartenfestivals, dem **Powerco Garden Spectacular** und dem **Taranaki Fringe Garden Festival,** strömen jährlich tausende Gartenliebhaber. Sie lassen sich von den Exponaten inspirieren und holen sich vielerlei Tipps von der Gestaltung eines Biogartens bis zur Landschaftsgestaltung.

Fahrt zu drei Bergstationen am Taranaki

Über den SH3 verlassen Sie New Plymouth gen Süden und legen schon nach 6 km den ersten Stopp ein, weil mit dem **Tupare Garden** einer der schönsten und außergewöhnlichsten Gärten Neuseelands am Wegesrand liegt. Im Jahr 1932 begannen Sir Russell und Lady Matthews, einen Garten an einem Hügel am Rande des Waiwhakaiho River zu schaffen, der sich in der Zwischenzeit zu einem der schönsten Gärten des Landes weiterentwickelt hat. Es gibt hier eine Reihe von Besonderheiten, wie zum Beispiel das Gewächshaus, den alten Obstgarten und die Klippenwasserfälle. Der Garten liegt an der Mangorei Road, unweit des SH3. Er ist jeden Tag geöffnet und der Eintritt ist frei.

Bereits 3 km hinter Tupare haben Sie von dem Scenic Reserve des **Lake Mangamahoe** einen wundervollen Blick auf den *Mt Taranaki.* Dieses Fotomotiv wird Ihnen in manchem Reiseführer begegnen. In Inglewood sehen Sie schon von weitem ein altmodisches, knallrotes Feuerwehrauto auf dem

Dach eines Hauses. Zumindest wenn Sie mit Kindern reisen, sollten Sie das **Fun Ho! National Toy Museum** (25 Rata St, Inglewood, Tel. 06-756 7030, tgl. 10-16 Uhr, www.funhotoys.co.nz) besuchen. Zu sehen gibt es variantenreiches historisches Spielzeug, das bis heute im Museum mit der Sandguss-Methode als Miniatur-Spielzeug hergestellt wird.

Spielzeugmuseum Fun Ho!

Wir schildern Ihnen nun drei Möglichkeiten auf asphaltierten Straßen die östlichen Flanken des Berges hinaufzufahren. Sie enden alle auf etwa halber Strecke an Parkplätzen und bieten freie Übernachtungs- und Wandermöglichkeiten. Bitte beachten Sie, dass sich das Wetter sehr schnell ändern kann. Die vom Westen kommenden Wolken stauen sich am mächtigen Taranaki und sorgen für oft recht feuchtes Klima. Das regionale Motto lautet: „If you can‘t see Taranaki, then it‘s raining and if you can see it, then it is going to rain“. Ein schneller Wetterwechsel wurde schon einigen Bergsteigern zum Verhängnis. Holen Sie bei längeren Wanderungen unbedingt die Wettervorhersage ein!

Bergstation North Egmont

Sie biegen in Egmont Village, 5 km vor Inglewood, rechts in den Mount Egmont National Park ab. (Auch in Inglewood gibt es eine Zufahrt.) Sie folgen der Egmont Road, die in ihrem Verlauf durch immer dichter werdenden Wald führt. Oft hängen dicke Äste über diese bezaubernde Straße und Sie müssen aufmerksam fahren, um Ihr Wohnmobil unversehrt nach 16 km zum Besucherzentrum der **Bergstation North Egmont** (940 m ü.d.M.) zu bringen. Das etwas umständlich **DOC Taranaki / Egmont National Park Visitor Centre** genannte Gebäude liefert Ihnen neben allen möglichen Informationen auch eine naturwissenschaftliche Ausstellung und ein Café. Hier ist der mit Abstand beste Ausgangspunkt für Gipfelbesteigungen. Wer eine Wanderung oder gar einen Aufstieg (10 h hin und zurück) beabsichtigt, sollte sich mit Informationsmaterial eindecken und unbedingt den Wetterbericht einholen. Es gibt auch zwei mehrtägige Rundwege um den Gipfel (**Pouakai Circuit**, 24 km

Feenwald am Ngatoro Loop Track

2-3 Tage, **Around the Mountain Circuit**, 67 km, 4-5 Tage). Kurze Wanderungen werden sehr gut in der Broschüre **„Short Walks in Mt Egmont“** beschrieben. Wir entschieden uns für den reizenden **Ngatoro Loop Track** (3 km, 45-60 min, 100 m Anstieg). Deutlich anstrengender ist der **Veronica Loop Track** (3 km, 2 h, 200 m Anstieg). Bei dieser Wanderung klettern Sie zunächst über eine Anzahl von Stufen zu einem Denkmal des Bergsteigers Arthur Ambury und dann weiter hinauf zu einem atemberaubenden Aussichtspunkt.

(100) WOMO-Wanderplatz: Meeting of the Waters

GPS: S 39°6'12" E 174°6'57". **Max. WOMOs:** 3
Ausstattung/Lage: Picknicktische / Kleiner Parkplatz im Wald.
Zufahrt: Etwa 5 km hinter New Plymouth links in die Waiwakaiho Rd abbiegen und dieser 200 m folgen. **Beurteilung:** Der Platz gehört zum Burgess Park und liegt sehr ruhig an einem kleinen Fluß mit Bademöglichkeit.

(101) WOMO-Wanderplatz: North Egmont - DOC Freedom

GPS: S 39°16'12" E 174°5'44". **Max. WOMOs:** 10
Ausstattung/Lage: Toilette / Am DOC Visitor Centre.
Zufahrt: Am North Egmont DOC Visitor Centre, siehe Text.
Beurteilung: Von Grün umgebene Stellplätze auf Asphalt, mit wunderbarem Blick hinauf zum Taranaki und hinab zum Meer. Suchen Sie sich eine möglichst windgeschützte Stelle. Die Toiletten sind 24 h geöffnet, das Café im Visitor Centre täglich von 9 bis 15 Uhr. **Hinweis:** Maximal vier Nächte.

Stratford Plateau

Eine zweite Stichstraße zum Mt Taranaki zweigt im 20 km hinter Inglewood liegenden Stratford ab. Die Pembroke Rd bringt Sie nach 15 km zum sehr ansprechenden Hotel Stratford Mountain House und nach drei weiteren Kilometern zu einem Parkplatz (**Stratford Plateau**, 1.172 m ü.d.M.). Der große Schotterparkplatz liegt oberhalb der Baumgrenze und ist nur von Buschwerk umgeben, also dem Wind ausgesetzt. Sie können zum etwas oberhalb liegendem **Manganui Ski Area** laufen, dem

Blick auf Mount Taranak vom Stratford Plateau

einzigen Skigebiet am Taranaki. Wenn Sie dem *around the mountain circuit* folgen, treffen Sie den Ski Hang in einer Höhe von 1.300 m. Die Wanderung dauert ca. 2,5 Stunden (hin und zurück) und geht über schmale Wege und Geröllfelder, wobei Warnschilder immer wieder auf die Gefahren des Weges hinweisen. Wenn sich der Taranaki dann noch in strahlendem Sonnenschein zeigt, ist das Wanderglück vollkommen. Es gibt noch einen Wanderweg zur **Waingongoro Hut** (50 min) und einen zu den Dawson Falls (60 min).

(102) WOMO-Wanderplatz: Stratford Plateau - DOC Freedom

GPS: S 39°18'28" E 174°5'56". **Max. WOMOs:** 10
Ausstattung/Lage: Toilettenblock / Großer Schotterparkplatz
Zufahrt: In Stratford der Pembroke Road folgen, siehe Text.
Beurteilung: Der Platz ist dem Wind ausgesetzt und manch einer mag sich hier verloren vorkommen. Auf der Habenseite steht ein wirklich atemberaubender Rundumblick, der bei geeignetem Wetter bis zum Mt Ruapehu reicht! Sowohl Sonnenunter- als auch Sonnenaufgang sind hier famos.
Hinweis: Maximal vier Nächte.

Dawson Falls Visitor Centre

Eine dritte Möglichkeit, näher an den Gipfel heranzukommen, bietet sich Ihnen ebenfalls in *Stratford.* Sie biegen im Stadtzentrum vom SH3 rechts in die Celia St ab, die im weiteren Verlauf zur Opunake St wird. Nach insgesamt 14 km biegen Sie rechts in die Manaia Rd ab. Diese führt Sie durch den Regenwald, vorbei am 18 m hohen Wasserfall, nach weiteren 8,5 km zum **Dawson Falls Visitor Centre** (924 m ü.d.M.). Von der Aussichtsplattform haben Sie einen atemberaubenden Blick. Sie können auf dem Parkplatz vor dem DOC Visitor Centre frei übernachten und die Dawson Falls in einer 45-minütigen Rundwanderung erkunden (**Kapuni Loop Track**).

Dawson Falls Visitor Centre

Es existieren diverse weitere Wanderungen, z.B. der 1,5-stündige **Wilkies Pools Loop Track.**

(104) WOMO-Wanderplatz: Dawson Falls - DOC Freedom
GPS: S 39°51'54" E 174°44'49". **Max. WOMOs:** 10
Ausstattung/Lage: Toilette, Wasser / Am DOC Visitor Centre.
Zufahrt: In Stratford vom SH3 in die Celia St einbiegen und nach 16 km rechts in die Manaia Rd. Nach 9 km haben Sie den Parkplatz erreicht.
Beurteilung: Wunderschöne Stellplätze auf Asphalt, von Grün umgeben. Großartiger Blick auf Mt. Taranaki und den vorgelagerten Fanthams Peak. Ausgangspunkt zahlreicher Wanderungen. Spätestens ab 17 Uhr wird es ruhig am Parkplatz, abgesehen vom Gesang der Vögel.

Auf dem Rückweg von den Dawson Falls können Sie kurz vor Kaponga die Rosenbeete der *Hollards Gardens* bewundern und über die Palmer Rd zum Kapuni Gasfeld gelangen. Wer sich dafür interessiert, kann sich im dortigen Visitor Centre über die ausgedehnte Industrieanlage informieren. Über die Eltham Road gelangen Sie zurück zum SH3 nach Eltham.

Von Stratford nach Hawera

Stratford, das östliche Sprungbrett zum Taranaki, verfügt über eine ausgezeichnete Touristeninformation, ein DOC-Büro, ein Hallenschwimmbad und einen Top 10-Campingplatz. Außerdem befindet sich am südlichen Ortsausgang das **Taranaki Pioneer Village** (SH3, Tel. 06 765 5399, tgl. 10 bis 16 Uhr), in dem 50 historische Gebäude der Gegend zusammengetragen sind, darunter das sehenswerte *Okato-House (1853).* Stratford hat 5.400 Einwohner und ist die Hauptstadt der Region Taranaki. Eine etwas schräge Attraktion der Stadt hat mit der Herkunft ihres Names zu tun. Sie wurde nämlich nach Shakespeares Geburtstort Stratford-upon-Avon benannt. So sind sämtliche Straßennamen Romanfiguren aus Stücken von Shakespeare entnommen und Sie können von der Juliet Street über die Orlando Street zur Romeo Street gelangen. „New Zealand`s only Glockenspiel“ ist in einem fachwerkartigen, schwarz-weißen Turm untergebracht. Beim **Glockenspiel** dieses 1996 gebauten Uhrenturmes zeigen sich um 10, 13, 15 und um 19 Uhr lebensgroße Figuren Romeos und Julias. Dazu sind diverse Shakespeare Zitate zu hören. Wir fanden das einerseits sehr kitschig, haben aber das Schauspiel doch in voller Länge genossen.

Stratford, The Glockenspiel

(103) WOMO-Campingplatz: Stratford Holiday Park

GPS: S 39°20'37" E 174°16'41". **WOMOs:** 20 mit Stromanschluss.
Ausstattung/Lage: Standard / Im King Edward Park, 1 km zur i-Site.
Preiskategorie 2.
Zufahrt: Die Page St zweigt zentrumsnah vom SH3 ab.
Kontakt: 10 Page St, Tel. 06 765 6440, www.stratfordholidaypark.co.nz.
Beurteilung: Ruhiger Platz, aber etwas in die Jahre gekommen. Stellplätze sind voneinander durch Hecken abgegrenzt.

Zehn Kilometer südlich von Stratford trifft der SH3 auf **Eltham** (2 500 Einwohner). Das Stadtbild der ländlichen Kleinstadt wird vor allem durch seine viktorianischen Gebäude geprägt. Zu Beginn der Besiedlung in den 1870-iger Jahren war die Umgebung dicht bewaldet. Als man entdeckte, dass das Umland ideale Bedingungen für die Milchwirtschaft bot, begann man mit der Abholzung und errichtete parallel zahlreiche Sägewerke. Im wirtschaftlichen Mittelpunkt des Ortes steht heute eine Käsefabrik, die der größten Arbeitgeber in der Region ist. Im Verköstigungsraum des **Eltham Cheese Shops** (Bridge St, Eltham, Tel. 06 764 5819, Di bis Fr 9 - 17 Uhr, Sa 9 - 13 Uhr) können Sie sich (recht teuer) für die Weiterfahrt nach Whanganui mit frischen Käsevorräten eindecken. Etwa 20 km südlich

Wilkies Pool Loop Track

Eltham erreichen Sie auf dem SH3 in der 9 000-Einwohner-Gemeinde Hawera das südliche Ende der Taranaki Halbinsel.

Über den Surf Highway SH45 nach Hawera

Der westlich um den Bilderbuchvulkan Mt Taranaki herum führende SH45 wird auch als Surf Highway bezeichnet. Seinen Namen bekam die 105 km lange Strecke von New Plymouth nach Hawera verliehen, weil die Surfspots an der Küste zu den besten Neuseelands zählen. Für welche Stichstraße zum Meer Sie sich auch entscheiden, sie wird mit Sicherheit an einem Surfstrand enden! Wenn Sie noch nie auf einem Surfbrett standen, vermittelt Ihnen eine der ansässigen Surfschulen gerne die Kunst des Wellenreitens. Auch zum Windsurfen und Kiteboarden sind die Bedingungen ausgezeichnet. Woher auch immer der Wind bläst, ob Niedrigwasser oder Flut, immer finden sich beste Bedingungen Natürlich können Sie auch einfach am Strand entlangspazieren und dem waghalsigen Treiben auf dem Wasser zuschauen.

Die Strecke über den SH45 ist landschaftlich deutlich attraktiver als über den SH3. Neben den hervorragenden Surfstränden und menschenleeren Küsten treffen Sie auf ein Künstlerdorf und eine wichtige historische Stätte. Sie fahren vorwiegend durch dünn besiedeltes Farmland, aber rechts und links davon erstreckt sich eine spektakuläre Landschaft. Bei der Fahrt über Orte wie Oakura, Okato, Pungarehu, Opunake und Manaia wird es Ihnen immer wieder schwer fallen sich zu entscheiden wohin Sie ihren Blick richten. Es reizen sowohl die Küste und das Meer, als auch der nahezu perfekte Vulkankegel des Mount Taranaki, besonders, wenn er von der Abendsonne beschienen wird.

Trotz ihrer Beliebtheit sind die Surfstrände meist recht einsam. Auf die einzige Ausnahme treffen Sie 15 km hinter New

Surf Strand Paoroa Road

Plymouth. Quasi noch vor der Haustür liegt das relaxte **Oakura**, dessen breiter schwarzgrauer Sandstrand wegen der sogenannten *right hander breaks* von Surfern geschätzt wird. In einer Länge von fast einem Kilometer schmiegt sich der feine Sandstrand um die Oakura Bay. Der Maori-Name Oakura bedeutet „Das Licht, das mit dem roten Himmel kommt". Lassen Sie sich also hier keinesfalls den Sonnenuntergang entgehen. Am Wochenende ist es in der Oakura Bay allerdings sehr voll. Direkt hinter Oakura wendet sich der SH3 von der Küste ab, von der er fortan bis Opunake etwa 3 km Abstand hält. Sie fahren nun durch Tataraimaka, Pitone, Okato und Warea. Zwischen den letztgenannten Orten geht es zur **Komene Beach**, die für Anfänger geeignet ist. Direkt hinter Warea führt die **Stent Road** zu einem Surfspot für erfahrene Surfer.

(105) WOMO-Campingplatz: Oakura Beach Holiday Park

GPS: S 39°7'1" E 173°56'41". **WOMOs:** 20 mit Stromanschluss.
Ausstattung/Lage: Standard / Am Meer. **Preiskategorie 3**
Zufahrt: 16 km westlich von New Plymouth in die Wairau Rd abbiegen.
Kontakt: 2 Jans Terrace, Oakura, Tel. 06 752 7861, www.oakurabeach.com
Beurteilung: Tolle Lage am Meer. Sicheres Schwimmen und tolles Surfen. Gute Sanitäranlagen, gute Küche.

(106) WOMO-Stellplatz: Paoroa Rd Beach

GPS: S 39°11'33" E 173°47'42". **Max. WOMOs:** 3
Ausstattung/Lage: Toilette / Am Strand auf Gras.
Zufahrt: Die Paoroa Road biegt 6 km hinter Okato rechts ab, 3 km zur Beach.
Hinweis: Maximal drei Wohnmobile für maximal drei Nächte. Stehen Sie bitte im markierten Bereich gegenüber der Toilette.
Beurteilung: Wildromantische Stellplätze auf Gras, direkt an der wilden Küste. Maximal zwei Nächte dürfen Sie an diesem einsamen Platz stehen.

Für Gartenliebhaber bietet sich eine alternative Strecke an. Der weltberühmte **Pukeiti Garden** (2290 Carrington Rd) ist ein 1951 angelegter 360 Hektar großer Regenwaldgarten,

Denkmal von Peter Snell in Opunake

der 20 km entfernt von New Plymouth weit oben am Hang des Taranaki liegt. Hier wachsen mehr als 10.000 Rhododendren, in 500 verschiedenen Arten. Auch Azaleen sind in vielen Variationen vertreten. Die wundervoll exotische Blütenpracht können Sie zwischen September und November genießen. Aber auch zu anderen Jahreszeiten ist der Park mit seinen Spazierwegen und einem Café mit traumhaftem Ausblick einen Besuch wert. Die Straße ist recht eng, bietet dafür aber wundervolle Ausblicke. Hinter dem Park können Sie hinab nach Okato und damit zurück zum Surf Highway fahren.

Sieben Kilometer hinter Warea zweigt die Straße zum Cape Egmont Lighthouse ab. Der aus Eisen gefertigte, 20 m hohe Leuchtturm steht auf einer Anhöhe und ist aus allen Richtungen schon von weitem sichtbar. Auf der anderen Seite des Highways, 4 km Richtung Taranaki, liegt **Parihaka**. Etwa um die Zeit als der Leuchtturm errichtet wurde, kam es hier zu den rücksichtslosesten Übergriffen der Briten gegen die Landrechte der Maori in der Geschichte Neuseelands. Unter Beugung des Rechtes kam es damals zur Enteignung des umliegenden Landes. Der dagegen aufbegehrende Maori-Anführer Te Whiti wurde inhaftiert. Ihm ist in Parihaka ein Denkmal gesetzt.

(107) WOMO-Stellplatz: Cape Egmont

GPS: S 39°16'37" E 173°45'9". **Max. WOMOs:** 5
Ausstattung/Lage: Nichts / Am Strand auf Gras.
Zufahrt: Vom SH45 in die Cape Egmont Rd einbiegen, dieser 8 km am bis zum Strand folgen. 200 m hinter dem Lighthouse.
Beurteilung: Wildromantische Stellplätze auf Gras, direkt an der wilden Küste. Maximal zwei Nächte dürfen Sie an diesem einsamen Platz stehen.

In Oaonui, 8 km hinter der Abzweigung zum Leutturm, befindet sich die größte Industrieanlage der Region. Der Strand am Ende der Kina Road bietet auch hier wunderbare Wellen und Winde für Kitesurfer. Die Surfer schwärmen, Wellenritte von bis zu 400 m seien in der Bucht keine Seltenheit.

(108) WOMO-Campingplatz-Tipp: Opunake Beach Kiwi Holiday Park

GPS: S 39°27'29" E 173°51'28". **WOMOs:** 100 mit Stromanschluss.

Ausstattung/Lage: Spielplatz, Planschbecken / An der Opunake Beach.

Preiskategorie 3

Zufahrt: In der Ortsmitte vom SH45 in die Havelock St Richtung Strand abbiegen. Nach 400 m zweigt die Beach Rd links ab.

Kontakt: Beach Rd, Tel. 0800 758 009, www.opunakebeach.com

Beurteilung: Guter und kinderfreundlicher Platz. Duschen frei. Geschützte Bucht mit Sandstrand. Besser zum Wellensurfen als zum Schwimmen geeignet.

Wenige Kilometer weiter trifft der SH45 auf die 1.350 Einwohner Stadt **Opunake**. Das Surfer-Mekka hat einen der besten Strände der Region. Der aus schwarzem Vulkansand bestehende Strand ist sehr beliebt und ausgesprochen gut besucht. In der Hauptstraße reihen sich folgerichtig Cafés und kleine Lädchen aneinander. Vor dem hervorragend zum Schwimmen geeigneten Strand wurde das erste künstliche Surfriff Neuseelands gebaut. Wenn Sie den Strand und die entspannte Surfkult-Atmosphäre lange genug genossen haben, können Sie den 7 km langen historischen Spazierweg laufen. Er führt am Lake Opunake, dem historischen Friedhof Armed Constabulary Cemetry und dem Waiaua River vorbei zu dem historischen Te Namu Pa. Die Wanderung ist eine sehr gute Gelegenheit einen Überblick über die Geschichte der Umgebung zu erhalten. Es gibt auch ein Denkmal für den in Opunake geborenen großartigen Leichtathleten Peter Snell. Er gewann bei den Olympischen Sommerspielen 1960 und 1964 insgesamt drei Goldmedaillen über 800 m und über 1500 m. Der direkt am Strand liegende Campingplatz ist nicht nur bei Kiwis sehr beliebt. Daher empfiehlt sich in der Ferienzeit eine Reservierung.

Kurz hinter Pihama gibt es in **Mangahume** und kurz vor Manaia am **Kaupokonui Beach** weitere gute Surfgelegenheiten. Der beliebteste Bade- und Surfstrand im Süden Taranakis wartet danach am **Ohawe Beach** auf Ihren Besuch.

Von Hawera nach Whanganui

In Hawera treffen der SH3 und der Surf Highway SH45 aufeinander. Wie oben unter Eltham beschrieben hat sich in der Region dank der fruchtbaren Vulkanböden eine ertragreiche

Milchwirtschaft etabliert. In Hawera ist die größte Molkerei Neuseelands ansässig. Täglich werden hier rund 14 Millionen Liter Milch verarbeitet und so ist es auch kein Wunder, dass man bei der Einfahrt in die Stadt von einem großen Kuhstandbild begrüßt wird. Auch werden Sie unausweichlich den Milchlastwagen der Fonterra-Molkerei begegnen. Als Genossenschaft gegründet, ist die *Fonterra Co-operative Group* heute ein multinationales Unternehmen und gilt als das größte Unternehmen Neuseelands. Die Molkerei wird von mehr als 12.000 Farmen beliefert. Ihre Molkereiprodukte machen ein Viertel aller neuseeländischen Exporte aus, insgesamt tragen sie sieben Prozent zum Bruttoinlandsprodukt bei. Fonterra liefert Milchprodukte, vorwiegend Milchpulver, weltweit an 140 Länder, insbesondere aber an den gesamten asiatischen Raum.

(109) WOMO-Campingplatz: Ohawe Beach Camp

GPS: S 39°35'9" E 174°11'49". **WOMOs:** 20 mit Stromanschluss
Ausstattung/Lage: Wasser, Toilette, Dusche / An der Steilküste nahe der Mündung des Waigongoro River gelegen, wilder Strand mit großen Felsbrocken und Baumstämmen. Gut geeignet zum Surfen.
Zufahrt: Vom SH45 in Ohawe Rd einbiegen, 3 km bis Ohawe Beach fahren.

Kontakt: Rangatapu Street, Ohawe Beach, Tel. 06 278 6939
Beurteilung: Einfacher Platz an einer sehr schönen wilden Küste mit Steilufer. Der Sonnenuntergang ist dort fantastisch! **Preiskategorie 2**

Attraktionen von Hawera sind der direkt an der Umgehungsstraße gelegene *King Edward Park*, das eindrucksvolle *Turuturu Mokai Pa* und das *Tawhiti-Museum.* Neben dem King Edward Park mit Seen und einem kleinen chinesischen Garten gibt es den *Naumai Park* und den *Hicks Memorial Park*. Ersterer besteht überwiegend aus naturbelassenem, neuseeländischem Busch und in letzterem befinden sich Sportstätten. Auch ein 18-Loch Golfplatz gehört zu den Sportangeboten der 11.000 Einwohner zählenden Stadt. Das South Taranaki Visitor Centre liegt direkt am 54 m hohen Wasserturm, der einen herrlichen Rundblick bietet. Nachdem die Stadt 1884, 1888 und 1912 ausgedehnte Brände zu überstehen hatte, wurde 1914 der **Hawera Water Tower** (55 High St, Schlüssel in der i-Site, Mo-Fr 8.30 bis 17.15 Uhr, Sa-So 10-15 Uhr) im Stadtzentrum gebaut, um den Wasserdruck für mögliche Löscharbeiten zu erhöhen. Noch eine letzte Attraktion Haweras wollen wir Ihnen nennen. Falls Sie ein eingeschworener Elvis Presley Fan sind, finden Sie in einer umgebauten Garage eine imposante Sammlung von LPs, Büchern, Kunst, Souvenirs, Konzerttickets, Instrumenten, Uhren und Schmuck des King of Rock'n Roll. In der i-SITE nennt man Ihnen Besichtigungstermine.

(110) WOMO-Badeplatz: Waverly Beach Camp

GPS: S 39°49'54" E 174°38'8". **Max. WOMOs:** 15
Ausstattung/Lage: Toilette, Küche, warme Duschen, Spielplatz / Am Strand der Waverly Beach.
Preiskategorie 1. Bei der Bücherei in Waverly zahlen.
Zufahrt: In Waverly, 13 km hinter Patea, biegen Sie rechts ab und folgen der Straße (Ihupuku Rd,3,4 km, Waverley Beach Rd, 4,1 km, Waipipi Rd), 2,2 km) bis zum 10 km entfernten Strand.

Beurteilung: Großer Grasplatz nahe dem schwarzen Sandstrand.
Hinweis: Wenn Sie der Straße noch etwa 300 m folgen, können Sie kostenfrei direkt an den Klippen übernachten (S 39°49'59" E 174°38'11").

(111) WOMO-Badeplatz: Waiinu Beach Camp

GPS: S 39°51'54" E 174°44'49". **Max. WOMOs:** 15
Ausstattung/Lage: Toilette, Wasser, Mülltonnen, Entsorgungsstation / Am Strand der Waiinu Beach.
Preiskategorie 1. Wird abends eingesammelt.
Zufahrt: In Waitotara nach Süden abbiegen, 8 km Richtung Strand fahren.
Beurteilung: Wunderschöner großer Grasplatz hinter den Dünen. Betrieben vom South Taranaki District Council. Neue Toilettenanlage, gut gepflegt, sauber. Gute Möglichkeiten zum Baden und Wellenreiten.

Sie verlassen *Hawera* über den SH3, dem Sie 28 km bis **Patea** folgen. Ein Bummel durch den Ort führt an vielen historischen Gebäuden wie dem Aotea Memorial Waka, der St.

George Kirche und dem South Taranaki District Museum vorbei. Der hier beheimatete Patea Maori Club landete in den in den Achtzigerjahren den immer noch beliebten Hit *Poi-E*. Der Highway wendet sich hinter Patea bis zum 61 km entfernten Whanganui von der Küste ab. Wir nennen Ihnen zwei Stichstraßen zum Meer, jeweils mit ausgezeichneten Bade- und Übernachtungsmöglichkeiten. In **Waverly** zweigt eine Straße **Waipipi Beach** ab. Vier oder fünf Meter hohe Klippen säumen an diesem Strand die Küstenlinie. Die mehrfach geschichteten Klippen sind in wunderschönen Farbtönen koloriert, von Grau über Braun und Ocker bis zu Tiefrot. Das Waverly Beach Camp ist von hier nur 2 km entfernt.

Über den Forgotten World Highway nach Stratford

Wir beschreiben nun die Nebenstrecke von Te Kuiti über Taumarunui nach Stratford. Der erste Teil der Route folgt bis Taumarunui dem SH4, während der letzte Teil über den SH43 verläuft. Dieser wird seit 1990 werbewirksam als Forgotten World Highway bezeichnet. Der Name trägt der abgelegenen Lage der Straße in einem weitgehend unberührten Gebiet Rechnung und ist bei durchschnittlich 150 Fahrzeugen pro Tag sicherlich gerechtfertigt. Seine Namensgebung ist aber auch eine erfolgreiche Marketingmaßnahme, die zunehmend das Interesse der Touristen weckt.

Der SH4 beginnt elf Kilometer südlich von Te Kuiti an der sogenannten Eight Mile Junction, wo er vom SH3 in südliche Richtung abzweigt. Die ersten 50 km bis Ongaruhe verlaufen durch landwirtschaftlich genutztes Land. Es gibt die üblichen Schaf- und Viehweiden, aber auch Obstanbau. Unterwegs, nach ziemlich genau 20 km, zweigt rechts die Omaru Rd ab. Wenn Sie dieser folgen, erreichen Sie nach 500 m einen Parkplatz (**GPS:** S 38°31'20" E 175°10'11"), von dem aus Sie zu den wundervollen **Omaru Falls** laufen können. Der 30-minütige Weg (einfach) führt für einige hundert Meter über Farmland, bevor er durch ein Wäldchen aus Farnen und jungen Rimu-Bäumen verläuft. Über eine Wiese gelangen Sie zunächst zu einem kleinen Wasserfall. Hier können Sie sehr gut ein Picknick einlegen. Schließlich überqueren Sie eine Hängebrücke und steigen dann hinauf zu einer Aussichtsplattform, von der Sie einen großartigen Blick auf die 45 m hohen eindrucksvollen Wasserfälle haben.

Während der Highway bisher durch hügeliges Land angestiegen ist, führt er nun durch die gewundenen Täler des Ohura River und Ongarue River, zwei Zuflüssen des Whanganui River, bis Taumarunui wieder abwärts. Falls Sie Taumarunui keinen Besuch abstatten möchten, sondern lieber direkt zum

Omaru Falls

Forgotten World Highway fahren wollen, haben Sie in **Mangatupoto** die Gelegenheit in eine Nebenstraße Richtung Ohura abzubiegen. Sie treffen 10 km hinter Ohura auf den SH43.

Ohura liegt am Ufer des Mangaroa River und wirkt heute wie eine Geisterstadt. Einst gab es eine florierende Bergbauindustrie, mit deren Zusammenbruch die Einwohnerzahl aber dramatisch zurückging. Nachdem 1990 die letzte Mine geschlossen wurde, leben heute nur noch 120 Menschen in dem abgelegenen Ort. Diese bilden eine kleine Gemeinschaft mit großem Zusammenhalt. Treffpunkt ist das Gemeindehaus mit Bar.

Taumarunui

Die 5.000 Einwohner zählende Stadt befindet sich in einem zerklüfteten Gelände am Oberlauf des Whanganui River. Das an der Mündung des Ongarue River in den Whanganui River liegende Gebiet war schon früh von Maori besiedelt und gehörte später zum Kings Country. Nachdem sich hier auch Weiße ansiedeln durften ernährten Land- und Forstwirtschaft die Einwohner des Ortes. Als 1908 der Bau einer Eisenbahnline begann, wurde in Taumarunui ein Basislager für die Gleisarbeiter errichtet. Einzelne alte Holzwerkstätten und einige Erinnerungsstücke an den Eisenbahnbau sind heute noch vorhanden. Taumarunuis Bahnhof liegt heute an der sogenannten *main trunk railway line*, der Hauptstrecke der neuseeländischen Eisenbahn auf der Nordinsel. Der *Overlander* von Auckland nach Wellington hält hier.

Heute liegt der wirtschaftliche Schwerpunkt des Ortes im Tourismus. Zunächst ist die Nähe zum beliebten Tongariro National Park zu nennen. National Park Village ist gerade einmal 38 km entfernt. Dann zieht der Forgotten World Highway zunehmend Besucher an und auch Kanutouren in den Whanga-

Marae in Taumarunui

nui National Park erfreuen sich großer Beliebtheit. Die fünftägigen Fahrten über den Whanganui River nach Pipiriki starten in Taumarunui und zählen zu den neun *Great Walks* des Landes.

(112) WOMO-Campingplatz: Taumarunui Holiday Park
GPS: S 38°52'57" E 175°18'24". **WOMOs:** 28 mit Stromanschluss
Ausstattung/Lage: Standard / Am Whanganui River, nahe des SH4.
Preiskategorie 2.
Zufahrt: Am östlichen Stadtrand, am Whanganui River.
Kontakt: 487 Totara St, Tel. 07 895 9345, www.taumarunuiholidaypark,co.nz
Beurteilung: Einfacher Platz mit nicht ganz neuen aber sauberen Sanitäranlagen. Freundliche Eigentümer. Im Kräutergarten an der Küche können Sie sich bedienen! Am Whanganui River gibt es Bademöglichkeiten.

Lebensader von Taumarunui ist die Hakiaha Street, an der Sie aneinandergereiht Cafés, Restaurants, Banken, diverse Länden, einen Four Square- und einen NewWorld-Supermarkt sowie eine Tankstelle finden. Letztere sollten Sie nutzen, denn auf der 155 km langen Strecke nach Stratford gibt es keine weitere Tankgelegenheit.

Forgotten World Highway

Der Forgotten World Highway führt zurück in die Besiedlungsgeschichte Neuseelands, denn er folgt einem alten Pferdetreck aus dem späten 19. Jahrhundert. Als das Gebiet besiedelt wurde, waren Pferde das einzige Transportmittel, um das steile und morastige Gelände zu durchqueren. Die 155 km lange Strecke von Taumarunui nach Stratford führt über vier Gebirgspässe und durch einen archaischen einspurigen Tunnel. Ein 12 km langes Teilstück ist immer noch nicht geteert, aber gut zu befahren. In Neuseeland zählt die durch ein vergessenes Fleckchen Erde führende Straße zum nationalen Kulturerbe („Heritage Highway"). Die Strecke lockt mit unberührter Natur,

Laurens Lavender Farm

saftig grünen Hügeln und fantastischen Ausblicken auf Mt Taranaki und den Tongariro National Park. Sie führt durch üppig grüne Wälder, Naturreservate und Weideland.

Bereits 12 km hinter Taumarunui haben Sie die Gelegenheit zu einer Wanderung im Whanganui National Park. Sie biegen links in die Paparoa Rd ein, überqueren die Te-Maire-Brücke über den Whanganui River und biegen 600 m dahinter ebenfalls links in die Te Maire Valley Road ab. Nach 700 m haben Sie den Wanderparkplatz erreicht. Der einfach zu laufende zweistündige Rundweg **Te Maire Track** überquert zunächst eine Hängebrücke über den Te Maire Stream und verläuft dann durch Wald.

(113) WOMO-Wanderplatz: Te Maire Carpark - DOC Freedom

GPS: S 38°57'5" E 175°11'14". **Max. WOMOs:** 20
Ausstattung/Lage: Toilette / Wanderparkplatz im Wald.
Zufahrt: 12 km hinter Taumarunui, siehe Text. **Beurteilung:** Wanderung und Übernachtung lassen sich hier gut kombinieren.

(114) WOMO-Stellplatz: Ohinepane Camping Ground

GPS: S 38°56'32" E 175°8'46". **Max. WOMOs:** 20
Ausstattung/Lage: Toilette / Am Ufer des Whanganui River.
Preise: Wohnmobilreisende zahlen nichts. Nur wer an Kanutouren teilnimmt und hier übernachtet wird zur Kasse gebeten.
Zufahrt: 18 km hinter Taumarunui. Vorsicht, langsam fahren! Die Abbiegung ist nicht ganz einfach und bei feuchter Fahrbahn ist die Zufahrt rutschig.
Beurteilung: Großer Grasplatz am Ufer. Ein- und Ausstiegsstelle für Kanus.

15 km hinter Taumarunui lohnt ein Stopp an Lauren's Lavendelfarm. Hier können Sie Lavendelprodukte kaufen oder bei einem Cappuccino auf der wunderbaren Gartenterrasse entspannen (**Laurens Lavender Farm**, River Road, Tel. 07 896 8705, www.laurenslavender.com). Nur 3 km hinter der

Lavendelfarm liegt links ein Platz am Fluss, der als Ein- und Ausstiegsstelle für Kanus dient und zur freien Übernachtung genutzt werden kann.

(115) WOMO-Stellplatz: Tangarakau Gorge

GPS: S 38°58'42" E 174°50'1". **Max. WOMOs:** 2

Ausstattung/Lage: Toilette, Picknicktisch / Neben dem SH43, am Waldrand.
Zufahrt: 60 km hinter Taumarunui, siehe Text.
Beurteilung: Übernachtung bei Bedarf, kaum Verkehr.

(116) WOMO-Stellplatz: Moki Forest - DOC Freedom

GPS: S 38°58'31" E 174°48'42". **Max. WOMOs:** 6

Ausstattung/Lage: Toilette / Mitten im Wald.
Zufahrt: 1,7 km hinter dem Stellplatz Tangarakau Gorge biegt rechts die Mount Damper Rd ab. Dieser 1,4 km folgen. Der Platz liegt rechts.
Beurteilung: Schöner von Wald umgebener Platz mit einigen alten Erinnerungsstücken an eine Sägemühle. Sehr einsam gelegen.

Die Fahrt verläuft danach durch hügeliges Farmland, vorbei am Aukopae Tunnel, einem ehemaligen Straßentunnel und Nevins Lookout, einem Aussichtspunkt mit Blick zum Tongariro National Park. Wenn Ihnen auf der wenig befahrenen Straße mal ein Fahrzeug entgegenkommt, dann ist es meist ein Farmer, auf dessen Pick-up-Ladefläche ein Hütehund die Schnauze freudig in den Fahrtwind hält. Man grüßt sich hier im Vorbeifahren mit Handzeichen. Wenn das Farmland von Steineiben-Wald abgelöst wird, haben Sie das Tangarakau Scenic Reserve erreicht. Für die nächsten 12 km ist der SH43 nun eine breite und gut zu fahrende Schotterstraße. In der **Tangarakau Gorge** treffen Sie an einer ausgeprägten Flussschleife auf *Morgan´s Grave*, das Grab von Joshua Morgan, einem frühen Erforscher der Region. Ein Fußweg von ca. 60 Metern führt hinein in den Wald zu seinem Grab.

An den Mount Damper Falls

1,7 km hinter dem Stellplatz Tangarakau Gorge biegt rechts die Mount Damper Rd ab. Wenn Sie dieser schmalen, aber asphaltierten Straße 11 km folgen, erreichen Sie einen Picknickparkplatz (**GPS:** S 38°55'29" E 174°47'01"), von dem aus Sie in 30 Minuten zu den **Mount Damper Falls** laufen können. Mit 78 m Fallhöhe sind sie die höchsten Wasserfälle der Nordinsel. **Wichtiger Hinweis:** Beim Studium der Straßenkarte könnten Sie versucht sein, die Mount Damper Rd weiter bis Kotare und danach bis Ahititi am SH3 zu fahren. Wir raten Ihnen dringend davon ab! Die Straße ist für Wohnmobile nicht geeignet.

Zurück am SH43 wartet am Ende der Schotterstraße der **Moki Tunnel** auf Sie. Der 1936 gebaute 180 m lange, einspurige Tunnel, bei dessen Bau zahlreiche Fossilien gefunden wurden, sieht recht archaisch aus, ist aber mit der gebotenen Vorsicht auch von großen Wohnmobilen gut zu befahren. Heute steht über dem Tunnelportal die Bezeichnung *Hobbits Hole*. Hinter dem nächsten Ort Tahora fahren Sie über den **Tahora Saddle** der wunderbare Ausblicke und einen Aussichtspunkt mit Picknicktisch für Sie bereithält. Die bewaldeten Hügel rechts und links der Straße fallen teilweise fast senkrecht ab.

(117) WOMO-Campingplatz: Back Country Accommodation

GPS: S 39°3'58" E 174°47'53". **WOMOs:** 10 mit Stromanschluss
Ausstattung/Lage: Wasser, Toilette, Dusche / Auf einer großen Wiese oberhalb des SH43 mit Blick zum Tongariro National Park.
Preiskategorie 2.
Zufahrt: Am SH43 ausgeschildert, 6 km hinter Tahora.

Kontakt: 7225 Ohura Road, Tahora Saddle, Tel. 06 762 5858, www.backcountryaccommodation.co.nz
Beurteilung: Einfacher Platz mit sehr sauberen Sanitäranlagen und freundlichen Eigentümern. Wenn Sie die steile Auffahrt gemeistert haben und auf der Wiese am Ende des Platzes angekommen sind, haben Sie eine wirklich großartige Aussicht. Der Sonnenuntergang ist dort fantastisch!

Wenn Sie den kleinen Ort **Whangamomona** erreichen, haben Sie schon mehr als die Hälfte der Strecke des Forgotten World Highway hinter sich. Sie werden von einem Schild an der Grenze zur *Republik Whangamomona* willkommen geheißen und in dem Ort, insbesondere im Whangamomona Hotel, viel schrägem Humor begegnen. Zum Beispiel können Sie sich im Pub, dem historischen Ort der Unabhängigkeitserklärung, Ihren Reisepass abstempeln lassen. Die heutige Kuriosität hatte zur Zeit ihrer Entstehung einen seriösen Hintergrund. Bezirksgrenzen wurden damals verändert. Zum Zeichen ihres Widerstandes gegen die Entscheidung der Regierung riefen alle 178 Einwohner des Ortes und des zugehörigen Umlandes am 1. November 1989 geschlossen ihre Unabhängigkeit aus. Mittlerweile sind die politischen Forderungen in den Hintergrund gerückt und man konzentriert sich darauf, den alle zwei Jahre stattfindenden Whangamomona Republic Day als Volksfest zu feiern. Die Einwohner und tausende von Gästen treffen sich dann, um den neuen Präsidenten zu wählen, Schafe zu scheren, Gummistiefel zu werfen oder auch ein Bad in einer Badewanne voller Aale zu nehmen. Auch Sackhüpfen oder Kuhdung-Weitwurf stehen auf dem Programm. Das alles wird von einem kräftigen Umtrunk begleitet. Auch wenn gera-

de nicht gefeiert wird, ist das Whangamomona Hotel allemal einen Stopp wert. Um die Ecke gibt es einen Campingplatz.

Hinter dem **Whangamomona Saddle** wechselt die Urwaldlandschaft wieder in Weideland und die Strecke bis Stratford ist nun wieder von grünen Hügeln und Schafen geprägt. Auf der stetig wechselnd bergauf und bergab führenden Fahrt, haben Sie immer wieder weite Ausblicke über die Landschaft bis hin zum mächtigen, schneebedeckten Taranaki, der hinter jedem Hügel ein Stück näher rückt. In der Nähe von Strathmore zweigt eine Straße zur **„Bridge to Somewhere“** ab. In Anlehnung an die berühmte „Bridge to Nowhere“ (Tour N05) erinnert diese an die ersten Siedler, die sich um 1900 hier niederließen. Um die 1937 in der Nähe von Aotuhia über den Whangamomona River gebaute Brücke in Augenschein nehmen zu können, müssen Sie allerdings eine schmale 25 km Schotterpiste bewältigen.

Seit Oktober 2012 gibt es eine besondere touristische Attraktion in der vergessenen Welt. Auf einer stillgelegten Eisenbahnlinie werden Touren auf selbstfahrenden Schienenautos angeboten. In umgebauten Golfmobilen können Sie zwischen Stratford und Okahukura eine Strecke von bis zu 140 km zurücklegen und dabei 24 Tunnels durchfahren. Sicherlich eine reizvolle Möglichkeit, die fantastische Landschaft zu erkunden. Von Halbtagestrips bis zu 2-Tages-Exkursionen werden eine Vielzahl von Touren angeboten. Auch eine Tagestour mit 30 km Schienenfahrt durch 10 Tunnel und über 20 Brücken mit einer Rückfahrt als Jetboot-Fahrt auf dem Whanganui River ist im Programm. **Forgottenworldadventures** (Tel. 0800 724 522, www.forgottenworldadventures.co.nz).

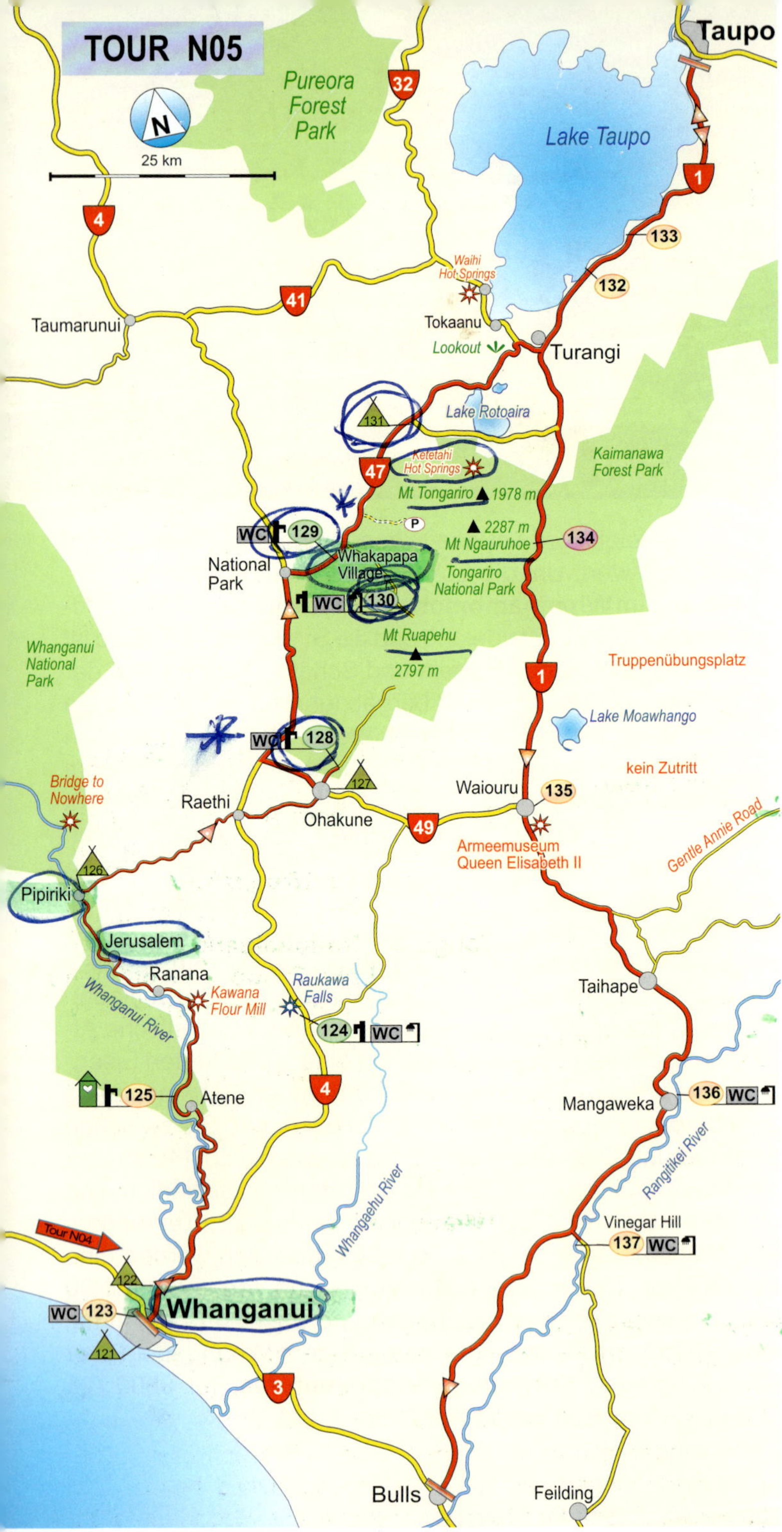
TOUR N05
N
25 km
Pureora Forest Park
Taupo
Lake Taupo
Waihi Hot Springs
Taumarunui
Tokaanu
Lookout
Turangi
Lake Rotoaira
Ketetahi Hot Springs
Kaimanawa Forest Park
Mt Tongariro 1978 m
2287 m
Mt Ngauruhoe
National Park
Whakapapa Village
Tongariro National Park
Mt Ruapehu 2797 m
Whanganui National Park
Truppenübungsplatz
Lake Moawhango
kein Zutritt
Bridge to Nowhere
Raethi
Ohakune
Waiouru
Armeemuseum Queen Elisabeth II
Gentle Annie Road
Pipiriki
Jerusalem
Ranana
Kawana Flour Mill
Raukawa Falls
Whanganui River
Taihape
Atene
Mangaweka
Rangitikei River
Whangaehu River
Vinegar Hill
Tour N04
Whanganui
Bulls
Feilding

Tour N05: In die zentrale Hochebene

Whanganui - Whanganui River Road - Tongariro NP - Lake Taupo - Rangipo Desert - Rangitikei River - Bulls - 510 km

Stellplätze:	Whanganui i-SITE, Whanganui River Road, Mangawhero-, Mangahuia DOC, Tokaanu Marina, Lake Taupo: Oruatua, Mission Bay, Desert Road: Three Sisters, Waiouru Army Museum, Mangaweka CG, Vinegar Hill
Camping:	Whanganui Top 10, Raukawa Falls YMCA, Pipiriki, Ohakune, Whakapapa, Tongariro NP
Baden:	Whanganui River, Lake Taupo, Tokaanu Hot Pools
Wandern:	Pipiriki: Pukehinau Walk, Bridge to Nowhere, Ohakune: Mangawhero Forest Walk, Rimu Track, Mangawhero Falls, Whakapapa: Nature Walk, Taranaki Falls Track Tongariro Crossing, Whakapapaiti Valley Track, Rotopounamu: Walking Track, Taupo: Great Lake Walk, Waihohonu Hut Track
Essen:	Whanganui: Mud Ducks

Sie fahren in dieser Tour zunächst die bezaubernde **Whanganui River Road** bis Pipiriki und unternehmen dort eine spannende Jetboot Fahrt zur *Bridge to Nowhere*. Auf der Weiterfahrt wird sich die Landschaft plötzlich öffnen und den Blick auf den eindrucksvollen schneebedeckten **Mount Ruapehu** freigeben. Nachdem Sie einige Wanderungen in dem in der zentralen Hochebene gelegenen **Tongariro Nationalpark** unternommen haben, fahren Sie hinab zum **Lake Taupo**, dem größten See der Nordinsel, in dem es vor wohlschmeckenden Regenbogenforellen nur so wimmelt. Auf der Ostseite des *Tongariro NP* fahren Sie durch die **Rangipo Desert** zurück Richtung Westküste. Sie folgen dem Lauf des ursprünglichen **Rangitikei River** und werden schließlich am Tourende in **Bulls** durch einen übergroßen Bullen begrüßt.

Whanganui

Whanganui, Hauptstadt des *Whanganui-Distriktes*, liegt mit rund 41.000 Einwohnern an der Mündung des **Whanganui River**. Der das Stadtbild beherrschende Fluss entspringt den Hängen des *Tongariro*, fließt zunächst in Richtung Nordwesten und wendet sich bei dem 5.000-Einwohner-Städtchen *Taumarunui* in südwestliche Richtung. Der ab hier schiffbare Fluss windet sich in unzähligen engen Flussschleifen in tiefen, scharfkantigen Tälern durch den Regenwald, bevor er bei *Castlecliff*, einem Vorort von *Whanganui,* auf ausgedehnte Dü-

Blick auf Whanganui

nenlandschaften stößt und an der *South Taranaki Bight* in die Tasmanische See mündet. Das Gebiet um die Mündung des *Whanganui River* wurde bereits vor Ankunft der Europäer von Maori besiedelt. Gegründet wurde **Whanganui** 1840 von der *New Zealand Company*, die nach neuem Land für ihre Siedler suchte. Dabei wurde *Whanganui* auch als Ausgangspunkt für Expeditionen ins Landesinnere wichtig, weil der *Whanganui River* die längste Binnenwasserstraße in Neuseeland ist. Der **Raddampfer Waimarie**, der mit viel Liebe von einer örtlichen Freiwilligengruppe restauriert wurde und Ausflugsfahrten bis zu 30 km den Fluss hinauf unternimmt, stellt das offensichtlichste Überbleibsel aus der ehemaligen Kolonialzeit dar. Eine Fahrt mit dem historischen Schaufelraddampfer gehört zweifellos zu den Höhepunkten eines Whanganui Aufenthaltes (**Whanganui Riverboat Centre**, 1A Taupo Quay, Tel. 06 347 1863, www.riverboat.co.nz).

(121) WOMO-Campingplatz-Tipp: Whanganui Seaside Holiday Park

GPS: S 39°56'15" E 174°58'44". **WOMOs:** 27 mit Stromanschluss
Ausstattung/Lage: Abenteuerspielplatz, beheizter Swimmingpool, Spa, Sauna / parkähnliche Anlage neben dem Castlecliff Strand.
Preiskategorie 3 **Zufahrt**: 6 km vom Zentrum. Dort die Ingestre St bis Jackson St in College Estate nehmen. Dann die Alma Rd, Puriri St, Cornfoot St und die Rangiora St nehmen.
Kontakt: 1a Rangiora St, Tel. 0800 246 2264 www.whanganuiholiday.co.nz
Beurteilung: Angenehme Anlage. Der Bus in die Stadt hält genau vor dem HP. Sanitärbereich nicht neu aber sauber.

Im direkt neben der i-SITE gelegenen Café können Sie mit Blick auf den Fluss einen leckeren Cappuccino genießen (**Mud Ducks**, 31 Taupo Quay, Tel. 06 347 2700, www.mudducks.co.nz). Obwohl Whanganui eine der ältesten Städte des

Weltkugel, im Hintergrund der Durie Hill

Landes ist, weist das Stadtbild eindeutig moderne Züge auf. Gleichzeitig verströmt die Stadt Charme und Geruhsamkeit. Sie werden sich hier sicherlich gerne einige Stunden oder gar einen ganzen Tag aufhalten.

(122) WOMO-Campingplatz-Tipp: Whanganui River Top 10 Holiday Park

GPS: S 39°53'41" E 175°5'30". **WOMOs:** 44 mit Stromanschluss
Ausstattung/Lage: Spielplatz, beheizter Swimmingpool, Kajakverleih / am Ufer des Whanganui River. **Preiskategorie 3**
Zufahrt: Von der i-SITE in Whanganui den Taupo Quay Richtung Norden fahren. Er geht in die Somme Parade über, die 7 km am Ufer des Whanganui River bis zum Top 10 führt. **Kontakt:** 460-462 Somme Parade, Aramoho, Tel. 0800 272 664, www.wrivertop10.co.nz
Beurteilung: Sehr schön am Westufer des Whanganui River gelegen, 5 km nördlich der Dublin Bridge. Kanus können gemietet werden.

(123) WOMO-Stellplatz: Whanganui i-SITE

GPS: S 39°56'2" E 175°3'26". **Max.WOMOs:** 3
Ausstattung/Lage: Toilette in der i-SITE / Parkplatz am Whanganui River.
i-SITE: 31 Taupo Quay, Whanganui, Tel. 06 349 0508.
Zufahrt: Die i-SITE ist gut ausgeschildert (nahe der *city bridge*). Der Platz liegt 50 m entfernt.
Beurteilung: Schön am Fluss gelegen, zwischen i-SITE und Riverboat Centre. **Hinweis:** In der ausgezeichneten i-SITE gibt es freies Wifi. Jeden Samstag findet auf dem Platz von 9-13 Uhr der sehr empfehlenswerte **Whanganui River Traders Market** statt. Samstags werden Sie also sehr früh von Ihrem Übernachtungsplatz vertrieben (7 Uhr).

Für einen ersten Überblick bietet sich der flussnahe 66 m hohe **Durie Hill** mit seinem aussichtsreichen **War Memorial Tower** (Mo-Fr 7.30-19, Sa 9-20, So 13-18 Uhr) an. Auf den *Durie Hill* können Sie auf ganz ungewöhnliche Weise gelangen, indem Sie vom Stadtzentrum aus die City Bridge überqueren, ca. 200 m durch einen Tunnel laufen und dann einen Aufzug nehmen.

Whanganui River mit dem Raddampfer Waimarie

Wenn das *War Memorial* nicht geöffnet ist, können Sie den Maschinenturm des Lifts besteigen und haben von dort ebenfalls einen vorzüglichen Blick auf die Stadt und die große Flussschleife des *Whanganui River*. Danach sollten Sie unbedingt die Haupt- und Shoppingstraße des Ortes, die palmengesäumte *Victoria Avenue,* entlang spazieren. Im *Civic Centre,* gegenüber der War Memorial Hall, präsentiert das **Whanganui Regional Museum** (Mo-Sa 10-16.30, So 13-16.30 Uhr) eine vorzügliche Sammlung von Maorikunst. Das prächtige königliche Opernhaus wurde im Jahre 1899 aus Holz errichtet und wird heute immer noch zu Aufführungen genutzt (**Roayal Whanganui Opera House**, 69 St Hill St, Tel 06 349 0511). Die *Sarjeant Galerie* wurde 1919 im Art-Déco-Stil gebaut und ist mit der weithin ins Auge fallenden weißen Kuppel unübersehbares Wahrzeichen von Whanganui. Berühmt ist Whanganui auch für seine traumhaften Parks und Gärten, die der Stadt zu Recht das Attribut *Gartenstadt* eingebracht haben. Auf der Anfahrt auf dem SH3 passieren Sie 3 km vor dem Zentrum den im Vorort St Johns Hill gelegenen *Lake Virginia*, einen der schönsten Gärten Whanganuis. In 25 Minuten können Sie um den See mit seinen zahlreichen Wasservögeln herumwandern und anschließend kostenlos das Gewächshaus mit blühenden exoti-

Whanganuis Market by the River

Whanganui River

schen Pflanzen besichtigen. Sehr empfehlenswert ist der Besuch des Wochenmarktes, an dem Sie u.a. ausgezeichnetes Vollkornbrot kaufen können (**Whanganuis Market by the River,** Moutoa Quay, www.therivertraders.co.nz, Sa. 9 bis 13 Uhr).

Whanganui River Road

Sie wenden sich nun dem kaum besiedelten Hinterland zu, verlassen Whanganui auf dem SH4 entlang des Flussbettes und biegen nach 14 km links in die **Whanganui River Road** ab. Schon am Eingang des *River Valley* bietet sich Ihnen ein atemberaubender Blick tief hinab zum Fluss. Die 1934 eröffnete kurvenreiche Landstraße wird bald eng und muss sich zwischen Fluss, Weideland und stark bewaldeten Abschnitten hindurchschlängeln. Es herrscht wenig Verkehr, aber wessen Camper gar zu lang ist, der sollte sich überlegen, ob er die engen Kurven dieser Strecke nicht lieber gegen den bequemen und landschaftlich ebenfalls reizvollen SH4 eintauscht. Für die inzwischen durchgehend geteerte Strecke sollten Sie zwischen zwei und vier Stunden Zeit einplanen.

(124) WOMO-Wanderplatz: Raukawa Falls YMCA
GPS: S 39°37'54" E 175°18'58". **WOMOs:** 8 mit Stromanschluss
Ausstattung/Lage: Entsorgungsstation, Toilette, Wasser, warme Dusche / Von Wald umgebene Grasfläche am Mangawhero River.
Preiskategorie 2. **Zufahrt:** Am SH3 ausgeschildert. Die Zufahrt ist 58 km nördlich Whanganui auf der linken Seite.
Kontakt: Parapara, SH4, Tel. 06 342 8518, www.ymcacentral.org.nz
Beurteilung: Einsam gelegen. 30 Min. Wanderung zu den Raukawa Falls.

Wer den SH4 fährt, findet auf halber Strecke die **Raukawa Falls** und kurz davor eine einsam und ruhig gelegene Übernachtungsstelle. In *Raetihi* treffen *Whanganui River Road* und

Whanganui River, Blick auf Jerusalem

SH4 wieder aufeinander. Sie sollten auf die wundervollen Ausblicke, die Ihnen die, meist hoch über dem Fluss entlangführende River Road bietet, nicht ohne Not verzichten. Sie ist wenig befahren, dafür grasen überall am Wegesrand Schafe und ab und zu auch einige Kühe oder sogar Schweine. Das schmale Sträßchen führt vorbei an kleinen, mehrheitlich von Maori bewohnten Ortschaften, idyllischen Holzkirchen, Versammlungshäusern, alten Missionsstationen und Sägemühlen. Zum Besuch der oft wunderschön restaurierten Marae (Versammlungshäuser) benötigen Sie eine Erlaubnis. 4 km vor *Ranana* erreichen Sie die 1854 erbaute *Kawana Flour Mill*. Sie ist die am längsten betriebene und erfolgreichste Mehlmühle am *Whanganui River*. Sie schloss im Jahr 1912 und verfiel. 1978 wurde sie vollständig restauriert. In der winzigen Ortschaft **Ranana** *(London)* gibt es eine katholische Missionskirche und

(125) WOMO-Stellplatz: Whanganui River Road

GPS: S 39°42'49" E 175°7'34". **Max. WOMOs:** 8 Plätze

Ausstattung/Lage: Wasser, Toilette / Malerisch gelegen, wenige Meter oberhalb des Whanganui River.

Zufahrt: Kurz hinter Atene, direkt links an der Straße gelegen. Augen auf, oder von den Koordinaten leiten lassen!

Beurteilung: Sehr schöner Platz, Kiwis rufen in der Nacht! Steilufer führt hinab zum Fluss.

Reiter auf der Bridge to Nowhere

einen dicht am Fluss liegenden Campingplatz (Kauika, Tel. 06 342 8061, GPS: S 39°35'6" E 175°6'33").

Immer wieder bietet sich Ihnen eine wunderbare Aussicht auf den meist gemächlich dahinfließenden Fluss mit seinen unzähligen Sandbänken und Stromschnellen. Auch Sie werden ganz sicher kurz vor **Jerusalem** anhalten, um das Motiv, das dieses kleine Örtchen mit seiner bezaubernden Holzkirche bietet, mit Ihrer Kamera festzuhalten. Ende der 60er, Anfang der 70er lebte der neuseeländische Dichter *James K. Baxter* in Jerusalem und erlangte mit seiner bis zu 200 Anhänger starken Kommune landesweite Berühmtheit.

Pipiriki, 79 km von Whanganui entfernt, ist der größte Ort auf diesem Streckenabschnitt und wird als das Tor zum Whanganui Nationalpark betrachtet. Läden und eine Tankstelle suchen Sie allerdings vergebens. Es gibt ein Informationszentrum und ein Museum, das sich im historischen Colonial House befindet. Lohnend sind die angebotenen kurzen Spaziergänge zu historisch und landschaftlich interessanten Orten. In Pipiriki werden von verschiedenen Veranstaltern Jetboot Fahrten zur **Bridge to Nowhere** angeboten (siehe Kasten).

(126) WOMO-Campingplatz-Tipp: Pipiriki Camping Ground

GPS: S 39°28'39" E 175°2'36". **WOMOs:** 40 ohne Stromanschluss

Ausstattung/Lage: Küche, Toilette, Dusche / Auf einer Wiese, von Bäumen umgeben. Fünf Minuten zu Fuß zum Whanganui River.

Preiskategorie 2.

Zufahrt: An der Straße nach Raetihi ausgeschildert.

Kontakt: 2522 Pipiriki Raetihi Road, Pipiriki, Tel. 0800 862 743, www.whanganuiriveradventures.com

Beurteilung: Sehr schöner und stimmungsvoller Platz, der dem von Maori geführten Unternehmen Whanganui River Adventures gehört. Sie können im Office Kanus oder Kajaks mieten oder eine Jetboot Fahrt buchen.

Jetboot-Tour zur *Bridge to Nowhere*

Eine Kanufahrt auf dem *Whanganui River* kann ihre Tücken haben: Immer wieder wird man durch Stromschnellen überrascht und die Wassertiefe des Flusses variiert stark. Wie zum Beweis dafür fischt Joe ein Paddel aus dem Fluss. Der Besitzer sitzt mächtig verschüchtert in einem Kanu, das von zwei Mädchen gesteuert wird, die ihn auflesen mussten. Er war manövrierunfähig, sein Paddel hatte er beim Kentern verloren. Damit uns das nicht passiert und damit wir garantiert aus dem Nirgendwo zurückkehren, haben wir uns für eine Jetboot-Tour entschieden. Wir haben unseren Camper auf dem Parkplatz des Tour Veranstalters geparkt und warten in der Morgensonne auf Joe. Als er um 10 Uhr eintrifft bekommt jeder eine Schwimmweste und schon geht es los hinunter zum Whanganui River. Das Jetboot ist bis auf den letzten Platz gefüllt und Joe braust nach einigen Erläuterungen zum Ablauf der Tour los. Er stoppt immer wieder und geht auf landschaftliche Besonderheiten ein. Bald erreichen wir den Eingang zum *Whanganui River National Park* und kurz darauf sein Haus, das hoch oben über dem Fluss thront. Er fährt mit einem bereitstehenden Quad hinauf und kommt zwei Minuten später mit einem Rucksack voller Utensilien für das Lunch zurück. Sein Fresspacket muss jeder selbst mitbringen: Für den Kaffee, Tee und Gebäck sorgt Joe. Durch Regenfälle in der *Mt Taranaki Region* ist der Wasserspiegel über Nacht um 80 cm angestiegen, ohne dass in *Pipiriki* ein Tropfen Regen gefallen wäre, durchaus tückisch. Wer eine mehrtägige Tour gebucht hat und am Fluss übernachtet, sollte das bei der Wahl des Zeltplatzes und der Befestigung seines Kanus berücksichtigen. In der Nähe des *Maungaparua Tals* legen wir an und wandern 40 Minuten auf einem reizvollen Pfad, der oft sehr steil abfällt, bis zur „Brücke ins Nichts“. Eine Gruppe von Bikern hat es sich schon gemütlich gemacht. Auch wir finden noch ein schattiges Plätzchen, um unser Lunchpacket und Joes Kaffee und Kekse zu genießen. Die Betonbrücke über den *Maungaparua Stream* wurde Mitte der 30er-Jahre gebaut. Sie sollte den umliegenden Farmen bessere Zugangswege eröffnen und war deswegen auf 3 m Breite ausgelegt. Tatsächlich fuhren in den ersten Jahren schon Autos über die Brücke. Die Farmen wurden dann aber wegen Unwirtschaftlichkeit aufgegeben. Heute hat sich der neuseeländische Busch das Gebiet zurückerobert und von beiden Seiten führen heute nur noch Trampelpfade zu der nun deutlich überdimensioniert wirkenden Touristenattraktion.

Sie verlassen nun den *Whanganui River*, der zwischen *Pipiriki* und *Taumarunui* für 80 km unbehelligt von Straßen

Mount Ruapehu

und Autos bleibt. Die 27 km lange kurvenreiche Straße nach **Raetihi** ist durchaus reizvoll und heute durchgehend asphaltiert. Unterwegs öffnet sich plötzlich der Blick und der schneebedeckte mächtige *Mt Ruapehu* liegt vor Ihnen. Versäumen Sie nicht, an der Ausbuchtung (GPS: S 39°27'1" E 175°11'53") der Straße anzuhalten und diesen herrlichen Blick zu genießen. Der 1.400 Einwohner zählende Ort *Raetihi* ist lokales Zentrum der umliegenden Landwirtschaft. Die markanten Zwillingstürme gehören zu einem Gotteshaus der Ratana-Sekte, die christliche und traditionelle Maori-Elemente zusammengefügt hat. Sie werden nicht lange in *Raetihi* verweilen, denn vor Ihnen liegt der **Tongariro Nationalpark**, der mit seinen drei aktiven Vulkanen, dem **Tongariro (1968 m),** dem **Ngauruhoe (2291 m)** und dem **Ruapehu (2797 m)** zum Weltkulturerbe zählt. Auch wenn die Filmtrilogie „Herr der Ringe“ bisher nicht zum Weltkulturerbe zählt soll erwähnt werden, dass der *Ngauruhoe* dort als „Schicksalsberg“ (*mount doom)* zu bestaunen ist.

(127) WOMO-Campingplatz: Ohakune Top 10

GPS: S 39°25'2" E 175°23'44". **WOMOs:** 50 mit Stromanschluss
Ausstattung/Lage: Spielplatz / Am südlichen Stadtrand, angrenzend an den Jubilee Park. **Preiskategorie 3**
Zufahrt: Im Zentrum ausgeschildert.
Kontakt: 5 Moore Street, Ohakune, Tel. 0800 825 825, www.ohakune.net.nz
Beurteilung: Sehr schöne, gepflegte Anlage mit besonders hochwertigem Sanitärbereich, viel Grün, hohe Bäume. Zwischen den Cabins 6 und 16 führt eine Brücke zum **Jubilee Park Walkway**, einem Rundweg von 30 Minuten durch ursprünglichen neuseeländischen Wald. Zentrumsnahe Lage. Einige Restaurants in der Nähe.

Südlicher Tongariro National Park - Ohakune

Um eine Ausbeutung durch die weißen Einwanderer zu verhindern, schenkte der Stamm der Ngati Tuwharetoa 1887 den

Ohakune und Mount Ruapehu

Kern des heutigen Nationalparks der britischen Krone unter der Auflage, dort eine Schutzzone zu schaffen. Die Berge des Tongariro Nationalparks haben für die Maori eine wichtige spirituelle Bedeutung. Daher sollte dem Gebiet mit Respekt und besonderer Ehrfurcht begegnet werden. Hauptaktivitäten in diesem einzigartig schönen Park sind Wandern und Bergsteigen im Sommer beziehungsweise Skifahren und Snowboarden im Winter.

(128) WOMO-Wanderplatz: Mangawhero - DOC Scenic

GPS: S 39°23'40" E 175°25'45". **WOMOs:** 20 ohne Stromanschluss
Ausstattung/Lage: Toilette, Wasser, Picknicktisch / Am Eingang des Tongariro National Parks an der südwestlichen Bergflanke des Mt Ruapehu gelegen. **Preiskategorie 1**

Zufahrt: Ohakune Mountain Rd, Ohakune. **Beurteilung:** Schöner DOC Platz. Ausgangspunkt des sehr empfehlenswerten und gut ausgeschilderten Rundwanderweges **Mangawhero Forest Walk** (3 km, 1 h).

Mount Ruapehu, Ohakune Mountain Road

Die bekannteste Wanderroute des Parks ist sicherlich die **Tongariro Alpine Crossing**, die zu den schönsten weltweit gezählt wird und Jahr für Jahr ca. 25 000 Wanderer begeistert. Der 19,5 km lange Weg führt in die Welt der Vulkane. Erstarrte Lavaasche, dampfender Boden und Seen in nahezu unnatürlicher grüner Farbe warten auf den Wanderer. Neben der Tongariro Crossing gibt es aber auch zahlreich kürzere Wanderungen im Nationalpark. In der Nähe von Ohakune liegen mit dem **Mangawhero Forest Walk and Rimu Track**, dem Weg zum **Lake Rotokura** und dem Weg zu den **Mangawhero Falls** drei Wanderungen, die zwischen zehn Minuten und einer Stunde in Anspruch nehmen.

(129) WOMO-Wanderplatz: Mangahuia - DOC Scenic

GPS: S 39°10'48" E 175°28'11". **WOMOs**: 20 ohne Stromanschluss
Ausstattung/Lage: Toilette, Wasser, Picknicktische, Schutzhütte mit Kochgelegenheit. / Im Grünen, nahe einem kleinen Flüsschen.
Preiskategorie 3.
Zufahrt: Einfahrt am SH47, 7 km hinter National Park.
Beurteilung: Friedlicher DOC Platz mit geschützten Stellplätzen. Über den **Whakapapaiti Track** können Sie in den Nationalpark hinein wandern.
Hinweis: Beliebter Platz. Wer zu spät kommt geht leer aus.

(130) WOMO-Wanderplatz: Whakapapa Holiday Park - DOC Serviced

GPS: S 39°12'8" E 175°32'25". **WOMOs:** 44 mit Strom.
Ausstattung/Lage: Toilette, Wasser, Picknicktische, warme Dusche, Küche / In einem Buchenwäldchen an einem kleinen Flüsschen.
Preiskategorie 2. **Zufahrt:** 6,3 km vom SH47 entfernt. Die Einfahrt liegt schräg gegenüber dem Visitor Centre.
Kontakt: Bruce Rd, Whakapapa, Tel. 07 892 3897, www.whakapapa.net.nz
Beurteilung: Ruhig gelegener Platz mit tollen Ausblicken. Ideal, um den Tongariro National Park zu erkunden. Einige der Wanderungen starten hier.

Taranaki Falls

Sie fahren auf direktem Wege über die 11 km lange Raetihi-Ohakune-Road zum kleinen Ort **Ohakune**, dem südlichen Einfallstor zum *Tongariro National Park*. In Neuseeland gilt *Ohakune* als Karotten-Hauptstadt. Neben dem Ortseingangsschild begrüßt eine 10 m große Karotte die Besucher und jedes Jahr im August wird das *Karotten-Festival* gefeiert. Sie folgen der ungemein reizvollen, 17 Kilometer langen *Ohakune Mountain Road*, die zunächst, vorbei an üppigen Baumfarnen, durch dichten Wald führt. Im späteren Verlauf wird die Landschaft zunehmend karger, bis auch die letzten Bäume Tussock-Grasflächen, Steinen und vielfarbigen Flechten weichen müssen. Sie passieren einen Wanderparkplatz, von dem aus kurze Spazierwege in den Wald führen und bewundern von einer Plattform aus die **Mangawhero Falls**. Schließlich erreichen Sie den großen Parkplatz des **Turoa Ski-Gebietes**, der im Sommer fast völlig verweist ist. Sie genießen den Blick und fahren nach einem Rundgang von einer Höhe von 1.600 m ü.d.M. die Stichstraße zurück nach *Ohakune*, das auf einer Höhe von 600 m ü.d.M. liegt. Diese Stichstraße am Westhang des *Ruapehu* ist wirklich wunderschön und wird in vielen Reiseführern nicht genügend gewürdigt.

Nordwestlicher Tongariro National Park - Whakapapa

Ihr nächstes Ziel ist das kleine Bergdorf **Whakapapa Village**, das sich in einer Höhe von 1 200 m an die Hänge des *Ruapehu* schmiegt. Diesen idealen Ausgangsort für Wanderungen im Tongariro National Park erreichen Sie, indem Sie von *Ohakune* kommend den SH45 9 km bis zur Tohunga Junction fahren. Dann folgen Sie dem SH4 26 km bis **National Park Village** und biegen dort rechts in den SH47 ab. Nach wenigem Kilometern zweigt eine Straße rechts Richtung **Whakapapa** ab. Das aus-

Taranaki Falls Walk, Mount Ngauruhoe

gezeichnete *Whakapapa Visitor Information Centre* informiert umfassend über die vulkanischen Aktivitäten in der Region. Einige interessante Wanderungen beginnen hier (Broschüre: *Walks in and around Tongariro National Park*). Direkt hinter dem Visitor Centre startet der **Whakapapa Nature Walk,** auf dem 15-minütigen Spaziergang erhält der Wanderer einen ersten Einblick in die einzigartige Flora des *Tongariro National Parks*.

Unsere Lieblingswanderung führt zu den Taranaki Falls. Auf der Rundwanderung passieren Sie im Uhrzeigersinn laufend zunächst ein Waldgebiet, folgen dann eine Weile dem Wairere Stream, um an einem kleineren Wasserfall vorbei zu den eigentlichen Taranaki Falls zu gelangen. Hier stürzen die Wasser des genannten Flüsschens 20 m über eine Abbruchkante in die Tiefe. Auf dem Rückweg passieren Sie offenes Tussock-Land mit wunderbaren Ausblicken (**Taranaki Falls Walking Track**, 6 km, 2 h).

(131) WOMO-Campingplatz: Tongariro Holiday Park

GPS: S 39°2'45" E 175°36'13". **WOMOs:** 12 mit Strom
Ausstattung/Lage: SPA Pool, Spielplatz / Am SH47, von Wald umgeben.
Preiskategorie 3 **Zufahrt:** An der Kreuzung von SH 46 und SH47
Kontakt: SH47, Tel: 07 386 8062, www.thp.co.nz
Beurteilung: Ideal, wenn Sie Tongariro Crossing laufen wollen. Sie werden zum Startpunkt der Wanderung gebracht und am Ende wieder abgeholt. Der Platz ist oft ausgebucht. Reservieren! Die Zahl der Sanitäranlagen kann mit der Zahl der Gäste oft nicht mithalten.

Die weiter den Berg hinauf kletternde Straße führt Sie am eleganten **Chateau Tongariro** vorbei. Nach etwa 4 km erreichen Sie das lediglich aus Skihütten bestehende **Iwikau Village**, das inmitten des **Whakapapa Ski-Gebietes** liegt. Hier beginnen einige anspruchsvolle Wanderungen in noch größere Höhen, die Sie durch Nutzung der beiden Lifte abkürzen können. Ziehen

Die Vulkane im Tongariro NP

Sie sich unbedingt warm an, denn auch im Sommer bläst auf der Wanderung ein ungemütlich kalter Wind. Eine dritte Stichstraße in die höheren Regionen ist die Mangatepopo Road, die etwa 5 km hinter der Straße nach Whakapapa vom SH 47 abzweigt und Sie nach 7 km Schotterstraße zum **Mangatepopo Parkplatz** bringt. Hier beginnt die berühmte Tageswanderung **Tongariro Crossing**, die zunächst ganz harmlos auf dem Schutz der sensiblen Landschaft dienenden Holzstegen gemächlich bergauf führt. Der dann folgende Aufstieg zum South Crater hat es in sich. Wir wollen hier die Wanderung nicht weiter beschreiben, aber doch jedem raten, gute Wanderschuhe, warme Thermal-Kleidung (Das Wetter kann sehr schnell wechseln), Regenjacke, Mütze, Handschuhe, Sonnenschutz, Erste-Hilfe-Päckchen und ausreichend Verpflegung mit auf den etwa 8 stündigen Weg zu nehmen. Ein weiterer Rat: Parken Sie Ihr Wohnmobil lieber an sicherem Ort und nehmen Sie einen der unzähligen Shuttle Services in Anspruch. Sie werden am Parkplatz an der *Mangatepopo Hut*, dem Ausgangspunkt der Wanderung, absetzt und 8 Stunden später am 19,5 km entfernten Endpunkt, dem Parkplatz hinter

Tawhai Falls

SH47 und Mount Ruapehu

der *Ketetahi Hut*, wieder einsammelt. Wer nicht die gesamte Tour laufen will, kann ab der *Mangatepopo Hut* auch schöne kleine Wanderungen unternehmen. Diese sind dort auf Schautafeln beschrieben und gut ausgeschildert.

Nach Turangi

Sie verlassen die *Tongariro Region* gen Norden. Der SH47, der in diesem Abschnitt *Te Ponanga Saddle Rd* heißt, verläuft stetig bergab und führt nach 23 km am Lake Rotoaira vorbei. Er dient als Rückhaltebecken für die Kraftwerke von *Tokaanu* und *Rangipo* und wird von den Ableitungen aus den Oberläufen des *Whanganui, Tongariro* und *Rangitikei River* gespeist. Kurz hinter *Lake Rotoaira* erreichen Sie einen links am Straßenrand liegenden Parkplatz. Dies ist der Startpunkt des **Lake Rotopounamu Walking Track**, den wir Ihnen unbedingt empfehlen. Er ist ein Kleinod unter den Wanderungen und begeistert sowohl Vogel-, als auch Waldliebhaber. Gegenüber vom Parkplatz (GPS: S 39°1'1" E 175°43'54") führt ein schmaler Pfad in den üppig bewachsenen Wald. Er führt stetig bergauf und bringt Sie in 20 Minuten zum eigentlichen Weg um den See. Genau wie der Zubringerpfad ist der Rundweg schlichtweg bezaubernd. Sie sehen durch das dichte Gewirr der Äste immer wieder das Blau des Sees durchschimmern und gelangen an mehreren Stellen an sein Ufer hinab. Obwohl der idyllische **Lake Rotopounamu** (Jade-See) wesentlich kleiner als sein Nachbar **Lake Rotoaira** ist, nimmt seine Umwanderung 2 h in Anspruch. Südöstlich vom *Lake Rotopounamu* liegt *Mount Pihanga*, von dessen 1325 m hohem Vulkankegel man einen phantastischen Überblick über die *Tongariro Region* und den *Lake Taupo* hat. See und Berg gehören zur *Pihanga Scenic Reserve*, das1975 dem *Tongariro National Park* eingegliedert wurde.

Blick vom Lake Taupo Aussichtspunkt

Kurz bevor der SH47 auf den SH10 trifft, sollten Sie unbedingt auf den ausgeschilderten Scenic Lookout fahren (GPS: S 38°59'24" E 175°45'51"). Von dort eröffnet sich Ihnen ein atemberaubender Blick auf den *Lake Taupo*. Sie biegen links auf den SH41ab und haben bald darauf **Turangi** erreicht. Diese 5 000 Einwohner zählende Stadt entstand zur Unterbringung der Arbeiter und ihrer Familien während der Errichtung der Staudämme und Wasserkraftwerke am Tongariro River in den 60er-Jahren. *Turangi* wurde zu einer Modellstadt mit geschwungenen Straßen, Sackgassen, gleichförmigen Häusern, Parkplätzen und einem zu Fuß erreichbaren Einkaufszentrum. Der Verkehr des SH1 und SH41 wurde von der Innenstadt ferngehalten. Um in das Stadtzentrum zu gelangen, müssen Sie links vom SH1 abbiegen. Der *Tongariro River* fließt mitten durch die Stadt und bietet, neben dem nahe gelegenen *Lake Taupo,* beste Gelegenheit zum Angeln von Forellen. Turangi nennt sich „The trout fishing capital of the world“ („Die Welthauptstadt der Forellenfischerei“). Die Stadt hat dem Besucher sonst wenig zu bieten, ist aber eine gute nördliche Basis für Besuche im Tongariro NP.

Von Turangi nach Taupo

Von *Turangi* aus fahren Sie den SH1 Richtung *Taupo*. Die Straße folgt dem Ufer des **Lake Taupo** beachtliche 50 km entlang, bevor die Stadt **Taupo** erreicht wird. Legen Sie unterwegs eine Pause ein und werfen Sie einen Stein ins Wasser. Sie werden verblüfft sein, dass der Stein schwimmt und nach kurzem Nachdenken sicherlich auf einen vulkanischen Ursprung der Steine schließen. Und tatsächlich geht die Wissenschaft davon aus, dass *Lake Taupo* im Jahr 186 nach Christus durch eine der weltgrößten Vulkaneruptionen entstanden ist. 30 km³ Asche und Geröll sollen damals bis in eine Höhe von bis zu

50 km geschleudert worden sein. Der kesselförmige Vulkankrater füllte sich mit Süßwasser und hat heute einen Umfang von ca. 193 km und eine maximale Wassertiefe von 186 m, bei einer Durchschnittstiefe von 120 m. Zwischen 1887 und 1909 wurden braune Forellen und Regenbogenforellen im See ausgesetzt. Sie fanden ein vorzügliches Refugium vor und vermehrten sich sehr schnell. Heute ist der *Lake Taupo* das größte

(132) WOMO-Stellplatz: Lake Taupo Oruatua DOC

GPS: S 38°54'48" E 175°53'24". **Max. WOMOs:** 10

Ausstattung/Lage:
Keine / Direkt am See.
Zufahrt:
13 km von Turangi nach Taupo fahren und rechts in die Oruatua Rd einbiegen. Nach 600 m erreichen Sie den Platz.
Beurteilung:
Sehr schön und ruhig am Lake Taupo gelegen.
Hinweis:
Zwischen 20. Dezember und 7. Februar ist Freedom Camping nicht erlaubt!

(133) WOMO-Stellplatz: Lake Taupo Mission Bay

GPS: S 38°53'35" E 175°56'55".
Max. WOMOs: 10
Ausstattung/Lage:
Keine / Am Ufer des Lake Taupo.
Zufahrt:
Zwischen SH1 und See, 750 m vor Motutere.
Beurteilung:
Einfacher Platz nahe am SH1, für eine Nacht o.k.

Forellenfischgebiet der Welt und voll auf *trout fishing* eingestellt. Kommerzielles Angeln ist verboten, es darf nur für den Eigenbedarf geangelt werden. Angellizenzen vergibt das *DOC (Department of Conversation).* Jeder Campingplatz und jede Unterkunft bietet Möglichkeiten, gefangene Fische zu waschen und auszunehmen. Alternativ kann man seinen Fang in einem der Restaurants vom Koch zubereiten lassen.

Desert Highway bis Waiouru

Die Stadt Taupo wird in Tour N09 beschrieben. Tour N03 führt nun, wie Sie gekommen sind, am Seeufer zurück gen Süden.

Ihre Reiseroute auf dem SH1 führt an *Turangi* vorbei nach **Rangipo** und streift den *Tongariro NP* nun auf seiner östlichen Seite. Die Straße folgt zunächst kurvenreich den Höhenzügen des *Tongariro National Parks*. Am *Oturere Stream*, etwa 15 km hinter *Rangipo*, haben Sie die Gelegenheit zur freien Übernachtung (siehe Kasten).

(134) WOMO-Picknickplatz: Desert Road Three Sisters
GPS: S 39°10'57" E 175°45'29". **Max. WOMOs:** 10
Ausstattung/Lage: Picknicktische / Am Oturere Stream.
Zufahrt: 15 km südlich Rangipo (Abzweig des SH46), ausgeschildert.
Beurteilung: Sehr schöner Platz für eine Rast oder eine Übernachtung!

(135) WOMO-Stellplatz: Waiouru Army Museum
GPS: S 39°10'57" E 175°45'29". **Max. WOMOs:** 10
Ausstattung/Lage: Nichts / Auf der Rückseite der Armee Museums.
Zufahrt: In Waiouru nicht zu übersehen. **Beurteilung:** Kein sehr prickelnder Platz, aber um die Sicherheit müssen Sie sich keine Sorgen machen! Die Security Guard prüft ihre self contained Plakette.

Wer ein geländegängiges Fahrzeug besitzt, kann etwa 25 km hinter *Rangipo* die Stichstraße zum *Tukino Skifield* hochfahren. 4 km vor der Stichstraße liegt 200 m rechts der Straße der **Waihohonu Hut Car Park** (GPS: S 39°13'38" E 175°43'58"). Von hier aus führt eine gut einstündige leichte Wanderung zur **Waihohonu Hut**, die am Tongariro Nothern Circuit liegt (5,5 km einfach). Die Wanderung führt am Ohinepango Stream entlang durch eine leicht ansteigende steppenähnliche Ebene, die nur ab und dann von einem kleinen Wäldchen abgelöst wird. Mount Ruapehu und Mount Ngauruhoe haben Sie unterwegs immer im Blick. Südlich der Stichstraße zum *Tukino Skifield* geht der *Tongariro National Park* in die **Rangipo Desert** über. Der zuvor ursprüngliche Baumbewuchs wird nun von einer sehr trocke-

Desert Road und Mount Ngauruhoe

nen braunbewachsenen Landschaft abgelöst. Nach weiteren 25 km auf dem **Desert Highway** erreichen Sie **Waiouru,** einen kleinen Ort mit rund 1 700 Einwohnern, der die größten Militäreinrichtungen und den größte Truppenübungsplatz Neuseelands beherbergt. Für Besucher ist vor allem das Militärmuseum „Queen Elizabeth II Army Memorial Museum" interessant. Die umfangreiche Ausstellung dokumentiert die Geschichte der neuseeländischen Armee und gibt einen Einblick in ihre heutigen Aufgaben. Das Museum ist täglich von 9.00 bis 16.30 Uhr geöffnet. Auf dem Parkplatz an der Rückseite des Museums können Sie frei übernachten. Wer seine Lebensmittelvorräte ergänzen will, dem steht ein kleiner Supermarkt im Wohngebiet der Armee in 2 km Entfernung vom SH 1 zur Verfügung. *Waiouru* liegt am *North Island Main Trunk*, der Eisenbahnhauptstrecke der Nordinsel, und der Bahnhof ist mit 814 m der höchstgelegene des neuseeländischen Eisenbahnnetzes. Der bekannte *Overlander* hält seit April 2005 jedoch nicht mehr in Waiouru.

Von Waiouru nach Bulls

Sie folgen dem SH1 weiter nach Süden und kommen dabei durch hügeliges Weideland, vorwiegend für Schafe. 10 km vor *Taihape* zweigt eine sehr reizvolle Nebenstrecke nach Napier ab. Die **Gentle Annie Road,** so der Name dieser reizvollen Straße, wird in Tour N07 beschrieben.

Taihape (2 000 Einw., 500 m ü.d.M.), nahe am Zusammenfluss des *Hautapu River* mit dem *Rangitikei River* gelegen, ist ein ländliches Dienstleistungszentrum, das seine beste Zeit in den 1960er Jahren hatte, als es ein Eisenbahn- und Transportknotenpunkt für das umliegende Farmland war. Heute profitiert der Ort vom Tourismus, denn wegen seiner Lage an am SH1 dient er vielen Reisenden als Zwischenstopp. *Taiha-*

pe bezeichnet sich selbst als „Gumboot Capital of the World" („Gummistiefelhauptstadt der Welt") und zieht zu einem jährlichen Wettbewerb im Gummistiefelweitwerfen zahlreiche Besucher an.

Ein lohnender 15-minütiger Abstecher zum **Mokai Canyon** bietet sich Ihnen 6 km hinter *Taihape*. Folgen Sie den Hinweisschildern des Unternehmens *Mokai Gravity Canyon* und Sie werden eine landschaftlich überaus reizvolle Fahrt zum tiefgeschnittenen *Mokai Canyon* erleben. Auch wenn Sie selbst keinen 80 m Bungy Jump, Bridge Swing oder Höllenritt auf dem Flying Fox vorhaben, ist es doch sehr unterhaltsam, sich diese Aktivitäten von der Aussichtplattform aus anzusehen.

Die 200-Einwohner-Gemeinde **Mangaweka** erreichen Sie nach weiteren 20 km auf dem SH1. In *Mangaweka ist* eine historische Hauptstraße erhalten geblieben, deren in die Jahre gekommenen Gebäude die Gemeinde zu einer Touristenattraktion machen.

(136) WOMO-Stellplatz: Mangaweka Campground

GPS: S 39°48'36" E 175°48'26". **WOMOs:** 20

Ausstattung/Lage: Toilette, Dusche, rustikale Küche / In einer engen Flussschleife gelegen.

Preiskategorie 1.

Zufahrt: Am SH1 in die Ruahine Rd einbiegen, dieser 1,2 km folgen, vor der Brücke rechts abbiegen.

Kontakt: 143 Ruahine Rd, Tel. 0800 655 747, www.mangaweka.co.nz

Beurteilung: Rustikale und friedvolle Anlage in drei Ebenen. Nur in der obersten Ebene gibt es Strom!

Viele Durchreisende stoppen, um zu fotografieren. Und wenn man schon mal gestoppt hat, dann drängt sich der Besuch der gefälligen Kunstgalerien (in *Mangaweka* gibt es eine wachsende Gemeinschaft von Künstlern) geradezu auf.

Darüber hinaus können im geschäftigen Zentrum Informationen zu Rafting, Wildwasserfahrten im *Rangitikei River*, Bungy Jumping, Angeln und Wanderungen entlang der ehemaligen *North Island Main Trunk Bahnlinie* durch den *Ruahine Forest Park* eingeholt werden. Eine besondere Attraktion ist eine alte DC-3, in die Sie hinaufklettern können. 20 km südlich *Mangaweka* finden Sie unweit des SH1 eine wunderschön am **Rangitikei River** gelegene Übernachtungsstelle.

41 km südlich dieses besonders reizvollen Platzes erreichen Sie **Bulls**, wo Sie von einem übergroßen Bullen begrüßt werden. Die 1 700-Einwohner-Gemeinde liegt am *Rangitikei River* in einem florierenden Landwirtschaftsgebiet am Schnittpunkt von SH1 und SH3.

(137) WOMO-Stellplatz: Vinegar Hill

GPS: S 39°56'4" E 175°38'29". **Max. WOMOs:** >30
Ausstattung/Lage: Toilette, Kaltwasser Dusche / Am Fluss gelegen.
Preiskategorie 1.

Die Gebühr wird von einem Ranger eingesammelt.
Zufahrt: 21 km hinter Mangaweka, 6 km vor Hunterville, links vom SH1 in den SH54 abbiegen. Die Einfahrt zum Platz liegt kurz hinter dem Fluss rechts (2 km).
Beurteilung: Wunderschöne großzügige Anlage mit vielen traumhaften Stellplätzen am Rangatikei River. Nicht gleich die ersten Plätze nehmen, weiterfahren bis zur Ausfahrt, dort ist es am schönsten. Am Fluss gibt es eine Stelle, die zum Schwimmen geeignet ist.

Bulls ist nach dem Holzschnitzer *James Bull* benannt, der die Stadt gründete und dem auch der erste Gemischtwarenladen gehörte. Viele der heutigen Bewohner sind in dem nahe gelegenen Stützpunkt der *Royal New Zealand Air Force* beschäftigt. Der Name der Stadt wird Ihnen im Ort immer wieder begegnen: Es gibt eine *consta bull* (Polizeistation), die *forgive-a-bull* (Anglikanische Kirche) und das *bulls medical centre* (Krankenstation). Ihnen werden sicherlich noch weitere dieser „*bull*"-Namen unter die Augen kommen.

TOUR N06

N
20 km
Bulls
Feilding
151 WC
152 WC
1
3
Palmerston North
153
154
Himatangi Beach
56
Manawatu River
De Molen Windmühle
Foxton
Foxton Beach
Tasman Sea
57
Tararua Range
Levin
St Mary's Kirche
155
Otaki Beach
Otaki
1
Kapiti Island
Waikanae Beach
156 WC
Waikanae
Tararua Forest Park
Paraparaumu Beach
Paraparaumu
157
158
Paekakariki
Carterton
Kaitoke Regional Park
WC 166
2
Tour N07
WC 159
Featherston
Paremata
Upper Hutt
58
Pakuratahi Forest Park
Porirua
Martinborough
1
Lower Hutt
Lake Wairarapa
Petone
163
160
Rimutaka Range
Somes Is
Wellington
Days Bay
Rimutaka Forest Park
E WC 161
164 WC
WC 162
165 WC E
Sinclair Head
Lake Ferry
Aorangi Forest Park
Cook Strait
Palliser Bay
Turakirae Head

Tour N06: Bulls - Wellington

Bulls - Palmerston North - Manawatu Ebene - Foxton - Kapiti Coast - Wellington - Rimutaka Range - 270 km

Stellplätze:	Mt Stewart Reserve, Feilding Timona Park, Otaki River, Waikanae River Mouth, Paraparaumu Beach, Paremata, Ngatitoa Domain, Wellington: Evans Bay Marina, Te Kopahou Reserve, Eastbourne, Kaitoke Regional Park
Camping:	Palmerston North HP, Himatangi Beach HP, Paekakariki HP, Wellington: Motor Inn, Top 10 HP
Baden:	Foxton-, Otaki-, Waikanae-, Paraparaumu-Beach, Wellington: Oriental Bay, Ocean Beach
Wandern:	Nga Manu Nature Reserve, Waikanae Beach, Wellington,
Essen:	Palmerston North: Aberdeen, Foxton: Laughing Fox, Wellington: Great India, Olive, Kowhai Café

In Tour N06 durchfahren Sie die fruchtbare **Manawatu Ebene**, wobei Sie eine der vielen Kräuterfarmen besuchen. Hinter *Palmerston North* biegt die Streckenführung zur Küste ab, um bis Porirua dem Küstenverlauf der *Tasmanischen See* zu folgen. Unterwegs haben Sie an zahlreichen wundervollen Stränden die Gelegenheit zu einem erfrischenden Bad oder einem ausgedehnten Strandspaziergang. Das noble Seebad *Paraparaumu* bietet Ihnen zudem die Möglichkeit, zur Vogelschutzinsel **Kapiti Island** überzusetzen. Ein Highlight der Tour ist danach der Besuch **Wellingtons**, der Kulturhauptstadt Neuseelands. Nachdem Sie „Windy Welli" hinreichend gewürdigt haben, setzen Sie Ihre Reise durch die *Rimutaka Range* nach Nordosten fort.

(151) WOMO-Stellplatz: Mt Stewart Reserve

GPS: S 40°14'25" E 175°29'16". **Max. WOMOs:** 5
Ausstattung/Lage: Toilette / Am SH3 an einem Kriegsdenkmal.
Zufahrt: Am SH3, 13 km hinter Bulls.
Beurteilung: Gut für eine Nacht, maximal zwei dürfen Sie dort stehen.

Manawatu Ebene - Palmerston North

Sie verlassen Bulls über den SH1 in südöstlicher Richtung. Nach 5 km wechseln Sie auf den SH3, dem Sie weitere 25 km bis **Palmerston North** folgen, um diese florierende Hauptstadt der *Region Manawatu* kennenzulernen. Sie liegt im Zentrum der fruchtbaren *Manawatu Plains*, einer ausgedehnten Ebene um den Flusslauf des *Manawatu River*, der durch die Stadt fließt, um 35 Kilometer westlich in die Tasmanische See zu

Palmerston North, Te Manawatu Museum

münden. Benannt ist die Stadt nach *Viscount Palmerston*, einem früheren Premierminister Großbritanniens. Um Verwechslungen mit dem Ort Palmerston auf der neuseeländischen Südinsel zu vermeiden, wurde im Jahr 1871 offiziell die Nachsilbe „North“ angefügt. Wie viele andere Orte in Neuseeland auch, hat *Palmerston North* seinen Aufschwung dem Bau der Eisenbahn zu verdanken, die in den 1870ern für einen Boom sorgte. Heute kreuzen sich in der Stadt die *North Island Main Trunk Railway*, Neuseelands wichtigste Eisenbahnlinie, die von Auckland nach Wellington führt, und die Eisenbahnlinie *Palmerston North - Gisborne.*

(152) WOMO-Stellplatz: Feilding Timona Park

GPS: S 40°13'19" E 175°34'58". **Max. WOMOs:** 10
Ausstattung/Lage: Toilette, Picknicktische / Sportplatz an einem Fluss.
Zufahrt: Vom SH54 (Kimbolton Rd), führt die Simon St zum Park.
Beurteilung: Schöner ruhiger Platz.

(153) WOMO-Campingplatz: Palmerston North HP

GPS: S 40°22'17" E 175°36'30". **WOMOs:** 75 Stellplätze mit Stromanschluss
Ausstattung/Lage: Spielplatz / Liegt auf einem 5ha großen Parkgelände am Manawatu River. **Preiskategorie 2**
Zufahrt: Liegt 2,5 km südlich des Zentrums hinter dem Aquatic Centre.
Kontakt: 133 Dittmer Drive, Palmerston North, Tel: 06 358 0349, www.holidayparks.co.nz/palmerstonnorth
Beurteilung: Großer Platz, viele große Bäume.

Mit 82 000 Einwohnern ist *Palmerston North* die zweitgrößte Binnenstadt Neuseelands. Das Stadtzentrum besteht aus einem quadratischen 7 ha großen Park mit Teichen und Springbrunnen. Auf diese *The Square* genannte zentrale Grünanlage laufen alle Hauptstraßen der Stadt zu. *The Square* beherbergt den *Hopwood Clock Tower*, ein Ehrengrabmal, das *Civic Centre*

Kräuterfarm in Ashhurst

mit schöner Aussichtsplattform und i-SITE. Einen Häuserblock entfernt befindet sich der *Te Manawa Komplex* mit den drei Einheiten **Te Manawatu Museum** (Maori-Kultur und Siedlungsgeschichte), *Science Centre* (Physik und Naturgeschichte) und *Art Gallery* (Sammlungen zeitgenössischer neuseeländischer Künstler). Sehenswert ist auch die 1995 eröffnete *Stadtbibliothek*, die ihren umfangreichen Lesestoff in „thematischen Wohnzimmern" präsentiert, und für Sportfans ist der Besuch im *New Zealand Rugby Museum (87 Cuba Street)* ein Muss und der Besuch im nationalen Rugby-Trainingslager ein „add on". Rugby ist klar die Sportart Nummer Eins in Neuseeland und die Spiele der Nationalmannschaft, den *All Blacks,* bewegen die ganze Nation. Vor jedem Wettkampf versetzt sich die Mannschaft mit dem Maori-Tanz *Haka* in die „richtige" Kampfesstimmung - sehr eindrucksvoll.

Ein Stadtbummel in *Palmerston North* bietet sehr gute Einkaufsmöglichkeiten, viele Cafés, Restaurants, Bars, Nachtclubs, ein Theater und ein Multiplex Kino. Sehr schön ist es auch, durch die herrlichen Gartenanlagen am **Manawatu River** zu schlendern, oder die Esplanade entlangzupromenieren. Während des Semesters erwacht die Stadt durch die zahlreichen Studenten - alleine an der Massey University sind 20 000 Studenten immatrikuliert - zu quirligem Leben. Ein gepflegtes Steak können Sie im **Aberdeen Steakhouse & Bar** (161 Broadway Ave, Tel. 06 952 5570) zu sich nehmen. Eine sehr spezielle Meinung zu Palmerston North gab das Monty Python Mitglied *John Cleese* zum Besten. Er empfahl Menschen, die nicht wissen, wie sie sich das Leben nehmen sollen, einen Besuch der Stadt. Die Stadtväter zeigten Sinn für Humor, indem sie daraufhin eine Müllhalde in *Mount Cleese* umbenannten.

De Mohlen Windmühle in Foxton

Die in der ertragreichen *Manawatu Ebene* gelegene Region um *Palmerston North* ist auf bestem Wege, sich mit den natürlichen Essenzen, die hier gewonnen werden, international einen Namen zu machen. Entsprechende Farmen werden Ihnen in der Manawatu Ebene häufig begegnen. Wir weisen auf eine 15 km östlich von Palmerston North gelegene Kräuterfarm hin, die Ihnen einen herrlichen 5 ha großen Kräutergarten, einen Shop und ein schönes Gartencafé bietet (**the herb farm**, Grove Road, Ashhurst, www.herbfarm.co.nz, tgl. 10-16.30 Uhr). Auf der Weiterfahrt von *Palmerston North* nach *Wellington* folgen Sie dem SH56 bis zum SH1 und erreichen nach insgesamt 38 km den breiten Mündungstrichter des *Manawatu River*.

(154) WOMO-Campingplatz-Tipp:
Himatangi Beach Holiday Park

GPS: S 40°22'10" E 175°14'03". **WOMOs:** 52 mit Stromanschluss
Ausstattung/Lage: Spielplatz / Großer Platz nahe Himatangi Beach.
Preiskategorie 2 **Zufahrt:** 9 km vor Foxton rechts in die Himatangi Beach Rd einbiegen und dieser 7 km folgen. Platz liegt rechts.
Kontakt: Margaret und Dennis Penney, 30 Koputara Road, Tel. 06 329 9575, www.himatangibeachholidaypark.co.nz
Beurteilung: Schöner, ruhiger Platz, viel Grün. Extrem saubere und gut gepflegte Anlage, überaus freundliche Hosts. Fünf Minuten Fußweg zum Strand. Unterwegs befindet sich ein großer öffentlicher Spielplatz.

Der Strand des oberhalb gelegenen kleinen Ortes **Foxton** eignet sich sehr gut zum Schwimmen. Die Geschäfte dieser interessanten 5 000-Seelen-Kleinstadt tragen historische Fassaden. Foxton war Zentrum der neuseeländischen Flachsverarbeitung. Empfehlenswert ist der Besuch des **Flax Stripper Museums** (tgl. 13-15 Uhr; der Flaxwalk führt Sie an 65 verschiedenen Flachsarten vorbei) und der benach-

Picknickplatz auf Kapiti Island

barten **de Molen Windmühle** (tgl. 10-16 Uhr, fungiert auch als i-SITE), einem Nachbau einer holländischen Windmühle aus dem 17. Jahrhundert. In einem kleinen Shop können Sie dort Schwarzbrot kaufen! Gut essen Sie im **Laughing Fox** (7 Russell St, Tel. 06 363 5540), das leicht an seinem seltsamen Turm zu erkennen ist. Zur Unterstützung der Verdauung können Sie sich anschließend mit einer historischen Pferdestraßenbahn durch die Stadt schaukeln lassen. Sie ist im neben der Windmühle liegenden alten Bahnhof untergebracht.

(155) WOMO-Stellplatz: North Bank Otaki River

GPS: S 40°45'12" E 175°06'20". **Max. WOMOs:** 6
Ausstattung/Lage: Keine / Großer Platz direkt hinter dem Strand.
Kontakt: Kapiti Coast District Council, Tel. 0800 486 486.
Zufahrt: North River Bank - Otaki Beach. In Otaki vom SH1 rechts abbiegen in die Mill Road, dann links in die Rangiuru Rd und schließlich links in die Marine Parade.
Beurteilung: Wilder Platz auf Steinen, wie sie auch am Strand liegen. Kein Baum, kein Strauch, dem Wind ausgesetzt. An dem Platz scheiden sich die Geister, manche Camper sind von der Ursprünglichkeit total begeistert, andere fühlen sich an dem wilden abgelegenen Platzt unwohl.

Kapiti Coast

Hinter Foxton setzen Sie Ihren Weg durch eine sanft hügelige, von Obst und Gemüseanbau geprägte Landschaft fort und passieren das touristisch wenig ergiebige, immerhin 20 000 Einwohner starke *Levin.* Die Kapiti Coast beginnt 21 km hinter Levin im Städtchen Otaki. Eingebettet zwischen der **Tararua Range** und der Tasmanischen See liegt der schmale längliche Küstenstreifen der Kapiti Coast. Die Orte Otaki, Te Horo, Waikanae, Paraparaumu, Raumati und Paekakariki liegen entlang des SH1 wie an einer Perlenschnur aufgereiht. Der Ausbau des Highways zwischen den Orten Te Horo und Paekakariki hat der ruhigeren Küste mit milderem Klima und traumhaften kilometerlangen Stränden zusätzliche Attraktivität verliehen. Wellingtons City ist per Auto in kurzer Zeit zu erreichen. Der Zug benötigt dazu gerade einmal 45 Minuten. All diese Vorzüge lassen die Region schnell wachsen.

Otaki liegt in einem Anbaugebiet für Obst und Gemüse. Halten Sie an einem „Fruit & Veggie Places“ genannten Stände entlang des SH1 und füllen Ihre Vorräte günstig und erntefrisch auf. Während die 1994 abgebrannte hölzerne *Rangiatea Church* nur als ein exakter Nachbau vorhanden ist, kann die an der Convent Rd gelegene, 1858 erbaute *Saint Mary's Church* im Original bewundert werden. Auf dem Gelände sind auch zwei Versammlungshäuser der Maori zu besichtigen. Wem es nun nach einem Bad im Meer zumute ist, kann diesem Bedürfnis, überwacht von Rettungsschwimmern, am Dünenstrand von **Otaki Beach** nachkommen.

Fünfzehn Kilometer südlich treffen Sie auf **Waikanae**. Die Stadt befindet sich 60 km nördlich von *Wellington* und liegt damit schon in ihrem Einzugsbereich. Ornithologisch Interessierte können hier **Nga Manu Nature Reserve**, ein ausgedehntes und sehr reizvolles Vogelschutzgebiet besuchen. Auf einem 1,5 km langen Rundweg können Sie Enten, schwarze Schwäne und Keas in einer ursprünglichen Umgebung bewundern. Im Nachthaus gibt es darüber hinaus Kiwis, Eulen und Tuataras zu entdecken.

(156) WOMO-Stellplatz: Waikanae River Mouth

GPS: S 40°52'20" E 175°0'33". **Max. WOMOs:** 4

Ausstattung/Lage: Toilette / Parkplatz nahe der Flußmündung,
Kontakt: Kapiti Coast District Council, Tel. 0800 486 486.
Zufahrt: In Waikanae vom SH1 für 4,5 km in die Moana Rd und dann links in die Tutere St abbiegen. Den Platz erreichen Sie nach 1,0 km
Hinweis: Maximal vier Wohnmoibile für maximal eine Nacht.
Beurteilung: Schöner Platz nahe der Flußmündung. Es gibt einen River Walk und die Möglichkeit zur mit viel Treibholz bestückten Beach zu laufen.

Am ausgedehnten Strand der 3,5 km entfernten Siedlung **Waikanae Beach** können Sie relativ gefahrlos baden und nach freien Stellplätzen Ausschau halten. Der Sandstrand ist beliebt für Wassersport und Wanderungen. Immer im Blick und ebenfalls mit guten Stränden ausgestattet ist die vorgelagerte Insel **Kapiti**, zu deren Betreten Sie ein Permit des DOC in *Wellington* benötigen, da sie als Vogel- und Naturschutzgebiet einer Besucherbeschränkung unterliegt. Seit die Ausrottung von Possums und Ratten geglückt ist, konnten sich einheimische Vogelarten rasch regenerieren. Das sehr klare Wasser um die Insel bietet beste Bedingungen zum Tauchen und Schnorcheln. Die Gewässer zwischen Insel und Festland sind Meeresschutzgebiet. Manchmal können hier auch durchwandernde Wale beobachtet werden.

Nur 5 km hinter Waikanae erreichen Sie das noble **Seebad Paraparaumu** mit einem beeindruckenden Oldtimer Museum. Eine 14 m hohe hölzerne Statue der Jungfrau Maria thront über dem Ort. In Paraparaumu, der Maori Name bedeutet „Teile des Erdofens“, starten die Schiffe nach Kapiti Island. Nicht weit entfernt können Sie am Strand frei übernachten. In Paraparaumu haben sich unzählige Maler, Bildhauer und Töpfer angesiedelt und lassen sich von der natürlichen Schönheit des Küstenabschnittes inspirieren. So kann man beispielsweise die kleine Galerie der berühmten Malerin Shona Moller ansehen, welche direkt neben ihrem Studio am Strand liegt.

(157) WOMO-Badeplatz: Paraparaumu Beach

GPS: S 40°53'46" E 174°58'42". **Max. WOMOs:** 5
Ausstattung/Lage: Nichts / Parkplatz an einem langgezogenen Sandstrand.
Kontakt: Kapiti Coast District Council, Tel. 0800 486 486.
Zufahrt: An der Marine Parade in Paraparaumu Beach, etwa 700 m südlich des Kapiti Boating Clubs, an dem die Wassertaxis nach Kapiti Island ablegen.
Beurteilung: Drei Parkplätze, auf denen insgesamt fünf Wohnmobile stehen dürfen, Schilder beachten. Die Umgebung macht einen ausgesprochen gut situierten Eindruck, Sie werden sich hier sicher fühlen.

(158) WOMO-Campingplatz: Paekakariki Holiday Park

GPS: S 40°58'31" E 174°57'42". **WOMOs:** 80 mit Stromanschluss
Ausstattung/Lage: Spielplatz / In einem Wohngebiet in Strandnähe.
Preiskategorie 2 **Zufahrt:** Am SH1 auf die Beach Rd und später rechts in die Wellington Rd abbiegen. Dann noch 2 Kilometer. **Kontakt:** 180 Wellington Road, Paekakariki, Tel. 04 292 8292, www.paekakarikiholidaypark.co.nz
Beurteilung: Schön abgegrenzte Plätze auf Gras. Fünf Minuten zur Beach.

Kurz vor Paraparaumu liegt am SH1 der *Lindale Farm Park*. Hier werden Ihnen diverse landwirtschaftliche Shows geboten, und Sie können 30 Sorten der hauseigenen Kapiti Cheese Produktion verkosten. Wem es lieber nach etwas Süßem ist, kann sich in der nahe gelegenen Schokoladenfabrik Nyco Choco-

Stellplatz in Paremata

lates schadlos halten (Führungen und Verkauf). Gegenüber dem Lindale Farm Park haben Sie die Gelegenheit zu Spaziergängen zwischen den Nikau-Palmen der *Nikau Reserve*.

(159) WOMO-Stellplatz: Paremata Ngatitoa Domain
GPS: S 41°5'51" E 174°51'55". **Max. WOMOs:** 30
Ausstattung/Lage: Wasser, Toilette / Malerisch am Strand gelegen, großzügige Stellmöglichkeiten.
Zufahrt: Biegen Sie vom SH1 kurz vor der Paremata Inlet Bridge rechts ab, danach gut ausgeschildert, ca. 700 m.
Beurteilung: Sehr schöner, großzügiger Platz auf Gras! In der Nähe befinden sich einige Restaurants. Nehmen Sie den Zug nach Wellington!

In **Paremata**, nur 20 km vor Wellingtons Stadtzentrum, bietet sich Ihnen eine Chance zur reizvollen freien Übernachtung direkt am *Paremata Inlet* (siehe Kasten). In Paremata wird aus dem Highway ein viel befahrener Motorway, der Sie direkt zum Hafen *Port Nicholson* und dem Fährterminal nach *Picton* bringt.

Situation der Wohnmobilstellplätze in Wellington

Wer in Neuseelands Landeshauptstadt auf einem gepflegten Campingplatz übernachten möchte, wird enttäuscht. Nachdem der **Waterfront Motorhome Park** geschlossen wurde, bleibt der Wellington Top 10 Holiday Park übrig. Er liegt 15 km außerhalb des Zentrums. Um zu den inzwischen renovierten Sanitäranlagen zu gelangen, muss man bei Regen durch diverse Wasserpfützen waten. Dafür wird mit 50 NZD pro Nacht ordentlich zugelangt. Trotz der nicht sehr freundlichen Atmosphäre ist der Platz abends mangels Alternativen voll.

Wir möchten Ihnen einige andere Übernachtungsmöglichkeiten aufzeigen. Zuerst sei das **Capital Gateway Motor Inn** genannt. Es liegt verkehrsgünstig am SH1 und ist nur 8 km

Wellington, auslaufende Fähre

vom Zentrum entfernt. Halbstündig fahrende Busse bringen Sie in 10 Minuten nach Wellington Zentrum.

(160) WOMO-Campingplatz: Capital Gateway Motor Inn

GPS: S 41°13'51" E 174°48'38". **WOMOs:** 20 mit Stromanschluss
Ausstattung/Lage: Standard / Asphaltplätze hinter dem Motor Inn.
Preiskategorie 3 **Zufahrt:** Am SH1 ausgeschildert, 2,5 km bevor dieser am Wellington Harbour auf SH2 trifft. **Kontakt:** 1 Newlands Road, Newlands, Tel. 0800 422 748, www.capitalgateway.co.nz
Beurteilung: Ordentliche ebene Plätze zwischen einer Grasfläche mit Picknicktischen und Büschen. Dusche kostenlos. Halbstündig fahrender Bus bringt Sie in 10 Minuten nach Wellington. Ausgangspunkt einer Wanderung.

Die zweite Möglichkeit ist der **Parkplatz des Te Papa**. Wohnmobile sind hier willkommen. Für 24h Parkdauer zahlen Sie 30 NZD. Auch eine längere Parkdauer ist möglich. Auch auf dem Parkplatz neben dem Te Papa können Sie über Nacht stehen. Er ist allerdings ungeschützt und dem allgegenwärtigen Wind stärker ausgesetzt. Mit der recht zentralen **Evans Bay Marina** und der zur Cook Strait hin gelegenen **Te Kopahou Reserve** zeigen wir Ihnen zwei freie Stellplätze auf. Eine weitere reizvolle Möglichkeit ist es, den kostenlosen Stellplatz in **Eastbourne** zu nutzten (siehe Kasten), in der **Days Bay** zu parken und mit der Fähre ins Zentrum (Queens Wharf) überzusetzen (**East By West Ferries**, Tel. 04 499 1282, www.eastbywest.co.nz, Fahrzeit 20 Minuten). Wir sind gespannt, für welche Möglichkeit Sie sich entscheiden.

Parkplatz des Te Papa

Stellplatz Te Kopahou Reserve an der Owhiro Bay

(161) WOMO-Stellplatz: Evans Bay Marina

GPS: S 41°18'41" E 174°47'47". **Max. WOMOs:** 40
Ausstattung/Lage: Toilette, Wasser, Entsorgungsstation / Großer Asphalt Parkplatz an der Marina der Evans Bay.
Zufahrt: Hinter dem Te Papa 4,5 km SH1 folgen (in die Kent Terrace und dann in die Evans Bay Parade einbiegen).
Beurteilung: Einfacher Parkplatz, der seinen Charme dadurch gewinnt, dass er nur 4,5 km von Wellingtons Zentrum entfernt liegt. Max. 4 Nächte.

(162) WOMO-Stellplatz: Te Kopahou Reserve

GPS: S 41°20'53" E 174°44'57". **Max. WOMOs:** 5
Ausstattung/Lage: Toilette / Am westlichen Ende der Owhiro Bay.
Zufahrt: In Wellington Happy Valley Rd und Owhiro Bay Parade nehmen.
Beurteilung: Toll gelegener wilder und offener Platz, an dem es extrem windig werden kann. Die Fährschiffe zur Südinsel passieren direkt vor Ihrer Nase! Der Red Rocks Walkway startet hier. Infos am Te Kopahou Visitor Centre. Wellingtons Zentrum ist 8 km entfernt.

(163) WOMO-Stellplatz: Eastbourne

GPS: S 41°18'38" E 174°53'3". **Max. WOMOs:** 5
Ausstattung/Lage: Toilette / Am Ufer der Ostseite des Wellington Harbor.
Zufahrt: Durch Eastbourne bis zum Ende der Straße (Muritai Road) fahren.
Beurteilung: Parkplatz mit Bäumen und Bänken. Schöne Lage, die Fähren zur Südinsel fahren einem direkt vor der Nase vorbei. Startpunkt für die Wanderung zu den Leuchttürmen am Pancarrow Head.

Windy Welli

Für Neuseelands Hauptstadt am windigen Südzipfel der Nordinsel sollten Sie sich zwei bis drei Tage Zeit nehmen. Stürmische Winde beherrschen „Windy Welli" fast das ganze Jahr über. An mehr als 170 Tagen im Jahr herrschen Windgeschwindigkeiten von mehr als 50 km/h. Hauptursache sind die hohen Windgeschwindigkeiten, die in der nahe gelegenen *Cook Strait* durch die Bündelung des Windes erzeugt werden. Die hoch aufragenden Bürotürme im Zentrum verstärken diesen Effekt. In den letzten 20 Jahren hat sich **Wellington** von einer verschlafenen Hauptstadt zu einer wichtigen *Kultur- und Lifes-*

Wellington

tylemetropole des Landes entwickelt. Dazu trägt neben den zahlreichen Museen und Theatern eine lebendige Musik- und Filmszene bei. *Peter Jackson* lebt und arbeitet hier und am 1. Dezember 2003 wurde der dritte Teil seiner Filmtrilogie „Der Herr der Ringe" im *Wellingtoner Embassy Theatre* uraufgeführt. Wellington gilt heute als die Kulturhauptstadt Neuseelands. In allen geraden Jahren findet die Kulturbiennale „*New Zealand International Arts Festival*" statt.

Wellington liegt malerisch eingebettet zwischen einem sehr schönen Naturhafen und nur 1 km dahinter beginnenden grünen Hügellandschaften, die in steil aufragende Berge übergehen. Diese Naturgegebenheiten setzen dem Zentrum enge Grenzen und ermöglichen es Ihnen, alle Sehenswürdigkeit zu Fuß zu erkunden. Die Einwohnerzahl von ca. 450 000 kommt nur durch bevölkerungsreiche Vororte zustande **(Lower Hutt, Porirua, Upper Hutt)**, **Wellington City** bringt es lediglich auf 180 000 Einwohner.

Erkundungstour durch Wellingtons Zentrum

Ihre Erkundungstour beginnen Sie an der größten Touristeninformation der Stadt am **Civic Square**, einem modernen Treffpunkt im Herzen von Wellington. Er wird von mehreren interessanten Gebäuden umrahmt. Zunächst schauen Sie sich die *Central Library* (Stadtbibliothek) an, deren Besuch sich unbedingt lohnt. Auch die benachbarte *City Gallery*, die in einem Art -déco-Gebäude aus dem Jahre 1939 untergebracht ist, werden Sie besuchen wollen. Das dritte Gebäude, die architektonisch ebenfalls interessante *Town Hall*, bietet sich dagegen eher nicht zum Besuch an. Ebenfalls am *Civic Square* liegt das 1983 eröffnete *Michael Fowler Centre*, das sowohl als Konzerthalle als auch als Kongresszentrum genutzt wird.

Museum of New Zealand - Te Papa Tongarewa

Man erreicht es über eine breite Treppe, die von Nikau-Palmen gesäumt ist. Diese sind aus Edelstahl gefertigt. Gesellen Sie sich zu den Büroangestellten, die hier entspannt ihre Mittagspause verbringen, oder schlendern Sie nachts über den Platz, wenn die Skulpturen kunstvoll illuminiert sind. Sie verlassen den *Civic Square* über die *City-to-Sea-Bridge* mit ihrer modernen Architektur und gelangen über diese Sehenswürdigkeit an die „Waterfront".

Vorbei am *Circa Theatre* führt Sie der Weg zu Neuseelands Nationalmuseum, das Sie in der Cable Street am Lambton Harbour finden. Das „Museum of New Zealand - Te Papa Tongarewa", im Volksmund kurz **Te Papa** genannt, wurde nach einer fünfjährigen Bauzeit 1998 eröffnet. Es hat sich internationale Anerkennung für seine ultramoderne, extravagante Architektur erworben und ist der ganze Stolz des Landes. Auf sechs Ebenen wird das Land Neuseeland von den vielseitigsten Aspekten beleuchtet. Insbesondere wird die Entwicklung Neuseelands von den ersten Besiedlungen bis zum heutigen modernen Staat dargestellt. Ausgestellt werden auch ethnologische Schätze, kunstvolle Maori-Schnitzereien, eines ihrer Versammlungshäuser und ein 150 Jahre altes Kriegskanu. In dem beeindruckenden Museum wird die gemeinsame Geschichte von Maori und

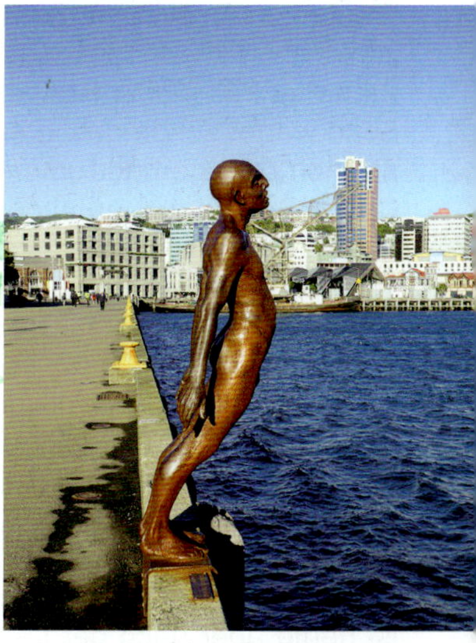

Bronze Figur nahe Te Papa

Der abendliche Civic Square

Pakeha eindrucksvoll dargeboten. Das **Te Papa Tongawera** (Tel. 04 381 7000, www.tepapa.govt.nz) ist bei freiem Eintritt täglich von 10.00-18.00 Uhr (Do bis 21.00 Uhr) geöffnet. Auch wer sonst kein großer Freund von Museumsbesuchen ist, wird von dem Dargebotenen begeistert sein und sollte einen halben Tag einplanen.

Wer nach dem Besuch des Te Papa erst einmal eine Pause braucht, kann sich an der nahen *Queens Wharf* in eines der zahlreichen Restaurants oder Cafés begeben und während einer Stärkung Fähr- oder Kreuzfahrtschiffe beobachten. Anschließend wartet schon das in einem schön restaurierten viktorianischen Zolllagerhaus untergebrachte **Museum of Wellington City & Sea** darauf, erkundet zu werden. Die gesellschaftliche und maritime Stadtgeschichte *Wellingtons* wird hier anhand von ausgewählten Exponaten aufgezeigt. Das Museum (Ecke Queens Wharf, Jervois Quay, Tel. 04 472 8904) ist bei freiem Eintritt täglich von 10.00-17.00 Uhr geöffnet.

Ihr nächstes Ziel ist die berühmte **Cable Car**, die Sie hinauf zum **Botanischen Garten** bringen wird. Sie überqueren den Jervois Quay, an dem das *Museum of Wellington City & Sea* liegt und gelangen durch die Hunter St oder die Grey St in den *Lambton Quay*, die kommerzielle Hauptschlagader Wellingtons. Der Lambton Quay war früher die Uferpromenade Wellingtons, ist heute aber nach der Landanhebung durch das Erdbeben von 1855 und die Umsetzung von Landgewinnungsprojekten ca. 300 m von der Uferlinie abgerückt. Zwischen verspiegelten Glaspalästen findet man hier Edelboutiquen, Ladenpassagen und diverse Espressobars. Gegenüber dem markanten und

Wellington Cable Car

zur Featherston Street hin spitz zulaufenden „*MLC Building*" beginnt eine schmale Passage, die leicht zu übersehende *Cable Car Lane*, die Sie nach wenigen Metern zur Talstation der **Cable Car** bringt. Täglich von 7.00 bis 22.00 Uhr bringen die leuchtend roten Wagen der 1902 gebauten Bahn alle 10 Minuten die Fahrgäste (Einheimische und Touristen) hinauf in den im Stadtteil Kelburn gelegenen oberen Teil des **Botanischen Gartens**. An den vier Haltestationen der Cable Car hat man wunderbare Ausblicke auf die Stadt und den Hafen.

An der Bergstation angelangt, kann der Interessierte dem Cable Car Museum einen Besuch abstatten, in dem Café des **Kowhai Skyline Event Centre** (Tel. 04 475 9006) mit wunderbarer Aussicht verweilen oder gleich den Rückweg den Hang hinab durch den reizvollen Botanischen Garten antreten. Wer sich für Astronomie begeistert, findet nur 100 m entfernt das kleinen Museum des *Carter Observatory* aus dem Jahre 1907. Sie können dort auch an Vorführungen im Planetarium teilnehmen (**Carter Observatory**, Tel. 04 910 3140, www.carterobservatory.org). Der weitere Weg führt Sie nun stetig bergab bis zum Begonienhaus und dem 1960 direkt daneben angelegten *Lady Norwood Rose Garden*, in dem von November bis April, in den prächtigsten Farben blühende Rosen zu bewundern sind. Am südlichsten Zipfel des Botanischen Gartens erreichen Sie den *Anderson Park*, dem unmittelbar der *Bolton Street Memorial Park* folgt. Ein übergroßes Denkmal von *Richard Seddon* markiert den Eingang dieses alten viktorianischen Stadtfriedhofes. Sie folgen dem Robertson Way und überqueren die Stadtautobahn auf einer Fußgängerbrücke, die Sie in einen Teil des

Regierungssitz Beehive

Friedhofes bringt, in dem eine kleine Kapelle steht.

Über die Bowen St gelangen Sie schließlich in den oberen Teil des Lambton Quays und damit an den Anfang des Parlamentsdistriktes. Dieser wird vom *Old Government Building* dominiert, dessen Eingänge mit prächtigen Holzpfeilern und Säulengängen geschmückt sind. Das im italienischen Renaissancestil errichtete Bauwerk war bei seiner Fertigstellung 1876 das größte Gebäude Neuseelands. In einem direkt am Eingang befindlichen DOC Visitor Centre erhält man Karten für die Besichtigung der öffentlich zugänglichen Teile des Gebäudes.

Der Sitz der neuseeländischen Regierung befindet sich in den drei Gebäuden des **Parliament Buildings** auf der anderen Seite des Lambton Quay. Die Büros des Premierministers und seiner Kabinettsmitglieder sind im auffälligsten dieser drei Gebäude, dem **Beehive** (Bienenstock), einem kreisrunden, aus sieben Stufen bestehendem Kegel untergebracht. Die beiden anderen Regierungsgebäude sind das 1922 im klassizistischen Stil erbaute *Parliament House* und die neogotische *General Assembly Library*. Alle drei Gebäude können von Ihnen im Rahmen einer einstündigen kostenlosen Führung erkundet werden. Diese starten im Besucherzentrum im Erdgeschoss des Beehive. Abschließend bietet es sich an, der markanten, 1937 fertiggestellten **Wellington Railway Station** einen Besuch abzustatten. Sie erreichen das vom Architekten *William Gray Young* in

Wellington Railway Station

Wellington Victoria Building

gregorianischer Architektur entworfene Gebäude nach 200 m Wegstrecke, die Sie am Busbahnhof vorbeiführt. Schauen Sie sich unbedingt auch das Innere des größten Kopfbahnhofs in Neuseeland mit seiner hohen Schalterhalle und den eindrucksvollen Dachgewölben an.

Leben

Cafés: Wellington hat pro Kopf mehr Cafés als New York City. Und ihre Zahl steigt weiter rasant an! Wonach immer Sie suchen, leger, gemütlich oder verrückt, Sie werden ein passendes Café finden. Einige, wie **Havanna Coffee Works,** sind direkt in die Kleinröstereien integriert (163 Tory Street, Tel. 04 384 7041).

Restaurants: Qualität und Vielfalt kennen hier kaum eine Grenze. Sie werden überall in der Stadt ein gutes Restaurant finden. Wir dinieren gerne in einem der Restaurants an der *Queens Wharf* und genießen dabei den Blick auf den Hafen oder die erleuchtete Skyline. Ein gepflegtes indisches Mahl nehmen wir gerne im **Great India** (141 Manners St, Tel. 04 384 5755) ein. Sehr lecker und in ausgesprochen gemütlicher Atmosphäre können Sie im **Olive (**170 Cuba Street, Tel. 04 802 5266) speisen.

Nachtleben: Im Bereich um den Courteney Place und die Cuba Street und deren Seitenstraßen warten diverse Kinos, Theater und Veranstaltungshäuser mit Kulturprogrammen und Livemusik auf erlebnishungrige Besucher. Dazu gibt es unzählige Bars, Cafés und Pubs, die bis spät in die Nacht geöffnet sind. Das quirlige Nachtleben wird von einem sehr gemischten Publikum jeden Alters geprägt.

Blick vom Mount Victoria

Ausflüge in und um Wellington

Tipp: Informieren Sie sich in der i-SITE nach dem **Wellington City Pass** (Wellington i-SITE, Ecke Victoria / Wakefield Street, Tel. 04 802 4860).

Matiu-Somes Island: Tun Sie es 20 000 anderen Besuchern gleich und unternehmen Sie einen Ausflug mit der Hafenfähre zu der seit 1995 vom DOC verwalteten Naturschutzinsel. Nach Beseitigung der eingeschleppten »Schädlinge« wie Ratten und Hermeline, können sich endemische Tiere wieder ungehindert vermehren. Die Insel kann zwischen 8.30 und 17 Uhr ohne Eintritt besucht und auf gut ausgebauten Wanderwegen erkundet werden (**East By West Ferries**, Tel. 04 499 1282, www.eastbywest.co.nz).

Zealandia (31 Waiapu Rd, Tel. 04 920 9200), früher Kaori Wildlife Sanctury genannt, beherbergt zentrumsnah auf einer Fläche von 225 ha eine Vielzahl einheimischer Tiere, die durch einen 8,6 km langen Zaun vor unerwünschten Fressfeinden geschützt werden (tgl. 10 - 17 Uhr). Zu erreichen vom Lambton Quay mit Buslinie 3 oder 21.

(164) WOMO-Campingplatz: Wellington Top 10 HP
GPS: S 41°14'11" E 174°54'32". **WOMOs:** 150 mit Stromanschluss
Ausstattung/Lage: Spielplatz / An den Hutt Park angrenzend, in der Nähe des Hutt River. **Preiskategorie 3**
Zufahrt: Auf dem SH2 Ausfahrt Richtung „Maungaraki/Lower Hutt/City Centre" nehmen, am Wellington Harbour entlangfahren, Brücke über den Hutt River überqueren, gut ausgeschildert
Kontakt: 95 Hutt Park Rd, Seaview, Lower Hutt, Tel. 0800 488 872, www.wellingtontop10.co.nz
Beurteilung: Große Stellplätze, teils auf Gras und von Büschen und Bäumen eingerahmt. 15 km vom Zentrum Wellingtons entfernt, Infos über die Fahrzeiten der Busse sind im Office erhältlich. Kein sehr freundlicher Platz.

Otari Wilton's Bush (160 Wilton Rd, Tel. 04 499 1400) hat auf einer Fläche von 80 ha seinen Schwerpunkt auf die Präsentation der Pflanzenwelt Neuseelands gelegt. Nature Trail und Canopy Walkway können täglich bei freiem Eintritt zwischen Sonnenaufgang und Sonnenuntergang begangen werden. Die Eingänge liegen in der Wilton Street im Vorort Wilton. Zu erreichen vom Zentrum mit Buslinie 14.

Mount Victoria: An Wochentagen können Sie mit dem Bus Nr. 20 auf den 196 m hohen, südöstlich des Zentrums gelegenen Mount Victoria gelangen. Von seiner Aussichtsplattform öffnet sich ein weites Panorama auf die Stadt, den Hafen, die Docks und bei guter Sicht bis zum *Hutt Valley*. Auf dem Gipfel werden Sie auch eine dreieckige, bunt verzierte Konstruktion antreffen, die ein Zelt auf einer Antarktis Expedition darstellen soll. Das *Byrd Memorial* erinnert an den Antarktis-Forscher *Richard E. Byrd* (1888-1957).

Miramar Halbinsel: Ein lohnenswerter Ausflug, den wir Ihnen empfehlen, ist eine Fahrt auf dem etwa 40 km langen *City Marine Drive*. Er umrundet die Miramar Halbinsel, wobei er fast immer der Küstenlinie folgt. Sie können ihn mit dem Fahrrad oder dem Auto befahren und kommen an zahlreichen Badebuchten vorbei. Sie werden unterwegs verschiedene Stellen mit der Möglichkeit zur freien Übernachtung finden. Wenn Sie eine Wanderung einbauen wollen, bieten sich der **Eastern Walkway** und der **Southern Walkway** an. Auch ein einstündiger Walk zu den **Red Rocks** und der **Seal Coast** kommt in Frage. Broschüren erhalten Sie in der i-Site.

Weiterfahrt in die Wairarapa

Sie verlassen die Hauptstadt und fahren auf dem SH2 Richtung Nordosten. Der Highway folgt für etwa 8 km der Küstenlinie des *Wellington Harbour* und wendet sich dann ins Landesinnere. Ein sehenswerter Abstecher in den **Rimutaka Forest Park** startet in Lower Hutt. Sie fahren dort vom SH2 in die Wainui Road ab und folgen ihr für 8,5 km bis Wainuiomata. Nun nehmen Sie die Coast Road, die in ihrem weiteren Verlauf bis zur Küste führt. Sie biegen aber nach 10 km links in den Rimutaka Forest Park ab. Sie passieren den zwischen 8 und 20 Uhr verschlossenen Haupteingang und folgen der unbefestigten Straße, die sich 2 km bis zum Parkplatz in das Tal hinaufschlängelt. Unweit der Hauptstadt befinden Sie sich hier in einer ausgesprochen reizvollen und geradezu idyllischen Umgebung. Es starten viele sehr gut markierte Wanderungen in das *Orongorongo Valley* (Infotafel am Parkplatz). Besorgen Sie sich in Wellington die DOC-Broschüren *Catchpool Valley* und *Rimutaka Forest Park*.

(165) WOMO-Wanderplatz: Catchpool Valley Rimutaka - DOC Scenic

GPS: S 41°20'57" E 174°55'39". **Max. WOMOs:** 120

Ausstattung/Lage: Dump Station, Toilette, Wasser, Dusche, Küche, Picknicktische, Barbecue / Im Rimutaka Forest Park. **Preiskategorie 2**

Zufahrt: In Lower Hutt vom SH2 in die Wainui Rd und dann die Wainuiomata Road bis Wainuiomata fahren (8,5 km). Nun die Coast Road nehmen und nach 10 km links in den Rimutaka Forest Park abbiegen. Nun liegen noch 2 km bis zum Platz vor Ihnen. Den Haupteingang passieren und vor dem Parkplatz rechts abbiegen. Sehr gut ausgeschildert.

Beurteilung: Großer, grüner, offener und sonniger Platz, von Hecken und Wald umgeben. Es gibt eine Vielzahl von gut ausgeschilderten Wanderwegen im Orongorongo Valley (Infotafel am Parkplatz). Zwischen 20 Uhr und 8 Uhr wird die Zufahrt geschlossen.

(166) WOMO-Wanderplatz: Kaitoke Regional Park

GPS: S 41°4'3" E 175°11'49". **Max. WOMOs:** 100
Ausstattung/Lage: Toilette, Wasser, Picknicktische, Bänke, zwei überdachte Barbecue-Anlagen / In einer wunderbaren Parkanlage am Ufer des Pakuratahi River gelegen. **Preiskategorie 1**. **Zufahrt:** Nördlich von Upper Hutt links in die zweite Straße, Waterworks Road, einbiegen und dieser etwa 1 km folgen. **Beurteilung:** Ein wirklich wundervoller Ort, gerade einmal 40 Minuten von Wellingtons Innenstadt entfernt! Große Parkanlage mit tollem Baumbestand und vielen geschützten Stellplätzen auf grünem Gras. Die Flussschleifen des Pakuratahi River haben tiefere Stellen, an denen sie wunderbar baden können. Startpunkt verschiedener Wanderungen. Bei Neuseeländern sehr beliebt.

Zurück am SH2 passieren Sie **Lower Hutt** und nach weiteren 15 km **Upper Hutt**, womit Sie den Großraum Wellington hinter sich gelassen haben. Wer hier übernachten möchte, dem sei der **Kaitoke Regional Park** ans Herz gelegt (siehe Stellplatz). Der SH2 führt Sie nun aus dem Hutt Valley hin aus und anschließend in einer kurvenreichen und steilen Passstraße auf den 555 m hohen **Rimutaka Hill**, auf dem ein großer Rastplatz eingerichtet ist. An schönen Tagen werden Sie hier viele Motorradfahrer antreffen, bei denen die windungsreiche Passstraße sehr beliebt ist. Nach einer kleinen Pause fahren Sie weiter, überqueren die *Rimutaka Range* und tauchen in die **Wairarapa Region** ein, deren Beschreibung Gegenstand der nächsten Tour ist. **Tipp:** Vom Bahnhof in Wellington fährt ein Zug in knapp eineinhalb Stunden in die Region Wairarapa bis nach Masterton. Die malerische Landschaft und die Weinbaugebiete aus der Bahn zu beobachten, ist für all diejenigen sicherlich eine attraktive Möglichkeit, die in Wellington zur Südinsel übersetzen und Ihren Rückflug von Christchurch aus antreten (www.metlink.org.nz/timetables/train/WRL).

TOUR N07
Napier
Kaweka
1724 m
Kaweka Range
WC 198
197
Cape Kidnappers
WC 199
Gentle Annie
Kuripapango
Omahu
Clive
Clifton
196
Tölpel Kolonie
WC 200
Hastings
Havelock North
Kaweka Forest Park
Ngaruroro River
Ocean Beach
Te Mata Peak
Rangitikei River
2
50
Waimarama
Tukituki River
Taihape
Mangaweka
1733 m
Ruahine Range
Mangaweka
1
Ruahine Forest Park
195
Dannevirke
52
Feilding
3
Bulls
Manawatu Gorge
194 WC
Woodville
Palmerston North
Te Apiti Windpark
193 WC
Pahiatua
192
E
Himatangi
56
Manawatu River
2
Foxton
191
Eketahuna
Tararua Range
188
Castlepoint
189
Mt Bruce Wildlife Centre
Levin
1
St Mary's Kirche
186
Otaki
Masterton
187 WC
Tararua Forest Park
185
Kapiti Island
Carterton
Riversdale Beach
190
Waikanae
Paraparaumu
Stonehenge Aotearoa
Featherston
Martinborough
183
184
Upper Hutt
Lake Wairarapa
Paremata
181
Porirua
Lower Hutt
Rimutaka Forest
Aorangi Forest Park
Lake Ferry
N
50 km
Palliser Bay
Ngawi
Wellington
WC 182
Cape Palliser

Tour N07: Wairarapa und Castlepoint

Featherston - Cape Palliser - Martinborough - Masterton
Castlepoint - Woodville - Manawatu Gorge - Napier - 560 km

Stellplätze:	Shore Scenic Reserve, Featherston Lake Reserve, Masterton Lake Henley, Castlepoint Kirche, Whaka taki Beach, Riversdale Beach, Pahiatua Tararua Club, Tui Brewery, Woodville Ferry Reserve, Clive, Puketapu Park, Blowhard Bush Reserve, Springvale Suspension Bridge
Camping:	Martinborough Top 10 HP, Carterton HP, Masterton MC, Castlepoint HP, Eketahuna MC, Clifton MC
Baden:	Castlepoint, Ocean Beach, Waimarama
Wandern:	Putanggirua Pinnacles, Masterton Tararua Forest Park, Castle Point, Manawatu Gorge, Cape Kidnappers
Essen:	Featherston: Everest; Lake Ferry Hotel; Martinborough: Medici, Mirco Bar; Greytown: French Baker, Cuckoo, Woodville: Yummy Mummy's

In Tour N07 durchqueren Sie die gesamte Region **Wairarapa**, eine sanfte Hügellandschaft mit weiten Tälern und Wäldern, von Süd nach Nord. Die Streckenführung verläuft entlang von Weinbaugebieten und ausgedehnten Schafweiden im Landesinneren, das Meer werden Sie erst in Napier wiedersehen. Es sei denn, Sie unternehmen einen der beiden angebotenen Ausflüge am **Lake Wairarapa** vorbei zum **Cape Palliser,** dem südlichsten Punkt der Nordinsel, oder etwas weiter nördlich zum oft windumtosten **Castlepoint**. Am Ende der Tour stellen wir Ihnen die reizvolle Gentle Annie Road vor. Sie führt von Napier über eine relativ niedrige Passhöhe nach Taihape.

Die Region Wairarapa

Die Wairarapa ist ein Gebiet, das sich von der *Rimutaka Range* bis zur *Hawke Bay* erstreckt, und damit fast 300 km weit bis nach Napier, dem Ziel von Tour N04. Das ausgedehnte Weideland ist ein alteingesessenes und urtypisches neuseeländisches Schafzuchtgebiet. In den letzten beiden Jahrzehnten gab es zwei Entwicklungen, die Bewegung in die vorher verschlafene Region gebracht haben. Zum einen wurde der südliche Teil von den Bewohnern des Großraumes Wellington als Ziel eines Tages- oder Wochenendausfluges entdeckt und zum anderen hat sich der 1976 hier begonnene Weinanbau prächtig entwickelt. Heute ist South Wairarapa eine bedeutende Weinbau-Region Neuseelands, besonders für Spätburgunder. Von Wellington kommend führt eine Pass-Straße in Serpentinen über die Rimutaka Range, eine Bergkette welche die Region Wairarapa geografisch und klimatisch von der Landeshauptstadt trennt.

Landschaft der Wairarapa

Schon bei der Anfahrt eröffnen sich Ihnen wunderbare Ausblicke über die mit dichtem Buschwald bewachsenen Hügelketten, das fruchtbare Flachland und die raue Küste im Osten.

Als erstes Städtchen jenseits der Berge erreichen Sie 10 km hinter der Passhöhe **Featherston**, wo das Fell-Lokomotiven Museum einen Besuch wert ist. Zur Bewältigung der steilen Ostseite der Rimutaka Range wurde eine spezielle Streckenführung mit drei Schienen entwickelt. Im am SH2 gelegenen **Everest** warten zudem diverse kulinarische Highlights auf Sie (Everest, 19 Fitzherbert St, Featherston, Tel. 06 308 8256). Wer möchte, kann über die Western Lake Rd einen Abstecher zum nur 5 km entfernten *Lake Wairarapa* machen, der mit einer Fläche von 78 km² der drittgrößte See auf der Nordinsel ist. Sein Nordufer ist bereits nach 5 km erreicht, aber das Seeufer ist nur an einigen Stellen zugänglich.

(181) WOMO-Stellplatz:
Lake Wairarapa - Shore Scenic Reserve

GPS: S 41°12'55" E 175°11'23". **Max. WOMOs:** 5
Ausstattung/Lage: Nichts / Am Ufer des Lake Wairarapa.
Zufahrt: In Featherston in die Western Lake Road einbiegen und dieser 16km in südlicher Richtung folgen. Ausgeschildert.
Beurteilung: Wunderschöner kleiner geschützter Grasplatz unter Bäumen. Für sehr große Womos nicht geeignet.

Ausflug zum windumtosten Cape Palliser

Wir empfehlen Ihnen einen Abstecher zum einsam gelegenen und windumtosten *Cape Palliser*, der Sie an dramatischen Küstenlandschaften und traditionsreichen Orten vorbeiführen wird. Ein Ausflug zum südlichsten Punkt der Nordinsel ist von Featherston (75 km) oder von Martinborough (67 km) aus möglich. Wir raten Ihnen in Featherston zu starten, an der östlichen

Seite des Lake Wairarapa entlang zu fahren, den Ruamahanga River zu überqueren und auf der Rückfahrt die Straße nach Martinborough zu wählen. Unterwegs zweigt eine 4 km Stichstraße zur am *Lake Onoke* gelegenen Siedlung *Lake Ferry* ab. Im **Lake Ferry Hotel** (Tel. 06 307 7831, www.lakeferryhotel.co.nz) können Sie sich auf einer hübschen Terrasse mit Blick auf die Cook Strait vor der Weiterfahrt stärken und dabei den waghalsigen Surfern zuschauen. Der See ist ein Vogelparadies. Ein nicht sehr empfehlenswerter Holiday Park ist auch vor Ort.

Straße zum Cape Palliser

(182) WOMO-Stellplatz:
Cape Palliser – Ngawi Camping Area

GPS: S 41°35'20" E 175°14'1".
Max. WOMOs: 15
Ausstattung/Lage: Toilette / Zwischen Ufer und Straße.
Zufahrt: Im Fischerort Ngawi rechts neben der Straße zum Cape Palliser.
Beurteilung: Offener Grasplatz an der Waterkant. Kann stürmisch werden, dafür hat man einen tollen Blick auf die Cook Strait. Eine Robbenkolonie ist 5 km entfernt.

Die Weiterfahrt zu Cape Palliser verläuft nun über eine kurvenreiche und enge Straße, die bald auf die Küste trifft. Hier befindet sich eine **Putangirua Pinnacles** genannte Steinformation, die nach Einschätzung von Geologen bereits vor 120 000 Jahren aus einer Gletschermure herausgewaschen wurde. Es gibt einen **DOC-Campingplatz** und einen Parkplatz, von dem Wanderungen zu den Pinnacles beginnen (3,5-stündiger Rundweg). An dieser Felsformation, die durch Auswaschungen von Schlamm und Sand entstanden ist, wurde auch eine Szene aus „Der Herr der Ringe" gedreht (Aragons Ritt zur Armee der Toten).

Die wilde und streckenweise unbefestigte Küstenstraße führt nun ungeschützt direkt am Wasser entlang und wird an einigen Stellen bei hohem Wellengang überspült. Dieser Teil der Küste war bei Seefahrern gefürchtet. Im 19ten Jahrhundert sind hier 20 Schiffe gesunken. In der neuseeländischen Geschichte hatte die Palliser Bay als erster Anlandungsplatz für europäische Schiffe

Cape Palliser Lighthouse

mit Schafen an Bord Bedeutung erlangt. Kurz vor dem kleinen Fischerort Ngawi befindet sich eine Robbenkolonie. Parken Sie hier und schauen Sie den jungen Robben beim Spielen in den Felsmulden zu. In **Ngawi** werden Ihnen sofort die unzähligen rostigen Bulldozer auffallen. Mit Ihnen werden die Fischerboote in das Meer geschoben und nach erfolgreichem Fang wieder herausgezogen. Sie können in diesem freundlichen Dorf auf zwei Plätzen direkt an der Küste frei übernachten (siehe Kasten). Nun liegen noch 4 km Gravelroad bis zum Cape vor Ihnen.

Der markante 59 m hohe rotweiße stählerne Leuchtturm wird Ihnen sofort ins Auge fallen. Er wurde 1897 erbaut und ist für die Schifffahrt in der Cook Strait nach wie vor von großer Bedeutung. Seit 1986 wird er voll automatisch betrieben. Er wurde 2013 vom Reiseführer »Lonely Planet« auf Platz 8 der weltweit schönsten Leuchttürme gelistet. Wenn Sie seine steil hinaufführenden 250 Stufen erklimmen (Passen Sie auf, dass Sie oben angekommen, nicht weggeblasen werden!), haben Sie einen wunderbaren Blick über die schroffe Palliser Bay und können mit etwas Glück sogar bis zur Südinsel schauen. Wieder unten angelangt, können Sie sich vor der Rückfahrt an der Fish & Chips Bude in bequemen Sofas sitzend stärken. **Cape Palliser** bietet Ihnen eine weitere Attraktion: Es ist die Heimat der größten Robbenbrutkolonie auf der Nordinsel. Die Pelzrobben ziehen hier von Mitte November bis Mitte Januar ihre Jungen groß.

(183) WOMO-Stellplatz: Lake Domain Reserve

GPS: S41°9'52" E175°18'15". **Max. WOMOs:** 50
Ausstattung/Lage: Toilette / Am Lake Wairarapa gelegen.
Zufahrt: In Featherston den SH53 nehmen, nach 1,5 km rechts in das Sträßchen „Murphys Line“ abbiegen, dem Schild Lake Reserve, bzw: to Longwood Rd folgen. **Beurteilung:** Ruhiger Platz

Martinborough

Putangirua Pinnacles

Martinborough ist die Hauptstadt des *South-Wairarapa-Distriktes* zu. Das hübsche 2 000 Einwohner Städtchen ruht inmitten einer idyllischen Parklandschaft. Als John Martin im 19. Jahrhundert den Ort gründete, legte er das Zentrum in der Form der britischen Flagge an. Bis heute besteht der Town Square in dieser Art und Weise und ist wichtiger Treffpunkt für Bürger, überregionale Märkte und Weinfeste. Die Straßen in Martinborough sind nach den Orten benannt, die der Geschäftsmann damals bereits bereist hatte, wie Cologne Street, Broadway Street, Strasbourge Street, Venice Street und viele andere.

Der Ort hat kleine schmucke Lädchen, in denen handgefertigte Köstlichkeiten angeboten werden, aber auch allerlei Kunstobjekte und Mode, die zum Großteil in der Region von den Einwohnern gefertigt wurde. Gehen Sie einfach entlang der Hauptstraße stöbern und gewinnen Ihren eigenen Eindruck. Auch die hübschen Cafés und Bars wie das **Medici** (9 Kitchener St, Tel. 06 306 9965) mit seinem gemütlichen Hinterhof oder die **Micro Bar** (14 Ohio S t, Tel. 06 306 9716) am Abend laden zum Schlemmen ein. Das Martinborough Museum befindet sich in der alten Gemeindebücherei von 1894. Das restaurierte Cottage zeigt die Lebensweise der frühen Siedler. Es ist an Wochenenden und Feiertagen geöffnet.

(184) WOMO-Campingplatz: Martinborough Top10

GPS: S 41°12'59" E 175°27'8". **WOMOs:** 15 mit Stromanschluss
Ausstattung/Lage: Ver- und Entsorgung, Toilette, Dusche, Gemeinschaftsküche, Waschmaschine, Trockner, Spielplatz / Schöner Platz mit großen Stellplätzen, von Büschen und Bäumen eingerahmt, mit Blick auf die Weinfelder, neben dem Schwimmbad. **Preiskategorie 3**.
Zufahrt: Am Stadtrand von Martinborough, an der Ecke Dublin St und Prinzess St gelegen. Einfahrt in der Dublin St. Hinweisschilder beachten.
Kontakt: 10 Dublin St West, Martinborough, Tel. 0800 780 909, www.martinboroughholidaypark.com
Beurteilung: Schöner, ruhiger Platz mit viel Grün. Leider sehr eng. Es gibt für Frauen und Männer jeweils nur zwei Duschen und zwei Toiletten. Nur eine Waschmaschine und ein Trockner sind verfügbar. Duschen und *WiFi* sind kostenlos zu haben. Freundliches Personal.

Hotel in Martinborough

Martinborough ist gleichzeitig auch die Weinhauptstadt der Region und seine Weine erfreuen sich internationaler Bekanntheit. Bei einer Weintour zu Fuß oder mit dem Fahrrad werden Sie nicht nur viele tolle Weine kennen lernen, sondern auch die oft kreativen und immer enthusiastischen Köpfe, die hinter den kleinen Familien-Weingütern stehen, Z.B. den Schwaben Kai Schubert. Da es hier wie in Wellington sehr windig ist, werden in den Weinbaugebieten oft Windschutzhecken angepflanzt.

Weiterfahrt nach Masterton

Zwischen Featherston und Carterton liegt das sehr interessante kleine Städtchen **Greytown**. Halten Sie hier unbedingt an! Antiquitäten Geschäfte haben den Anfang gemacht, inzwischen sind reizende Cafés dazugekommen und viele kleine Boutiquen mit einem riesigen Spektrum an wunderschönen, ausgefallenen Dingen. Bummeln Sie einmal die Hauptstraße auf und ab und genießen Sie das Dargebotene. Beim französischen Bäcker gibt es tolles Brot (**French Baker**, 128 Main St, Tel. 06 304 8992), und auf der Veranda eines Stadthauses aus den 1900er Jahren eine leckere Pizza (**Cuckoo**, 128 Main St, Tel. 06 304 8992). Sehenswert ist auch Early Settler Museum mit interessanten Freilichtbauten, darunter das erste öffentliche Krankenhaus von 1875 (**Cobblestone Museum**,169 Main St, Greytown, Tel. 06 304 9687, geöffnet tgl. 10 - 16 Uhr). Greytown wurde 1853 im hübschen viktorianischen Stil erbaut. Es verlor an Bedeutung, als es beim Bau der Eisenbahn Linie keine Beachtung fand. Diese findet das liebenswerte Städtchen heute bei den Einwohnern Wellingtons, die das nahe Greytown für Freizeit- und Urlaubsaktivitäten entdeckt haben.

(185) WOMO-Campingplatz-Tipp: Carterton HP

GPS: S 41°1'9" E 175°31'22". **WOMOs:** 24 mit Stromanschluss
Ausstattung/Lage: Standard / Gepflegter Campingplatz mit großen, von Büschen eingerahmten Stellplätzen. Grenzt an einen Spielplatz.
Zufahrt: In der Stadtmitte in die Belvedere Rd abbiegen, 700m
Kontakt: 198 Belvedere Rd, Carterton, Tel. 06 379 8267, www.cartertondc.co.nz/caravanpark **Preiskategorie 2.**
Beurteilung: Sehr schöner, gepflegter Platz mit guten Sanitäranlagen.

In **Carterton** empfehlen wir den Besuch der **Paua Shell Factory** (54 Kent St, Tel. 06 379 4222), in der die typisch neuseeländischen Paua-Muscheln zu allerlei Kunstgegenständen verarbeitet werden. Etwa 11 km vor Carterton, von Martinborough kommend, befindet sich an der Kokotau Rd **Stonehenge Aotearoa,** eine moderne Nachbildung des historischen *Stonehenge*, die den Traditionen der Maori folgt.

Stonehenge Aotearoa

Dem SH2 folgend erreichen Sie nach 15 km **Masterton**, die mit 20 000 Einwohnern größte Stadt des *Wairarapa*. An vier Tagen bis zum ersten Samstag im März findet hier alljährlich die „Olympiade des Schafscherens" statt. Die **Golden Shears** (www.goldenshears.co.nz) sind ein bei Alt und Jung beliebtes Riesenspektakel, das im War Memorial Stadium stattfindet und aus den Disziplinen „shearing", „wool handling" und „wool pressing" besteht, die wiederum in verschiedenen Alters- und Erfahrungsklassen ausgetragen werden. Im März 2011 wurden die Golden Shears zum 50. Male ausgetragen.

(186) WOMO-Campingplatz-Tipp: Mawley Park MC

GPS: S 40°56'38" E 175°40'0". **WOMOs:** 54 mit Stromanschluss
Ausstattung/Lage: Spielplatz / Zentrumsnah, in parkähnlicher Umgebung.
Zufahrt: Vom Zentrum kommend biegt die Oxford Street direkt hinter dem Waipoua River links vom SH2 ab. **Preiskategorie 2**.
Kontakt: 15 Oxford St, Masterton, Tel. 06 378 6454, www.mawleypark.co.nz
Beurteilung: Am Waipoua River gelegen, mit der Möglichkeit im Fluss zu schwimmen. Der Elisabeth Park mit zahlreichen Freizeitangeboten kann zu Fuß in zwei Minuten erreicht werden. Sehr gute und saubere Sanitäranlagen.

(187) WOMO-Stellplatz: Masterton - Lake Henley

GPS: S 40°57'01" E 175°40'36". **Max. WOMOs:** 20
Ausstattung/Lage: Toilette nachts geschlossen / Parkplatz am Lake Henley.
Zufahrt: In Masterton vom SH2 links abbiegen auf die Te Ore Ore Road. Nach 800 m rechts abbiegen auf die Colombo Road. Die Einfahrt zum Platz befindet sich nach 350 m auf der linken Seite.

Beurteilung: Ruhiger Platz, mit schönen Wandermöglichkeiten. Es gibt viel zu beobachten, Schwäne, Enten, Kajak Fahrer, Drachen Boote und unzählige Hunde, die Gassi geführt werden.

Masterton hat zwei Parks und ein Museum aufzuweisen. Im Nordosten der Stadt liegt der *Henley Park* mit seinem gleichnamigen See, der in den 1930er Jahren angelegt wurde und sich aus dem Wasser des *Waipoua Rivers* speist. Zentraler, nämlich östlich an das Zentrum von Masterton anschließend, liegt der hübsche *Queen Elisabeth Park*. Daneben befindet sich das empfehlenswerte Kunst und Geschichtsmuseum, dessen Schwerpunkt auf der *Wairarapa* liegt (*Aratoi Wairarapa Museum of Art&History,* tgl. 10 bis 16.30 Uhr, Ecke Bruce St / Dixon St, Tel. 06 370 0001, www.aratoi.co.nz, Spende erwünscht). Schließlich bietet der nahe gelegene **Tararua Forest Park** Wanderfreunden ausgezeichnete Möglichkeiten, ihrer Leidenschaft nachzugehen.

(188) WOMO-Campingplatz-Tipp: Castlepoint HP

GPS: S 40°53'45" E 176°13'10". **WOMOs:** 38 Stellplätze mit Strom.
Ausstattung/Lage: Spielplatz / Grasplätze direkt am Meer.
Preiskategorie 3.
Zufahrt: Die Masterton Castlepoint Rd bringt Sie nach Castlepoint (65km). Dort nicht zu verfehlen.
Kontakt: 1-3 Jetty Rd, Castlepoint, Tel. 06 372 605, www.castlepoint.co.nz

Beurteilung: Der große Platz ist in vier Ebenen angelegt, von denen die oberen drei fest in der Hand von Dauercampern sind. Die fünf Stellplätze der direkt am Meer gelegenen untersten Ebene werden für Durchreisende freigehalten. Sanitäranlagen ok.

Ausflug zum Castlepoint Lighthouse

Nach Cape Palliser empfehlen wir Ihnen einen zweiten Ausflug zu einem Leuchtturm, dem Castle Point Lighthouse. Der Abstecher beträgt diesmal stattliche 65 km, ist aber bei gutem Wetter ungemein lohnend. Bei Sturm und Regen lohnt sich der Trip an die dann ausgesprochen raue und unwirtliche Küste nicht. Leuchttürme gibt es sehr viele in Neuseeland. Aber keiner ist unserer Meinung nach so schön wie der Leuchtturm am Castlepoint, der vorgelagert auf einem steilen Klippenvorsprung thront. Wegen seiner Ähnlichkeit mit einer Burg wurde das 162 m hohe Kap von Captain Cook Castlepoint genannt. Der östliche Küstenabschnitt der Nordinsel zwischen Cape Palliser und Cape Kidnappers ist wild und unzugänglich.

Der östliche Küstenabschnitt der Nordinsel zwischen Cape Palliser und Cape Kidnappers ist wild und unzugänglich. Einzig Castlepoint und das benachbarte **Riversdale** sind über

Castle Point Lighthouse

eine asphaltierte Straße zu erreichen. Die treffend *Masterton Castlepoint Road* genannte malerische Landstraße führt durch hügeliges Land, das meist mit dichtem Gras bewachsen ist. Nach 25 km zweigt rechts eine Straße zum Badeort Riversdale Beach ab (siehe Kasten). Der knapp 2000 Seelen aufweisende Ort **Castlepoint** verfügt über einen Laden und einen empfehlenswerten Campingplatz. Es gibt gute Bade- und Wandermöglichkeiten. Hauptattraktion ist aber der pittoresk auf den vorgelagerten Felsen platzierte zylindrische weiße Turm, der als letzter neuseeländischer Leuchtturm im Mutterland England gefertigt wurde. 1913 in Betrieb genommen wurde der Turm 1988 automatisiert und von Wellington aus ferngesteuert. Heutzutage erscheint im Leuchtturmwärterhaus nur noch der Geist des Wärters, der 1922 bei Reparaturarbeiten von der Leiter stürzte und den Sturz nicht überlebte.

(189) WOMO-Wanderplatz: Castlepoint - Kirche

GPS: S 40°54'12" E 176°13'37". **Max. WOMOs:** 3
Ausstattung/Lage: Toilette / Parkplatz am Meer, an einer kleinen Kirche.
Zufahrt: Gegenüber dem Castlepoint Lighthouse, nicht zu verfehlen.
Beurteilung: Ruhiger Platz, toll gelegen, nahe dem Lighthouse.

(190) WOMO-Badeplatz: Riversdale Beach

GPS: S 41°05'12" E 176°04'29. **Max. WOMOs:** 3
Ausstattung/Lage: Keine / Parkplatz an der Mündung des Motuwaireka Stream direkt am Strand. **Zufahrt:** Am Ortseingang von Riversdale links in den Riversdale Drive einbiegen und diesem 200 m folgen.
Beurteilung: Toll gelegener Platz. Nicht vor den Häusern übernachten!

Sie erreichen den Leuchtturm über eine Sandbank, auf deren linker Seite *Castlepoint Beach* liegt und auf deren rechter Seite sich eine geschützte Lagune befindet, die von Fischern als Naturhafen genutzt wird. Vom Campingplatz aus laufen

Sie etwa 45 Minuten. Ein paar Holzstufen führen hinauf zum Leuchtturm, dann weiter auf einen Felsen, von dem aus Sie einen wunderbaren Ausblick über das verschlafene Örtchen und seine Umgebung haben. Auf den Klippen um den Turm finden Sie unzählige versteinerte Muscheln. Wir können Ihnen noch eine zweite Wanderung sehr ans Herz legen. Sie beginnt am Parkplatz an der Kirche und ist dort sehr gut ausgeschildert. Sie führt als Rundweg um die Bucht, wobei sie teilweise steil nach oben führt und entsprechend tolle Ausblicke bietet. Der Rückweg führt hinunter zur Beach und dann über den Strand bis zum Parkplatz.

(191) WOMO-Campingplatz-Tipp: Eketahuna MC

GPS: S 40°39'6.7" E 175°42'11". **WOMOs:** 10 mit Stromanschluss
Ausstattung/Lage: Standard / Inmitten von Wald und Busch.
Preiskategorie 2
Zufahrt: In der Stadtmitte von Eketahuna in die Bridge Street abbiegen, nach 400 m links in die Stanley Street und nach 800 m ebenfalls links in die Stout Street. Den Hang hinab bis zum Campingplatz fahren.
Kontakt: Stout Street, Tel. 06 375 8677, www.eketahunacamp.com
Beurteilung: Ein ganz besonderer Platz, ein verstecktes Juwel! Alles ist gepflegt und sauber. Die extrem freundlichen Betreiber begrüßen jeden Gast persönlich, wobei sie alle Einrichtungen zeigen und erklären.

(192) WOMO-Stellplatz: Pahiatua Tararua Club

GPS: S 40°27'0" E 175°50'24". **Max. WOMOs:** 5
Ausstattung/Lage: Entsorgungsstation / Parkplatz an einem Sportplatz.
Zufahrt: Am SH2 in die Tararua Street abbiegen. Nach 300 m links.
Beurteilung: Gut für eine (ruhige) Nacht, mehr nicht.

Weiterfahrt nach Woodville

Sie setzen Ihre Fahrt nach *Napier* auf dem SH2 fort und gelangen nach 28 km in das **Pukaha Mt Bruce Wildlife Centre**, wo Sie ganz ausgezeichnet einheimische, vom Aussterben bedrohte Vogelarten beobachten können. Die Bruterfolge des Parks können sich sehen lassen. Ein besonderes Aushängeschild sind die einzigen weißen Kiwis der Welt. Inzwischen wurde nach langem Abwägen der erste weiße Kiwi zurück in die Freiheit des Parks entlassen. Sie können die Nachzucht der Tierschützer hier hautnah erleben und auf dem Geländewunderschöne Rundwege entlang spazieren.

Manawatu River und Te Apiti Wind Farm

(193) WOMO-Stellplatz: Tui Brewery

GPS: S 40°25'19" E 175°51'46". **Max. WOMOs:** 5
Ausstattung/Lage: Toilette in der Tui Brewery / Auf einer Wiese.
Zufahrt: Am SH2 gegenüber der Tui Brewery, 11 km vor Woodville.
Hinweis: Das Gatter öffnen.
Beurteilung: Gut für eine Nacht, speziell nach einer Bierprobe.

Nach weiteren 60 km erreichen Sie *Woodville*, wo Sie den SH2 verlassen, um über den SH3 der **Manawatu Gorge** einen Besuch abzustatten. Der 180 km lange *Manawatu River* nimmt einen verblüffenden Verlauf. Er entspringt auf der Ostseite der Nordinsel in der südlichen *Hawkes Bay*, mündet aber auf der Westseite in der Nähe von *Foxton Beach*. Er muss also auf seinem Weg die Gebirgszüge der *Ruahine* und der *Tararua Ranges* durchbrechen. Genau das tut er in der *Manawatu Gorge*, in der er von einem gemütlich dahinfließenden Flüsschen zum reißenden Gebirgsbach mit zahlreichen Wasserfällen wird. Sie wollen sich dieses spektakuläre Schauspiel sicher nicht entgehen lassen und machen einen ca. 10 km langen Abstecher Richtung *Palmerston North*. Links sehen Sie die **Te Apiti Wind Farm** liegen, die 35 000 Haushalte mit Strom versorgt.

(194) WOMO-Stellplatz: Woodville Ferry Reserve

GPS: S 40°20'5.5" E 175°49'2". **Max. WOMOs:** 5
Ausstattung/Lage: Toilette, Picknicktische / Große Wiese in einer Flußschleife des Manawatu River.
Zufahrt: Am SH3. Die Einfahrt zum Platz ist aus Richtung Woodville kommend (4 km) wegen einer durchgezogenen Mittellinie schwierig.
Beurteilung: Großflächige Wiese, die vom SH3 zum Manawatu River hin abfällt. Im oberen Bereich gibt es Tische mit Bänken und nahe der Brücke eine Toilette. Die Toilette wird regelmäßig gewartet und ist sauber. Falls das Gatter am SH3 geschlossen ist, kann man es öffnen. Vorsichtig fahren, da sehr unebenes Terrain. Der Platz wird am Wochenende eifrig von Kiwis benutzt. Trotz der Nähe zum SH3 ausgesprochen stimmungsvoller Platz.

Manawatu Gorge

Der SH3 durch die enge *Manawatu Gorge* wurde bereits 1871 gebaut und ist eine wichtige Ost-West-Verbindung auf der Nordinsel. Wenn Sie auf dem sehr empfehlenswerten freien Stellplatz **Woodville Ferry Reserve** übernachten wollen, nehmen Sie bitte die Einfahrt von Woodville aus kommend. Zurück in Woodville bekommen Sie irre selbstgemachte Quark- und Käsekuchen Variationen im Cheesecake Paradies **Yummy Mummy's** (SH3, 67 Vogel St, www.yummum.co.nz). Als Zugabe gibt es freies *WiFi*!

(195) WOMO-Campingplatz-Tipp: Dannevirke HP

GPS: S 40°12'27" E 176°6'37". **WOMOs:** 40 mit Stromanschluss
Ausstattung/Lage: Spielplatz / Am Freizeitpark Dannevirke Domain.
Zufahrt: In der Stadtmitte am Park in die Christian St abbiegen, 280 m.
Kontakt: 29 George St, Dannevirke, Tel. 06 374 7625, 027 444 2300, www.dannevirkeholidaypark.co.nz **Preiskategorie 2.**
Beurteilung: Preisgünstiger und sehr grüner Platz mit guten Sanitäranlagen und einer neu renovierten Gemeinschaftsküche. Der gepflegte Campingplatz ist von einheimischem Busch umgeben. Es gibt ein Hirschgehege, einen Ententeich und ein Vogelhaus. Unternehmen Sie einen Spaziergang im Park!

Weiterfahrt nach Napier

Sie kehren zurück zum SH2, dem Sie ohne weitere Stopp-Empfehlungen für ca. 130 km bis kurz vor *Hastings* folgen. Sie befinden sich nun in der Region *Hawke's Bay*.

Einen hervorragenden Überblick über die Gegend bietet Ihnen der 399 m hohe **Te Mata Peak**. Sie erreichen ihn, indem Sie in *Pakipaki* rechts in die Te Aute Rd nach *Havelock North* abbiegen und nach 8 km, im Zentrum dieses Ortes, ebenfalls rechts in die Te Mata Rd. Das enge, kurvenreiche Sträßchen windet sich eine lange Kette von Kalksteinfelsen entlang, bevor es nach 7 km den Gipfel des *Te Mata Peak* erreicht. Schon vor dem eigentlichen Peak ergeben sich atemberaubende Blicke und es ist absolut zu empfehlen, das Wohnmobil an einem

Woodville, Yummy Mummy`s

der Parkplätze stehenzulassen und die letzte Wegstrecke zu laufen. Nachdem Sie die herrliche Aussicht in alle Himmelsrichtungen ausgiebig genossen haben, fahren Sie noch zu den wunderschönen Stränden **Ocean Beach** und **Waimarama**. Sie sind über die Ocean Road und die Waimarama Road zu erreichen. Um nach *Napier* zu gelangen, fahren Sie am *Tukituki River* entlang bis zu dessen Mündung in den Pazifik nahe dem kleinen Ort **Clive**. Der SH2 verläuft nun direkt an der Küste bis **Napier**.

(196) WOMO-Campingplatz: Clifton Reserve MC

GPS: S 39°38'25" E 177°0'15". **WOMOs:** 150 mit Stromanschluss
Ausstattung/Lage: Spielplatz / Langgestreckter Platz mit schöner Aussicht auf die See. **Preiskategorie 2.**
Zufahrt: In Clive Richtung Clifton vom SH2 abbiegen. Am Ende der Clifton Rd, 20 km südöstlich Napier. **Kontakt:** 495 Clifton Rd, Hastings, Tel. 06 875 0263, www.holidayparks.co.nz/clifton **Hinweis:** Idealer Startpunkt für den Besuch der Tölpel Kolonie am Cape Kidnappers. Ein beliebtes Café, Restaurant + Bar direkt gegenüber, kleiner Shop für das Notwendigste.

(196a) WOMO-Stellplatz: Clive Richmond Road Reserve

GPS: S 39°34'53" E 176°55'1". **Max. WOMOs:** 20
Ausstattung/Lage: Toilette / Am Ufer des Flusses, zum Teil große Bäume.
Zufahrt: Sofort hinter der SH2 Brücke in Clive scharf links in die School Rd und nach wenigen Metern ebenfalls links in die Ferry Rd abbiegen. Nach etwa 50 m biegen Sie links in die Zufahrt zum Platz ab. Der Platz liegt lang gestreckt am Clive River neben der Brücke.
Beurteilung: Schöner freier Platz! Guter Startpunkt für den Besuch der Tölpel Kolonie am Cape Kidnappers. Sie können den Clive River etwa 1 km bis zu seiner Mündung entlangwandern.

Eine einzigartige Sehenswürdigkeit liegt etwa 30 km vom Zentrum *Napiers* entfernt. An der Spitze von **Cape Kidnappers**, am südwestlichen Ende der Hawke Bay, liegt eine Tölpel-Kolonie. Es ist eine von nur zwei Tölpel-Kolonien der Welt, die auf dem Festland angesiedelt sind. Die in drei Teile abgrenzbare Brutkolonie der Tölpel können Sie über eine fast zweistündige **Strandwanderung** (nur bei Ebbe möglich, Gezeitentabelle im Visitor Centre erhältlich) oder wesentlich bequemer auf dem Hänger eines Traktors erreichen. Zwischen November und Februar schlüpfen die jungen Tölpel und lernen das Fliegen. Ein ganz besonderes Schauspiel ist es, die großen Seevögel mit den goldgelben Köpfen aus großer Höhe mit hoher Geschwindigkeit ins Meer abtauchen zu sehen. So elegant die Tölpel auch fliegen und tauchen, so ist doch Ihre Landung

Blick vom Te Mata Peak auf den Tukituki River

sehr unbeholfen und wirkt auf den Beobachter ausgesprochen erheiternd. Sie purzeln bei der Landung oft über Artgenossen, was nicht ohne kreischendes Gezänk abgeht. Die Touren zur Tölpel-Kolonie starten in **Clifton**, wo Sie im Clifton Beach Reserve Motor Camp übernachten, oder gegen eine kleine Gebühr Ihr Wohnmobil sicher parken können. Das Kap erhielt 1769 seinen Namen vom Kapitän Cook, nachdem Maori einen tahitischen Jungen von der Endeavour entführten.

Über die Gentle Anny Road ins zentrale Hochland

Wir wollen Ihnen nun eine weitere Möglichkeit vorstellen, die Bergkette der Nordinsel zu überqueren. Die Gentle Annie Road, so der Name dieser reizvollen Straße, startet 18 km südwestlich von **Napier** nahe Fernhill und mündet 11 km westlich von **Taihape** in den SH1 (Tour N05). Die relativ niedrige Passhöhe liegt zwischen den sonst mächtigen Massive der Ruahine- und Kaweka Range. Die 125 km lange Gentle Annie Road ist seit dem Jahr 2013 vollständig geteert und kann sehr gut in 3 h gefahren werden. Im Bereich der Passhöhe wird die bisher leicht ansteigende Straße steiler und kurvenreicher. Unterwegs gibt es weder größere Ansiedlungen noch eine Tankstelle, dafür Picknick- und Stellplätze. Sie werden auf Ihrer Fahrt vermutlich nur zwei oder drei Fahrzeugen begegnen, unter denen sich allerdings ein mächtiger Holzlastwagen befinden kann. Die Gentle Annie Road führt vorbei an sehr schönen Schluchten mit reißenden Flüssen, die gerne von wagemutigen Kajak-Fahrern durchgepflügt werden, offenen und dünn besiedelten Landschaftsformen und sanften Hügeln die von vielen weidenden Schafen und Kühen bevölkert sind. Dazwischen tauchen immer wieder schmucke Farmhäuser auf.

Am Wegesrand ist oft der Ginster anzutreffen. Die eingewanderte Pflanze erfreut den Betrachter mit ihren leuchtend

Cape Kidnappers

gelben Blüten, wird von Neuseeländischen Naturschützern aber als Plage angesehen. Weniger schön ist der Streckenabschnitt durch Nutz Wald, denn die teilweise riesigen gerodeten Flächen sehen erschreckend aus. Entlang der Strecke liegen aber auch dichte einheimische Wälder. Im Kaweka Forest Park gibt es einige schöne Kurzwanderungen (auf die Schilder achten). Kurz hinter Kuripapango führt die Straße über den Ngaruroro River. Wenig Meter nach der dann folgenden Rechtskurve liegt ein wunderbarer Picknickplatz mit Toilette. Am hinteren Ende gibt es auch einen Zugang zum Fluss (GPS: S 39°23'40" E 176°19'38").

Im Hochland treffen Sie auf pittoreske *high country sheep stations* wie **Erewhon** oder **Springvale**. In dem recht rauen windigen Klima werden bevorzugt Merino Schafe gehalten, die qualitativ hochwertige Wolle produzieren. Der Name Erewhon bezieht sich auf den bekannten Roman des englischen Schriftstellers *Samuel Butler* aus dem Jahr 1872. Er spielt in einem fiktiven Land, dessen Name Erewhon, ist ein Anagramm des englischen Wortes nowhere. Beschrieben wird das Leben eines jungen Schafsfarmers in einer abgelegenen Farm im Nirgendwo. Der Name für die Hochlandfarm könnte nicht passender gewählt sein. Eine schöne Übernachtungsstelle finden Sie am oberen *Rangatikei River*. Sie liegt an der recht gut erhalten **historischen Springdale Bridge**. Die 1925 erbaute 61 m umspannende alte Hängebrücke wurde 1970 in die Eigentümerschaft des New Zealand Historic Places Trust übergeben und ist längst durch eine modere Straßen Brücke ersetzt. Es gibt Picknicktische, eine Toilette und eine Schwimmstelle im kristallklaren Wasser des Flusses. Mit etwas Glück zeigt sich Ihnen ein Blick auf den Mount Ruapehu.

Rast am Kuripapango Picknickplatz

(197) WOMO-Stellplatz: Puketapu Park

GPS: S 39°30'31" E 176°47'2". **Max. WOMOs:** 5
Ausstattung/Lage: Toilette / Neben einem Kinderspielplatz, an der Straße.
Zufahrt: 56 Dartmoor Rd, Puketapu. Von Napier über die Puketitiri Rd, 16 km.
Beurteilung: Es gibt eine große freie Grasfläche, die aber abgeschlossen sein kann. Dann können Sie auf den Plätzen neben dem Kinderspielplatz stehen. Sehr schöner Übernachtungsplatz. **Hinweis:** Maximal zwei Nächte.

(198) WOMO-Wanderplatz: Blowhard Bush Reserve

GPS: S 39°24'51" E 176°25'0". **Max. WOMOs:** 5
Ausstattung/Lage: Toilette / Geschützter Parkplatz im Wald, etwas abseits der Straße (Lawrence Road).
Zufahrt: 10 km hinter der Willowford Cottage, 13 km vor Kuripapango.
Beurteilung: Schöner freier Platz! Guter Startpunkt für einige reizvolle Wanderungen durch den Wald und spannende Kalksteinformationen.

(199) WOMO-Stellplatz: Springvale Suspension Bridge

GPS: S 39°29'16" E 176°02'04". **Max. WOMOs:** 10
Ausstattung/Lage: Toilette, Picknicktisch / Großer Grasplatz zwischen Straße und Rangitikei River, direkt unterhalb der historischen Hängebrücke.

Zufahrt: Gentle Annie / Erewhon Rd, Rangitikei. 36 km hinter Kuripapango.
Beurteilung: Etwas wilder großer freier Platz. Sie können zum nahen Fluss spazieren und dort im kristallklaren Wasser ein Bad nehmen.

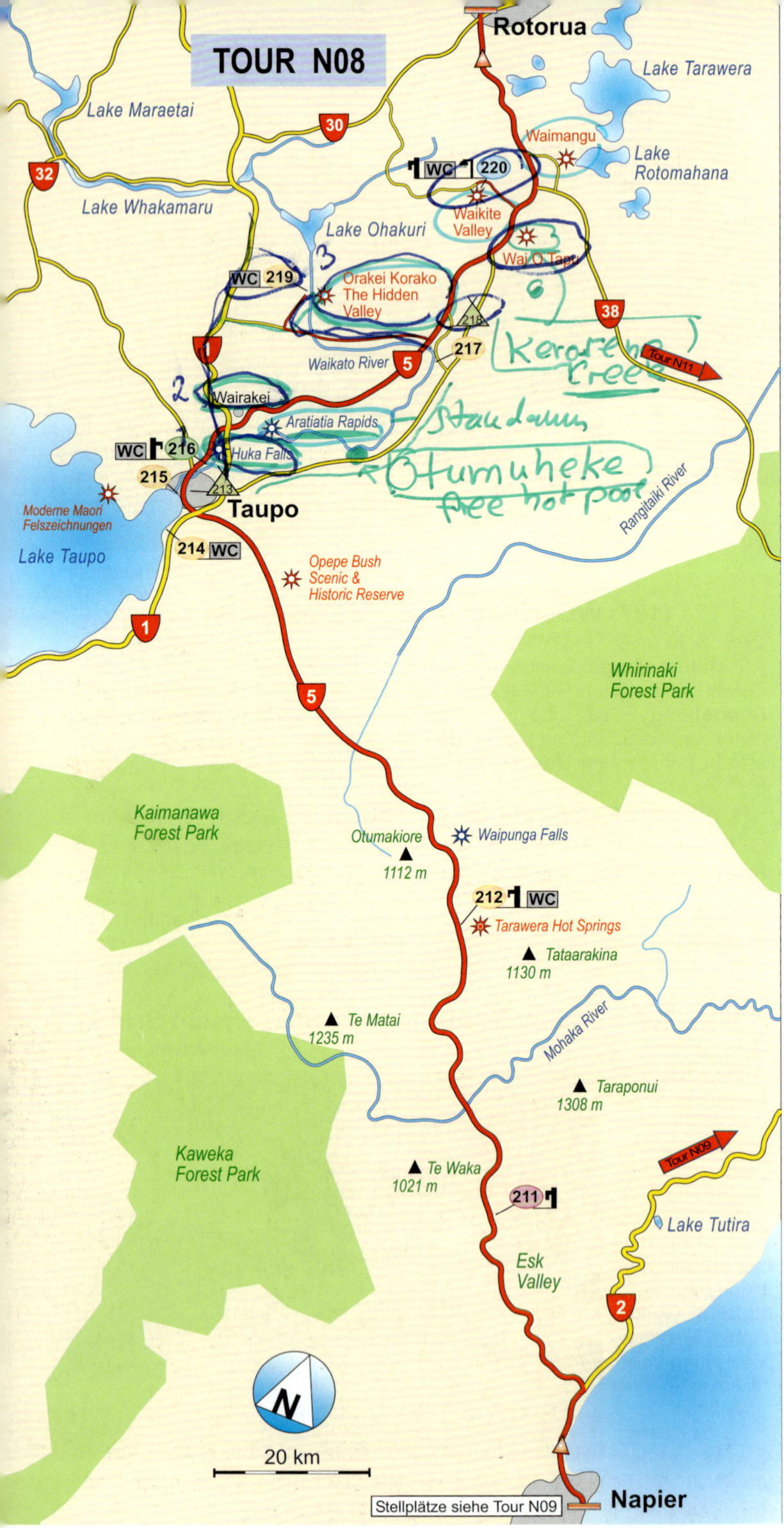

TOUR N08
Rotorua
Lake Tarawera
Lake Maraetai
30
Waimangu
Lake Rotomahana
32
WC 220
Lake Whakamaru
Waikite Valley
Lake Ohakuri
Wai O Tapu
WC 219
Orakei Korako The Hidden Valley
218
38
217
1
Waikato River
5
Tour N11
Wairakei
Aratiatia Rapids
WC 216
Huka Falls
215
213
Taupo
Moderne Maori Felszeichnungen
Rangitaiki River
214 WC
Lake Taupo
Opepe Bush Scenic & Historic Reserve
1
Whirinaki Forest Park
5
Kaimanawa Forest Park
Otumakiore 1112 m
Waipunga Falls
212 WC
Tarawera Hot Springs
Tataarakina 1130 m
Te Matai 1235 m
Mohaka River
Taraponui 1308 m
Kaweka Forest Park
Te Waka 1021 m
Tour N09
211
Lake Tutira
Esk Valley
2
N
20 km
Stellplätze siehe Tour N09
Napier

Tour N08: Thermal Explorer Highway

Napier - Maungaharuru Range - Taupo - Huka Falls - Hidden Valley - Waiotapu - Waimangu - Rotorua - 270 km

Stellplätze:	Esk Forest Picnic Area, Tarawera Café; Five Mile Bay, Taupo Ferry Road, Reids Farm, Vaile Road Reserve, Hidden Valley - Orakei Korako, Waikite Valley Thermal Pools
Camping:	Taupo All Seasons Golden Springs Thermal Holiday Park
Baden:	Taupo DeBretts, Reids Farm, Waikite Valley Thermal Pools
Wandern:	Tarawera Hot Springs, Huka Falls Walk, Opepe Historic Reserve, Diverse Rundwege in den Thermalgebieten.
Essen:	Taupo: Plateau, Huka Prawn Park Riverside Restaurant

In Tour N08 folgen Sie dem Thermal Explorer Highway von Napier bis Rotorua. Zunächst führt Sie der Weg durch Weinplantagen des Esk Valley und nach Überquerung der Maungaharuru Range hinab zum größten See Neuseelands, **Lake Taupo**. Hier haben Sie die Gelegenheit, sich den See und seine Umgebung aus beachtlicher Höhe beim skydiving anzuschauen. Wir empfehlen Ihnen einen besinnlichen Bootsausflug zu den faszinierenden Felszeichnungen der Maori. Nördlich des Sees werden Sie überrascht von den schäumenden Wassermassen der **Huka Falls**. Auf der Weiterfahrt nach Rotorua bieten sich Ihnen die geothermalen Attraktionen dicht auf dicht: farbenprächtige vulkanische Thermalquellen, Wasserfontänen von Geysiren und blubbernde Schlammlöcher.

(211) WOMO-Picknickplatz: Esk Forest Picnic Area

GPS: S 39°15'17" E 176°41'44".
Max. WOMOs: 10
Ausstattung/Lage: Wasser, Unterstand / Geschützter Picknickplatz am SH5, von Bäumen umgeben.
Zufahrt: Von Napier kommend nach 45 km rechts in die Ohurakura Road einbiegen. Die Einfahrt liegt nach 150 m links (zweite Einfahrt nehmen).
Kontakt: Hastings District Council, Tel. 06 871 5000

Beurteilung: Suchen Sie sich einen schönen Platz. Der Unterstand ist oft verschmutzt. **Hinweis:** Kein Feuer erlaubt. Gegenüber liegt ein Golfplatz.

Von Napier zum Lake Taupo

Sie verlassen Napier über den SH2 Richtung Norden und biegen kurz hinter Bay View links auf den SH5 ab, der auf seinem Weg nach Taupo alten Maori-Pfaden folgt. Der Thermal

Waipunga Falls

Explorer Highway leitet Sie an Obstgärten sowie Weinplantagen und Weingüter des **Esk Valley** vorbei in eine hügelige Berglandschaft, in der Viehwirtschaft vorherrscht. Nach Überquerung des zur *Maungaharuru Range* gehörenden 736 m hohen *Titiokura Saddle* fahren Sie durch dichte Waldgebiete und überqueren bald den *Mohaka River*, der von steilen Felswänden gesäumt wird. Auf halber Strecke nach Taupo haben Sie die Wahl, im Tarawera Café eine Rast einzulegen und bei Bedarf auch frei zu übernachten. Vom Parkplatz aus führt ein holpriger Pfad in ca. 15 Minuten zu den Pools der **Tarawera Hot Springs**. Auf der Weiterfahrt passieren Sie das *Opoto Scenic Reserve* und bald zeigt rechts ein unscheinbares Schild zu einem Aussichtspunkt, von dem aus Sie die über 30 m hohen **Waipunga Falls** bewundern können (GPS: S 38°57'20" E 176°31'18"). Sie haben einen wunderbaren Blick hinab auf die eindrucksvollen Wasserfälle und das dahinterliegende weite grüne Tal des *Waipunga River*.

(212) WOMO-Stellplatz: Tarawera Café

GPS: S 39°1'35" E 176°34'23". **Max. WOMOs: 5**
Ausstattung/Lage: Toilette, Wasser / Schotterparkplatz am Café.
Zufahrt: Auf halber Strecke zwischen Napier und Taupo am SH5.
Kontakt: Jim Andrew & Marie Buckley, Tel. 06 834 9755
Beurteilung: Guter Platz für eine Nacht.

Der SH5 überquert 15 km hinter den Falls den *Rangitaiki River* und verläuft dann durch den **Kaingaroa State Forest**, das weltweit größte forstwirtschaftlich genutzte Waldgebiet. „Angebaut“ werden hier vor 100 Jahren aus Kalifornien importierte Monterey Pinien, die durch erfolgreiche Züchtung und die milden neuseeländischen Winter heute dreimal so schnell wachsen wie in ihrer Heimat. Die „Ernte“ des Nutzwaldes wird radikal eingefahren, ohne auf optische Befindlichkeiten Rücksicht zu nehmen. Am Wegesrand werden Sie riesige, abgeholzte Flächen

Abendstimmung an Taupos Five Mile Bay

sehen, auf denen auch große Mengen von Totholz herumliegen, die bei der Durchforstung keine Verwendung fanden. Die wertvolleren Baumstämme werden in zahllosen Holzlastwagen in den Hafen nach Napier verfrachtet. Eine gewisse Vorsicht ist geboten, denn die *Logging Trucks* biegen aus teilweise schwer einsehbaren Einfahrten auf den Highway ab. Sind Sie an Geschichte interessiert? Dann verpassen sie keinesfalls das 17 km vor Taupo gelegene **Opepe Scenic and Historic Reserve.** Besorgen Sie sich auch die kostenlose Broschüre *Napier Taupo Heritage Trail*. Auf zwei naturbezogenen Wanderungen begegnen Sie Neuseelands Historie:

Northern walking track (Rundweg, 1,5 km, 30 - 45 min).
Southern walking track (Rundweg, 3 km, 1 - 1,5 h).

Taupo

Wenn Sie den SH5 Richtung See fahren, finden Sie rechts den Family Holiday Park DeBretts mit hot pools. Taupo ist Campern wohlgesonnen: Direkt am See liegen auf der linken Seite die freien Übernachtungsplätze der Five Mile Bay. Im Zentrum Taupos und ebenfalls am Seeufer gelegen finden Sie freie Stellplätze in der Ferry Road. Die Stadt liegt malerisch am Ufer des Sees, ihre Uferpromenade ist von zahlreichen Straßencafés gesäumt, von denen aus man bei schönem Wetter über den Lake Taupo bis zum Tongariro-Vulkanplateau blicken kann.

(213) WOMO-Campingplatz-Tipp: Taupo All Seasons

GPS: S 38°41'0" E 176°5'20" **WOMOs:** 66 mit Stromanschluss
Ausstattung/Lage: Swimmingpool, Spielplatz / 1,5 km vom Zentrum Taupos gelegen. **Preiskategorie 3.**
Zufahrt: Vom SH5 über Riffle Range Rd, Schilder und Koordinaten!
Kontakt: 16 Rangatira St, Taupo, Tel. 0800 777 272, www.taupoallseasons.co.nz **Beurteilung:** Einfacher Platz, Stellplätze mit Hecken eingezäunt.

(214) WOMO-Stellplatz: Taupo – Five Mile Bay

GPS: S 38°44'43" E 176°4'12". **Max. WOMOs:** 15
Ausstattung/Lage: Toilette / Am Ufer des Lake Taupo.
Zufahrt: 11 km südlich vom Zentrum Taupos, 300m vom SH1.
Kontakt: DOC Freedom Camping, Tel. 07 378 3885.
Beurteilung: Herrlicher Platz direkt am See, mit tollem Blick auf die Berge. Eventuell fallen Ihnen sky diver direkt vor die Nase. Maximal vier Nächte.

Kajakfahrer vor den Maori Rock Carvings

(215) WOMO-Stellplatz: Taupo Zentral - Ferry Road

GPS: S 38°41'18" E 176°4'1". **Max. WOMOs:** 20
Ausstattung/Lage: Keine / Zentraler Parkplatz am See.
Zufahrt: 3 Ferry Road, nahe Taupo Domain und Waikato River.
Beurteilung: Gut für eine Nacht. Maximal zwei sind erlaubt.

Am Ufer laden einige lange Sandstrände mit unterschiedlich großen Bimssteinen und einer Wassertemperatur von 16 - 20 °C zum Baden, Kanufahren, Paddeln, Segeln, Wasserskifahren und anderen Wasseraktivitäten ein. Das gut erschlossene östliche Ufer wird von zahlreichen Hotels, Motels, B&Bs, Hostels/Backpacker Unterkünften und Campingplätzen gesäumt, während das westliche Ufer landschaftlich geprägt ist. Grüne Weiden mit Kühen und Schafen beherrschen die Szenerie. Lohnende kleine Ausflüge führen in die Acacia Bay und nach Kinloch. Die Stadt Taupo bietet dem Aktivitätshungrigen Jetbootfahrten, Wildwasserrafting, Bungeejumping, Wasserski und ski diving. Wer es lieber ruhiger angehen lässt, genießt den Ausblick auf den blauen See und den atemberaubenden Fernblick auf die schneebedeckten Gipfel der Vulkane des Tongariro National Parks, oder fährt mit dem Ausflugsboot zu den Felszeichnungen der Maori an den Klippen der Mine Bay, die nur über das Wasser erreichbar sind. Das 10 m hohe Hauptbild der **Maori Rock Carvings** zeigt Ngatoroirangi, einen visionären Maori-Navigator und Entdecker, der vor über 1000 Jahren die Stämme der Tuwharetoa und der Te Arawain in die Region von Taupo führte. Es wurde in den späten 1970er-Jahren von dem Meister-Steinmetz Matahi Whakataka-Brightwell in vierjähriger Arbeit gefertigt.

Die Bootsausflüge werden von verschiedenen Unternehmen angeboten. Sie können per Segeljacht, Dampfschiff oder Motorjacht zu den Felsgravuren gelangen. Alle Touren starten am Bootshafen und können über das Taupo Charters Office (Hafenbüro) gebucht werden (Tel. 07 378 3444). Über alle anderen Aktivitäten können Sie sich in der **i-SITE** informieren (Tongariro St, Tel. 0800 354 528). In der Tongariro Street und der Uferstraße Lake Terrace finden Sie zahlreiche Cafés und Restaurants. Klassische neuseeländische Fleischgerichte können Sie im **Plateau** (64 Tuwharetoa St, Tel. 07 377 2425) genießen.

Huka Falls

Informationen zum 360 m hoch gelegenen Lake Taupo finden Sie in Tour N03. Den Abfluss des mit 616 qkm größten Sees Neuseelands bildet der **Waikato River**, der seine weite Reise am nördlichen Ende des Lake Taupo antritt. Nach nur 5 km schafft er mit den **Huka Falls** Neuseelands meistbesuchte Naturattraktion. Der 100 m breite Fluss wird hier durch eine 15 m enge Schlucht gepresst. Auf einer Länge von mehr als 100 m beträgt der Höhenunterschied zwar nur 25 m, aber beeindruckend sind die ungeheuren Mengen an Wasser, die am Ende der Kaskaden 11 m tief hinabstürzen. In einer Sekunde strömen durchschnittlich 140 000 Liter Wasser an den Felswänden vorbei. Mehrere Aussichtsplattformen bieten einen ausgezeichneten Blick auf dieses Naturspektakel. Der **Huka Falls Walkway** bringt Sie in einer guten Stunde am Ufer des Waikato River entlang zu den falls.

(216) WOMO-Wanderplatz: Taupo Reids Farm

GPS: S 38°39'51" E 176°4'47". **Max. WOMOs**: 20
Ausstattung/Lage: Toilette, Wasser / Am Ufer des Waikato River.
Hinweis: Kostenfrei, geöffnet vom 1. November bis 31. Mai.
Zufahrt: Vom Zentrum Taupos 2 km Richtung Norden, dann links in die Huka Falls Road einbiegen und dieser 1,5 km folgen.
Beurteilung: Grüner Platz mit tollem Blick auf den Fluss. Sehr beliebt und teilweise völlig überfüllt. Ein erfrischendes Bad im Waikato kann die fehlende Dusche ersetzen. Zu den Huka Falls wandern Sie 2 km.

Nur 2 km weiter nördlich bietet sich Ihnen ein weiteres Spiel der Wassermassen. Hier werden die Fluten des Waikato River durch den **Aratiatia-Staudamm** gebändigt. Täglich um 10, 12, 14 und 16 Uhr wird geflutet und das gestaute Wasser ergießt

Wairakai Terraces

sich tosend und schäumend in die Aratiatia Rapids. Das eindrucksvolle Schauspiel können Sie von zwei Aussichtspunkten beobachten. Um mit dem Wohnmobil zu den Huka Falls zu gelangen, müssen Sie vom SH1/SH5 rechts in die Huka Falls Road abbiegen. Entlang der kleinen Straße liegen verschiedene Shops, wie der Huka Honey Hive. Unbedingt anschauen sollten Sie sich das informative **Volcanic Activity Centre** (Ecke Karetoto Road / Huka Falls Road, Tel. 07 374 8375, Mo-Fr 9-17 Uhr, Sa-So 10-16 Uhr). Neben verschiedenen Filmen haben Sie die Chance über eine interaktive Computeranimation in den Vulkanismus der **Taupo Volcanic Zone** einzutauchen.

Taupos Umgebung

Zwei Kilometer vor den Huka Falls haben Sie in der Reids Farm die Gelegenheit zur freien Übernachtung und einem Bad in den glasklaren Fluten des Waikato River. Das **Huka Prawn Park Riverside Restaurant** (Karetoto Rd, Tel. 07 374 8474) serviert Ihnen Riesenflussgarnelen, die nebenan in einer Zuchtanlage in frischem Quellwasser für Sie heranwachsen. Zurück am SH1 gelangen Sie zur **Thermalregion von Wairakei**. Die dicken glänzenden Metallrohre, die den heißen Dampf transportieren, sehen Sie schon von weitem. Vor dem Bau der geothermischen Kraftwerke war Wairakei das aktivste Thermalgebiet Neuseelands. Im **Wairakei Visitor Centre** (tgl. 8.30-16.30Uhr) können Sie sich über die Energiegewinnung aus Erdwärme informieren. Von einem nahen Aussichtshügel überblicken Sie das einzigartige Geothermalgebiet, das den Dampf für die Energiegewinnung liefert.

Im gleichen Gebäude wie das Visitor Centre ist das Foyer der **Wairakei Terraces** (Tel. 07 378 0913, www.wairakeiterraces.co.nz) untergebracht. In der von Maori betriebenen Anlage wird das silikatreiche Wasser aus den Bohrungen des Thermalfeldes über künstlich angelegte Terrassen geleitet. Die Ablagerungen, der Dampf und der für Thermalgebiete ty-

Maori-Frauen beim Flax weben

pische Schwefelgeruch sorgen für ein Ambiente, das den untergegangenen Pink and White Terraces gleichkommen soll (siehe Tour N10).

Das angeschlossene Spa wirbt mit dem Slogan „A Long History of Healing". Vier große Pools mit Temperaturen zwischen 36°C und 42°C stehen den Gästen zur Verfügung. Zwei davon sind durch einen schmalen Kanal, über den eine Brücke führt, miteinander verbunden. Im benachbarten Maori-Modelldorf erleben Sie eine Einführung in die Kultur der Maori. Bei der Abendveranstaltung wird Ihnen auch ein »Hangi« (eine in einem Erdloch mit heißen Steinen gegarte Speise) geboten.

(217) WOMO-Stellplatz: Vaile Road Reserve

GPS: S 38°29'27" E 176°18'30".
Max. WOMOs: 7
Ausstattung/Lage:
Keine / Am Ufer des Waikato River.
Zufahrt: Auch über den SH5 erreichbar, aber es ist kürzer, die westlich gelegene Broadlands Road zu nehmen. Nach 32 km biegen Sie links in die Vaile Road ein und folgen dieser 5 km. **Beurteilung:** Wunderbarer Stellplatz. Sie können direkt am Fluss auf Gras stehen. Es gibt auch einige schattige Plätze. Maximal 2 Nächte.

Wenn Sie gegenüber der oberen Einfahrt zur Huka Falls Road vom SH1 in die Karapiti Road einbiegen, treffen Sie nach 2 km auf ein weiteres geothermisches Spektakel, die **Craters of the Moon** (www.cratersofthemoon.co.nz, tgl. 8.30-17.30 Uhr). Ein 3 km langer Fußweg (festes Schuhwerk erforderlich!) führt durch eine Mondlandschaft aus zahllosen schwefelverfärbten Erdlöchern und Kratern, in denen Schlamm blubbert oder aus denen Wasserdampf emporsteigt.

Hidden Valley of Orakei Korako

(218) WOMO-Campingplatz: Golden Springs Thermal HP
GPS: S 38°28'8" E 176°18'31". **WOMOs:** 25 Plätze mit Stromanschluss.
Ausstattung/Lage: Standard, Spielplatz / Grüner Platz am SH5.
Preiskategorie 2.
Zufahrt: Am SH5, zwischen Rotorua (45 km) und Taupo (36 km).
Kontakt: 4085 SH5, Reporoa, Tel. 07 333 8280,
www.goldenspringsholidaypark.co.nz
Beurteilung: Die Stellplätze sind von hohen Büschen und Bäumen begrenzt und trotz Highway Nähe ruhig, großer Spielplatz, sehr spartanische Sanitäranlagen. Es gibt einen Pool mit Rutsche und zwei naturbelassene Thermalbecken an einem Wasserlauf. Nicht mit dem Kopf untertauchen! Außerdem gibt es einen „Thermal Walkway", der zu einem Wasserfall führt.

Auf dem Thermal Explorer Highway nach Rotorua

Die *Thermal Explorer Highway* genannte Straße wird ihrem Namen auch weiterhin gerecht. Wenn Sie 30 km hinter Warakei wieder auf den Waikato River treffen, biegt links eine Straße zum Thermalgebiet **Hidden Valley of Orakei Korako** ab. Sie haben die Wahl, die 21 km zu den farbenfrohen Sinterterrassen mit dem Wohnmobil zurückzulegen (freie Übernachtung!) oder eine unterhaltsame dreistündige **Thermal Safari** genannte Jetbootfahrt über den Waikato zu unternehmen (**New Zealand Riverjet**, Tel. 0800 748 375, www.riverjet.co.nz). Ob mit Womo oder Jetboot, Sie landen zunächst im Besucherzentrum von Orakei Korako. Eine ständig pendelnde Fähre bringt Sie zum eigentlichen Thermalfeld, das sich malerisch und farbenprächtig an den Hang anschmiegt. Für den Rundgang inkl. des Besuches der Lavahöhle sollten Sie 1,5 h einplanen. Bleiben Sie unbedingt zu Ihrer eigenen Sicherheit auf den Wegen und auch, um die natürliche Unberührtheit von Orakei Korako zu erhalten. Zu Beginn springen die Regenbogen- und Kaskadenterrasse ins Auge (siehe Bild) die ihren Namen ganz offensichtlich zu

Recht tragen. Zu manchen Zeiten strömen Unmengen von heißem Wasser aus den Quellen, fließen über die Flächen mit Kieselerde und schaffen so ideale Bedingungen für das farbenprächtige Algenwachstum. Grün, Gelb und Schwarz sind die vorherrschenden Farben. Durch mineralische Ablagerungen entstanden die zahlreichen Braun-, Grün-, Gelb- und Orangetöne der Terrassen. Oberhalb gibt es tiefblaue Seen. Hier ist die Erdkruste nur 20 mm dünn und es ist extrem heiß und gefährlich. Kein Wunder, dass das farbenprächtige Gebiet den Namen Artist's Palette trägt. Die tiefste Terrasse ist die jadegrüne Emerald Terrace (Smaragdterrasse) und vom Rainbow-Aussichtspunkt hat man eine schöne Sicht darauf. Es gibt auch zahlreiche Geysire. Der größte ist der Diamond Geyser, der sein heißes Wasser bis zu 9 m hoch hinausbläst, wann immer er will. Zeiten und Dauer seiner Ausbrüche werde nicht vom Menschen gesteuert. Manchmal bläst er nur ein paar Minuten, manchmal ist er stundenlang aktiv.

Thermal Safari auf dem Waikato River

(219) WOMO-Stellplatz: Hidden Valley - Orakei Korako

GPS: S 38°28'25" E 176°8'35". **Max. WOMOs**: 8

Ausstattung/Lage: Toilette (von 8 bis 17:30 Uhr) / Am Ufer des Waikato River, gegenüber des Thermalgebietes Hidden Valley.

Kontakt: Orakei Korako, 494 Orakeikorako Road, Tel. 07 378 3131, www.orakeikorako.co.nz

Zufahrt: In Taupo den SH1 23 km Richtung Norden fahren, dann auf der Tutukau Rd 9 km Richtung Osten. Links in die Orakeikorako Road einbiegen und dieser 5 km folgen.

Hinweis: Der Veranstalter Orakei Korako Cave & Thermal Park stellt die Plätze bei Besuch des Thermalgebietes kostenfrei zur Verfügung. Freies Wi-Fi (max. 50 MB).

Beurteilung: Friedvolle Lage am Fluss mit Blick auf das Thermalgebiet.

Auf der Weiterfahrt nach Rotorua passieren Sie auf dem SH5 bald den Golden Springs Campingplatz und erreichen nach insgesamt 21 km das **Thermal-Wonderland von Wai-O-Tapu** (Wai-o-Tapu bedeutet „heiliges Wasser"). Es glanzt mit dem leuchtend orange umränderten Champagne Pool, dem die im 75°C heißen Wasser aufsteigenden Gasbläschen sei-

Waiotapu, Champagne Pool

nen Namen geben. Neben den unzähligen Kratern des mehr als 160 000 Jahre alten Geothermalgebietes fallen die allgegenwärtigen, farbenprächtigen Ausfällungen von Mineralien ins Auge. In der geothermalen Hitliste ganz oben steht der Lady-Knox-Geysir, der täglich um 10.15 Uhr mit Seifenflocken zum Ausbruch gebracht wird und dann bis zu einer Stunde lang eine 20 m hohe Wasserfontäne in den blauen Himmel des Landes mit der langen weißen Wolke schleudert. Auch ein *mud pool* (Schlammtümpel) in dem es kräftig blubbert fehlt nicht. Ständig werden Schlammblasen aufgeworfen, ausgesprochen eindrucksvoll. Verschiedene Wanderwege (von 1,5 km bis 3 km) führen vorbei an den geothermischen Attraktionen durch den Freizeit-Naturpark.

(220) WOMO-Badeplatz: Waikite Valley Thermal Pools

GPS: S 38°19'37" E 176°18'10". **WOMOs:** 20 mit Stromanschluss
Ausstattung/Lage: Toilette, Dusche, Küche, Waschmaschine / Direkt an den Hot Pools. **Preiskategorie 3**.
Zufahrt: Am SH5 den Hinweisschildern zu *Waikite Valley Thermal Pools* folgen. **Kontakt:** Waikite Valley Road, Tel. 07 333 1861, www.hotpools.co.nz
Beurteilung: Einfacher Platz; das riesige Plus sind die heißen Becken des Waikite Valleys, die von zahlenden Übernachtungsgästen beliebig genutzt werden können. Nehmen Sie sich die Zeit, diese hot pools sind fantastisch!

Kurz nachdem Sie Wai-o-Tapu verlassen haben, zweigt links die Waikite Valley Rd in das gleichnamige Tal ab. Im **Waikite Valley** erkunden Sie auf dem kurzen Wanderweg „Te Manaroa Spring" die größte Quelle kochenden Wassers in Neuseeland. Die Quelle ergießt sich in einen Bach, der beeindruckend dampfend zu Tale fließt. In den angeschlossenen Waikite Valley Thermal Pools können Sie täglich von 10-21 Uhr in mehreren schön angelegten Becken ein heißes Bad nehmen. Für

Waimangu Volcanic Valley, Inferno-Krater

Gäste des benachbarten Campingplatzes ist der Eintritt frei. Nutzen Sie die Gelegenheit, sich am Ende eines Reisetages in den Hot Pools von Waikite Valley zu entspannen.

Unser Favorit unter den Thermalgebieten der Region ist das **Waimangu Volcanic Valley**. Das vom Tarawera Ausbruch von 1886 geschaffene Tal erreichen Sie, indem Sie 6 km hinter Wai-o-Tapu rechts vom SH5 in den SH38 und 1 km später links in die Okaro Rd abbiegen.

Seine Hauptattraktion ist der **Inferno-Krater**, dessen dampfender Kratersee eine kräftige, türkise Farbe hat, und der mit seinen steilen Kraterwänden einen atemberaubenden Anblick bietet.

Sein Wasserpegel verändert sich in einem 38-tägigen Rhythmus. Zunächst steigt das Wasser 21 Tage lang an, fließt dann an zwei Tage über den Kraterrand hinweg, um hernach in 15 Tagen wieder auf seinen 8 m unter dem Kraterrand liegenden Ausgangslevel zu sinken.

Außerdem findet man hier mit dem **Lake Rotomahana** den größten Heißwassersee der Erde (über 50°C). Das Gelände des Waimangu Volcanic Valley fällt von seinem Eingang bis zum See stetig ab. Sie erleben die volle Schönheit des ausgedehnten Waimangu Volcanic Valley, wenn Sie den Hang hinabwandern und dabei die verschiedenen geothermischen Attraktionen bewundern. An drei Busstationen können Sie sich zu vorgegebenen Zeiten bergauf oder bergab bringen lassen. Am unteren Ende der Straße erwartet Sie Lake Rotomahana, der auf einer 45-minütigen Bootsfahrt erkundet werden kann. Dampfende Klippen, kleine Geysire und andere vulkanische Sehenswürdigkeiten wie die Stellen an denen 1886 die »Pink and White Terraces« versunken sind, werden angesteuert und vom Bootsführer erläutert. Vom beeindruckenden Waimangu Volcanic Valley haben Sie noch 25 km bis zum Zentrum Rotoruas zurückzulegen.

TOUR N09

Hicks Bay
257
East Cape
Te Araroa
256 WC
Cape Runaway
Tikitiki
Holzkirche St. Mary's
Raukokore Anglican Church
Motu River
WC 258
Waiapu River
Mount Hikurangi 1752 m
Ruatoria
WC 259
Te Kaha
Bay of Plenty
260
255
Tokomaru Bay
Raukumara Forest Park
Raukumara Range
38
254
Anaura Bay
261
längste Pier in Neuseeland
253
Opotiki
Tolaga Bay
252
Waiau Bay
Hukutaia Domain
2
251 WC
Nebenroute
38
WC 250
249
Gentle Annie Summit
Gisborne
Donneraille Park
247
Poverty Bay
Te Urewera Nationalpark
Nebenroute
Manuoha 1392 m
Te Reinga Falls
Tour N11
38
Lake Waikareti
Morere Hot Springs
Mahia Beach
248
Lake Waikaremoana
Fraser town
Mahia Halbinsel
Wairoa
Stellplätze siehe Tour N11
Mohaka Viaduct
Waihua
Mohaka River
2
Hawke Bay
5
Lake Tutira
246 WC
Tangoio Falls
WC 245
N
50 km
244
243 WC
241
Napier
242 WC

Tour N09: First to see the light am East Cape

Napier - Lake Tutira - Wairoa - Mahia Halbinsel - Gisborne
Tolaga Bay - East Cape - Te Kaha - Opotiki - 600 km

Stellplätze:	Napier: Ellison St, Perfume Point, Tangoio Falls, Lake Tutira, Donneraille Park, Mahia Peninsula, Manganuku, Gisborne Marina, Waihau Loisels Beach, Tokomaru Bay Middle, East Cape, Te Kaha, Maraehako, Omaio
Camping:	Napier Kennedy Park, Gisborne Top 10, Tolaga Bay HP, Anaura Bay MC, Te Araroa HP, Opotiki HP
Baden:	Hawke Bay, Mahia Beach, Gisborne: Waikanae Beach, Midway Beach, Wainui, Makorori Beach, Tatapouri, Pouawa, Waihau Bay, Tolaga Bay, Anaura Bay, Tokomaru Bay, Hicks Bay, Whanarua Bay, Opotiki-Waiotahi Beach
Wandern:	Napier: Marine Parade, Art Deco Walks, Tangio Falls Walk way, Lake Tutira: Pera's Loop Track, Kahikanui Galbraith Circuit Track, Lake Waikaremoana Walks, Rundweg Waipai-Ruapani-Waikareiti, Rundweg Mahia Peninsula, Nikau Loop, Gisborne Historic Trail, Tolaga Bay - Cooks Cove Walkway, Anaura Bay Walkway, Te Ariki Hikurangi Track
Essen:	Napier: Provedore, Cappadona Café, Three Doors Up Rest. Mahia Beach Café; Gisborne: The Works Café & Restaurant, Pacific Coast Macadamia Nut Farm, Opotiki: Two Fish

Freuen Sie sich auf diese reizvolle Tour, die Sie von **Napier** nach **Opotiki** und damit von der **Hawke Bay** um das **East Cape** zur **Bay of Plenty** führen wird. Sie folgen bis Gisborne dem SH2, wobei Sie zunächst Lake Tutira und nach etwa 120 km Wairoa passieren. Hier ist ein Abstecher in den **Te Urewera Nationalpark** mit seinem Kleinod *Lake Waikaremoana* möglich (siehe Tour N11). 32 km hinter Wairoa wartet die **Mahia Halbinsel** mit ihren herrlichen Stränden auf Ihren Besuch. Kurz vor dem an der **Poverty Bay** gelegenen **Gisborne,** der Chardonnay Hauptstadt Neuseelands, verlassen Sie den SH2, um die östlichste Landnase Neuseelands auf dem großartigen *Pacific Coast Highway (SH35)* zu umfahren. **Eastland** ist eine der ursprünglichsten und bisher kaum erschlossenen Gegenden *Aotearoas*, mit herrlichen Stränden und einem sehr hohen Maori Bevölkerungsanteil. Am *East Cape* geht die Sonne weltweit zuerst auf: **„First to see the light!"** ist der lokale Werbespruch. Am Ziel von Tour N09 erreichen Sie die Kleinstadt *Opotiki*, die etwas verschlafen am östlichen Rand der *Bay of Plenty* liegt.

Hawke's Bay

Die Region **Hawke's Bay** wird für ihr sonniges Klima, ihre hervorragenden Strände, ihre geschützten Küstenebenen im

Napier, Art-déco-Gebäude

Wind- und Regenschatten der Bergketten und ihre hochwertigen Weinberge geschätzt. Bereits 1851 pflanzten katholische Missionare die ersten Weinstöcke an einem Fleckchen Erde, das heute zur *Mission Estate Winery* gehört (www.missionestate.co.nz). Es ist außerdem eines der größten Kernobstanbaugebiete des Landes und trägt den Spitznamen „Obstschale Neuseelands", auch wenn immer mehr Obstbäume von Weinreben verdrängt werden. Beim Studium der Landkarte wird Ihnen die *Hawke Bay* sofort auffallen, weil sie fast exakt halbkreisförmig verläuft. Sie erstreckt sich von der *Mahia Halbinsel* im Nordosten über fast 100 km bis zum *Cape Kidnappers* im Südwesten. Den Norden der Region (150 000 Einwohner) dominiert die Flutebene des Wairoa River. Weiter südlich wird das Landschaftsbild von Hügeln bestimmt, die nach Westen hin in Richtung des *zentralen Hochplateaus (Kaweka Range und Ruahine Range)* immer größere Höhen erreichen. Im südlichen Teil der Region liegt die fruchtbare *Heretaunga Ebene*. Hier befinden sich dicht beieinander die Städte **Napier** und **Hastings**. Die „Twin Cities" beherbergen die ältesten Märkte des Landes (**Urban Market**, Napier, Lower Emerson Street, Sa 9-13 Uhr; **Farmers Market**, Hastings, Hawkes Bay Showgrounds, Kenilworth Rd, So 8.30-12.30 Uhr). Hastings hat Napier in der Einwohnerzahl zwar überholt, nicht aber in der touristischen Bedeutung.

Napier

Prägend für das heutige Stadtbild von *Napier* war der 3. Februar 1931, als ein gewaltiges Erdbeben der Stärke 7,9 auf der Richter-Skala die Stadt erschütterte. Das Zentrum wurde völlig zerstört, 162 Menschen fanden den Tod. Ein Großfeuer raffte auch die Holzhäuser hin, die das Beben zunächst überstanden hatten. Die Erde hob sich während des Bebens um

Napier, Oldie-Parade

ca. 2 m, was Napier und Umgebung fast 40 km² neues Land einbrachte. Napier wurde komplett neu aufgebaut. Heute kann der Besucher in Napier eine der dichtesten Konzentrationen von Art-déco-Gebäuden auf der Welt bewundern. Die meisten Fassaden der Art-déco-Gebäude sind sorgfältig restauriert. Gemeinsam mit den vielen Palmen, die nach dem großen Unglück gepflanzt worden sind, geben sie Napier ein ganz besonderes Flair. Auch Einheimische kommen gerne hierher. Besonders beliebt ist das **Art Deco Weekend** im Februar. Dann kleidet man sich im Stil der Dreißiger und fährt mit chromblitzenden Oldtimern gemächlich durch die Stadt. Sicherlich werden Sie Lust verspüren, die Art-déco-Gebäude der Stadt intensiver zu erkunden. Begeben Sie sich zum **Art Deco Centre** (Art Deco Trust, 7 Tennyson St., Tel. 06 835 0022, www.artdeco-napier.com, tgl. 9-17 Uhr). Hier beginnen verschiedene Art-déco-Führungen, von der **Art Deco Morning Walking Tour** bis zum **Art Deco Evening Walk**. Und wenn Sie in einem Restaurant mit Art-déco-Fassade dinieren wollen, können wir Ihnen das **Provedore** (60 West Quay, Tel. 06 834 0189) empfehlen. Um die Ecke liegt das ebenfalls sehr gute **Three Doors Up Restaurant** (3 Waghorne St, 06 834 0835).

Napier, Hafen

Einen sehr schönen Überblick über die Stadt können Sie sich auf dem *Bluff Hill* verschaffen, der direkt am Hafen liegt.

National Tobacco Company Building

Vom Bluff Hill aus liegt direkt vor Ihnen die langgestreckte **Marine Parade**, die Strandpromenade Napiers. Im vorderen Teil der Marine Parade, auf Höhe des Informationszentrums, zweigen mehrere Einkaufsstraßen ab. Am schönsten ist die Emerson Street, in der Sie in angenehmer Umgebung neben unzähligen gemütlichen Straßencafés auch Galerien, Boutiquen, Antiquitätengeschäfte und Second-Hand-Läden finden (**Tipp: Cappadona Café**, 189 Emerson St, Tel. 06 835 3368). In der parallel verlaufenden Tennyson Street befinden sich mit dem *Stadttheater (Municipal Theatre)*, dem *Daily Telegraph Building* und dem *Hildebrands Building* die markantesten Art-déco-Gebäude der Stadt.

(241) WOMO-Campingplatz-Tipp: Kennedy Park Resort Napier

GPS: S 39°30'14" E 176°53'55". **WOMOs:** 92 Stellplätze mit Strom.
Ausstattung/Lage: Abenteuerspielplatz, Swimming Pool / Im Zentrum.
Preiskategorie 3.
Zufahrt: Die Storkey Street ist eine Querstraße zur Kennedy Road.
Kontakt: 11 Storkey St, Napier, Tel. 0800 457 275, www.kennedypark.co.nz
Beurteilung: Hoher Standard. Ruhig, trotz zentraler Lage.

(242) WOMO-Stellplatz: Napier Ellison Street Carpark

GPS: S 39°30'34" E 176°55'6". **Max. WOMOs:** 10
Ausstattung/Lage: Toilette, Wasser, Außendusche, Entsorgungsstation / Zentrumsnah am Ufer der Hawke Bay.
Zufahrt: Von der i-SITE aus der Marine Parade 2 km Richtung Süden folgen.
Beurteilung: Tolle Lage, gute Toiletten, aber Lärmbeeinträchtigung durch die Straße und gelegentliche Güterzüge. Maximal drei Nächte.

Spazieren Sie die langgezogene *Marine Parade* entlang und erfreuen Sie sich am Duft der zahllosen Norfolk-Pinien, begehen Sie den feinen schwarzen Sandstrand und bewundern

Napier, Blick vom Bluff Hill

Sie die Art-déco-Fassaden (siehe Bild). Etwa 400 m hinter der i-SITE liegt **Marineland**, in dem einheimische Meerestiere und Vögel zu sehen sind und 500 Meter weiter erreichen Sie das neu gestaltete und absolut sehenswerte *National Aquarium of New Zealand*. Vielleicht interessieren Sie oder Ihre Kinder sich für die täglichen Hai- und Stachelrochen-Fütterungen. Bei der Pinguin-Fütterung dürfen Sie sogar mithelfen.

Schlendern Sie vom Visitor Center aus ca. 200 m in die entgegengesetzte Richtung, so treffen Sie auf das 2013 neu eröffnete *Hawkes Bay Museum Theatre Gallery (*MTG Hawke's Bay, 65 Marine Parade, Tel. 06 835 7781, www.mtghawkes-bay.co.nz), in dem das Erdbeben von 1931 einen besonderen Platz einnimmt. Weitere 300 m nördlich, am Fuße des Bluff Hill, gelangen Sie zum *Ocean Club*. Dort können Sie sich in windgeschützten Whirlpools mit Meerblick entspannen. In der Stadt sollten Sie sich noch den *Botanischen Garten* und den *Kennedy Park* anschauen.

Mansonic Hotel

Craggy Range Winery, Havelock North

Sicher wollen Sie es sich nicht entgehen lassen, eines der 50 öffentlich zugänglichen **Weingüter** aufzusuchen, hervorragende Weine zu verkosten und an Führungen durch die Weinkeller teilzunehmen. In *Destination Wineries* ist die Weinprobe mit einem - meist ausgezeichneten - Essen im Restaurant oder einem Picknick in einem Landschaftsgarten verbunden. Die erzeugten Chardonnays, Sauvignon Blancs, Cabernets und Merlots erhalten bei internationalen Qualitäts-Prüfungen alljährlich Auszeichnungen. Infos über die Weingüter bekommen Sie in der örtlichen i-SITE oder auf www.napier.govt.nz.

(243) WOMO-Stellplatz: Napier Perfume Point Carpark

GPS: S 39°28'41" E 176°53'46". **Max. WOMOs:** 4
Ausstattung/Lage: Toilette / Am Ahuriri Estuary, am Wasser.
Zufahrt: Von der i-SITE aus der Marine Parade Richtung Norden folgen, dann der Breakwater Rd bis Hardinge Rd in Ahuriri (3,4 km). Hardinge Rd bis zum Ziel folgen (1,2 km). Sie umfahren den Bluff Hill.
Beurteilung: Tolle Lage, ruhig, Bademöglichkeit Zu unseren Restaurantemfehlungen können Sie laufen. Maximal 4 Womos und maximal zwei Nächte.

(244) WOMO-Campingplatz-Tipp: Bay View Snapper Holiday Park

GPS: S 39°25'50" E 176°52'24". **WOMOs:** 51 Stellplätze mit Stromanschluss
Ausstattung/Lage: Abenteuerspielplatz / 8 km nördlich Napier, am Strand.
Zufahrt: Am SH2 in die Gill Road Richtung Meer abbiegen, ausgeschildert.
Kontakt: 10 Gill Rd, Bay View, Napier, Tel. 0800 287 275, www.snapperpark.co.nz **Preiskategorie 3.**
Beurteilung: Dieser Platz liegt wunderschön am Strand, fragen Sie nach einem der 6 Plätze mit Meerblick (Sites 55-60) hoch auf den Dünen.

Von Napier nach Wairoa

Sie verlassen Napier über den SH2, der uns zunächst durch die beim Erdbeben von1931 entstandene Westshore führt, dann den Vorort *Bay View* streift und sich schließlich kurz vor Tangoio und dem gleichnamigen Bluff von der Küste entfernt. Sie haben hier die Gelegenheit zur 12 km entfernten **Waipa-**

Lake Tutira

tiki Beach zu fahren. Im Gegensatz zum wenig einladenden schwarzen Strand Napiers finden Sie hier einen wunderbaren weißen Sandstrand mit sehr guter Badegelegenheit. Nutzen Sie auch die Chance zu einer 40-minütigen Wanderung (hin und zurück) zu den **Tangoio Falls**. Parkplatz und Walk sind am SH2 hinter Tangoio gut ausgeschildert. Der dem *Kareaara Stream* folgende **Tangoio Walkway** (3h hin und zurück) startet ebenfalls am Parkplatz. Sie können hier frei übernachten.

(245) WOMO-Stellplatz: Tangoio Falls Carpark

GPS: S 39°18'53" E 176°52'58". **Max. WOMOs:** 10
Ausstattung/Lage: Toilette / Parkplatz auf Kies zwischen SH2 und Bach.
Zufahrt: Am SH2 ausgeschildert, 25 km hinter Napier.
Beurteilung: Durch den nahen SH2 Nicht ganz leise.

(246) WOMO-Wanderparkplatz: Lake Tutira

GPS: S 39°14'1" E 176°53'35". **Max. WOMOs:** 30.

Ausstattung/Lage: Toiletten, Wasser / Am Lake Tutira, absolut traumhaft. **Preiskategorie 1**.
Zufahrt: Nicht zu verfehlen, 40 km hinter Napier; von der Straße aus sehen Sie den kleinen Lake Waikopiro und den größeren Lake Tutira.
Beurteilung: DOC Standard Campsite an traumhaft schöner Stelle. Machen Sie auf jeden Fall eine kleine Pause, zwei Bush Walks warten auf Sie (**Pera's Loop Track**, 2h, **Kahikanui Galbraith Circuit Track**, 2h).

Badestelle im Donneraille Park

Siebzehn Kilometer hinter den Tangoio Falls führt der SH2 am **Lake Tutira** vorbei. Hier haben Sie die Möglichkeit zu einem Picknick und einem kleinen Spaziergang am Seeufer entlang. Auch eine Übernachtung auf der am Seeufer gelegenen DOC Standard Campsite ist möglich und überaus reizvoll. Im zugehörigen Kasten wird auf zwei ausgesprochen reizvolle zweistündige Wanderungen hingewiesen. Vorbei an den *Tangoio Falls* verläuft der SH2 weitere 60 km im Landesinneren, bevor er Sie, kurz vor *Raupunga*, auf einer imposanten, fast 100 m hohen Brücke über den stattlichen **Mohaka River** bringt. Wenige hundert Meter davor bietet sich Ihnen die Gelegenheit, die höchste Eisenbahnbrücke des Landes zu bestaunen. Nach kurzer Wegstrecke können Sie in *Waihua* rechts in die **Waihua Beach** Rd abbiegen und an die Steilküste ans Meer gelangen.

Die 5.500 Einwohner zählende Stadt **Wairoa** erreichen Sie 35 km hinter dem *Mohaka Viadukt. In Wairoa* zweigt die Straße zum paradiesischen *Te Urewera NP* ab. *Wairoa* wird deshalb auch als Zugangstor zu diesem Kleinod unter den Nationalparks angesehen. Besonders sehenswert ist in der zwei Kilometer vor der Mündung des Wairoa River gelegenen Kleinstadt der Leuchtturm, ein 1935 erbautes *Maori Versammlungshaus (Takitimu-Marae)* und das *Wairoa* District Museum, wobei das 1877 aus Kauri Holz erbaute **Portland Lighthouse** eindeutig das beliebteste Fotomotive der Stadt ist. Eine Beschreibung von Wairoa und seinen Stellplätzen finden Sie am Ende von Tour N11.

Inlandroute nach Gisborne

Die 102 km lange Inlandroute nach Gisborne führt über *Frasertown.* Sie folgt zunächst dem *Wairoa River* bis Frasertown und biegt dort rechts in die Tiniroto Road ein. Die schmale aber

Mahia Beach, Whakatakahe Head

gut zu fahrende Strecke bietet zwei Highlights. Nach einer 27 km langen Fahrt durch eine reizvolle Hügellandschaft führt, können Sie in **Te Reinga** den gleichnamigen Wasserfall besuchen. Eine naturbetonte Übernachtung mit Bademöglichkeit im Hangaroa River bietet Sich Ihnen 17 km später im reizvollen **Donneraille Park.**

(247) WOMO-Badeplatz: Donneraille Park

GPS: S 38°44'22" E 177°35'38". **Max. WOMOs:** 15
Ausstattung/Lage: Nichts / In einer Fluss Schleife des Hangaroa River.
Zufahrt: Der Donneraille Park liegt 61 km vor Gisborne und 52 km hinter Wairoa an der Tiniroto Road. Richtung Gisborne links in die Ruakaka Road abbiegen und dieser 1,3 km über einen Hügel folgen.
Info: www.gdc.govt.nz/donneraille-park/
Beurteilung: Absolut ruhiger, stimmungsvoller und ursprünglicher Platz, toll im Park gelegen. Bademöglichkeit.
Hinweis: Permit des Gisborne District Council erforderlich (www.gdc.govt.nz/freedom-camping). Den notwendigen *permit* erhalten Sie in den i-SITEs in Wairoa, Gisborne oder Opotiki. Beachten Sie auch die Hinweise im Text am Ende von Tour N05. Geöffnet von Oktober bis März.

Mahia Halbinsel

Wir empfehlen Ihnen auf dem SH2 nach Gisborne zu fahren, um der Mahia Halbinsel und ihren herrlichen Stränden einen Besuch abzustatten. Die *Mahia Halbinsel* war ursprünglich eine Insel, wurde dann aber durch jahrtausende lange Sandanschwemmungen zur Halbinsel. Um diese zu erreichen, folgen Sie hinter Wairoa dem SH2, der Sie zunächst an der Whakaki Lagoon vorbeiführt, und biegen Sie in Nuhaka, 32 km hinter Wairoa, rechts in die Nuhaka Opoutama Rd ab. Sie fahren nun entlang der Küste, passieren eine Landenge (Sandanschwemmungen) und erreichen nach 17 km den reizenden Ferienort **Mahia Beach**. Wie schon erwähnt, begrenzt die *Mahia Halb-*

Mahia Whangawehi

insel die Hawke Bay nach Nordosten hin. Die besonders bei Neuseeländern sehr beliebte Mahia Beach liegt auf der Seite der Hawke Bay. Der Ferienort bietet großartige Möglichkeiten zum Fischen, Surfen und Tauchen sowie sicheres Schwimmen und einen 9-Loch-Golfplatz.

Wenn Sie gerne Langusten essen, haben Sie gute Chancen diese auf der Speisenkarte der hiesigen Restaurants zu finden (**Café Mahia**, 476 East Coast Rd, Tel. 06 837 5094). Auf der anderen Seite der Halbinsel liegt **Oraka Beach** und kurz dahinter der kleine Ort **Mahia**. Die gesamte Halbinsel ist wegen ihrer Sandstrände und umfangreichen Wassersportmöglichkeiten sehr en vogue. Die geschützteren und zum Baden geeigneteren Strände finden Sie auf der Seite zur *Hawke Bay.* Auf der eher felsigen und zerklüfteten Seite zur *Poverty Bay* liegen meist schroffe Klippen, auf denen sich bei Ebbe wunderbar herumturnen lässt. Im *Mahia Peninsula Scenic Reserve*

können Sie die reizvolle Halbinsel auf einem mehrstündigen Rundweg erkunden. Ein 3.5 Kilometer langer Rundweg führt Sie durch verschiedene Arten heimischer Vegetation, darunter Tawa, Rewarewa, Rimu und Matai Bäumen. Sie benötigen ungefähr zwei Stunden für diesen Wanderweg.

(248) WOMO-Stellplatz: Mahia - Oraka Reserve

GPS: S 39°4'15" E 177°53'48". **Max. WOMOs:** 10
Ausstattung/Lage: Toilette, Umkleideräume / Nahe an einem Meeresarm
Zufahrt: Der Hauptstraße auf die Ostseite der Halbinsel folgen (Mahia East Coast Road). In der Rechtskurve links abbiegen.
Beurteilung: Ruhig und friedlich, aber am Wochenende ist viel los. Im Bereich zwischen den Holzpfosten Parken. Maximal drei Nächte.

Weiterfahrt nach Gisborne

Die Weiterfahrt nach Gisborne führt zurück über die Landenge, über die Sie gekommen sind. Sie biegen nach deren Überquerung rechts in die Tunanui Rd ab, die Sie nach Morere und damit zurück zum SH2 bringt. Wenn Sie diese 13 km lange Schotterstraße lieber vermeiden wollen, können Sie über Nuhaka nach Morere gelangen. Im nahen Waldgebiet **Morere Hot Springs** liegt eine Region mit heißen Quellen. Die Thermalbecken sind von 10.00 bis 21.00 Uhr geöffnet. Sie können im Thermalgebiet einen 20-minütigen **Nikau Loop** laufen, der durch einen Nikau Palmenwald mit vielen seltenen Vögeln führt.

Im weiteren Streckenverlauf steigt die Straße kurvenreich auf den 510 m hohen *Wharerata Pass* an. Vom dortigen Rastplatz haben Sie eine prächtige Aussicht. Auf der Weiterfahrt nach *Gisborne* passieren Sie nach 19 km die Ortschaft Muriwai, die auf der Höhe der Landzunge **Young Nicks Head** (Maori: *Te Kuri o Paoa*) liegt. Die Landzunge ist nach dem *Schiffsjungen Nicholas Young* benannt, der am 7. Oktober 1769 als Erster aus der Crew von *James Cooks* Endeavour das Vorgebirge erspähte.

Blick auf Gisborne vom Kati Hill

Chardonnay Capital Gisborne

Auf Sie wartet **Gisborne**, die *Chardonnay Capital of New Zealand*. Sie haben von Muriwai aus lediglich noch 23 km zur östlichsten Stadt Neuseelands zurückzulegen, die nur zwei Längengrade von der Datumsgrenze entfernt liegt. Hier ging James Cook mit seinen Leuten an Land. Nachdem Abel Tasman 1643 in der Golden Bay ankerte, war es das erste Mal, dass Europäer neuseeländischen Boden betraten. Cook und seinem Schiffsjungen Nick wurden Bronzestatuen gesetzt. Wie bei Tasman endete das Zusammentreffen mit den Maori blutig und nachdem sechs Maori getötet wurden, setzte Cook seine Reise eilig fort. Weil er nur etwas Brennholz an Bord nehmen konnte, nannte er die Bucht **Poverty Bay, „Bucht der Armut"**. Er hat damit diesem schönen Landstrich mit seinen tollen Stränden und fruchtbaren Ebenen Unrecht getan. *Gisborne* ist heute mit 33 000 Einwohnern das wirtschaftliche Zentrum der *Eastcape Region*. In seinem umtriebigen Hafen werden Lamm- und Rindfleisch, sowie Obst, Mais und Gemüse umgeschlagen. Dank seines warmen, sonnigen und relativ trockenen Klimas wurde der Weinbau zu einer wichtigen wirtschaftlichen Säule Gisbornes. Die hauptsächlich an der Küste liegenden Weinbaugebiete sind international wegen ihres hervorragenden Chardonnays bekannt. In Gisborne finden Sie eine Reihe schöner Parks, darunter den Botanischen Garten. Die Stadt wird von drei Flüssen, dem *Turanganui, Waimata und dem Taruheru River durchflossen und hat deswegen den Spitznamen* **„City of Rivers"** verpasst bekommen. Die Sehenswürdigkeiten der Stadt lassen sich leicht erwandern, wenn man der DOC-Broschüre **Gisborne Historic Trail** folgt.

Vom Aussichtspunkt des 135 m hohen *Kaiti Hill* können Sie sich einen prächtigen Überblick über die Stadt verschaffen. Am

Cooks Schiffsjunge Nick zeigt Land an

Fuße des *Kaiti Hill* können Sie im **The Works Café & Restaurant** (41 Esplanade, Tel. 0800 333 114) mit Hafenblick auf der Terrasse eines 100 Jahre alten Backsteingebäudes einen guten Kaffee oder ein Dinner mit einem schönen Wein aus eigenem Anbau genießen. Als Sehenswürdigkeiten hervorzuheben sind das *Gisborne Museum & Arts Centre*, das *Star of Canada Maritime Museum* und das *James-Cook-Observatorium*. Wem das Wasser an den reizvollen Stränden der Stadt zu kalt ist, kann sich im 39° C warmen Wasser des Olympic Pool im Freibad an der Midway Beach schadlos halten.

(249) WOMO-Campingplatz-Tipp: Waikanae Beach TOP 10 Holiday Park

GPS: S 38°40'14" E 178°1'5" **WOMOs:** 133 Stellplätze mit Stromanschluss.
Ausstattung/Lage: Spielplatz / Zentrumsnahe Lage, direkt am Meer.
Parkgebühr: Stellplatz mit Strom 44 NZD für zwei Erwachsene.
Zufahrt: Den Schildern zur i-SITE folgen, der Campingplatz liegt in derselben Straße. **Kontakt:** 280 Grey St, Waikanae Beach, Gisborne, Tel. 0800 867 563, www.waikanaebeach-top10.co.nz

Beurteilung: Günstig gelegener Campingplatz mit guten Sanitäranlagen, außer denen im hinteren Bereich. Stellplätze auf Rasen, gute Bademöglichkeiten an der Beach nebenan. Restaurants sind gut zu Fuß zu erreichen. Einziges Manko waren die donnernden Geräusche, die beim Beladen der großen Frachter am Pier gegenüber entstanden.

Gisborne, Waikanae Beach

Freedom Camping in der Region Gisborne

Im Gisborne District ist Freedom Camping zeitlich eingeschränkt an neun ausgewiesenen Plätzen möglich. Die drei reizvollsten Stellplätze haben wir aufgenommen (Donneraille, Waihau und Tokomaru). Die Genehmigung müssen Sie über eine i-SITE oder www.gdc.govt.nz/freedom-camping-permit-request beantragen. Dort finden Sie auch genaue Informationen über die freien Campingplätze. Sie erwerben für 10, 25 oder 60 NZD das Recht, an 2, 10 oder 28 aufeinanderfolgenden Nächten auf den beschriebenen Plätzen frei zu campen. Allerdings muss ihr Wohnmobil „self-contained“ sein. In Gisborne gibt es seit 2016 einen freien Stellplatz.

(250) WOMO-Stellplatz: Gisborne Marina Carpark

GPS: S 38°39'58" E 178°1'45". **Max. WOMOs:** 10

Ausstattung/Lage: Toilette, Wasser / Parkplatz am Zusammenfluss von Taruheru River und Waimata River in den Turanganui River.
Zufahrt: Im Stadtzentrum die Peel Street Richtung Tairawhiti Museum fahren. Nach 300 m weiter auf Fitzherbert Street. Im Kreisverkehr dritte Ausfahrt (Ormond Rd) nehmen. Rechts abbiegen auf Vogel Street.
Beurteilung: Guter und relativ ruhiger Platz. Einiger Betrieb an der Bootsrampe. Im Marina Restaurant können Sie wunderbar esssen.
Hinweis: Freedom Camping zwischen 18 Uhr und 8 Uhr erlaubt.

Historische Tauranga Bridge

Über den SH2 nach Opotiki

Wenn Sie die östlichste Landnase von Neuseelands Nordinsel umfahren, sollten Sie auf jeden Fall zwei Tage für die 330 km lange Strecke einplanen. Ein Besuch des East Capes erfordert hin und zurück weitere 41 km. Steht Ihnen diese Zeit nicht zur Verfügung, können Sie die mit 140 km wesentlich kürzere Inlandsroute nach Opotiki fahren. Die durchaus reizvolle bergige Strecke kann leicht in drei Stunden gefahren werden. Der SH2 führt Sie von Gisborne aus zunächst durch Obstplantagen und Weinanbaugebiete, die bald von hügeligem Weideland abgelöst werden. Bis *Te Karaka* folgt der Highway dem Tal des Waipoa River, um dann westwärts bis **Matawai** zu führen. Sie haben nun die Hälfte der Strecke zur Bay of Plenty zurückgelegt und mit Matawai den einzig nennenswerten Ort auf dieser Route erreicht. In Matawai können Sie tanken, einkaufen, essen gehen und die Nacht auf einem Campingplatz verbringen. Auch bieten sich Ihnen hier - wie entlang der gesamten Strecke - schöne Wandermöglichkeiten. Informieren Sie sich in der i-SITE in Gisborne.

(251) WOMO-Stellplatz: Manganuku - Waioeka Gorge

GPS: S 38°17'27" E 177°23'07". **Max. WOMOs:** 12
Ausstattung/Lage: Toilette, Picknicktische, Barbecue / Am Whirinaki River, nahe der historischen Howe Truss Bridge.
Preiskategorie 1.
Zufahrt: Am SH2, 91 km hinter Gisborne, 48 km vor Opotiki.
Beurteilung: Der Platz liegt 100m vom nicht sehr befahrenen SH2 entfernt und ist von Rimu und Totara Wald umgeben. Am Whirinaki River gibt es einen Pool in dem Sie baden können. **DOC Standard Campsite.**

Hinter Matawai steigt der SH2 immer weiter an und führt bald durch dichten Wald bis auf eine Höhe von 720 m. In der

Tatapouri Bay nahe Gisborne

Waioeka Gorge überquert er den *Whirinaki River*, an dem sich eine empfehlenswerte DOC Standard Campsite mit Bademöglichkeit im Fluss befindet. Bald darauf trifft der SH2 auf den *Waioeka River*, dem er bis Opotiki folgen wird. 27 km vor Opotiki können Sie eine Pause einlegen und einen fünfminütigen Fußweg zur historischen **Tauranga Bridge** gehen. Die Brücke führt über den Waioeka River und wurde früher intensiv von Farmern genutzt. Sie erfuhr beginnend mit den 70er Jahren ein ähnliches Schicksal wie die Bridge to Nowhere am Whanganui River (siehe Tour N05). Der Farmbetrieb lohnte nicht mehr und wurde eingestellt. Die Brücke wurde kaum noch genutzt, nicht gewartet und verfiel mehr und mehr. In den 90er Jahren war es das Department of Conservation, das die Brücke renovierte und so vor dem Einsturz bewahrte. Sie ist heute eine gut besuchte Touristenattraktion. Auf ihr stehend haben Sie tolle Ausblicke auf den Fluss und den umgebenden dichten Wald. An der Brücke beginnt auch eine 5-km-Wanderung durch ehemaliges Farmland (**Tauranga Track**).

Eastland

Von *Gisborne* aus haben Sie nun 330 kurzweilige Kilometer nach *Opotiki* vor sich, die Sie zum allergrößten Teil auf dem landschaftlich großartigen *Pacific Coast Highway* (SH35) zurücklegen werden. Leider ist der Straßenzustand eher schlecht und Ihnen wird oft das Verkehrsschild „uneven surface" begegnen. Der *Pacific Coast Highway* führt Sie durch die östlichste Region Neuseelands, die Eastland genannt wird und wie eine markant geformte Nase in den Südpazifik hineinragt. Den Nasenrücken bildet in diesem Bild die unwegsame *Raukumara Range*, deren höchster Berg, der **Mount Hikurangi**, 1.754 m Höhe erreicht. Eastland ist Neuseelands ältestes Siedlungsgebiet. Die ersten Boote der Polynesier sind hier angelandet. In der sehr dünn besiedelten Region leben überwiegend Maori, 80% des Landes befinden sich in ihrem Besitz. Von Touristen ist diese ursprüngliche Region wegen ihrer Abgeschiedenheit wenig besucht. Wer Ruhe sucht, wird sie hier garantiert finden. Der *Pacific Coast Highway* ist durchgehend asphaltiert, aber weite Teile im Landesinneren sind nur auf Schotterstraßen befahrbar. Es ist sinnvoll, sich in *Gisborne* mit Lebensmitteln und Sprit einzudecken, denn die auf dem Wege liegenden kleinen Geschäfte schließen oft früh und bei den wenigen Tankstellen kann man nicht sicher sein, ob sie noch Sprit vorrätig haben.

Waihau Loisels Beach

Im Eastland wird Maori-Brauchtum vielen kleinen Siedlungen noch heute gelebt. In der Regel sind die **Maori** hilfsbereit und werden Ihnen sehr freundlich begegnen. Manchmal schlägt Ihnen aber auch eine gewisse Reserviertheit entgegen, die im Einzelfall von Ihnen durchaus auch als Grobheit erlebt werden kann. Bitte denken Sie daran: Sie sind Gast in ihrem Land!

(252) WOMO-Badeplatz: Waihau Loisels Beach

GPS: S 38°26'47" E 178°17'57". **Max.WOMOs:** 15
Ausstattung/Lage: Toilette / Am Strand.
Zufahrt: 50 km hinter Gisborne zweigt die Zufahrtstraße rechts ab. Sie ist 6 km lang, kurvenreich und eng, nur zur Hälfte geteert, ermöglicht dafür wunderschöne Blicke auf die Waihau Bay.
Beurteilung: Absolut ruhiger, stimmungsvoller und friedlicher Platz, toll am Strand gelegen. Surf- und Bademöglichkeit. Sie können kilometerweite Strandwanderungen unternehmen. Vorsicht vor sandigem Untergrund.
Hinweis: Permit des Gisborne District Council erforderlich (www.gdc.govt.nz/freedom-camping). Sie erhalten ihn in den i-SITEs in Wairoa, Gisborne und Opotiki oder über die angegebene Webseite. Beachten Sie auch die Hinweise im Text am Ende von Tour N05. Geöffnet von Oktober bis März.

Sie werden auf Ihrer Fahrt an zahlreichen traditionellen Versammlungshäusern der Maori vorbeifahren, die Sie wegen ihrer Schönheit und hervorragenden Schnitzkunst zum Besuch einladen. Sie sollten aber jeweils vorher um Erlaubnis fragen, ob sie betreten werden dürfen (Schuhe ausziehen!). Hieran wird deutlich, dass es sich bei einem **Marae** nicht um eine touristische Sehenswürdigkeit handelt, sondern um ein von den Maori zu zoremoniellen Zwecken genutztes **Versammlungshaus**. Das Marae ist Zentrum des kulturellen Lebens der Maori. Jedes seiner Details ist mit Symbolik belegl, dio Ausrichtung, der kleine Vorplatz, die Tür, das Fenster und natürlich die kunstvoll geschnitzten Figuren. Ist eine größere Gruppe von Maori vor einem Marae zu sehen, findet eine Feier statt, die Sie nicht stören sollten. Unser Weg durch das Maoriland führt vorbei an kleinen Siedlungen und einzelnen Gehöften. Viele der Maori Häuser sind hellgelb und mit roten Schnitzereien versehen.

Weiterfahrt zum Eastcape

Hinter Gisborne folgen die Strände *Wainui, Makorori Beach, Tatapouri* und *Pouawa*. Danach verlässt der SH35 die Küste, die er erst 55 km hinter Gisborne in **Tolaga Bay** wieder erreicht.

Tolaga Bay Jetty

Unterwegs zweigt eine Straße zur Waihau Beach ab, die Ihnen einen ruhigen und idyllischen Übernachtungsplatz anbietet. In Tolaga Bay mündet der *Uawa River* in den Pazifik. Die geschützte Tolaga Bay bietet sehr gute Bademöglichkeiten und in ihrem südöstlichen Teil eine markante Pier. Die Tolaga Bay Wharf ragt 660 m weit in die See hinaus und kann nach Restaurierungsarbeiten wieder gefahrlos begangen werden.

(253) WOMO-Campingplatz: Tolaga Bay Holiday Park

GPS: S 38°22'58" E 178°18'59". **WOMOs:** 100 Stellplätze mit Strom.
Ausstattung/Lage: Spielplatz / Direkt an der schönen Tolaga Bay mit der langen Pier aus den 1920er Jahren, Startpunkt des Wanderweges zur Cooks Cove. **Preiskategorie 2**.
Kontakt: 167 Wharf Rd, Tolaga Bay, Tel: 06 862 6716, www.tolagabayholidaypark.co.nz **Zufahrt:** Am SH35 gut ausgeschildert, Zufahrt 1,7 km.
Beurteilung: Die Stellplätze befinden sich auf einer großen Rasenfläche, von Norfolk-Tannen eingefasst, Sanitäranlagen annehmbar bis schlecht. Kein direkter Blick zum Strand, der ist *tourist cabins* vorbehalten.

Whangara

Blick vom Cooks Cove Walkway

Zögern Sie nicht, auf ihr bei Sonnenuntergang ins Meer hinauszuwandern. Nebenan finden Sie einen guten Campingplatz. Unweit der Pier beginnt ein gut 5 km langer Wanderweg, der in die idyllische *Cooks Bay* führt (**Cooks Cove Walkway**, 2,5 h hin und zurück). Er führt zunächst steil hinauf zu einer Aussichtsplattform und dann hinab zur Cooks Cove, in der James Cook an Land ging, um Wasser und Verpflegung an Bord zu nehmen. Im Fremdenverkehrsort Tolaga Bay finden Sie Läden, Motels und auch einen Golfplatz.

Etwa auf halber Strecke von Gisborne nach Tolaga Bay liegt der Ort **Whangara**, in dem 2002 *Niki Caro* den Film „Whale Rider" drehte (Bild links unten). Die Bewohner des Ortes wünschen keine Besucher und Sie werden deshalb am Highway kein Hinweisschild auf Whangara finden. Etwa 2,5 km vom SH35 entfernt liegt ein Aussichtspunkt über das Dorf und die vorgelagerte Insel, weiter sollten Sie nicht fahren.

(254) WOMO-Campingplatz: Anaura Bay Motor Camp

GPS: S 38°14'51" E 178°18'58". **WOMOs:** 35 Stellplätze mit Strom.
Ausstattung/Lage: Standard / Direkt an der Anaura Bay, ein breiter, wilder Strand, gut zum Baden. **Preiskategorie 2**.
Zufahrt: Vom SH35 nach Anaura Bay abbiegen, 7 km fahren.
Kontakt: Anaura Bay, Tel. 06 862 6380, anaura@farmside.co.nz
Beurteilung: Ursprünglicher Platz auf Gras. Einfach, aber sehr ordentlich. Sie können Kajaks mieten und um die vorgelagerte kleine Insel fahren.

(255) WOMO-Stellplatz: Tokomaru Bay Middle

GPS: S 38°8'4" E 178°18'58". **Max. WOMOs:** 15
Ausstattung/Lage: Nichts / Am Strand, an der Mündung des Waioto Stream.
Zufahrt: 35 km hinter Tolaga Bay rechts in die Arthur St abbiegen und nach 500 m links in Mere St.
Beurteilung: Absolut großer ruhiger Grasplatz mit einige Palmen, toll am Strand gelegen. Zum Stadtzentrum laufen Sie 1,3 km.
Hinweis: Permit des Gisborne District Council erforderlich.

Eastland Idyll in Tokomaru Bay

Hinter *Tolaga Bay* entfernt sich die Straße wieder von der Küste, die Sie erst nach 36 km in *Tokomaru Bay* wiedersehen werden. Es sei denn, Sie entscheiden sich 13 km hinter Tolaga Bay rechts in die Anaura Road einzubiegen, um der hübschen **Anaura Bay** einen Besuch abzustatten (9 km Stichstraße). Am nördlichen Ende der Bucht beginnt der 3,5 km lange **Anaura Bay Walkway**. In **Tokomaru Bay** treffen Sie auf eine kleine Gemeinde mit einem 7 km langen geschützten Sandstrand, der neben unzähligen bezaubernden Buchten auch drei freie Stellplätze aufweist. Wir empfehlen den mittleren von Ihnen (siehe Kasten). Handwerker, Musiker und Künstler machen die 400 Seelen Gemeinde zum Kunstzentrum der Ostküste. Einer von ihnen ist Baye Riddell, ein bekannter Maori-Keramikkünstler. In seinem Künstlerstudio können Sie seine Kunstwerke und die Arbeiten weiterer lokaler Künstler bestaunen.

Wanderung auf den Mount Hikurangi

56 km hinter *Tokomaru Bay* liegt *Tikitiki*, etwa 7 km vor der Mündung des hier breit dahinfließenden *Waiapu River*. Etwa auf halber Strecke, kurz hinter dem Abzweig nach Ruatoria, führt eine weitgehend unbefestigte Stichstraße in die Berge. Wer zum etwa 25 km im Hinterland liegenden Mount Hikurangi (1.754 m) gelangen will, biegt hier ab. Der Wanderweg zum Gipfel beginnt an der *Pakihiroa Station* und insbesondere der letzte Anstieg von einer Hütte über den **Te Ariki Hikurangi Track** ist sehr anspruchsvoll. Der Weg zur Hütte dauert etwa 4 h und der Weg von dort zum Gipfel etwa 2 h. Für die Wanderung benötigen Sie eine Genehmigung zum Betreten des für die Maori heiligen Berges. Die Erlaubnis bekommen Sie an einer i-SITE oder direkt bei Hikurangi Guided Tours in Ruatoria. Auf dem Weg zum Gipfel liegen neun geschnitzte Whakaro, wunderschöne Holz-

skulpturen, welche die Geschichte von Maui-Tikitiki-a-Taranga und seiner Familie erzählen. Sie wurden zur Jahrtausendwende von Maori-Künstlern errichtet. In *Tikitiki* ist die anglikanische **Holzkirche St. Marys** sehenswert, die zwei Kulturen repräsentiert. Die äußere Struktur der Kirche ist christlich geprägt, während ihr Inneres von einer außergewöhnlich reichhaltigen Schnitzkunst der Maori bestimmt wird, deren Mythologie in feinen Schnitzereien ihre Darstellung findet. Schon am kunstvollen Eingangstor bekommen Sie davon einen Vorgeschmack. In der 1924 unter Verwendung traditioneller Handwerkstechniken der Maori erbauten Kirche wird den im ersten Weltkrieg Gefallenen des Ortes gedacht, sowie dem Maoripolitiker Sir Apirana Ngata, auf den die Initiative zum Bau der Kirche zurückgeht.

Tikitiki, Holzkirche St. Marys

First to see the light am Eastcape

Nur 23 km hinter Tikitiki treffen Sie auf das kleine Städtchen **Te Araroa**. *Te Araroa* ist ein ruhiges, fast verschlafen wirkendes Maori-Dorf. Neben einer Kirche, Polizei, Feuerwehr und Post besteht *Te Araroa* aus einer Tankstelle, einem Supermarkt und einem schön angelegten Campingplatz, der einige Kilometer Richtung *Hicks Bay* liegt.An der Straße am Strand finden Sie den größten Pohutukawa Baum Neuseelands. Einer der für Neuseeland typischen Wegweiser gibt die Entfernung nach Frankfurt am Main mit 19.290 km an. Viel weiter geht es nicht auf unserem Erdball.

In *Te Araroa* beginnt eine aufregende Straße zum 22 km entfernten *East Cape,* dem östlichsten Punkt der Nordinsel. Die für 10 km unbefestigte Straße führt teilweise dicht am Meer entlang und ist nichts für ängstliche Gemüter. Bei Extremwetterlagen oder besonders hoher Flut wird die Straße gesperrt. Große rote Schilder bitten um besonders vorsichtige Fahrweise. Bitte lassen Sie sich von dieser Wegschilderung nicht abschrecken. Die Strecke verläuft weitestgehend eben. Auch die unbefestigten Teile der Straße sind gut zu befahren und bei umsichtiger Fahrweise werden Sie wohlbehalten am *East Cape* ankommen. Die Küste ist sehr felsig mit teils malerischen Klippen. Streckenweise liegt zwischen Straße und Meer ein ganzes Areal von flachen Felsplatten. Zur anderen Seite hin steigen die Berghänge steil an.

Te Araroa, Größter Pohutukawabaum Neuseelands

Am *East Cape* angelangt, treffen Sie auf eine grüne Gras- und Weidelandschaft, die in privatem Besitz ist. Sie sollten über rund 750 Stufen den auf einer 154 m hohen Anhöhe gelegenen Leuchtturm erklimmen und gen Osten blicken, denn hier am East Cape geht die Sonne weltweit zuerst auf: **„First to see the light!“** ist der lokale Werbespruch. Für den Ausflug von *Te Araroa* zum *East Cape* einschließlich des Aufstieges zum Leuchtturm sollten Sie einen Zeitbedarf von mindestens 3 Stunden veranschlagen. An dem Parkplatz ist eine freie Übernachtung möglich, eine Toilette ist vorhanden.

(256) WOMO-Stellplatz: East Cape

GPS: S 37°41'31" E 178°32'39". **Max. WOMOs:** 3
Ausstattung/Lage: Toilette / Parkplatz am Ende der East Cape Road, direkt unterhalb des Leuchtturmes.
Zufahrt: 20 km östlich von Te Araroa, am Ende der Straße zum East Cape
Beurteilung: Kein schöner Platz, aber ideal zum frühen Aufstieg.

(257) WOMO-Campingplatz: Te Araroa Holiday Park

GPS: S 37°36'11" E 178°18'48". **WOMOs:** 54 Stellplätze mit Stromanschluss.
Ausstattung/Lage: Spielplatz / Weiträumiger Platz mit großen Stellplätzen.
Zufahrt: Von Te Araroa in Richtung Hicks Bay, am Ende der Bay.
Kontakt: Am SH35, 1480 East Cape Road, Te Araroa, Tel. 06 864 4873, www.teararoaholidaypark.co.nz **Preiskategorie 2.**
Beurteilung: Großer, etwas wilder, schattiger Platz, auf dem Sie sicher ein schönes Plätzchen ergattern werden, eigener Strand (300m).

Vom Eastcape nach Opotiki

Von *Te Araroa* aus fahren Sie Richtung Westen und erreichen nach 12 km *Hicks Bay*, von James Cook nach seinem Leutnant Zachariah Hicks benannt. Hicks Bay hat eine Bucht, die zum Schwimmen, Angeln und auch Tauchen einlädt. Der SH35 verlässt nun die Küste, führt bald über eine leichte Passhöhe und erreicht nach 34 km den Ort *Whangaparaoa*. Er liegt am

Cape Runaway, das von Cook so getauft wurde, weil eine Gruppe von Maori beim Anblick der Endeavour die Flucht ergriff.

Straße zum East Cape

Es folgen mehrere langgezogene Buchten, die zum Schwimmen einladen. An der Wegstrecke finden Sie immer wieder kleine Campingplätze. Hinter der nächsten Landnase in die See erwartet Sie unvermittelt eine besondere Sehenswürdigkeit. In exponierter Lage auf einer kleinen Halbinsel, deren felsiges Ufer von der Meeresbrandung umspült wird, steht die blendend weiße **Raukokore Anglican Church**. Sie ist von einem ebenfalls weißen Holzzaun umgeben und ihre rote Türeinfassung ist Maori Arbeiten nachempfunden. Die Kirche kann besichtigt werden. Nach weiteren 14 km auf dem SH35 gelangen Sie in die idyllische *Whanarua Bay* mit ihrem kleinen Strand, der nur zu Fuß zu erreichen ist. Ausgangspunkt ist die **Pacific Coast Macadamia Nut Farm**, in der Macadamia-Nüsse angebaut werden und die auch über ein kleines Café verfügt (GPS: S 37°40'51" E 177°47'31". Tel. 07 325 2960, www.macanuts.co.nz, täglich von 9 bis 17 Uhr geöffnet, im Winter von 10 bis 15 Uhr). Sie befinden sich hier in einer absolut friedvollen, malerischen Umgebung. Außer unzähligen Macadamia-Bäumen gedeihen in dem fruchtbaren Garten auch andere tropische Früchte wie Papaya und Bananen. Kaffee, Kuchen oder leckere, getoastete Sandwiches können Sie mit Blick auf das tief unter Ihnen liegende Meer verzehren. Der Pacific Coast Highway SH35 verläuft nun entlang der Küste und dringt bald

(258) WOMO-Stellplatz: Maraehako Camping Ground

GPS: S 37°40'24" E 177°48'11". **Max. WOMOs:** 12
Ausstattung/Lage: Toilette, Wasser, Dusche (0,5 NZD) / Am Strand, neben dem Maraehako Bay Retreat. **Preiskategorie 2.**
Zufahrt: Am SH35, 14 km hinter Raukokore. **Beurteilung:** Großer Grasplatz mit Bäumen. Toller Blick auf White Island. Kajak Vermietung.

in die Region *Bay of Plenty* ein. 18 km hinter *Maraehako* erreichen Sie **Te Kaha**, einen alten Walfänger Ort, in dem das auf einer Anhöhe mitten im Ort stehende Versammlungshaus **Marae Tukaki** die Blicke auf sich zieht. Es ist besonders reich verziert und mit seinen kunstvollen Schnitzereien wohl das schönste Marae in dieser an Versammlungshäusern wahrlich nicht armen Region. Das Maori Wort Te Kaha bedeutet „Hochburg". Der Name verweist auf die Stärke des ansässigen Maoristammes, der sich lange erfolgreich gegen andere

Raukokore Anglican Church

Stämme durchsetzen konnte. In Te Kaha ticken die Uhren noch ein wenig langsamer als sonst in Neuseeland. Es kann durchaus vorkommen, dass Ihnen hier Kinder oder Erwachsene begegnen, die auf den Straßen reiten. Falls Sie Lust auf einen Reitausflug haben, bietet sich hier die Gelegenheit. Auf dem Pferderücken geht es für einen halben oder ganzen Tag durch die wunderschöne unberührte Natur, entlang von Flüssen bis hin zu Wasserfällen. Auch Reitanfänger werden mitgenommen. **Maungaroa Station Horse Treks**, Mangaroa Access Road, Tel. 07 325 2727. Sie können dort mit Ihrem Wohnmobil über Nacht stehen.

35 km vor Opotiki haben Sie die Gelegenheit zu einer wunderbaren 1,5-stündigen Jetbootfahrt auf dem Motu River (**Motu River Jet**, Tel. 07 315 5028). Die Touren starten am Parkplatz an der Motu River Bridge. Ein unvergessliches Erlebnis.

Die 5 000 Einwohner zählende Kleinstadt **Opotiki** erreichen Sie 65 km hinter Te Kaha. Das verschlafen wirkende Städtchen liegt am östlichen Rand der Bay of Plenty am Zusammenfluss des Waioeka- und des Otara River und wird als Tor zum Eastland betrachtet. Opotiki ist eine der ersten Siedlungen der Maori, deren Kultur hier auch heute noch allgegenwärtig ist. So können Sie entlang der Hauptstraße Opotikis kunstvolle Schnitzereien bewundern. Wer mehr über Kultur und Geschichte der Maori kennen lernen möchte, kann sich im Museum informieren oder sich einer geführten Tour anschließen. Ein Maori-Führer vermittelt Ihnen Einblicke in die Lebensweise und Traditionen seiner Landsleute. Sehr guten Kaffee und deftiges Essen bekommen Sie im

Sonnenuntergang in Te Kaha

Two Fish (102 Church St, Tel. 07 315 5548) geboten. Viele Besucher *Opotikis* werden von seinem schönen Sandstrand angezogen. Er ist bei Schwimmern und Surfern gleichermaßen beliebt. Etwa 8 km südlich des Stadtzentrums von *Opotiki* können Sie die *Hukutaia Domain* besuchen, einen Park in dem neben vielen verschiedenen Baum- und Pflanzenarten ein über 2 000 Jahre alter Puriri-Baum von 22 m Umfang steht, in dessen Hohlraum Maori die Knochen ihrer Toten beerdigt haben.

(259) WOMO-Stellplatz: Te Kaha Maraetai Bay

GPS: S 37°43'39" E 177°41'41". **Max. WOMOs:** 8
Ausstattung/Lage: Toilette / In Meeresnähe.
Zufahrt: Auf einer markante Landnase an einer Biegung des SH35.
Beurteilung: Wunderbare Lage, allerdings mit dem Rücken zum SH35. Parken Sie bitte im vorgesehenen Bereich (siehe Schild). Maximal drei Nächte.

(260) WOMO-Stellplatz: Omaio Hoani Waititi Reserve

GPS: S 37°48'55" E 177°37'28". **Max. WOMOs:** 12
Ausstattung/Lage: Nichts / Große Wiese etwas oberhalb der Beach.
Zufahrt: 53 km hinter Opotiki erreicht der SH35 die Omaio Bay. Dort, wo der SH35 auf den Strand trifft, biegen Sie links in die Omaio Pa Road ein, die an der Beach entlangführt. Nach 700 m zweigt rechts eine Straße zum Platz ab.
Beurteilung: Schöner, großer Grasplatz, durch Buschwerk zur Steilküste abgegrenzt. Der Platz wurde vom Opotiki District Council bereitgestellt.

(261) WOMO-Campingplatz: Opotiki Holiday Park

GPS: S 38°0'7" E 177°17'1". **WOMOs:** 35 Stellplätze mit Stromanschluss
Ausstattung/Lage: Spielplatz / Zentrumsnahe Lage am Waioeka River, unweit seiner Mündung und der Waiotahi- und der Hukawai Beach.
Zufahrt: Sie erreichen Opotiki über den SH35. An der Kreuzung, an der der SH35 links abbiegt, fahren Sie geradeaus, bleiben also auf der Elliot Street. Sie biegen rechts in die zweite Querstraße (Potts Ave) ein. Der Platz liegt nach 200 m links. **Preiskategorie 2.**
Kontakt: 39 Potts Ave, Opotiki, Tel. 07 315 6050, www.opotikiholidaypark.co.nz
Beurteilung: Hübscher Platz mit Stellplätzen auf Gras und vielen halbhohen Bäumen, Pool mit 27°C. Sehr gute Sanitäranlagen.
Hinweis: Zum Strand laufen Sie 20 Minuten. Nahe gelegene Campingplätze direkt am Strand finden Sie zu Beginn von Tour N06.

TOUR N10
25 km
N
Bay of Plenty
Te Urewera National
Opotiki
Hukutaia Domain
271
272
273
274
275
276
277
278
279
280
281
282
283
284
285
286
287
288
289
290
292
WC
E
Ohiwa
Ohope
Whakatene
Awakeri Hot Springs
Edgecumbe
Kawerau
Mount Edgecumbe 821 m
Mount Tarawera 1111 m
Lake Rotoma
Lake Rotoehu
Lake Rotoiti
Lake Okataina
Lake Tarawera
Lake Rotomahana
Lake Rerewhakaaitu
Lake Okareka
Lake Tikitapu
Lake Rotokakahi
Lake Rotorua
Te Wairoa The Buried Village
Waimangu
Wai O Tapu
Waikite Valley
Rotorua
Maketi
Te Puke
Papamoa Beach
Mt Maunganui
Tauranga
Katikati
Waihi
Te Aroha
Gordon
Wairere Falls
Opal Hot Springs
Matamata
Hobbiton Movie Set
Te Tapui Senic Reserve
TeKaimai-Mamaku Forest Park
Tirau
Putaruru
Tour N12
2
5
27
29
33
36

Tour N10: Höllische Verhältnisse in Rotorua

Opotiki - Ohope - Whakatane - Rotorua - Papamoa -
Tauranga - Katikati - Waihi Beach - Waihi - 400 km

Stellplätze:	Ohope Maraetotara Reserve, Whakatane McAlister Street , Kawerau: Prideaux Park, Rotorua Goverment Gardens, Maketu, Papamoa Beach, Katikati Park, Lindemann Lookout, Tanners Point, Waihi Beach, Waihi Memorial
Camping:	Island View HP, Ohiwa Beach HP, Ohope Beach Top 10, Awakeri Hot Springs, Whakatane HP, Rotorua Top 10, Blue Lake Top 10 HP, Papamoa Beach Top 10, Mount Maunganui, Opal Hot Springs HP, Waihi Beach Top 10
Baden:	Ohiwa, Ohope, Whakatane, Lake Tikitapu (Blue Lake), Papamoa, Mount Maunganui, Waihi Beach,
Wandern:	Walks around Whakatane, Puketapu Lookout, Kohi Point Walkway, Mount Edgecumbe, Tarawera Falls, Okataina Walkway, Kuirau Park Walk, Te Manaroa Spring, Waimangu Volcanic Valley, Mount Maunganui Summit Track, Tauranga City Walkways, Historic Tauranga,
Essen:	Whakatane: Wharf Shed, Rotorua: Lime Caffeteria, Indian Star, Tauranga: Mediterrano Café, Fresh Fish Market

Tour N10 bietet Ihnen die beiden Attraktionen **Bay of Plenty** und **Rotorua**. Sie starten in **Opotiki** und folgen dem Küstenverlauf der *Bay of Plenty* bis **Whakatane**. Unterwegs bieten sich Ihnen immer wieder prächtige Badestrände an. Bei der den gesamten Streckenverlauf vor der Küste liegenden Insel handelt es sich um die von Schadtieren befreite **Whale Island**. In Whakatane verlassen Sie die Küste und fahren nach Rotorua, in eines der geothermisch aktivsten Gebiete der Erde. Der SH30 nach *Rotorua* führt Sie an den wunderschönen Seen der **Rotorua Seenplatte** vorbei, die sämtlich aus Vulkankratern hervorgegangen sind. Nach einem ausgiebigen Besuch der Geothermalgebiete um *Rotorua* wenden Sie sich **Tauranga** und damit wieder der *Bay of Plenty* zu. Das sehr reizvoll auf mehreren Halbinseln gelegene *Tauranga* ist die einzige größere Stadt Neuseelands, die einen Maori-Namen trägt (»Sicherer Ankerplatz«). Nachdem Sie sich die Stadt angesehen haben, fahren Sie um den *Tauranga Harbour* herum, erreichen zunächst **Katikati** und abschließend **Waihi**, den Zielort von Tour N10.

Bay of Plenty

Wie so oft muss man zwischen der politischen Region und der gleichnamigen Bucht unterscheiden. Die Bucht **Bay of Plenty** ist die nördliche Grenze der Region *Bay of Plenty*. Im Osten bildet die *Raukumara Range* eine natürliche Abgrenzung zur Region Gisborne, zu der das in Tour N09 durchfahrene *Eastland*

Island View Holiday Park

gehört. Im Südosten der Region liegen die *Huirau Ranges* und die Region *Hawke's Bay* und im Westen die *Region Waikato*. Die größte Stadt der Region ist mit etwa 120 000 Einwohnern **Tauranga**. Das 50 km landeinwärts gelegene, schnell wachsende **Rotorua** hat 70 000 Einwohner. Im milden, fast subtropisch zu nennenden Klima werden Obst und tropische Früchte angebaut.Es dominieren Äpfel und Avocados, und der Kiwi-Anbau des Landes begann hier. Folgerichtig gab *James Cook* der Bucht den Namen **„Bay of Plenty", „Bucht des Überflusses"**. Neben der Landwirtschaft wird auch Forstwirtschaft betrieben, denn die Region ist zu einem erheblichen Prozentsatz bewaldet. Der Weinanbau spielt bisher noch eine untergeordnete Rolle. Der Tourismus hat dafür, besonders in den beiden größten Städten Tauranga und Rotorua, enorm zugelegt. An naturbezogenen Attraktionen bekommt der Besucher

(271) WOMO-Campingplatz-Tipp: Island View Family Holiday Park

GPS: S 37°59'32" E 177°14'34". **WOMOs:** 78 mit Stromanschluss
Ausstattung/Lage: Spielplatz, Swimming Pool, Tennisplatz, Freiluftduschen zum Strand hin / Direkt am wunderschönen, langgezogenen weißen Sandstrand der Waiotahi Beach. **Preiskategorie 2.**
Zufahrt: Kurz bevor der SH2 5 km hinter Opotiki wieder auf die Küste trifft, rechts abbiegen. Das Office liegt nach 100 m rechts.
Kontakt: 6 Appleton Road, Waiotahi Beach, Opotiki, Tel. 07 315 7519, www.islandviewholiday.co.nz
Beurteilung: Sehr gut und freundlich geführte Anlage. Ausgesprochen ruhige Lage direkt am Strand, trotz der Nähe zum SH2. Große Stellplätze auf Gras. Sehr gute Sanitäranlagen. Freies *WiFi*, überall zu empfangen.

viel Sonnenschein und feinsandige Strände, einsame Nationalparks, großen Fischreichtum, zahlreiche schöne Seen, das geothermisch sehr aktive Gebiet um Rotorua und die aktive **Vulkaninsel White Island** geboten.

Von der Opotiki nach Whakatane

Tour N10 startet in Opotiki und führt zunächst an die nahe *Waiotahi Beach,* wo direkt am Strand ein sehr schöner Campingplatz liegt. Falls Sie genügend Zeit haben, sollten Sie sich einen kleinen Abstecher nach **Ohiwa** gönnen. An dem weitläufigen Strand können Sie wunderbar baden. Über die *Ohiwa Loop Road* gelangen Sie auf ausgesprochen reizvoller Strecke zurück zum SH2. Bald danach verlässt der SH2 die Küste, um einem großen Naturhafen, dem *Ohiwa Harbour*, auszuweichen. Verlassen Sie den SH2 kurz hinter *Kutarere* und biegen Sie rechts in die Wanui Road ein. Diese umrundet den Naturhafen und stößt in **Ohope** wieder an die Küste. Sie biegen hier

(272) WOMO-Campingplatz-Tipp: Ohiwa Beach Holiday Park

GPS: S 37°59'24" E 177°9'41". **WOMOs:** 120 mit Stromanschluss
Ausstattung/Lage: Spielplatz / In Strandnähe.
Zufahrt: Vom SH2 hinter dem Waipoua River in die Oxford Street abbiegen.
Kontakt: 380 Ohiwa Harbour Rd, Opotiki, Tel. 07 315 4741, www.ohiwaholidays.co.nz **Preiskategorie 2.**
Beurteilung: Ein kurzer Spaziergang bringt Sie zum traumhaft schönen weißen Sandstrand mit guten Bademöglichkeiten. Der Platz ist bei Neuseeländern sehr beliebt und in den Ferien entsprechend gut besucht.

(273) WOMO-Campingplatz-Tipp: Ohope Beach Top 10 Holiday Park

GPS: S 37°58'59" E 177°6'46". **WOMOs:** 125 mit Stromanschluss
Ausstattung/Lage: Spielplatz, Pool mit Rutschen / Direkt am wunderschönen, langen Sandstrand. **Preiskategorie 3.**
Zufahrt: In Ohope rechts in die Harbour Road einbiegen und den Hinweisschildern folgen. Am Ende der flachen Landnase gelegen.
Kontakt: 367 Ohiwa Harbour Road, Ohope Beach, Tel. 0800 264 673, www.ohopebeach.co.nz
Beurteilung: Großer Platz in traumhaft schöner Lage direkt am Strand. Wiese, Bäume, schöner Pool. Die Sanitäranlagen sind für die Zahl der Gäste nicht ausreichend. Der gesamte Platz ist recht eng. Gelegentlich gibt es Beschwerden über laute nächtliche Partys, die nicht unterbunden werden.

(274) WOMO-Badeplatz: Ohope Maraetotara Reserve

GPS: S 37°58'14" E 177°3'27". **Max. WOMOs:** 5
Ausstattung/Lage: Toilette, Wasser, Dumpstation / Parkplatz am Meer.

Zufahrt: In Ohope, 233 Pohutukawa Avenue.
Beurteilung: Klasse am Strand gelegen. Bitte nur im vorgesehenen Bereich stehen (siehe Schild). Maximal 2 Nächte.

rechts in die Harbour Road ein, um der langen schmalen Landzunge zu folgen, die die Bucht zum Naturhafen macht. Am Ende der flachen Halbinsel befindet sich ein empfehlenswerter Campingplatz mit Stellplätzen direkt am Strand. Dieses wunderschöne Fleckchen Erde ist auch bei den Einheimischen en vogue, die hier zahlreiche Zweitwohnungen ihr Eigen nennen.

Blick auf Whakatane

Am Wochenende ist es entsprechend *crowded*. Wegen des reichlichen Angebotes von Meeresfrüchten war die Landzunge auch schon bei den Maoris sehr beliebt.

(275) WOMO-Campingplatz: Whakatane Holiday Park

GPS: S 37°56'55" E 176°59'11". **WOMOs:** 40 mit Stromanschluss
Ausstattung/Lage: Spielplatz / Am Ohinemataroa River
Zufahrt: Sie fahren vor der Brücke über den Ohinemataroa River rechts in die Landing Rd, dann links in die Elvers Rd, rechts in die Peace St und schließlich rechts in die McGarvey Rd. An deren Ende liegt der Platz auf der linken Seite. **Preiskategorie 2.**
Kontakt: McGarvey Rd, Whakatane, Tel. 07 308 8694, www.whakataneholidaypark.co.nz **Beurteilung:** Ruhiger, großer Platz auf Gras. Sanitäranlagen gut. Der Platz und seine Betreiber wirken sehr altbacken. Sie laufen 15 Min zu Fuß am Flussufer entlang in das Zentrum von Whakatane.

(276) WOMO-Stellplatz: Whakatane McAlister Street

GPS: S 37°57'1" E 176°59'28". **Max. WOMOs:** 5
Ausstattung/Lage: Toilette, Wasser, Entsorgungsstation / Parkplatz.
Zufahrt: 1 McAlister Street, nähe NewWorld. 1,3 km westlich i-SITE.
Beurteilung: Parkplatz an einem Deich zum Whakatane River. Auf dem Deich liegt die Toilette und Sie können dort wunderbar zur i-SITE laufen. Bitte nur im vorgesehehen Bereich stehen (siehe Schild). Maximal 2 Nächte.

Whakatane

Entlang der Küste fahren Sie ins 8 km entfernte Whakatane, in dessen Mittelpunkt der imposante Felsen *Pohaturoa* thront. Lassen Sie sich den rechts vom SH2 abzweigenden Abstecher zum **Kohi Point Lookout** (GPS: S 37°57'28" E 177°0'45") nicht entgehen. Auf dem Weg dorthin haben Sie einen wunderbaren Blick auf den hinter Ihnen liegenden Küstenabschnitt und am Aussichtspunkt selbst liegt Ihnen Whakatane zu Füßen. Die ansehnliche 15 000 Einwohner zählende Stadt ruht in der letzten Flussschleife des *Whakatane River*, bevor dieser ins Meer fließt. Ihre erste Anlaufstelle sollte die zentral am Civic Centre gelegene i-SITE sein, wo Sie sich über mögliche Ausflüge

Aktiver Vulkankrater auf White Island

oder Wanderungen (Broschüre: **Discover the Walks around Whakatane**) informieren können. Ein Ausflug zur 50 km vor der Küste liegenden, aktiven Vulkaninsel **White Island** (www.whiteisland.co.nz, 15 The Strand, Whakatane, Tel. 0800 733 529), dem Vogelparadies **Whale Island** (www.whaleislandtours.com, 96 The Strand, Whakatane, Tel. 07 308 2001) und eine Tour zum Schwimmen mit Delfinen gehören sicherlich zu deren Highlights.

Sehenswert in Whakatane sind der Botanische Garten, das *District Museum and Gallery* und die zentral gelegenen *Wairere Falls*, der über die Wairaka Road erreicht werden kann. Lohnend ist auch ein Spaziergang auf den Hügel **Puketapu**, dessen Aussichtspunkt einen guten Überblick über die Stadt und den Fluss bietet. Eine längere und sehr zu empfehlende Wanderung ist der etwa 3,5 h in Anspruch nehmende **Kohi Point Walkway**. Preisgekrönte Lamm- und leckere Fischgerichte bekommen Sie im **Wharf Shed** (Ecke The Wharf - The Strand, Tel. 07 308 5698) mit Blick auf den Whakatane River.

Tarawera Falls

In der Mythologie der Maori nimmt Whakatane eine wichtige Rolle ein. In ihrer Sprache bedeutet der Name des Ortes „handeln wie ein Mann“. Nach der Überlieferung landete vor etwa 700 Jahren an der Flussmündung des Whakatane River das Ahnen Kanu Mataatua. Während die Männer auf Erkundungstour waren, löste sich das Kanu und wurde abgetrieben. In dieser bedrohlichen Situation setzte sich die Häuptlingstochter **Wairaka** über das Tabu, das Frauen verbietet Boote zu steuern, hinweg und rettete das Kanu. Ihr zu Ehren, wurde die neu entstandene Siedlung Whakatane genannt. Auf dem Turuturu Rock, einem an der Mündung des Whakatane River liegenden Felsen, wurde der beherzten Waikaka eine Bronzestatue gewidmet. Wenn Sie eine der weiter oben empfohlenen Bootsausflüge unternehmen, wird sie Ihnen begegnen.

(277) WOMO-Campingplatz-Tipp:
Awakeri Hot Springs and Holiday Park

GPS: S 38°0'20" E 176°51'39". **WOMOs:** 109 mit Stromanschluss
Ausstattung/Lage: Spielplatz, Hot Pools / Nahe dem SH2, von Wald umgeben. **Preiskategorie 2.** **Zufahrt:** 16 km hinter Whakatane am SH2.
Kontakt: SH2, Whakatane, Tel. 07 304 9117, www.awakerisprings.co.nz
Beurteilung: Sehr schöne, gut gegeneinander abgegrenzte Plätze auf Gras, viele Bäume. Den traumhaften Hot Pool (10m x 20m) können Sie von 6 Uhr bis 22.30 Uhr genießen. Das Bad ist besonders früh morgens und abends unter dem Sternendach ein ganz besonderes Vergnügen.

Von der Whakatane nach Rotorua

Nun kehren Sie der Küste den Rücken und wenden sich dem landeinwärts gelegenen Rotorua zu. Die 80 km lange Wegstrecke folgt dem SH30. Wenn Sie Lust haben, die Holz- und Papierindustriestadt **Kawerau** kennenzulernen, müssen Sie einen 3 km Umweg über den SH34 in Kauf nehmen. In Kawerau

Rotorua, Tudor Bathhouse

erwartet Sie ein recht strenger Geruch. Er geht von der *Pulp & Paper Company Mill* aus, einer hochmodernen Zellstoff- und Papier-Mühle. Die unzähligen mit Holz gefüllten Container direkt am SH34 sind nicht zu übersehen. Nur 4 km entfernt, quasi vor der Haustür Kaweraus, liegt der markante 820 m hohe Vulkankegel des **Mount Edgecumbe** (Maori: Pūtauaki). Zum Besteigen des Vulkangipfels benötigen Sie einen Permit (i-SITE). Zu gleichen Konditionen können Sie einen Ausflug in die *Lake Tarawera Scenic Reserve* unternehmen. Eine ca. 45-minütige Fahrt auf unbefestigten Straßen durch Landschaftsschutzgebiet bringt Sie zunächst zu einem Parkplatz. Hier beginnt ein gut ausgebauter Pfad, der Sie nach 20-minütigem Fußmarsch zu den **Tarawera Falls**, einem 60 m hohen Wasserfall führt.

(278) WOMO-Stellplatz: Kawerau Prideaux Park

GPS: S 38°5'13" E 176°41'56". **Max. WOMOs:** 10

Ausstattung/Lage: Toilette an der i-SITE, Entsorgungsstation. Kostenlose Nutzung von vier Plätzen mit Strom / Parkplatz hinter einem Pavillon.

Hinweis: Es sind auch Plätze hinter dem Bowling Club nutzbar. Fragen Sie an der nahen i-SITE. **Zufahrt:** In der Plunket St. biegen Sie in eine Straße neben dem Bowling Club ein. Die Plätze mit Strom liegen am Ende der Straße rechts hinter einem Pavillon.

Beurteilung: Zentral gelegen. 100 m zur i-SITE. Kostenlose Nutzung der Hot Pools. Nur Nutzung der 6 Plätze mit Strom müssen an der i-SITE 25 NZD hinterlegt werden. Das Geld bekommen Sie zurück. Gut für eine Nacht.

Das Besondere an diesem Naturschauspiel ist, dass der Wasserfall inmitten einer Felswand entspringt. Dieser verblüffende Umstand hat seine Ursache darin, dass der *Tarawera River* vor den Fällen unterirdisch in einer Höhle vulkanischen Ursprunges verläuft. Folgen Sie dem Wanderpfad über den Wasserfall hinaus. Dort können Sie an verschiedenen Stellen ganz wunderbar im glasklaren Wasser des Tarawera River schwimmen. Zurück auf dem SH30 treffen Sie bald auf den

Rotorua, Te Papaiouru Marae

ersten von vier Seen, die wie an einer Kette aneinandergereiht liegen. **Lake Rotoma** ist der östlichste von ihnen und wurde wie die anderen Seen **Lake Rotorua, Lake Rotoiti** und **Lake Rotoehu** vor etwa 10 000 Jahren durch vulkanische Aktivität geschaffen, indem erkaltete Lava als natürliche Staumauer fungierte. *Lake Rotoma* hat eine sehr gute Wasserqualität, die Sichten bis in 13 m Tiefe erlaubt. Zögern Sie nicht an seinem Ufer einen Picknick- oder Badestopp einzulegen (GPS: S 38°3'50" E 176°36'11").

Nach dem *Lake Rotoma* folgt zunächst *Lake Rotoehu*, der bei Kajak Fahrern und Anglern (Regenbogenforelle) sehr beliebt ist. Kurz dahinter treffen Sie auf den langgestreckten *Lake Rotoiti*, der durch den *Ohau Channel* mit dem *Lake Rotorua* verbunden ist. Seine Wasserqualität ist bedingt durch landwirtschaftlichen Nährstoffeintrag und daraus verursachter Algenblüte deutlich schlechter.

Vom am See gelegenen Ort *Ruato* kann man über den **Okataina Walkway** zum geschützten *Lake Okataina* wandern. Es führt allerdings auch eine 7 km lange Straße zu dem nördlichsten von vier kleinen Seen zwischen dem *Lake Rotorua* und dem *Lake Tarawera*. Sie ist kurvenreich und sehr eng, aber wunderschön überwachsen. Sie fahren fast die gesamte Strecke unter einem grünen Blätterdach. Die anderen drei Seen, *Lake Rotokakahi (Green Lake)*, *Lake Tikitapu (Blue Lake)* und *Lake Okareka* werden Sie sich von Rotorua aus erschließen. *Lake Okataina* ist vollständig von Wald aus heimischen Baumarten umgeben und hat weder Zu- noch Abfluss.

Kurz bevor Sie auf *Lake Rotorua*, den vierten und mit Abstand größten See der Seenkette treffen, sehen Sie rechts das Thermalfeld **Hells Gate** liegen (www.hellsgate.co.nz, Tel. 07 345 3151). Hier haben Sie die Chance, einen ersten Eindruck der Erdaktivitäten im *Geothermalgebiet Rotorua* zu bekom-

Rotorua, Information Centre

men. Sie können die Urgewalten der Erde hier relativ ungestört genießen, überall blubbert, brodelt und dampft es. In dem ausgedehnten Areal gibt es tiefschwarze Pools, gelbe Schwefelablagerungen, brodelnde Schlammlöcher und Seen angefüllt mit kochend heißem Wasser. Überall steigen dampfende Schwaden auf und die Luft ist erfüllt von fauligem Schwefelgeruch. Unter dem 38°C heißen Wasserfall darf man heute leider nicht mehr duschen, so dass Sie sich auf ein entspannendes Bad im modernisierten historischen Badehaus beschränken müssen.

Rotorua

Nach diesem ersten Eindruck von einem brodelnden Vulkangebiet setzen Sie Ihre Reise nach Rotorua fort. Nach 4 km erreichen Sie den Lake Rotorua, an dessen Gestaden Sie weitere 12 km bis zur Touristenattraktion Nummer eins auf der Nordinsel zurückzulegen haben. Der 80 km² große **Lake Rotorua** ist der zweitgrößte Binnensee der Nordinsel. Wie seine fast kreisrunde Form nahelegt, bildet die nach einer Eruption zusammengefallene Magmakammer eines Vulkans das Bett für den heutigen See. Sie können den Lake Rotorua mit einem Raddampfer im Mississippi Stil, der *Lakeland Queen*, erkunden.

Rotorua liegt im Zentrum der **Taupo Vulcanic Zone**, einem Gebiet von 300 km Länge und 30-70 km Breite, das sich von White Island bis zum Tongariro Nationalpark erstreckt. Die touristische Tradition Rotoruas reicht etwa bis ins Jahr 1850 zurück. Nachdem auch nach dem Ende der Landkriege keine Ruhe einkehrte, wurde das Gebiet um Rotorua unter Staatsschutz gestellt. Man richtete großzügige Parks ein und machte das ehemalige Maori-Dorf zu einem Heilbad, das zunächst den oberen Gesellschaftsschichten vorbehalten blieb. Besondere Attraktion waren damals zwei Terrassen, die aus Ablagerungen von zwei Geysiren entstanden waren. Die mit sehr heißem Wasser gefüllten **White Terraces** waren die größere und schönere Formation, die **Pink Terraces** konnten dagegen zum Baden genutzt werden. Die Terrassen wurden als *achtes Weltwunder* angesehen und zogen in den frühen 1880er Jah-

Rotorua, Badevergnügen im Polynesien Spa

ren auch Besucher aus Europa an. Die Terrassen wurden 1886 bei einem gewaltigen Ausbruch des *Mount Tarawera* zerstört, bei dem 150 Menschen ums Leben kamen.

(279) WOMO-Campingplatz-Tipp:
Rotorua Top 10 Holiday Park

GPS: S 38°8'11" E 176°14'26". **WOMOs**: 120 mit Stromanschluss
Ausstattung/Lage: Spielplatz, Swimmingpool, Hot Pool / Zentrumsnahe Lage, in 10 min erreichen Sie die Stadtmitte. **Preiskategorie 2.**
Zufahrt: Die Pukuatua Street zweigt westlich des Zentrums vom SH5 ab. Der Platz liegt 500 m Richtung Osten auf der linken Seite.
Kontakt: 137 Pukuatua St., Rotorua, Tel. 0800 481 886, www.rotorua-top10.co.nz **Beurteilung:** Ein typischer Top 10 Holiday Park: schön gelegen, sauber, eng. Die Sanitäranlagen sind sehr gut. *Free WiFi.* Der frei zugängliche Kuirau Thermal Park liegt nebenan.

Mit der beschaulichen Ruhe des einstigen mondänen Kurortes ist es heute vorbei. Jährlich kommen 3 Millionen Gäste, die hier zwischen dem Besuch der Sehenswürdigkeiten nach Herzenslust einkaufen und Geld ausgeben können. Das städtische Leben, der sich rasant entwickelnden 70 000 Einwohner zählenden Stadt konzentriert sich um die Fenton Street. An der ca. 3,5 km langen Hauptstraße liegen die meisten Hotels, Motels, Supermärkte und vor allem die Souvenirläden, die aus Holz und Jade gefertigte Maori-Kunst und Produkte aus Schafwolle anbieten. An der Ecke zur Whakaue Street können Sie in See Nähe, klassische Snacks und leckeren Kaffee zu sich nehmen (**Lime Caffeteria**, Tel. 07 350 2033). Ausgezeichnete indische Küche serviert das **Indian Star** (1118 Tutanekai St, Tel. 07 343 6222).

Die **zentrumsnahen Attraktionen** sind: **Das Informationszentrum**, das in zwei imposanten Bauten aus den frühen 1900ern untergebracht ist (Ecke Fenton St/Haupapa St, Tel. 07 348 5179). Wenige Schritte entfernt, befindet sich im großzügig

Rotorua, freier Stellplatz am Polynesien Spa

angelegten Park *Government Gardens* in typisch englischer Umgebung (Cricket-Spielfeld, Bowling Greens, echter englischer Rasen) das 1908 gebaute *Bath House (Tudor Towers).* Heute ist in dem wunderschönen Gebäude das **Rotorua Museum & Art Gallery** (Tel. 07 350 1814, www.rotoruamuseum.co.nz, tgl. 9.30-18 Uhr) untergebracht. Es zeigt eindrucksvoll die Geschichte der neuseeländischen Badekultur, Maorischätze und Dokumente über den Ausbruch des Vulkans Tarawera.

(280) WOMO-Stellplatz: Rotorua Goverment Gardens

GPS: S 38°8'15" E 176°15'26". **Max. WOMOs:** 12
Ausstattung/Lage: Toilette im Spa oder Goverment Garden / Parkplatz.
Zufahrt: Am östlichen Ende der Hinemoa Street, am Polenesian Spa.
Beurteilung: Ruhiger Platz am Strand, obwohl sehr zentral gelegen. Zur i-SITE sind es 500 m. Die Wohnmobile stehen dicht an dicht. Bitte nur im vorgesehenen Bereich stehen (siehe Schild). Maximal 2 Nächte.

Am Ende der *Government Gardens* finden Sie das im Jahr 1886 eröffnete **Polynesian Spa** (Hinemoa St, Tel. 07 348 1328, www.polynesianspa.co.nz, tgl. 8 - 23 Uhr). Größtenteils unter freiem Himmel können Sie hier in 26 verschieden temperierte Hot Pools zwischen 36°C und 42°C mit Blick auf den Lake Rotorua ein entspannendes Bad nehmen. Einige der Felsenpools liegen direkt am Seeufer. Das Heilwasser soll gegen Arthritis und Rheuma wirksam sein.

Wendet man sich am Seeufer von Rotorua westlich, so kommt man nach wenigen 100 m an der Konzertmuschel vorbei zum Maori-Dorf **Ohinemutu**. Das mit wunderschönen Schnitzereien reich verzierte *Tamatekapua-Marae* fällt hier sofort ins Auge. Die wundervolle Holzkirche *St. Faith's Anglican Church* liegt gegenüber in Richtung See. Die 1914 im Tudor-Stil gebaute Kirche verbirgt in ihrem Inneren wahre Kunstschätze

Rotorua, Kuirau Park

von feinsten Schnitzereien und sorgfältig gewebten Wandverkleidungen, „tukutuku“ genannt. Auch eine in einen Maori Umhang gehüllte Christusfigur gibt es hier zu bewundern. Sie ist in einem Fenster platziert und scheint für den Betrachter auf dem Wasser des Lake Rotorua zu schweben.

Tipp: Der städtische **Kuirau Park** liegt 600 m westlich der *Government Gardens* und ist über die *Arawas Street* zu erreichen. Er bietet inmitten einer gepflegten Gartenanlage ein frei zugängliches, aktives Thermalgebiet. In zwei Fußbädern können Sie Ihre Füße kostenlos im warmen Thermalwasser baumeln lassen.

Wenn Sie die Kulisse von Rotorua von oben aus betrachten wollen, sollten Sie sich von der Rotorua **Skyline Gondola** auf eine 487 m hohe Bergstation nahe dem *Mount Ngongotaha (757 m)* bringen lassen. Am Fuße der Seilbahn befindet sich der *Rainbow Springs Nature Park*, in dessen Mineralwasserquellen sich verschiedene Forellenarten wohlfühlen. Höhere Bedeutung hat jedoch der *Kiwi Encounter*, in dem die Besucher durch eine Glasscheibe den kompletten Brutvorgang und das Schlüpfen der Vögel beobachten können. Ein paar Kilometer weiter nördlich finden Sie den sehr kommerziellen *Agrodome Freizeitpark*. Geboten wird eine amüsante Show, in der man so ziemlich alles über Schafe lernen kann. Daneben gibt es im Agrodome einen Abenteuertourismus-Spielplatz, in dem Adrenalinjunkies auf ihre Kosten kommen.

Whakarewarewa und Te Puia

Etwa 2 km südlich der i-SITE, also noch recht zentral, liegt das touristisch sehr stark frequentierte **Whakarewarewa**, ausgestattet mit dem größten Geysirfeld in Neuseeland. Da der vollständige Name *Te Whakarewarewatanga O Te Ope Taua A*

Whakarewarewa - The Thermal Village

Wahiao (Der Aufstand der Krieger von Wahiao) sehr lang ist, wird der Ort gerne mit *Whaka* abgekürzt. Whakarewarewa besteht aus etwa 500 heißen Quellen, Schlammtöpfen und Geysiren, von denen sieben derzeit aktiv sind. Der berühmteste unter ihnen, der **Pohutu-Geysir**, bricht etwa stündlich aus und schleudert heißes Wasser bis zu 30 Meter hoch. Das Areal wurde im Jahr 1998 nach jahrelangen Besitzstreitereien aufgeteilt. Dem *NZ Maori Arts and Crafts Institute* gehören heute 2/3 des Whakarewarewa Thermal Reserve - nach einer Maorifestung **Te Puia** genannt - und das restliche Drittel gehört dem Dorf **Whakarewarewa - The Thermal Village.** Die beiden Areale sind durch einen Zaum voneinander abgegrenzt. Die Geysire gehören zu Te Puia.

Whakarewarewa - The Thermal Village (17 Tryon St, Rotorua, Tel. 07 349 3463, www.whakarewarewa.co.nz). Geöffnet ist das Gelände im Sommer von 8 - 18 Uhr (im Winter bis 17 Uhr), stündlich werden Führungen angeboten. Die sehr empfehlenswerte 45-minütige Maori cultural Performance Show findet täglich um 11:15 und 14 Uhr vor dem Versammlungshaus statt.

Te Puia (Hemo Rd, Rotorua, Tel. 0800 405 623, www.tepuia.co.nz, geöffnet tgl. 8 - 17 Uhr (im Winter bis 16 Uhr).

Der Südosten von Rotorua

Östlich von Rotoruas Stadtzentrum zweigt eine Stichstraße Richtung Südosten zu den Seen *Lake Okareka, Lake Tikitapu, Lake Rotokakahi* und *Lake Tarawera* ab. Der erste See, den die kurvenreich ansteigende Straße erreicht, ist der **Lake Tikitapu**. Der See mit seinem glasklaren Wasser liegt zu Ihrer Rechten und auf der anderen Straßenseite befindet sich, an einem leichten Hang gelegen, ein Top10 Campingplatz. Wenig später befindet sich rechts der Straße ein Aussichtspunkt,

Blick auf Lake Tikitapu (Blue Lake)

der ziwschen dem *Lake Tikitapu (Blue Lake)* und dem *Lake Rotokakahi (Green Lake)* liegt und Ausblicke auf beide Seen bietet. Nur 2 km hinter dem Aussichtspunkt treffen Sie auf **Te Wairoa, The Buried Village.** Wie schon geschildert, begrub der Ausbruch des Vulkans Mount Tarawera am 10. Juni 1886 die zuvor als achtes Weltwunder angesehenen *Sinterterrassen (Pink and White Terraces)* unter Schlamm und Asche. Das 15 km entfernte Te Wairoa, mit einem Hotel für die Besucher der Terrassen, und zwei Nachbarorte wurden ebenfalls verschüttet. Fünfzig Jahre nach der Katastrophe wurde Te Wairoa freigelegt und verschiedene Häuser rekonstruiert. Ein kleines Museum vermittelt einen sehr guten Eindruck von der Gegend vor dem Vulkanausbruch. Auf dem Gelände gibt es einen **Rundwanderweg**, der Sie auch zu einem Wasserfall bringt. Alleine die herrliche Anfahrt, die Sie an den genannten Kraterseen vorbeiführt, ist den Ausflug wert. Am nahen *Lake Tarawera* können Sie überdies mit dem Kanu fahren oder sich mit dem Boot zur *Hot Water Beach* bringen lassen.

(281) WOMO-Campingplatz-Tipp:
Blue Lake Top 10 Holiday Park

GPS: S 38°11'13" E 176°19'56". **WOMOs:** 80 mit Stromanschluss
Ausstattung/Lage: Spielplatz / Vom wunderschönen, glasklaren Lake Tikitapu (Blue Lake) mit Sandstrand nur durch eine Straße getrennt.
Zufahrt: Östlich von Rotoruas Stadtzentrum zweigt eine Stichstraße Richtung Südosten zum Lake Tarawera ab. Dieser etwa 15 km folgen.
Kontakt: 723 Tarawera RD, Blue Lake Rotorua, Tel. 07 362 8120, www.bluelaketop10.co.nz **Preiskategorie 3.**
Beurteilung: Großer Platz, direkt am idealen Badesee, Sanitäranlagen gut.

Die weiter nördlich gelegenen Thermalgebiete **Waikite Valley, Wai-o-Tapu** und **Waimangu** sind in Tour N08 beschrieben.

Tauranga

Auf dem Weg nach **Tauranga** verlassen Sie das Stadtzentrum Rotoruas über den SH5 Richtung Norden. Nach etwa 7 km folgen Sie dem SH36, der den See nach ebenfalls 7 km verlässt. Die Gesamtstrecke von Rotorua nach Tauranga beträgt 65 km. Das Zentrum von Tauranga liegt im Südosten eines großflächigen Naturhafens, der sich aus vielen Buchten und Halbinseln zusammensetzt. Direkt am Meer liegen die Stadtteile Mount Maunganui und Papamoa.

(282) WOMO-Stellplatz: Maketu Park Road

GPS: S 37°45'27" E 176°27'7". **Max. WOMOs:** 12
Ausstattung/Lage: Toilette, Spielplatz / Parkplatz am Maketu-Estuar.
Zufahrt: Am östlichen Ende der Hinemoa Street, am Polenesian Spa.
Beurteilung: Ruhiger Platz, von dem aus Sie wunderbar das Spiel der Gezeiten beobachten können. Im **Maketu Beachside Café**, 2 Townpoint Rd, Tel. 07 533 2381, können Sie gut Fish&Chips essen. Und bei **Maketu Pies**, 6 Little Waihi Rd, Tel. 07 533 2358, bekommen Sie leckere Pies.

Das vorherrschende Klima mit trockenen Sommern und milden Wintern lockte zuletzt viele Menschen an. Ruheständlern folgten Pendler und schließlich Selbstständige, die ihre Firma von hier aus führen konnten. Im Ergebnis ist Tauranga mit seinen Vororten die am schnellsten wachsende Stadt des Landes und dazu ausgesprochen wohlhabend. Trotzdem ist die Stadt von einer wild wuchernden Bebauung verschont geblieben und weist viele Parks und kleinere Grünanlagen auf. Das weithin sichtbare Wahrzeichen der Stadt ist der 232 m hohe, erloschene Vulkankegel **Mount Maunganui** (Maori-Name: Mauao), von den Bewohnern einfach *The Mount* genannt.

(283) WOMO-Campingplatz-Tipp: Papamoa Beach Resort

GPS: S 37°41'48" E 176°17'4". **WOMOs:** 125 mit Stromanschluss
Ausstattung/Lage: Spielplatz / Direkt am wunderschönen, großen Sandstrand.
Preiskategorie 3.
Zufahrt: Vom SH33 nach Papamoa Beach abfahren, am Kreisel zur Düne hoch, kein Schild!
Kontakt: 535 Papamoa Beach Rd, Papamoa, Tel. 07 572 0816, www.papamoabeach.co.nz
Beurteilung: Sehr schöne Anlage, gute Sanitäranlagen. Großer Platz, direkt am Strand, fragen Sie nach einem der Plätze zur Beach hin (H1-H4).

(284) WOMO-Stellplatz: Papamoa Beach Stella Place

GPS: S 37°41'38" E 176°16'49". **Max. WOMOs:** 3
Ausstattung/Lage: Nichts / Parkplatz mit Strand Blick.
Zufahrt: Direkt neben dem top 10 Holidy Park.
Beurteilung: Ruhiger Platz am Strand. Bitte nur im vorgesehenen Bereich stehen (siehe Schild). Maximal 2 Nächte.
Hinweis: Ausweichplatz: **Harrisons Cut, GPS** S 37°41'26" E 176°16'23".

Er liegt in einem weitgehend flachen Umland und thront vor dem Eingang des Naturhafens. Sie können den Berg auf einem über viele Stufen steil nach oben führenden Wanderweg hinaufwandern (**Summit Track**, 1,5 h) und oben angekommen, die herausragende Aussicht genießen. Die gleichnamige Vorstadt Taurangas liegt auf einer schmalen Sandbank, die den Mount Maunganui mit dem Festland verbindet. Der feinsandige, kilometerlange Sandstrand lockt die Menschen an, Kiwis wie Touristen. Der Strand von Mount Maunganui ist vor allem bei Surfern beliebt, für die durch ein künstliches Riff hohe Wellen erzeugt werden. Direkt am Fuße des Berges liegt ein wegen der attraktiven Lage recht teurer Campingplatz.

Omanu Beach

Unter den vielen Restaurants ist das **Delissi** (16 Pacific Ave, Mount Maunganui, Tel. 07 574 8200) am besten bewertet. Der kürzeste Weg von Mount Maunganui zum Zentrum Taurangas führt über die Harbour Bridge. Ziviler Ungehorsam (man zahlte die Maut einfach nicht) führte dazu, dass sie fallengelassen wurde. Der danach stark gestiegene Verkehr führt allerdings immer wieder zu Staus. Inzwischen hat sich die Maut durchgesetzt. Auch das Zentrum Taurangas liegt auf einer schmalen Landzunge, auf deren östlicher Seite die Uferpromenade *The Strand* viele Cafés und Restaurants aufweist.

(285) WOMO-Campingplatz-Tipp:
Beachside Holiday Park Mount Maunganui

GPS: S 37°37'55" E 176°10'35". **WOMOs:** 233 mit Stromanschluss
Ausstattung/Lage: Spielplatz / Direkt neben dem Zentrum und den schönen Bade- und Surfstränden von Mt Maunganui. **Preiskategorie 4.**
Zufahrt: Der Platz liegt am Kopfende der Straße zum Mt Maunganui.
Kontakt: 1 Adams Avenue, Mount Maunganui, Tel: 07 575 4471, www.mountbeachside.co.nz/
Beurteilung: Ein großer, teurer und dennoch meist voller Platz, der ideal zu den schönen Stränden und zum Aufstieg auf den Mt Maunganui liegt. Nebenan finden Sie einen beheizten Salzwasser Pool und viele Restaurants.

Nicht allzu weit entfernt finden Sie nahe der Harbour Bridge das restaurierte Missionshaus *The Elms*. Das 1847 aus Kauri-Holz gebaute historische Gebäude im spätklassizistischen Stil ist noch original möbliert. Das Haus diente als Missionsstation der englischen Church Mission Society und ist vor allem wegen seiner Bibliothek bekannt, die rund 1000 Bände des ursprünglichen Bestandes umfasst (**The Elms**, Mission St, Tel. 07 577 9772, www.theelms.org.nz, Mi, Sa, So 14-16 Uhr). Das parkartige Gelände mit großem, altem Baumbestand ist auch außerhalb der Öffnungszeiten zugänglich. Zum Freizeitangebot Taurangas gehört auch ein *Schwimmen mit Delfinen* Boots-

Blick vom Mount Maunganui

ausflug. In der i-SITE erhalten Sie kostenlos die Broschüren **Tauranga City Walkways** und **Historic Tauranga**. Letztere führt Sie zu historischen Stätten der Stadt.

(286) WOMO-Campingplatz-Tipp: Omokoroa Thermal Holiday Park

GPS: S 37°38'30" E 176°2'21". **WOMOs:** 26 mit Stromanschluss
Ausstattung/Lage: Spielplatz, Hot Pools / In einem Wohngebiet.
Zufahrt: Sie fahren den SH29 an den Mc Larren Falls vorbei, folgen dann SH24 und biegen schließlich rechts in die Old Te Aroha Rd Richtung Te Aroha ein. Nach 9 km biegen Sie links auf die Okauia Springs Rd ab.
Kontakt: 165 Omokoroa Beach Road, Tauranga, Tel. 07 548 0857, www.omokoroa.co.nz **Preiskategorie 2.**
Beurteilung: Exzellent gepflegte, saubere und ordentliche Anlage mit unglaublich vielen Blumenbeeten. Mehrere sehr schöne Thermalbecken mit Temperaturen zwischen 35° C und 39° C zur freien Nutzung.

Leckere Sandwiches und ausgezeichneten Kaffee bekommen Sie im **Mediterrano Café** (62 Devonport Rd, Tel. 07 577 0487). Frische Fischgerichte werden Ihnen im direkt am Wasser liegenden **Fresh Fish Market** (1 Dive Cres, Tel. 07 578 1789) serviert. Die *Dive Cres* finden Sie in der Verlängerung der Devonport Road.

Von der Tauranga nach Waihi

Vor dem Eingang des Naturhafens, direkt neben dem *Mount Maunganui*, beginnt eine langgezogene, schmale Insel, die sich 25 km in nordwestlicher Richtung erstreckt, **Matakana Island**. Die Tauranga Harbour genannte Meeresbucht zwischen Festland und Insel ist sehr flach und in weiten Uferbereichen versumpft. Im weiteren Verlauf von Tour N06 haben Sie mehrfach Gelegenheit zu Abstechern zum Tauranga Harbour. Wir nennen Ihnen zwei freie Stellplätze sowie einen Campingplatz mit Hot Pools. Auf der dem Meer abgewandten Seite liegt die

Bergkette *Kaimai Range*, die Regenwolken abhält und für die trockenen Sommer verantwortlich ist. Sie verlassen *Tauranga* und fahren auf dem SH2 entlang der Küste und parallel zur *Matakana Insel* in nordwestliche Richtung.

(287) WOMO-Stellplatz: Katikati Park Road Reserve

GPS: S 37°32'14" E 175°56'4" **Max. WOMOs:** 3
Ausstattung/Lage: Bank / Wendeplatz am Tauranga Harbour.
Zufahrt: Sie biegen im Zentrum von Katikati rechts in die Beach Road ab und nach 500 m links in die Park Road. Dieser folgen Sie für 2 km.
Kontakt: Western Bay of Plenty District Council
Hinweis: Maximal drei Womos für maximal drei Nächte. Nur im für Freedom Camping zugelassenen Bereich übernachten.
Beurteilung: Ruhiger Übernachtungsplatz auf Gras.

(288) WOMO-Stellplatz: Lindemann Lookout

GPS: S 37°32'40" E 175°52'31". **Max. WOMOs**: 5
Ausstattung/Lage: Toiletten / Am Hügel über Katikati, tolle Sicht!
Zufahrt: Kurz hinter der Uretara Domain links in die Lindemann Road abbiegen und dieser 3,4 km folgen.
Beurteilung: Sehr schöner, ruhiger Übernachtungsplatz mit weitem Blick.

(289) WOMO-Stellplatz: Tanners Point Reserve

GPS: S 37°28'56" E 175°56'46". **Max. WOMOs:** 3
Ausstattung/Lage: Toilette, Picknicktisch / Parkplatz am nördlichen Tauranga Harbour, gegenüber dem Katikati Entrance (Öffnung zum Meer).
Zufahrt: Am SH2 ist Tanners Point ausgeschildert. Folgen Sie der Tanners Point Rd für 2,1 km. Sie fahren direkt auf den für Freedom Camping zugelassenen Bereich des Parkplatzes zu.
Hinweis: Maximal drei Womos für maximal drei Nächte.
Beurteilung: Sehr guter Übernachtungsplatz.

Sie überqueren den *Wairoa River* und biegen wenig später in *Te Puna* links eine Stichstraße ab, die Sie nach 4 km auf den **Minden Lookout** bringt. Von hier aus hat man eine phantastische Perspektive auf *T*auranga und Tauranga Harbour. Zurück auf dem SH2 erreichen Sie nach 28 km, die Insel noch immer vor Augen, **Katikati**. Im Hinterland von Katikati liegt das Naturschutzgebiet *Kaimai Mamaku Forest Park*, in dem die während des Goldrausches im 19. Jahrhundert rücksichtslos gerodeten Hänge wieder aufgeforstet werden.

(290) WOMO-Campingplatz-Tipp: Waihi Beach Top 10 Holiday Park

GPS: S 37°23'53" E 175°56'13". **WOMOs:** 59 mit Stromanschluss.
Ausstattung/Lage: Spielplatz, Pool, Spa / 250 m vom Strand entfernt.
Preiskategorie 3.
Zufahrt: In Waihi Beach, am nördlichen Ende der Beach Road.
Kontakt: 15 Beach Road, Tel: 0800 924448, www.waihibeachtop10.co.nz
Beurteilung: Ausgezeichneter familienorientierter Platz mit excellenten Sanitäranlagen. Sie laufen 250 m zur bewachten Beach.

Die ca. 4000 Einwohner zählende Gemeinde **Katikati** ist für ihre bemerkenswerten Wandmalereien bekannt. Darin wird

»Goldgrube« in Waihi

die Geschichte der Pioniere und ihres Lebensstiles in fein ausgearbeiteten Gemälden an den Außenwänden von Handels- und Wirtschaftsgebäuden festgehalten. Katikati wurde 2005 mit der Auszeichnung als „Neuseelands schönste Kleinstadt" ausgezeichnet.

(291) WOMO-Badeplatz: Waihi Beach Island View Reserve
GPS: S 37°25'44" E 175°57'34". **Max. WOMOs:** 3
Ausstattung/Lage: Toilette / Parkplatz an der Waihi-Beach.
Zufahrt: Von Waihi kommend vom SH2 links in die Waihi Beach Rd abbiegen. Nach 17 km im Kreisverkehr zweite Ausfahrt (Wilson Rd) nehmen, weiter auf Seaforth Rd, nach 2 km links in die Tuna Ave, Ankunft.
Hinweis: Maximal drei Womos für maximal drei Nächte.
Beurteilung: Sehr guter Übernachtungsplatz. In nur 50 m Entfernung können Sie sich in die Wellen der Bay of Plenty stürzen.

Elf Kilometer hinter Katikati biegen Sie rechts in die Athenree Rd Richtung Waihi Beach ab. Den Campingplatz *Hot Springs Holiday Park Athenree* erreichen Sie nach etwa 4 km. Wenn Sie dort über Nacht stehen, können Sie die beiden heißen Pools kostenlos benutzen. Wir ziehen diesen Platz den zahlreichen Campingplätzen in Waihi Beach vor. **Waihi Beach** bietet Ihnen sehr schöne weiße Sandstrände mit tollen Bademöglichkeiten und einen empfehlenswerten freien Stellplatz. Wenn Sie von der Athenree Rd links in die Steele Rd und dann rechts in die Emerton Rd einbiegen, stoßen Sie, an der Küste angekommen, genau auf den Platz. Das Tourenziel, die 4.500 Einwohner zählende Gemeinde **Waihi**, liegt etwa 10 km hinter Waihi Beach. Essen Sie in Waihi unbedingt einen Apfelstrudel in der **German Bakery**, 54a Seddon Street.

(292) WOMO-Stellplatz: Waihi Memorial
GPS: S 37°23'29" E 175°50'19". **Max. WOMOs:** 5
Ausstattung/Lage: Keine / Parkplatz der R.S.A. am War Memorial.
Zufahrt: Das Gebäude der R.S.A. liegt zentral am SH2, 3 Seddon St.
Beurteilung: Gut für eine Nacht.

Rotorua
Lake Okataina
Lake Tarawera
Kawerau
Waikite Valley
Waimangu
Lake Rotomahana
Lake Rerewhakaaitu
Waiotapu
Lake Matahina
Lake Aniwhenua
301
WC
Maori Felszeichnungen
302
Murupara
Rangitaiki River
Te Whaiti
Minginui
Whirinaki Forest Park
Ruatahuna
Te Urewera Nationalpark
303
304
Manuoha 1392 m
Whakataka 1252 m
Maungataniwha 1373 m
Pukepuke 1235 m
305
Lake Waikareti
306
Lake Waikaremoana
307
1181 m Pukenui
Tuai
TOUR N11
N
20 km
Mohaka River
Mohaka Viaduct
Tour N09
Wairoa River
Fraser town
Wairoa
309
Waihua
310
308
30
34
5
38
2

Tour N11: Im Land der Kinder des Nebels

Rotorua - Murupara - Whirinaki Forest Park - Te Urewera Nationalpark - Lake Waikaremoana - Wairoa - 220 km

Stellplätze:	Lake Aniwhenua, Mimiha, Orangihikoia, Mokau Landing, Rosie Bay, Wairoa War Memorial Park, Pilot Hill Carpark
Camping:	Murupara, Lake Waikaremoana, Wairoa
Baden:	Lake Waikaremoana, Lake Waikareiti
Wandern:	Whirinaki Forest Park: Waiatiu Falls, Whirinaki Waterfall, Te Waiti-Nui-A-Toi Canyon, Lake Waikaremoana Walks, Rundweg Waipai-Ruapani-Waikareiti

Freuen Sie sich auf diese ursprüngliche Tour, die Sie von **Rotorua** zum an der Hawke Bay gelegenen Wairoa führen wird. Diese Tour gehört nicht zum touristischen Standardprogramm, denn sie durchquert eine der abgelegensten und am dünnsten besiedelten Regionen Neuseelands. Die 220 km lange stetig in südöstliche Richtung verlaufende Route ist in ihrem mittleren Teil über eine Länge von etwa 100 km nicht geteert. Im ersten Drittel der Strecke werden Sie den **Whirinaki Forest Park** mit seinen vielfältigen Wanderwegen kennenlernen. Der Holzfällerort **Murupara** bietet Ihnen Maori Felszeichnungen und die Gelegenheit zu Wildwasserfahren (*white water rafting*) auf dem Rangitaiki River. Danach dringen Sie in das Herzstück der Tour ein, den urwüchsigen **Te Urewera National Park**. Er beherbergt das größte Waldgebiet mit einheimischen Pflanzen der Nordinsel. Sicherlich werden auch Sie auf Ihren Wanderungen dem Bann dieses uralten und teils mystischen Regenwaldes erliegen. Die seit Jahrhunderten dort lebenden **Tuhoe** werden auch **Kinder des Nebels** genannt. Ein ausgesprochenes Kleinod des Nationalparks ist der **Lake Waikaremoana**, der „See des sich kräuselnden Wassers". Das Ende der Tour ist die an der Hawke Bay gelegene Kleinstadt **Wairoa**, mit dem 1877 aus Kauri Holz erbauten Portland Lighthouse, dem eindeutig beliebtesten Fotomotiv der Stadt.

Tour-Vorbereitung: Sie sollten in Rotorua Ihr Wohnmobil volltanken und Lebensmittelvorräte Einkaufen. Unterwegs wird es mit Tanken und Einkauf schwierig. Am Lake Waikaremoana Holiday Park gibt es zwar einen Shop, der aber nicht gut sortiert und zu teuer ist.

Von Rotorua in den Te Urewera National Park

Sie verlassen Rotorua auf dem SH5 Richtung Süden und biegen nach 20 km, zwischen den Thermalgebieten Waimangu und Wai-o-Tapu, links in den State Highway 38 ein. Diese aus-

Lake Waikaremoana - See des sich kräuselnden Wassers

gesprochen rustikale Straße ist in ihrem durch den Te Urewera Nationalpark führenden Teil nicht geteert. Dort wartet auf Sie eine kurvige aber ausreichend breite Schotterstraße.

Achtung! Kurven und Schotterbelag machen das Fahren in diesem Bereich sehr anstrengend. Einige Hinweise sind uns dazu wichtig: Planen Sie für diese etwa 100 km lange Strecke ausreichend Zeit ein, unter Zeitdruck sollten Sie hier nicht fahren! Eine weitere

Empfehlung: Fahren Sie langsam und bleiben Sie immer links, auch wenn Ihnen unterwegs nur wenige Fahrzeuge entgegenkommen. Auf den vielen bewaldeten und kurvigen Abschnitten sehen Sie entgegenkommende Fahrzeuge erst im letzten Moment. Wenn Sie in der Mitte fahren, kann ein Ausweichmanöver auf der Schotterstraße schwierig werden. Diese Teile der Strecke erlauben unseres Erachtens kaum eine höhere Geschwindigkeit als 30 km/h. Wichtig ist es auch, sich vor der Fahrt über Wetterverhältnisse und Straßenzustand zu informieren. Bei starkem Regen sollten Sie die Strecke keinesfalls fahren. Schließlich sollten Sie prüfen, ob der Mietvertrag für Ihr Wohnmobil das Befahren dieser Strecke erlaubt.

Nun aber los! Zunächst verläuft die Fahrt durch die Kiefernwälder des **Kaingara Forest**. Die Fahrt durch diese größte forstliche Anpflanzung der Südhalbkugel ist nicht sehr abwechslungsreich. Acht Kilometer vor Murupara wartet jedoch auf der rechten Straßenseite das erste Highlight auf Sie, die **Kaingaroa Forest Maori Rock Drawings**. Die eindrucksvollen Felszeichnungen, auf denen ein Kanu abgebildet ist, stammen vom Stamm der Ngati Manawa. Die Zeichnungen in einem Felsunterschlupf wurden 1925 entdeckt und geben Hinweise auf eine frühe Besiedlung.

(301) WOMO-Stellplatz: Lake Aniwhenua Campsite

GPS: S 38°18'38" E 176°47'38". **Max. WOMOs:** 10
Ausstattung/Lage: Toilette, Wasser, Dusche / Am Lake Aniwhenua.
Zufahrt: Am SH38, kurz vor Murupara, in die Kopuriki Rd einbiegen. Nach 20 km ist der Platz am See erreicht.

Beurteilung: Schöne Lage am See. Der Rangitaiki River wird hier aufgestaut. Die Staumauer ist nicht weit entfernt. Bei Neuseeländern beliebter Platz um Forellen zu fangen. Auch Wasserski wird gefahren.

(302) WOMO-Campingplatz-Tipp: Murupara Motor Camp

GPS: S 38°27'29" E 176°42'00". **WOMOs:** 28 Stellplätze mit Stromanschluss.
Ausstattung/Lage: Standard, SPA / Großflächige Wiese nahe dem SH38.
Preiskategorie 2.
Zufahrt: Am Ortseingang von Murupara, links am SH38. 62 km hinter Rotorua
Kontakt: 963 Main Rd, Tel. 07 366 5365, www.muruparamotorcamp.co.nz

Beurteilung: Großzügige Anlage mit Stellplätzen auf Gras. Sehr freundliche Eigentümer. Gemüse und Kräuter aus dem Garten können zum Kochen verwendet werden. Freies Wi-Fi.

Die kleine Gemeinde **Murupara** ist Dienstleistungszentrum für die Forstarbeiter und ihre Familien. Bewirtschaftet werden immerhin 1400 km² Kiefernforst. Die Bedeutung des heute verschlafen wirkenden Ortes ist allerdings in den letzten Jahren zurückgegangen. Wenn Sie sich über die glorreiche Vergangenheit des Ortes informieren wollen, wird Kent, der Eigentümer des örtlichen Campingplatzes, sicherlich auch Ihnen gerne von der »großartigen Geschichte« (*great history*) Muruparas berichten. Für den Abend sollten Sie sich dann aber nicht mehr allzu viel vornehmen. Bei Kent können Sie auch eine der beliebten Wildwassertouren auf dem Rangitaiki River buchen. Die in Rotorua ansässigen Tourenveranstalter sind **Wet ‚n' Wild Rafting** (www.wetnwildrafting.co.nz) und **Wild River Rats** (www.riverrats.co.nz).

(303) WOMO-Stellplatz: Mimiha Campsite - DOC Basic
GPS: S 38°38'52" E 176°55'08". **Max. WOMOs:** 10

Ausstattung/Lage: Toilette / Lichtung am Whakatane River.
Zufahrt: Nicht zu verfehlen. 42 km hinter Murupara.
Beurteilung: Sehr schöne Lage am Fluss. Maximal fünf Nächte.

Nicht weit hinter Murupara beginnt der 55 000 Hektar große **Whirinaki Forest Park** (www.whirinakirainforest.info), Heimat von Kaka und Kiwi. Er liegt im Grenzgebiet zwischen den forstwirtschaftlichen Anpflanzungen der Kaingaroa Ebene und den bewaldeten Bergen des Te Urewera Nationalparks. Der urzeitlich wirkende Wald besteht vornehmlich aus riesigen Steineiben Arten. Die Vegetation des Waldes ist wirklich unglaublich, alle Schattierungen von Grün werden Ihnen hier begegnen. Die Bäume sind oft von Flechten und Moosen überzogen und vermitteln den Eindruck eines Zauberwaldes. Jeden Augenblick meint man, könnte eine Märchenfee auftauchen. Der Wald bietet eine Vielzahl von Wanderungen. Beliebte Wanderziele sind die Waiatiu Falls, die Arohaki Lagoon, die Whirinaki Falls und der Te Whaiti nui a toi Canyon. Besorgen Sie sich in Murupara im DOC-Rangitaiki-Besucherzentrum die Broschüre **Walks in Whirinaki Forest**.

Wanderweg im Whirinaki Forest

Wir wollen Ihnen drei Wanderungen vorstellen, die am River Road Carpark beginnen. Sie erreichen ihn, indem Sie 20 km hinter Murupara rechts in die Minginui Road einbiegen und dieser 9 km bis zum Parkplatz (GPS: S 38°40‘32“ E 176°41‘56“) folgen. Der letzte Abschnitt ist Schotterpiste.

Waiatiu Falls Track (1 h 30 min hin und zurück, 4,4 km). Ein leicht zu wandernder (leicht ansteigend) und gut gepflegter Track durch einen wirklich eindrucksvollen Podocarpaceen Wald. Die Wasserfälle sind pittoresk.

Whirinaki Waterfall Loop Track (3–4 h, Rundweg, 9,3 km). Der ebenfalls leicht zu wandernde Track folgt dem Whirinaki River durch Podocarpaceen Wald. Unterwegs gibt es viele schöne Aussichtspunkte am Fluss. Den tosenden Wasserfall können Sie schon eine Weile hören, bevor Sie ihn erreichen.

Te Whaiti-Nui-A-Toi Canyon (30 min hin und zurück, 2 km). Diese Kurzwanderung folgt dem Whirinaki Track bis zu dem spektakulären Canyon.

Wenn Sie dem Charme des urtümlichen Podocarpaceen-Waldes erliegen und ihn noch intensiver kennenlernen wollen, können Sie auch eine geführte Tagestour buchen (**Whirinaki Rainforest Experiences**, Tel. 0800 869 255, www.whirinaki.com). Bei der Tour lernen Sie nicht nur die märchenhafte Vegetation und uralte Bäume kennen, sondern auch vieles über die Maori-Kultur. Die Tour beginnt mit einer traditionellen Maori-Begrüßung einschließlich Hongi, dessen wichtigster Bestandteil das Aneinanderdrücken der Nasen ist. Zum Abschluss gibt es noch leckere Sandwiches!

Auf der Weiterfahrt zum Lake Waikaremoana endet nun die asphaltiere Straße. Fahren Sie vorsichtig! Bis zum See des sich kräuselnden Wassers haben Sie nun nur noch 60 Kilometer zurückzulegen, für die Sie allerdings 1,5 h veranschlagen sollten. Wir nennen Ihnen unterwegs zwei Übernachtungsstellen, an denen Sie auch wunderbar eine Rast einlegen können.

Te Urewera Nationalpark und Lake Waikaremoana

Der Te Urewera Nationalpark umschließt das größte Urwaldgebiet der Nordinsel und ist fast vollständig von Vegetation bedeckt. Der Urwald wächst sogar noch auf den bis zu 1500 m hohen Bergketten des Parks. Seine Fruchtbarkeit verdankt der Nationalpark, der auf der Verwerfungslinie der *Taupo Volcanic Zone* liegt, dem Zusammenspiel von vulkanischer Asche und hohen Regenmengen. Der artenreiche Wald (Eine 2005 vom DOC durchgeführte Erhebung ergab 563 verschiedene Pflanzenarten) wird an vielen Tagen in Nebel eingehüllt. Folgerichtig nannte sich der hier lebende Maori-Stamm **Tuhoe**, was „Kinder des Nebels" bedeutet. Abgeschiedenheit, Frieden und fehlender Tourismus machen dieses Fleckchen Neuseeland zu einem der schönsten und außergewöhnlichsten Orte einer Urlaubsreise. Die Tuhoe sagen: „Besteige die Berge und der Wind des Tawhirimatea, der Gott des Sturmes, wird dich reinigen." Die Energie, die diesen magischen Ort umgibt, ist nahezu greifbar.

(304) WOMO-Stellplatz: Orangihikoia Campsite DOC Basic
GPS: S 38°40'05" E 177°02'26". **Max. WOMOs:** 20
Ausstattung/Lage: Toilette / Lichtung am SH38.

Zufahrt: Nicht zu verfehlen. 70 km hinter Murupara.
Beurteilung: Idyllischer Platz mitten im Te Urewera Nationalpark.

Wenn der SH38 auf den dunkelblauen See trifft, haben Sie noch 12 km Schotterstraße bis zum **DOC Te Urewera Visitor Centre** vor sich (GPS: S 38°44'41" E 177°09'50"). An das Besucherzentrum ist ein Museum angeschlossen, das über Leben und Kultur der Tuhoe Auskunft gibt. Vertreter dieses

Lake Waikaremoana, Mokau Landing

Maori-Stammes bieten darüber hinaus authentische Einführungen in die Legenden und Lebensweise ihres Volkes sowie naturnahe Wanderungen an. Decken Sie sich im Besucherzentrum mit den benötigten Informationen ein oder buchen Sie den *Lake Waikaremoana Great Walk*.

Der 46 Kilometer lange **Lake Waikaremoana Track**, wie er auch genannt wird, verläuft über weite Strecken am Süd- und Westufer des Lake Waikaremoana und wird damit stark durch diesen großartigen See geprägt. Der Wanderweg führt durch verschiedene Typen von Wäldern und offene Wiesenflächen, die immer wieder herrliche Ausblicke auf den See ermöglichen. Für die Wanderung sollten Sie drei bis vier Tage einplanen. Für Übernachtungen stehen an fünf Plätzen einfache DOC-Unterkünfte (nur Trinkwasser und Toiletten, buchungspflichtig!) bereit. Ausgangspunkte des Lake Waikaremoana Track (kein Rundwanderweg!) sind der *Onepoto Car Park* am Süd- und *Hopuruahine* am Nordende des Sees. Beide liegen am SH38. Vom Lake Waikaremoana Holiday Park aus verkehren Wassertaxis zu verschiedenen Stellen des Tracks.

Mokau Falls

Lake Waikareiti

Wer will, kann sich also morgens zu einer Stelle bringen und abends von einer anderen wieder abholen lassen (**Big Bush Water Taxi**, Tel. 0800 525 392, www.lakewaikaremoana.co.nz/water-taxi). Die Wanderung bietet eine fabelhafte Szenerie und den hautnahen Kontakt mit der einzigartigen Flora und Fauna des Landes. Viele Wanderer berichten zudem von mystischen Legenden, Maori-Erfahrungen und einer Art Selbstfindungsprozess auf Ihrem Weg durch den magischen Urewera Forest. Es ist ein besonderes Gefühl, wenn man zum ersten Mal den „Feenwald" betritt, in dem die verwitterten und in sich verschlungenen Silberbuchen von oben bis unten mit Flechten und Moos verziert sind.

(305) WOMO-Wanderplatz:
Mokau Landing - DOC Conservation Campsite

GPS: S 38°43'58" E 177°05'24". **Max. WOMOs:** 30
Ausstattung/Lage: Toiletten / Am Lake Waikaremoana, absolut traumhaft.
Zufahrt: Wenn Sie den See von weit oben sehen rechts abbiegen, ausgeschildert. Achtung, die Zufahrt ist sehr steil. **Preiskategorie 1**.
Beurteilung: Idyllische Lage am See. Der Mokau River mündet hier. Die Mokau Falls sind nur 1,5 km entfernt.

Der Lake Waikaremoana wird auch **„See des sich kräuselnden Wassers"** genannt. Wissenschaftler haben herausgefunden, dass der 600 m hoch gelegene Bergsee vor gut 2000 Jahren durch einen gewaltigen Erdrutsch entstanden ist, der den *Waikaretaheke River* in der Folge auf einer Fläche von 54 km² aufstaute. Zu den angebotenen Freizeitmöglichkeiten gehören viele Wanderungen verschiedener Länge, Kanu-Touren und Angeln. Über die möglichen Wanderungen gibt die DOC Broschüre *Lake Waikaremoana Walks* Auskunft. Auf jeden Fall sollten Sie sich die kurzen Wanderungen zu zwei nahe gele-

Papakorito Falls

genen Wasserfällen einplanen. Die **Papakorito Falls** befinden sich 2 km östlich des Besucherzentrums und die **Aniwaniwa Falls** sind sogar nur einen Kilometer entfernt.

Eine sehr schöne Wanderung ist der **Lake Waikareiti Walk** (2 h hin und zurück, 300 Hm). Er startet 200 m vom Besucherzentrum entfernt und führt zu dem 300 m höher gelegenen bezaubernden friedvollen Lake Waikareiti. Wer dort eine ruhige und extrem naturnahe Ruderboot Fahrt unternehmen möchte, muss diese vor Antritt der Wanderung im Te Urewera Visitor Centre buchen. Sie erhalten dort einen Schlüssel, mit dem Sie ein Ruderboot von der Kette lösen können. Auf dem Weg zu dem kleinen See tauchen Sie in eine mystisch wirkende, grüne Welt ein. Sie besteht aus Farnen und urwüchsigen Bäume, die von Flechten und Moosen überzogen sind. Ein richtiger Feenwald, Magie liegt in der Luft, ein Naturerlebnis der besonderen Art. Wer ehrgeizigere Wanderziele verfolgt, kann den insgesamt 15 km langen **Rundweg Waipai-Ruapani-Waikareiti** gehen, der am Lake Waikareiti vorbeiführt.

(306) WOMO-Campingplatz-Tipp:
Lake Waikaremoana Holiday Park

GPS: S 38°45'13" E 177°9'19". **WOMOs:** 31 Stellplätze mit Stromanschluss.
Ausstattung/Lage: Spielplatz, Einkaufmöglichkeiten / Am Lake Waikaremoana, im Te Urewera National Park. **Preiskategorie 2.**
Zufahrt: Dem SH38 folgen, etwa 12 km nachdem der SH38 auf den See trifft, direkt am Lake Waikaremoana in der Opourau Bay.
Kontakt: 6249 Lake Road, Tel. 06 837 3826, www.waikaremoana.info
Beurteilung. Einfache Anlage mit großzügigen Stellplätzen auf Gras.

Vom Te Urewera Nationalpark nach Wairoa

Sie verlassen den Te Urewera Nationalpark über den SH38 und haben bis Wairoa 65 kurvenreiche Kilometer zurück zu legen, die im oberen Teil nicht durchgehend geteert sind. In dem Örtchen **Tuai**, das 5 km vor dem Eingang des Nationalparks

Lake Waikaremoana mit Blick auf den Campingplatz

liegt, befindet sich ein 1926 erbautes Wasserkraftwerk, das aus dem künstlich aufgestauten *Lake Whakamarino* Strom erzeugt. Sie können dort ein Picknick einlegen. Bleiben Sie hinter Tuai weiter auf dem SH38 und genießen die wunderschöne Strecke entlang des wilden *Waikaretaheke River*. Der nächste Ort durch den die Fahrt führt ist 8 km vor Wairoa **Frasertown**. Dort zweigt der SH36 ab, die Inlandsroute nach Gisborne (siehe Tour N09).

(307) WOMO-Stellplatz: Rosie Bay - DOC Basic

GPS: S 38°47'9" E 177°07'51". **Max. WOMOs:** 10
Ausstattung/Lage: Toilette / Grasplatz am Lake Waikaremoana.
Zufahrt: 6 km hinter dem Holiday Park führt in einer scharfen Rechtskurve eine Straße hinab zum See und zum Platz. Nicht gut ausgeschildert.
Beurteilung: Idyllischer Platz mit tollen Ausblicken+ auf den Lake Waikaremoana. Die Toilette ist etwas entfernt, Toilettenpapier mitnehmen!

(308) WOMO-Stellplatz: Wairoa - War Memorial Park

GPS: S 39°1'51" E 177°25'17". **Max. WOMOs:** 10
Ausstattung/Lage: keine / Zentrumsnah am Ufer des Wairoa River.
Zufahrt: Nachdem der SH2 den Wairoa River überquert hat, links in die River Parade einbiegen und dieser bis zum Parkplatz folgen.
Beurteilung: Schöne Lage am Fluss. Maximal drei Nächte.

Die 5.500 Einwohner zählende Stadt **Wairoa** wird als Zugangstor zum Te Urewera Nationalpark angesehen. Sie liegt in der nördlichen Hawke Bay im Mündungsgebiet des Wairoa River in den Pazifischen Ozean. Die Stadt wird vom gleichnamigen Fluss in zwei Hälften geteilt und ist von einer Hügel Landschaft umgeben. Sie erreichen zunächst den nördlichen Teil der Stadt, der industriell geprägt ist und mehrere Kleinbetriebe beherbergt. Im südlichen Teil der Stadt wohnen die meisten Einwohner. Er bietet Einkaufsmöglichkeiten und ist mit seinen sozialen und kulturellen Einrichtungen das eigentliche

Wairoa River Mouth - Pilot Hill Carpark

Zentrum der Stadt. Die die Stadtteile verbindende Brücke wurde nach fast zwei Jahre Bauzeit im Februar 1990 von Queen Elisabeth II. bei ihrem Neuseelandbesuch offiziell eingeweiht. .

(309) WOMO-Campingplatz-Tipp: Wairoa Riverside Motor Camp

GPS: S 39°1'57" E 177°24'55". **WOMOs**: 40 Stellplätze mit Stromanschluss.
Ausstattung/Lage: Spielplatz / Zentrumsnahe Lage, zu den Shops 200 m.
Zufahrt: Im Zentrum von Wairoa am Kreisel nach links abbiegen, nach 200 m liegt der Platz auf der rechten Seite. **Preiskategorie 2**
Kontakt: 19 Marine Parade, Wairoa 4108, Tel: 06 838 6301, www.riversidemotorcamp.co.nz **Beurteilung:** Die großzügigen Stellplätze liegen auf gepflegtem Rasen, saubere Sanitäranlagen. Sehr schöne und ruhige Anlage direkt am stattlichen Wairoa River, in dem Sie auch schwimmen können. Beheizter Swimmingpool nebenan.

(310) WOMO-Stellplatz: Wairoa - Pilot Hill Carpark

GPS: S 39°03'38" E 177°24'53" **Max. WOMOs:** 5
Ausstattung/Lage: Nichts / An der Mündung des Wairoa River.
Zufahrt: Sie folgen vom Zentrum Wairoas aus dem Fluss bis zur Mündung.
Beurteilung: Schöne Lage an der Flussmündung. Wunderbare Pohutukawa Bäume blühen im Dezember und liefern Schatten. Maximal drei Nächte.

Sehenswert sind in der zwei Kilometer vor der Mündung des Wairoa River gelegenen Kleinstadt der Leuchtturm, ein 1935 erbautes *Maori Versammlungshaus (Takitimu-Marae)* und das *Wairoa* District Museum, wobei das 1877 aus Kauri Holz erbaute **Portland Lighthouse** eindeutig das beliebteste Fotomotive der Stadt ist. Sie finden es heute nahe dem Ortszentrum am Flussufer, gegenüber dem Einkauszenrum (*shopping centre*). Schauen Sie auch im **Gaiety Theatre** vorbei (Gaiety Cinama & Theatre, 52 Marine Parade, Wairoa, Tel. 06 838 3104). Das 1928 erbaute Gebäude wurde bereits drei Jahre später durch das Erdbeben von 1931 zerstört. In dem neu renovierten ehemaligen Kino finden heute Live-Shows und Themenabende statt.

TOUR N12
20 km
Paeroa
336
26
Waihi
Karangahake Gorge
Waihi Beach
Athenree Hot Springs
Katikati Entrance
Kaimai-Mamaku Forest Park
335
Te Aroha
334
27
Katikati
Tauranga Harbour
Matakana Island
Kaimai Range
2
Gordon
Tour N10
Wairere Falls
P
Tauranga
333
Opal Hot Springs
Matamata
332
Okauia
Hobbiton Movie Set
McLaren Falls
WC
331
29
36
1
Tirau
28
Tapapa
Putaruru
5
Rotorua

Tour N12: Durch Mittelerde

Rotorua - Tirau - Matamata - Opal Hot Springs - Wairere Falls - Te Aroha - Paeroa - Karangahake Gorge - Waihi - 145 km

Stellplätze:	Matamata, Brock`s Place, Te Aroha, Paeroa
Camping:	Opal Hot Springs, Te Aroha
Baden:	Opal Hot Springs, Te Aroha Leisure Pool
Wandern:	Wairere Falls Track, Te Aroha Mountain Track, Howarth Memorial Wetlands Walk, Waiorongomai Valley Tramping Tracks, Karangahake Gorge Historic Walkway, Karangahake Tunnel Loop Walk
Essen:	Matamata: Workman's Café, Grüner Drache, The Shires Rest, Te Aroha: Domain Cottage Café, Grand Tavern, Paeroa: L&P-Café Bar & Brasserie, Waikino Station Café

Für die Freunde von Peter Jacksons weltbekannter Filmtrilogie **Herr der Ringe** ist ein Besuch des **Hobbiton Movie Set** nahe Matamata sicherlich Höhepunkt dieser Tour, die Sie von Rotorua zum an der Bay of Plenty gelegenen Waihi führen wird. Weitere Stationen von Tour N12 sind die **Opal Hot Springs**, die anspruchsvolle Wanderung zu den Wairere Falls, der Besuch der Kurstadt **Te Aroha**, eine Visite in **Paeroa**, das sich selbstironisch „weltberühmt in Neuseeland" nennt, und die Fahrt durch die bezaubernde Felsschlucht **Karangahake Gorge**.

Das Farmerstädtchen Tirau

Das Farmerstädtchen Tirau liegt verkehrstechnisch günstig an den Highways SH1, SH5 und SH27. In Rotorua startend erreichen Sie Tirau nach 52 km über den SH5. Das 800 Einwohner Städtchen ist heute ein beliebter Ort für einen Stopp, um einen Kaffee zu trinken und in den markanten Läden Altes, Originelles oder auch Kitsch zu kaufen. Das Markenzeichen des Ortes ist, etwas verblüffend, Wellblech. Fast alle Läden haben Wellblechskulpturen oder sind ganz aus Wellblech gebaut, z.B. ein Laden für Wollprodukte in Form eines riesigen Schafes. Das Touristenbüro wiederum ist ein großer Hund (**Tirau i-SITE**, 65 Main Rd, Tel. 07 883 1202). Die Wellblechbauten sind inzwischen geradezu zum

Wellblechgebäude in Tirau

Stilechte i-SITE in Matamata

Wahrzeichen des Ortes geworden, ein geschickter Vermarktungs-Schachzug. Ein besonderer Tipp ist der originelle Antiquitätenladen Antiques@Tirau (28 Main Rd, tgl. 9 - 17 Uhr), in dem Sie echte Schätze entdecken werden. Es gibt einen Art-Deco und einen Art-Nouveau Raum, viktorianische Deckenlampen, königliche Fanartikel, eine riesige Kollektion von antiken Kameras, Kristallgläser oder antikes Spielzeug, wie eine Miniatur-Singer-Nähmaschine. Daneben hat Tirau noch ein Spielzeugmuseum zu bieten, das in Form eines Castles gebaut ist (**The Castle Pamela**, 10 Bridge St, Tel. 07 883 1112, www.thecastle.co.nz).

Matamata, i-SITE im Hobbingen Stil

Das 20 km hinter Tirau liegende Matamata erreichen Sie über SH27. Unterwegs passieren Sie den **Oraka Wapiti Deer Park** (71 Bayly Rd, Tirau, Tel. 07 883 1382), mit Shop, Restaurant und einem Rehgehege. Mit Kindern ist ein Stopp hier sicherlich lohnend.

(331) WOMO-Stellplatz: Matamata - Pohlen Park

GPS: S 37°48'38" E 175°45'48". **Max. WOMOs:** 10
Ausstattung/Lage: Nichts / Neben einem Sportplatz.
Zufahrt: Sie biegen in Matamata links vom SH27 in die Elizabeth St ab und nach 600 m links in die Western St (47 Western St, Matamata).
Beurteilung: Großer Asphaltplatz ohne Atmosphäre, dafür kostenloser, ebenerdiger und ruhiger Übernachtungsplatz. Gut für eine Nacht.
Hinweis: an der i-SITE gib es eine Toilette. Auf dem dortigen Parkplatz dürfen Womos ohne Selbstversorgung eine Nacht stehen!

Durch den immerhin 7.800 Einwohner zählenden Ort Matamata würden Sie vermutlich einfach durchfahren, wäre da nicht Peter Jacksons großartige Filmtrilogie **Herr der Ringe**. Damit würden Sie allerdings auch **Workman's Café Bar** (52 Broadway, Tel. 07 888 5498) verpassen. Das bekannte und angenehm verschrobene Restaurant hat ausgezeichnete Speisen und auch die diversen afrikanischen Frauenbüsten an den Wänden sind sehenswert. Ins Auge springt in Matamata auch die **i-SITE** (45 Broadway, Matamata, Tel. 07 888 7260). Das Visitor Information Centre wurde eigens im Hobbingen Stil umgebaut. Es gibt hier einen Abholservice für die Hobbiton Movie Tours, die in einem 16 km entfernten Besucherzentrum

Hobbit Unterkunft in Hobbingen

mit Café starten (**The Shires Rest**, 501 Buckland Rd, Hinuera, Matamata, GPS: S 37°52‘19“ E 175°41‘1“, Tel. 07 888 1505). Wenn Sie mit dem Wohnmobil direkt dorthin fahren wollen, müssen Sie von Tirau kommend etwa auf halber Strecke zu Matamata links abbiegen.

(332) WOMO-Stellplatz: Brocks Place

GPS: S 37°52‘52“ E 175°41‘48“. **Max. WOMOs:** 5
Ausstattung/Lage: Toilette, Wasser, Dusche / Wiese an der Farm.
Preiskategorie 1.
Zufahrt: 2,2 km vor dem Movie Set an der Buckland Road (277B).
Beurteilung: Große Wiese, gute Duschen, sauber, ruhig. Tolle Ausblicke. Die Frühstückseier können Sie bei der Farmersfrau kaufen.
Hinweis: Die Ankunftszeit sollte zwischen 4 pm und 8 pm liegen.

Wenn Sie das Hobbiton Movie Set besuchen und in der Nähe übernachten wollen, bieten sich drei Möglichkeiten an. Nur zwei Kilometer vom Movie Set entfernt liegt eine Farm, an der eine Übernachtung möglich ist (Brock`s Place). In Matamata gibt es einen kostenlosen aber nicht sehr schönen Stellplatz für Ihr Wohnmobil. Alternativ können Sie im nur 7 km entfernten Opal Hot Springs & Holiday Park die Übernachtung mit einem Bad in heißen Thermalpools verbinden.

Hobbiton Movie Set

Die geführten Touren zum Hobbiton Movie Set starten jede halbe Stunde und dauern knapp zwei Stunden. Sie sind bestens organisiert und nach unserer Einschätzung ganz ausgezeichnet, die Guides ausgesprochen kompetent. Wegen der bezaubernden Landschaft kommen auch Besucher auf ihre Kosten, die die Filme nicht gesehen haben. Die Führungen zeigen 44 Hobbit-Höhlen, die in die wunderbar grünen Berghänge voll integriert sind, die Hobbit-Obstgärten, den Fest Baum und den

Wassermühle in Hobbingen

Festplatz. Die Tour endet mit einem Freibier (selbstgebrautes Hobbit-Bier) im **Grünen Drachen**. Wer möchte kann etwas zu Essen bestellen und Speisen wie ein Hobbit. Das rustikale Ambiente bis hin zum steinernen Bierseidel ist perfekt.

Tipp: Wenn Sie dem größten Besucheransturm entgehen wollen, kommen Sie am Spätnachmittag.

(333) WOMO-Campingplatz-Tipp: Opal Hot Springs & Holiday Park

GPS: S 37°47'16" E 175°50'18" **WOMOs:** 109 Stellplätze mit Strom.
Ausstattung/Lage: Standard, Spielplatz, Hot Pools / Im Grünen gelegen.
Zufahrt: Von der i-SITE in Matamata auf dem SH24 nach Südosten, links in Tower Rd, nach 3,6 km links in Okauia Springs Rd, nach 2,6 km links.
Kontakt: 257 Okauia Springs Road, Matamata, Tel. 0800 800 198, www.opalhotsprings.co.nz **Preiskategorie 2.**
Beurteilung: Saubere und ordentliche Anlage. Durch die Pools ist allerhand los. Die Waschräume sind sauber, aber nicht mehr die neuesten und nur zwei Duschen pro Geschlecht. Auch die Küche ist klein. Es gibt zwei schöne Essgelegenheiten in einem Pavillon. Sehr freundliches Personal. Es gibt ein großes Schwimmbecken mit einer Temperatur von 27°C und zwei flache Mineralthermen von 40°C zur freien Nutzung. Touren zum Hobbiton Movie Set starten hier. Die sehenswerten Wairere Falls sind 8,5 km entfernt. Check-out-Zeit ist 12 Uhr, Sie haben also Zeit für ein heißes Bad am Morgen.

Wairere Falls

Von Matamata führt Tour N12 nach Te Aroha, die Stadt der Liebe. Unsere Streckenführung erfolgt nicht über den weniger interessanten SH27, sondern führt zunächst an den Opal Hot Springs vorbei zu den Wairere Falls. Danach verläuft Tour N12 an den Hängen der **Kaimai Range** entlang über die Old Te Aroha Road und ab Gordon über die Te Aroha-Gordon Road (37km). Ihr erstes Ziel ist der Wairere Falls Parkplatz (GPS: S 37°44'14" E 175°51'45"). Von Matamata kommend fahren Sie

Wairere Falls

zunächst nach Okauia und biegen dort links in die Old Te Aroha Road Richtung Gordon ein. Nach 6 km biegt rechts eine ausgeschilderte Straße zum Carpark ab. Nehmen Sie Ihre Wertsachen mit auf die Wanderung! Sie sollten gute Wanderschuhe tragen, denn es geht über Stock und Stein.

Wairere Falls Track
(5 km, 3 bis 4 Stunden hin und zurück, anspruchsvoll)

Auf Sie wartet eine phantastische Wanderung hinauf an die Fallkante des 153 m hohen Wasserfalles. Die Wairere Falls sind damit der höchste Wasserfall der Nordinsel. Bei dem anspruchsvollen Aufstieg haben Sie also einige Höhenmeter zu bewältigen. Er verläuft weitestgehend im schattenspendenden Wald. Nikau Palmen, Puriri - sowie Kohekohe Bäume säumen Ihren Weg. Der gut ausgeschilderte Track führt zunächst zum Wairere River und folgt diesem über moosbedeckte Felsen und Baumwurzeln hinweg. Die beiden Fluss-Überquerungen sind dank Brücken leicht zu bewältigen. Es gibt immer wieder Pools, in denen Sie ein erfrischendes Bad nehmen können. Die zunächst moderate Steigung nimmt allmählich zu und schließlich helfen Ihnen Holzstufen, die letzte Steigung zum Ende der Schlucht und zur ersten Aussichtsplattform zu bewältigen. Von hier aus haben Sie einen wunderbaren Blick auf die breiten Wasserfälle, deren Basis nun direkt vor Ihnen liegt. Die Hälfte des Weges zur Fallkante ist geschafft und wem der Ausblick hier genügt, kann sich auf den Rückweg begeben.

Wer auch die Fallkante sehen will, muss sich auf den steilen Weg machen und zusätzliche 121 Treppenstufen bewältigen. Sie passieren ein reiches Mosaik an verschiedenartigen Bäumen, unter denen der Tawa Baum dominiert. Oben fällt der Wairere River über einen steilen Geländeabbruch, der zur Okauia Faltline gehört. Welch großartigen Blick auf die Waikato Plains Sie hier genießen, braucht nicht eigens betont zu werden. Nehme Sie eine Jacke mit, denn hier ist es sehr windig und Sie können nass werdon.

Der Kurort Te Aroha

Der Kurort Te Aroha ist eine rund 3.900 Einwohner zählende Stadt in ländlicher Umgebung am südlichen Ende des *Thames*

Te Aroha Town Clock

Valley. Durch den Ort führt der SH26, der Te Aroha nach Norden mit der *Coromandel-Peninsula*.verbindet (Thames ist 48 km entfernt) und nach Südwesten mit Hamilton (57 km). Durch Te Aroha fließt der *Waihou River*, der durch das sumpfige Tiefland der Hauraki Plains verläuft und schließlich in den Firth of Thames mündet. Nordöstlich der Stadt liegt der 952 m hohe Mount Te Aroha, der Ihnen schöne Wanderungen bietet. Einer Legende nach war ein Maori Häuptling, der den Berg bestieg, von dem Ausblick so beeindruckt, dass er „Aroha ki tai! Aroha ki uta!“ ausrief. Das gab Berg und Stadt den Namen Aroha, was übersetzt „Liebe“ bedeutet.

(334) WOMO-Campingplatz: Te Aroha Holiday Park

GPS: S 37°33'58" E 175°43'09". **WOMOs:** 10 Stellplätze mit Strom.
Ausstattung/Lage: Standard, Abenteuer Spielplatz / Schön im Grünen gelegen. **Preiskategorie 2**.
Zufahrt: Auf SH26 nach Südosten, nach links abbiegen, um auf SH26 zu bleiben, 2,1 km geradeaus auf Stanley Road.
Kontakt: 217 Stanley Rd, Tel. 07 884 9567,www.tearohaholidaypark.co.nz
Beurteilung: Saubere und ordentliche Anlage, etwas in die Jahre gekommen. Nicht alles funktioniert, aber gute Duschkabinen.

(335) WOMO-Stellplatz: Te Aroha - Boyd Park

GPS: S 37°32'52" E 175°42'07". **Max. WOMOs:** 10
Ausstattung/Lage: Nichts / Neben eine Sportstätte und einem Park.
Zufahrt: Auf SH26 nach Südosten, rechts abbiegen auf Stanley Ave, rechts abbiegen auf Spur St. Der große Parkplatz liegt links.
Beurteilung: Die Meinungen gehen auseinander. Camper mit Glück bekamen im Club eine freie heiße Dusche, andere wurden am Wochenende von Angetrunkenen belästigt. Entscheiden Sie!.

Te Aroha wurde am 25. November 1880 zwar zeitgleich mit der Eröffnung der 3 km weiter südöstlich liegenden **Waiorongomai-Goldfelder** gegründet, aber von größerer Bedeutung für die Stadt war die Schenkung der heißen Quellen durch

Te Aroha District Museum

den Maori-Häuptling Te Mokena Hau an die britische Krone. Die heiße Mineralquelle stand jetzt erholungsuchenden Europäern zur Verfügung und die 1883 gebaute Eisenbahnverbindung machte die Stadt schnell zu einem landesweit bekannten Kur- und Erholungsort. Die heißen Quellen ziehen auch heute noch Touristen und Erholungsuchende an, doch der Hauptwirtschaftsfaktor ist nun die Milchwirtschaft, Schafzucht, Fleischverarbeitung, Holzverarbeitung und Düngemittelproduktion.

Ein Kulturerbe Pfad führt Sie entlang der historischen Gebäude und Denkmäler des Kurortes. Wunderschöne Holzhäuschen säumen die Straßen und tragen zusammen mit den gepflegten kleinen Gärten dazu bei, dass Te Aroha 2013 bereits zum dritten Mal den Titel „Best Big Little Town in New Zealand" gewonnen hat. Besuchen Sie auch The Domain, mit verschiedenen heißen Mineralwasserbecken und dem einzigen Geysir der Welt, der von heißem, kohlensäurehaltigem Wasser gespeist wird. Der **Mokena Geysir** kommt aus einer Tiefe von rund 70 m und fördert alle 40 Minuten rund 28 000 Liter kristallklares Wasser zu Tage, das zwischen 75 und 85 Grad Celsius warm ist.

Ein heißer Tipp: Besuchen Sie unbedingt die Te Aroha Mineral Spas. Die neu renovierte Mineral Therme liegt in herrlicher Umgebung in der Te Aroha Domain in einem ausgesprochen hübschen edwardianischen Gebäude. Dort können Sie in großen Holzbottichen im seidig gatten heißen Sodawasser entspannen und das mit spektakulärem Blick auf die umliegenden Berge. Hinterher können Sie erfrischt in der nahen Grand Tavern gut speisen (81 Whitaker St, Tel. 07 884 7576). Wenn Ihnen eher nach einem leckeren Cappuccino zumute ist, bekommen sie ihn nebenan im charmanten **Domain Cottage Café**, Tel. 07 884 9222. Und das Beste: Wenn Sie am Nach-

Te Aroha Domain, im Hintergrund die Grand Tavern

mittag kommen, können Sie am Parkplatz des Thermalbades frei übernachten! Te Aroha Mineral Spas, Boundary Street, Te Aroha, Tel. 07 884 8717.

Weitere Sehenswürdigkeiten sind das Cadman House Museum (Neuseelands erstes Sanatorium) und die älteste Orgel in der südlichen Hemisphäre. Mitte März findet an einem Sonntag in der Te Aroha Domain das Stadtfest Domain Day statt. Die **Te Aroha i-SITE** finden Sie am Rande der Domain an der Hauptstraße (102 Whitaker Street, Tel. 07 884 8052). Im gleichen Gebäude wie das zentral in der Domain liegende alte Badehaus liegt das Te Aroha District Museum.

Wanderwege in und um Te Aroha

Howarth Memorial Wetlands Walk (1 h Rundweg, 4 km). Der einstündige Spaziergang führt über gut ausgebaute hölzerne Plankenabschnitte und hervorragend angelegte Wege durch Mischwald und das Sumpfland der Howarth Memorial Wetlands. Unterwegs gibt es eine Hütte zur Vogelbeobachtung. Zu sehen sind Reiher, Stelzenläufer, Eisvögel, Kormorane und Pukekos, wie sie das Sumpfgebiet durchstreifen.

Waiorongomai Valley Tramping Tracks
Am Waiorongomai Loop Carpark (GPS: S 37°33'37" E 175°45'19") starten mehrere Wanderwege durch altes Minengelände, einst Heimat von Tausenden von Goldgräbern. Wir haben den Low Level Loop Walk herausgegriffen.

Te Aroha Mountain Track (3 h einfach, 3,9 km).
Der Wanderweg hoch zum Mount Te Aroha startet in der Domäne und führt zunächst in 45 Min zum Whakapipi Lookout. Der Track führt nun in den Kaimai Mamaku Forest Park über einen schmalen Sattel hinweg und dann in zwei Stunden steil

Domain Cottage Café

hinauf auf den Gipfel. Die raue Wegoberfläche erfordert gutes Schuhwerk. Vom Gipfel haben Sie einen wunderbaren Rundblick und können an einem klaren Tag die Bay of Plenty, Mt Ruapehu, Mt Ngauruhoe, und sogar Mt Taranaki sehen.

Low Level Loop (2 h Rundweg, 5,5 km). Die zunächst leicht ansteigende Wanderung folgt teilweise dem Piako Country Tramway (1882-1883) durch sich regenerierendes Buschland. Die Schienen sind immer noch vorhanden und geben Ihnen ein Gefühl wie sie früher einmal eingesetzt wurden. Auf dem idyllischen Rundgang überqueren Sie einige kleine Bäche, passieren einen engen Tunnel und begegnen immer wieder Relikten aus alten Goldgräber Tagen.

Te Aroha ist Bestandteil des Hauraki Rail Trails, so dass der Ort im Sommer von Radfahrern gut besucht ist. Fahrräder leihen können Sie in der Aroha Mountain Lodge (5 Boundary St, Tel. 07 884 8134, 9 bis 16 Uhr).

Paeroa, weltberühmt in Neuseeland

Das Maori Wort Paeroa bedeutet so viel wie „lange niedrige Bergkette". Bereits 1779 kam Captain Cook in die Gegend, als er mit einem Langboot auf dem Waihou River landeinwärts auf Entdeckungsfahrt ging. Er kam bis zur heutigen Puke Bridge. Nirgendwo sonst in Neuseeland drang Cook weiter ins Landesinnere vor wie hier.

Das Erkennungszeichen des kleinen Ortes Paeroa (4 000 Einw.) Ist seine sieben Meter hohe Lemon & Paeroa Flasche. Das will erklärt werden: Zu Beginn des 20. Jahrhunderts begann man dem in Paeroa aus dem Boden sprudelnden Mineralwasser Zitronensaft beizumischen. Dazu noch reichlich Zucker und fertig war das Limonadengetränk. Es wurde immer

7 Meter hohe Lemon & Paeroa Flasche

beliebter, war bald unter dem Namen Lemon & Paeroa in ganz Neuseeland zu kaufen, und erlangte schließlich Kultstatus. Mit typisch neuseeländischem Humor kreierte man den selbstironischen Werbeslogan **„weltberühmt in Neuseeland"**, der mittlerweile seinerseits zu einem geflügelten Spruch geworden ist. Wenn Sie die Geschichte der Limonade interessiert, können Sie sich auf Tafeln um ein kleines Freilichtmuseum informieren. Schließlich gibt es noch ein L&P-Café Bar & Brasserie (2 Seymour St, Tel. 07 862 6753, www.lpcafe.co.nz). Dort steht auch die haushohe und oft fotografierte L&P-Flasche.

(336) WOMO-Stellplatz: Paeroa Overnight Parking

GPS: S 37°22'40" E 175°40'02".
Max. WOMOs: 10
Ausstattung/Lage: Toilette, Wasser, Dumpstation / Parkplatz unter Bäumen, zwischen Straße und einem Grünstreifen, zentral.
Preiskategorie 1: Zahlen Sie bitte an der Caltex Tankstelle auf der anderen Straßenseite, Ecke Belmont und Station Rd.
Zufahrt: An der Marshall St, die am Paeroa Hotel vom SH2 abzweigt.
Beurteilung: Saubere Toilette, Spielplatz nebenan. Dank an den District Council, der diesen Platz für maximal zwei Nächte zur Verfügung gestellt hat. Es gibt sogar sechs Stromanschlüsse.

Wirtschaftlich wird die Gegend in und um Paeroa von der Milchwirtschaft dominiert. Daneben sorgt der ortsansässige biologische Düngerhersteller AgriSea für Arbeitsplätze. Wie der Firmenname nahelegt, findet der hochwertige Seetang einheimischer neuseeländischer Gewässer im Fertigungsprozess Verwendung. Es werden auch Seifen und Cremes hergestellt, die auf der natürlichen Wirkkraft des Seetangs beruhen. Agrisea wurde mehrfach mit Preisen für Nachhaltigkeit ausgezeichnet. Bei Ocean Organics (6 Fraser St, 07 862 8424, Mo-Fr 8-17 Uhr, www.oceanorganics.co.nz)

Karangahake Gorge

werden die gefertigten „Natural Healing & Garden Products" verkauft. 2012 gewann die Gemeinde Paeroa dank zahlreicher Events und Hilfsaktionen den Titel „Community of the Year". Neben einer kuriosen Santa Parade vor Weihnachten gibt es Oldtimer-Shows, Motorradrennen und Walking Festivals. Nett ist auch eine Bootsfahrt auf dem Waihou River und dem Ohinemuri River (**Tamati Paddle Boat River Cruise**, Tel. 07 862 6316, www.pedlarsmotel.nz/river-cruises). Das kleine Boot fährt am Maritime Park ab. Die Abfahrzeiten richten sich nach Ebbe und Flut. Besuchen Sie auch das **Historical Maritime Park Museum**, in dem Sie vielfältiges Material über die lokale und nationale Seefahrtgeschichte Neuseelands finden (6876 SH2, Paeroa, Tel. 07 862 7121, www.paeroamaritimepark.com, tgl. 10 bis 15 Uhr). Die Paeroa i-SITE finden Sie in 101 Normanby Rd, Tel. 07 862 8636.

Überdies ist Paeroa Ausgangspunkt für eine Fahrradtour auf dem beliebten Hauraki Rail Trail. Der 82 Kilometer lange Radwanderweg folgt historischen Eisenbahnlinien von Paeroa nach Thames und von Waikino nach Te Aroha. Höhepunkt ist sicherlich der Streckenabschnitt durch die Karangahake Gorge.

Die Karangahake Gorge

Die 21 km lange Strecke von Paeroa nach Waihi führt Sie durch die Karangahake Gorge. Der *Ohinemuri River*, der sich durch die Felsschlucht schlängelt, ist für die Entstehung dieser Gorge verantwortlich. Die Schlucht bildet die natürliche Trennlinie zwischen den Gebirgszügen *Kaimai Range* und *Coromandel Range*, die beide den Ohinemuri River durch Zuflüsse speisen. Der Ohinemuri River mündet bei Paeroa in den *Waihou River*. Die Coromandel Range, die die *Coromandel Peninsula* durchzieht, werden Sie in Tour N13 kennen lernen. Das Maori

Brücke zum Railway Tunnel

Wort **Karangahake** bedeutet Alarmruf von der anderen Seite. Der Begriff geht darauf zurück, dass sich die in der Schlucht lebenden Maori-Gruppen gegenseitig mit einem hölzernen Gong vor den nahenden Feinden warnten.

Wenn Sie mit Kindern unterwegs sind, lohnt sich schon bald hinter Paeroa ein Stopp an dem **Bullswool Farm & Nature Park** (240 Rahu Rd, Paeroa, Tel. 07 862 8843, tgl. 10–16 Uhr). Sie erreichen die Farm, wenn Sie 5 km hinter Paeroa links in die Rahu Rd abbiegen und dieser 2,3 km folgen. Bereits am Eingang werden Sie von Pferden und ihren Fohlen begrüßt. Ziegen, Alpakas, Rehe, Schafe, Schweine, Esel, Kühe und Miniaturpferde, sie alle grasen auf den grünen Weiden der Farm und können von Hand gefüttert werden. Die einzelnen Gehege des Farm Geländes sind durch Wanderwegen miteinander verbunden. Es gibt ein Emu Gehege, und auch die ulkigen Kaka-Papageien sind zu bewundern.

Bis 1979 führte durch die Karangahake Gorge die Eisenbahnstrecke der ehemaligen *East Coast Main Trunk Railway* zwischen Paeroa und Tauranga. Heute wird der Abschnitt zwischen Paeroa und Waikino nach Entfernung der Gleise für den **Karangahake Gorge Historic Walkway** genutzt, während zwischen Waikino und Waihi eine Museumsbahn unterwegs ist. Durch die Schlucht führt der schon mehrfach erwähnte Hauraki Rail Trail, der als einfachste Radstrecke Neuseelands gilt. Besonders die Strecke entlang des sprudelnden Ohinemuri River bis zur spektakulären Karangahake Gorge bietet für Familien tolle Möglichkeiten für eine gemeinsame Fahrrad Tour. Sie können an zahlreichen Stellen Fahrräder ausleihen. Doch nun wollen wir zwei der Wanderungen vorstellen, die sich in der Schlucht anbieten.

Waikino Railway Station

Karangahake Gorge Historic Walk (4h hin und zurück, 8,6 km)

Der Wanderweg verläuft zwischen den beiden Ortschaften Karangahake und Waikino durch die Karangahake Gorge. Der Wanderweg führt an zahlreichen interessanten historischen Stätten vorbei an denen Gold abgebaut wurde. Karangahake, Owharoa und Waikino waren früher wichtige Minenorte mit großen Geländen für die Bearbeitung goldhaltiger Quarzsteine, die an die Zeit des Goldrausches zwischen 1870 und 1950 erinnern. Da die Wanderung hin und zurück führt, können Sie an beliebigen Stellen einsteigen. Für Sie kommen zwei Stellen in Frage, an denen es Wohnmobil Parkplätze gibt: In Karangahake hinter der Brücke über den Ohinemuri River und am Waikino Bahnhof und Besucherzentrum. Wie schon erwähnt wurden nach der Einstellung der Eisenbahnlinie die Gleise demontiert und der ehemalige Bahndamm wird heute als Wanderweg genutzt. Wenn Sie die Wanderung in Karangahake beginnen führt der Weg an der dem Highway gegenüberliegenden Seite des Ohinemuri-River entlang. Nach einer Stunde erreichen Sie die wunderschönen **Owharoa Wasserfälle**, in denen sich die Wassermassen über steinerne Kaskaden in die Tiefe stürzen. Die Route führt weiter zur nahen Victoria Battery, dem einst landesgrößten Goldproduzenten. Der Höhepunkt der Strecke ist die Karangahake Gorge selbst. In der beeindruckenden Steinschlucht bahnen sich die tosenden Wassermassen ihren Weg über moosgrünes Gestein. Entlang des Flusses geht es weiter bis zum **Waikino Station Cafés** auf der anderen Seite des Flusses. Hier können Sie sich für den Rückweg stärken. Auf dem Rückweg sollten Sie kurz vor dem Ende der Wanderung den Abzweig rechts über die Brücke zum **Railway Tunnel** nehmen. Der rund 1100 Meter lange frühere Eisenbahntunnel ist beleuchtet und für Fußgänger als Bestandteil des Walkway begehbar, besonders für Kinder eine spannende Angelegenheit.

Karangahake Tunnel Loop Walk (1h Rundweg, 3 km).

Die Wanderung verläuft zunächst wie der Karangahake Gorge Historic Walkway. Sie passieren die Überreste alter Goldminen und folgen dem Wanderpfad, der sich abenteuerlich an Felsen der Schlucht entlang hangelt. Schon nach 1,5 km wandern Sie links über die Brücke zum alten Eisenbahn Tunnel und laufen durch diesen zurück zum Ausgangspunkt. Obwohl der Tunnel im Prinzip ausreichend beleuchtet ist, empfiehlt es sich eine Taschenlampe mit zu nehmen.

TOUR N13
10 km
Port Jackson
Fletcher Bay
Fantail Bay
Coromandel Forest Park
Stony Bay
Port Charles
Sandy Bay
Mount Moehau 892 m
Waikawau Bay
Cloville Bay
Colville
Waitete Bay
Coromandel Forest Park
Great Mercury Island
Kennedy Bay
New Chums Beach
374
373
371 WC
Coromandel
Whangapoua
372
370
Matarangi
Coro-mandel Harbour
Te Rerenga
Kuaotunu
Otama
Opito Bay
Opito
Manaia Harbour
Waiau Falls
Mercury Bay
369
Whitianga
368
309
Ferry Landing
Cathedral Cove
Hahei
367
25
Mount Maumaupaki 822 m
366
Hot Water Beach
Tapu
25
WC 375
Waiomu
Rapaura Watergardens
Mount Tanehua 659 m
Coromandel Forest Park
365 WC
Tairua
376
Tararu
Schmetter-lingshaus
Pauanui
378
Thames
WC 377
Kauaeranga
364
Opoutere
25a
25
363 WC
Onemana
Waihou River
Ngatea
362 WC
Whangamata
2
361
Piako River
Wentworth Falls
Hauraki Plains
Coromandel Forest Park
25
Paeroa
Waihi

Tour N13: Um die wilde Coromandel Halbinsel

Waihi - Whangamata - Hot Water Beach - Cathedral Cove - Whitianga - Coromandel - Thames - 290 km

Camping:	Opoutere, Hot Water Beach, Whitianga Harbourside, Coromandel Town, Dickson
Stellplätze:	Wentworth Valley, Whangamata, Onemana, Tairu, Cathe dral Cove, Whitianga, Whagapoua, Coromandel, Waiomu, Thames, Kauaeranga Valley
Baden:	Whiritoa, Whangamata Ocean Beach, Opoutere, Hot Water Beach, Hahei Beach, Whitianga, Wharekaho, Matarangi, Kuaotunu Beach,Otama Beach, Opito Bay
Wandern:	Wentworth Falls Walk, Whangamata Walks, Opoutere Vogelschutzgebiet: Wharekawa Wildlife Refuge, Tairua Paku Hill, Broken Hills, Cathedral Cove Walkway, Coromandel Town: Long Bay, Coromandel-Heritage Trail, Coastal Walkway, Recreation Walks, Kauaeranga Valley
Essen:	Whangamata: Olivers Deli Bakery, Tairua: Old Mill Café, Hot Waves Café, Whitianga: Sangam Indian Cuisine, Coromandel Town: Pepper Tree, Driving Creek Café, Rapaura Watergardens, Thames: Bullion Bar

In Tour N13 lernen Sie die wundervolle **Coromandel**-Halbinsel kennen. An der in weiten Streckenabschnitten felsigen Ostküste, können Sie in den Orten **Whangamata, Opoutere** und **Tairua** an feinsandigen Stränden baden. Ein besonderes touristisches Highlight wartet an der **Hot Water Beach** auf Sie. Hier buddeln Sie sich bei Ebbe (±2h) eine Kuhle in den Sand und legen sich nach getaner Arbeit in deren warmes Wasser. Vorsicht, heiß, Verbrühungsgefahr! Nicht weit entfernt wandern Sie an einen Strandabschnitt mit magischer Atmosphäre, **Cathedral Cove**. Danach passieren Sie **Whitianga** an der *Mercury Bay* und erreichen schließlich *Kuaotunu*. Die Straße wendet sich nun nach Westen und durchquert die Halbinsel und ihre Bergkette bis zur Ostküste. Bevor Sie **Coromandel Town** erreichen, können Sie von einem hochgelegenen Aussichtspunkt das Panorama des *Coromandel Harbour* mit seinen vorgelagerten Inseln genießen. Sie setzen Ihre Fahrt Richtung Süden fort und erreichen am südwestlichen Ende der *Coromandel Halbinsel* das altehrwürdige **Thames**, das in den Jahren des Goldrausches mit mehr als 18 000 Einwohnern bedeutend größer war als *Auckland*. Danach durchwandern Sie das östlich *Thames* gelegene, tief eingeschnittene **Kauaeranga Valley.** Regenerieren Sie sich von Ihrer Wanderung bei einem erfrischenden Bad in einem Naturpool des *Kauaeranga River*. Gute Erholung!

Badespaß am Whangamata Harbour

Die Coromandel Halbinsel

Die *Coromandel Peninsula* ist sehr hügelig und wird von der bis zu 900 m in die Höhe ragenden Bergkette **Coromandel Range** von Nord nach Süd durchzogen. Gerade einmal 26 000 Einwohner leben auf dieser wundervollen Halbinsel, die in weiten Teilen von dichtem, immergrünem Regenwald überzogen ist. Vor der Küste liegen viele kleine Inseln verstreut, zu denen *Motukawo Island* im Nordwesten, die *Alderman Islands* und *Slipper Island* im Südosten und *Mercury Island* im Nordosten gehören. An der Küste wechseln sich felsige Abschnitte und lange Sandstrände ab.

(361) WOMO-Wanderplatz: Wentworth Valley DOC Scenic

GPS: S 37°14'42" E 175°49'8". **Max.WOMOs:** 60 Plätze, 3 mit Strom. **Ausstattung/Lage:** Eingeschränkte Einkaufsmöglichkeit, Trinkwasser, Duschen (kalt), Toilette / Mitten im dichten Wald an einem Fluss. **Preiskategorie 2.** **Zufahrt:** Am Golfplatz von Whangamata, 2 km vor dem Stadtzentrum, links in die Wentworth Valley Rd einbiegen und 4 km nicht asphaltierte Straße fahren (2 x Bachquerung). **Kontakt:** 474 Wentworth Valley Rd, Whangamata, Tel. 07 865 7032, www.wentworthvalleycamp.co.nz **Beurteilung:** Sehr schöne Stellplätze, riesengroß, mitten im Wald. Im Bach können Sie baden. Wanderweg zum Wasserfall, einfache Sanitäranlagen. Ein Restaurant ist in der Nähe.

Es gibt eine Vielzahl idyllischer Wanderwege, die oft zu höchst interessanten Zielen und beeindruckenden Aussichtspunkten führen. Große Teile *Coromandels* sind Naturschutzgebiete mit einer reichen Pflanzenvielfalt und kristallklaren Wasserläufen. Von den unzähligen Naturschönheiten werden nicht nur die Neuseeländer selbst angezogen, sondern auch Öko-Touristen und Menschen mit einem alternativen Lebensstil. Außerdem siedeln sich immer mehr Wohlhabende aus dem Ballungsraum Auckland fest an. *Coromandel* ist

Whangamata Ocean Beach

darüber hinaus die Wahlheimat vieler Künstler, Maler, Töpfer und Kunsthandwerker geworden. Viele Kiwis verbringen auf der *Coromandel Peninsula* ihre Wochenenden oder ihre Ferien. In der Zeit zwischen Weihnachten und Ende Januar ist es sinnvoll, Campingplätze im Voraus zu buchen.

Von Waihi zur Cathedral Cove

Schon 18 km hinter **Waihi** erreichen Sie in Whiritoa den ersten reizenden Badestrand an Coromandels Ostküste. **Whiritoa Beach** ist bei Surfern und Paraglidern sehr beliebt, denn hier ist es oft stürmisch. Nach 13 weiteren Kilometern Fahrtstrecke auf dem SH25 gelangen Sie an einen der bekanntesten Surfstrände Neuseelands, Whangamatas **Ocean Beach**.

(362) WOMO-Stellplatz: Whangamata Island View Reserve

GPS: S 37°13'16" E175°52'58". **Max. WOMOs:** 4
Ausstattung/Lage: Toilette, Picknicktische / Parkplatz an der Beach.
Zufahrt: Vom SH25 rechts in die Achilles Ave abbiegen, später rechts auf Ocean Rd, geradeaus auf Rangi Ave, links abbiegen auf Island View Rd.
Hinweis: Nicht zu spät kommen! Nur auf den markierten Womo Plätzen übernachten. Maximal zwei Nächte. Platz bis 9 Uhr räumen. Fahren Sie einfach auf einen der anderen Parkplätze!
Beurteilung: Die vier Camper stehen sehr eng, trotzdem ein traumhafter Übernachtungsplatz. Am Strand haben Sie Blick auf vier Inseln.

Der herrliche 4 km lange Badestrand reicht vom **Whangamata Harbour** bis zur Mündung des *Otahu River* mit vier kleinen vorgelagerten Inseln. Die größte dieser Inseln, *Hauturu Island*, liegt der Küste so nahe, dass Sie bei Ebbe durch das seichte Wasser hinüberwaten können. Wunderbares Brot bekommen Sie in **Olivers Deli Bakery**, 100 Aickin Rd, Tel. 07 865 6979.

Trotz hoher Brandung ist an zwei Strandabschnitten ein sicheres Schwimmvergnügen möglich. **Whangamata** ist auch

Surf-Strand in Whangamata

bei Hochseeanglern und Seglern beliebt. Vor allem wegen der malerischen Kombination von Strand und dem die Halbinsel begrenzenden, buschbewachsenen Hügel und Regenwald ist Whangamata ein ausgesprochen beliebter Ferienort. Der angrenzende **Coromandel Forest Park** bietet Ihnen eine Vielzahl von Aktivitäten wie Waldspaziergänge, Mountainbiking oder Wanderungen zu den alten Goldminen. Jenseits der *Ocean Beach* wartet noch manch einsamer Strand und einige versteckte Buchten auf Ihre Erkundung. Diese sind oft nur über verborgene Wege zu erreichen. Eine lohnende 10 km lange Wanderung führt zu den zweistufigen **Wentworth Falls** im nahe gelegenen Wentworth Valley. Sie startet von einem hübschen DOC-Campingplatz mit Stellplätzen am *Wentworth River*.

(363) WOMO-Stellplatz: Onemana Beach Reserve

GPS: S 37°9'5" E175°52'42". **Max. WOMOs:** 4

Ausstattung/Lage: Toilette / Parkplatz nahe der Beach.

Zufahrt: In Onemana nicht zu verfehlen.

Hinweis: Nur auf den Womo-Plätzen zwischen den Pfosten übernachten. Maximal zwei Nächte. Platz bis 9 Uhr räumen.

Beurteilung: Die vier Camper stehen sehr eng, trotzdem ein wunderbarer und sehr ruhiger Übernachtungsplatz.

Acht Kilometer nördlich von Whangamata werden Sie am Straßenrand des SH25 ein Schild entdecken, das auf den Ort **Onemana** hinweist. Wir empfehlen Ihnen, diesem Hinweis zu

Blick auf Pauanui

folgen, auch wenn die Straße im *Tairua Forest* zu verschwinden scheint. Tatsächlich tauchen Sie in das dichte Grün des Waldes ein, das sich nach 3 km auf einem Bergkamm öffnet und einen wunderbaren Blick auf die Küste freigibt. Wenn Sie das Glück haben, um die Weihnachtszeit unterwegs zu sein, können Sie umringt von leuchtend rot blühenden Pohutukawa-Bäumen in den Ort hinabfahren. Die bezaubernde Szenerie wird von einem kleinen Wasserfall am nördlichen Ende des feinen Sandstrandes komplettiert.

(364) WOMO-Campingplatz-Tipp: Opoutere Coastal Camping
GPS: S 37°6'5" E 175°52'43". **WOMOs:** 30 mit Stromanschluss.
Ausstattung/Lage: Standard / Der hintere Teil des Platzes ist von Wald umgeben und von friedvoller Schönheit, 5 min bis zum Strand.
Preiskategorie: 2.
Zufahrt: 12 km hinter Whangamata rechts in die Ohui Rd abbiegen, am Wharekawa Harbour entlang und Opoutere durchfahren, wenn der Asphalt aufhört (4,5 km) sehen Sie rechts den Campingplatz liegen.
Kontakt: 460 Ohui Rd, Opoutere, Tel. 07 865 9152, www.opouterebeach.co.nz
Beurteilung: Sehr schöne, einfache Anlage, nur durch einen kleinen Kiefernwald von der traumhaft schönen Opoutere Beach getrennt. Der Platz ist nur im Sommer geöffnet und sollte reserviert werden.

Zurück auf dem SH25 sollten Sie wenig später unbedingt einen weiteren Abstecher zur Küste unternehmen. Die von Pohutukawa Bäumen gesäumte Zufahrtstraße nach **Opoutere** verläuft am *Wharekawa Harbour* entlang und führt an einem Feuchtgebiet vorbei. Passieren Sie den kleinen Ort und parken Sie kurz vor dem Ende der geteerten Straße auf dem ausgeschilderten Parkplatz. Ein Hinweisschild lädt Sie zu einer 1 km-Wanderung in das Vogelschutzgebiet **Wharekawa Wildlife Refuge** ein. Es liegt in einem abgesperrten Teil des 5 km langen, weißen Sandstrandes von Opoutere. Dort angekommen wer-

Surf-Strand in Tairua

den Sie von der friedvollen Schönheit dieses Ortes vollkommen eingenommen sein und sich nach einer Weile fragen, wieso an diesem Traumstrand kaum eine Handvoll Menschen anzutreffen sind. Auch Ferienhäuser werden Sie in Strandnähe nicht finden. Der Meeresarm, der an der Zufahrtsstraße liegt, wird von einer Landzunge vor den mächtigen Wellen des Pazifiks geschützt. Auf dieser Landzunge befindet sich das erwähnte Vogelschutzgebiet. Hier leben eine Vielzahl seltener Seevögel. Der geschützte Meeresarm ist auch ein Paradies für Kajak-Fahrer. Ganz am Ende der oben erwähnten Zufahrtstraße liegt auf der rechten Seite ein Campingplatz, von dem aus Sie den Strand in wenigen Minuten erreichen.

(365) WOMO-Badeplatz: Tairua Paku Drive

GPS: S 36°59'46" E 175°51'40". **Max. WOMOs:** 4
Ausstattung/Lage: Toilette, Picknicktische / Parkplatz am Tairua Harbour.
Zufahrt: In Tairua biegen Sie direkt hinter der Brücke rechts vom SH25 in die Manaia Rd (später Hornsea Rd) ein. Am Ende der Straße leicht nach rechts in den Paku Drive fahren. Plätze liegen nach 350 m rechts.

Hinweis: Nur auf den vier markierten Womo Plätzen übernachten. Maximal zwei Nächte. Platz bis 9.00 Uhr räumen. Fahren Sie einfach auf einen der anderen Parkplätze!
Beurteilung: Sehr schöner Übernachtungsplatz. Gegenüber gibt es einen Zugang zur Beach.

Blick auf Tairua

Der SH25 macht nun einen kräftigen Schwenk ins Landesinnere und trifft nach elf kurvenreichen Kilometern auf den SH25a. Dieser gut ausgebaute Highway ist die kürzeste und schnellste Verbindung zwischen Ost und Westküste. Sie bleiben auf dem SH25, der bald auf den *Tairua River* trifft und wenig später auf den fjordähnlichen *Tairua Harbour*. Kurz vor dem Fluss zweigt die Hikuai Settlement Rd rechts ab, die nach **Pauanui** führt. Hier verbringt *Aucklands* obere Mittelschicht bevorzugt ihre Sommerferien und lässt dann die Einwohnerzahl des kleinen Ortes auf mehr als 15 000 ansteigen. Auf die Besucher wartet ein herrlicher weißer Sandstrand, eine sehr gute Infrastruktur, Campingplätze und ein umfangreiches Freizeitangebot. Sie bleiben auf dem SH25, dem Sie nach **Tairua** folgen, das umringt von bewaldeten Hügeln an einem sehr reizvollen Küstenabschnitt liegt. Setzen Sie sich in eines der Cafés mit Blick auf den *Tairua Harbour* und genießen die Aussicht über den bei Ebbe in weiten Teilen trockenfallenden Sand hinüber nach *Pauanui*. Im Sommer verkehrt eine Personen-Fähre zwischen beiden Orten. In der Verlängerung der wilden *Ocean Beach* liegt der markante **Paku-Hügel** mit zwei Gipfeln, deren höherer 360 m hoch ist. Sie können fast bis zum Gipfel fahren und müssen vom Parkplatz aus lediglich noch zehn Minuten laufen. Der Marsch lohnt sich, denn vom Gipfel haben Sie einen phantastischen Rundumblick auf die beeindruckende Szenerie und die vorgelagerten Inseln *Slipper, Shoe* und *Alderman Islands*. Am Hang des Hügels lag früher das Maori Pa *Paku*. Neben dem ausgedehnten Freizeitangebot haben Sie in *Tairua* die Möglichkeit zu einigen Wanderungen, die Sie zu den Goldminen von *Broken Hills*, in Kauri-Wälder oder zum nahen *Mount Kaitarakihi* führen (Infos gibt es wie immer in der i-SITE). Nehmen Sie im **Old Mill Café** (1 The Esplanade, Tel. 07 864

Buddel-Vergügen an der Hot Water Beach

9390) auf eleganten Gartenmöbeln sitzend einen Schoko Muffin oder einen Blaubeerkuchen zu sich. Hinter *Tairua* klettert der SH25 kurvenreich eine Bergkette hinauf und erreicht nach 16 km das Örtchen *Whenuakite.* Sie biegen hier rechts ab, um auf einer schmalen Straße zu den touristischen Highlights *Hot Water Beach* und *Cathedral Cove* zu gelangen.

(366) WOMO-Campingplatz-Tipp:
Hot Water Beach Top 10 Holiday Park

GPS: S 36°53'25" E 175°49'14". **WOMOs:** 75 mit Stromanschluss.
Ausstattung/Lage: Spielplatz / Im Grünen, 600 m zu den heißen Quellen.
Preiskategorie 3. **Zufahrt:** Kurz vor dem Parkplatz der Hot Water Beach.
Kontakt: 790 Hot Water Beach Rd., Whitianga 3591, Tel. 07 866 3116, hotwaterbeachholidaypark.com **Beurteilung:** Ideal gelegen zum Besuch der Hot Water Beach. Neue, 2008 eröffnete, sehr gut geführte Anlage.

Hot Water Beach und Cathedral Cove

An der **Hot Water Beach** werden Sie vermutlich mehr als hundert Menschen antreffen, die zum größten Teil mit Schaufeln im Sand des Strandes graben. Sie sind auf der Suche nach einer der Thermalquellen vulkanischen Ursprungs, die hier direkt unter dem Sand liegen. Werden Sie fündig, können Sie genüsslich ein warmes Bad in Ihrem persönlichen Spa-Pool nehmen, was durchaus auch bei Regen seine Reize hat. Die Flut wird Ihre Arbeit bald wieder zunichtemachen und zwei Stunden vor der nächsten Ebbe kann die nächste Schicht mit dem Buddeln beginnen. Den benötigten Spaten können Sie sich im **Hot Waves Café** (8 Pye Pl, Tel. 07 866 3887) ausleihen. Sie können dort bei schönem Blick über die Bucht gut essen. Das Baden im Meer ist an der Hot Water Beach wegen tückischer Strömungen, die vor allem im Bereich der den Strand teilenden Felszunge vorherrschen, mit Vorsicht zu genießen.

Cathedral Cave

Man sollte sich nur an den dafür vorgesehenen Abschnitten ins türkisfarbene Nass wagen.

Um zum nächsten Highlight zu gelangen, fahren Sie einige Kilometer nördlich in den bezaubernden kleinen Ort **Hahei**. Der Strand dieses an einem Seitenarm der *Mercury Bay* liegenden Ortes ist mit Muscheln übersät und gut zum Baden geeignet. Etwas nördlich des Ortszentrums erreichen Sie über die Grange Rd einen großen Parkplatz mit einer Aussichtsplattform, von dem aus eine herrliche Wanderung die felsige Steilküste entlang startet.

(367) WOMO-Wanderparkplatz: Cathedral Cove Carpark
GPS: S 36° 50' 1.5" E 175° 47' 56". **Max. WOMOs:** 4
Ausstattung/Lage: Toilette (long drops) / Parkplatz.
Zufahrt: Vom SH25 bis zum Platz sehr gut ausgeschildert.
Hinweis: Die vier markierten Womo Plätze liegen hinten links. Maximal vier Nächte, Platz zwischen 17 Uhr und 9 Uhr nutzbar. Startpunkt der Wanderung (ca. 45 Minuten) zur Cathedral Cove.
Beurteilung: Übernachtung ideal, um früh zur Cathedral Cove zu wandern, bevor der große Run einsetzt.

Nach etwa 40 Minuten steigen Sie eine steile Treppe zum Strand hinab und sehen zu Ihrer Linken einen stattlichen Durchbruch in einem etwa 15 m hohen Felsen. Sie haben soeben die *Cathedral Cave* entdeckt, durch die Sie einen eindrucksvollen, auf dem Strand hinter ihr stehenden, weißen Rhyolit Felsen sehen. Bei Ebbe können Sie durch diese *Kathedrale* mit spitz zulaufender Decke gehen. An vielen Stellen am Strand und im Wasser sind interessante Kalksteinformationen zu entdecken. Die Strandabschnitte rechts (*Mare´s Leg Cove*) und links (*Cathedral Cove*) der *Cathedral Cave* sind von bizarrer Schönheit. Die magische Atmosphäre dieses Ortes wird sicherlich auch Sie in ihren Bann ziehen.

Friedvolle Stimmung an der Cathedral Cove-Bucht

Die **Cathedral Cove** ist auch vom Wasser aus zu erkunden. Das Gebiet um die *Cathedral Cove* wurde wegen ihres reichen und vielfältigen Lebensraumes zum Wasserschutzgebiet erklärt. Felsenriffe, weiche Schichtgesteine sowie zahlreiche Höhlen und Unterwassergewölbe bieten einen Lebensraum für komplexe Lebensgemeinschaften von Pflanzen, Krustentieren, Weichtieren und Fischen. Geschützt vor den starken Südwinden können Sie bei einer einstündigen Bootsfahrt, die auch an der *Cathedral Cove* vorbeiführt, eine unberührte Wasserumgebung genießen (**Hahei Explorer**, Tel. 064 7866 3910, www.haheiexplorer.co.nz).

Sie mögen nach diesem eindrucksvollen Erlebnis und einem Blick in Ihre Straßenkarte versucht sein, nach **Ferry Landing** zu fahren und mit der Fähre nach *Whitianga* überzusetzen, um so ein gutes Stück Weg abzukürzen. Vergessen Sie es, denn bei der Fähre handelt es sich um eine Personenfähre. Der kurze Ausflug von Hahei nach *Ferry Landing* lohnt sich dennoch. Zum einen wegen der direkt vor Ferry Landing liegenden wunderschönen *Cooks Beach*. Der große Seefahrer und Entdecker lag hier 1769 mit seinem Schiff Endeavour vor Anker, um Reparaturarbeiten vorzunehmen und um seinem Auftrag folgend den Durchgang des Planeten Merkur vor der Sonne zu vermessen. Die große Meeresbucht *Mercury Bay* verdankt diesem Ereignis ihren Namen. Im *Mercury Bay Museum* in *Whitianga* können Sie sich erschöpfend über Cooks Aufenthalt in der *Mercury Bay* informieren. Besuchen Sie auch die die 1837 erbaute *Stone Steps Wharf*. Zum anderen zweigt zwischen *Ferry Landing* und *Cooks Beach* eine Straße (Shakespeare Rd) zum **Shakespeare Cliff** ab. Seine Aussichtsplattform bietet Ihnen einen wunderbaren Überblick über die gesamte *Mercury Bay* und hinab zur *Cooks Beach*. Sie können

Im Hintergrund die Höhle Cathedral Cave

mit Ihrem Wohnmobil von *Ferry Landing* nicht nach Whitianga übersetzen und müssen deswegen zurück zum SH25 und die tief ins Land reichende Meeresbucht **Whitianga Harbour** umfahren, um nach **Whitianga** zu gelangen.

(368) WOMO-Stellplatz: Whitianga Buffalo Beach

GPS: S 36°49'33" E 175°42'10". **Max. WOMOs:** 3
Ausstattung/Lage: Toilette, kalte Duschen / Am Meer.
Zufahrt: In Whitianga an der Küstenstraße. Am Kreuzungspunkt von Halligan Road und Buffalo Beach Road (Küstenstraße).
Hinweis: Maximal zwei Nächte, Platz zwischen 17 Uhr und 9 Uhr nutzbar. Für die Wohnmobile vorgesehenen Bereich benutzen!
Beurteilung: Traumhaft Lage am Meer. Die Sonne geht direkt vor Ihren Augen unter. Zu Restaurants und Cafés laufen Sie am Strand entlang zehn Minuten. Die sauberen und guten Toiletten und Duschen sind gerade einmal 100 m entfernt (nachts geschlossen). Nicht ganz leise.

(369) WOMO-Campingplatz-Tipp: Whitianga Harbourside Holiday Park

GPS: S 36°50'24" E 175°42'8". **WOMOs:** 45 mit Stromanschluss
Ausstattung/Lage: Spielplatz, Swimmingpool, Spa / Von der Meeresbucht Whitianga Harbour nur durch die Straße getrennt.
Preiskategorie 3.
Zufahrt: Vom SH25 in das Zentrum Whitiangas abbiegen, an der Albert St rechts fahren, den 2. Campingplatz auf der rechten Seite nehmen.
Beurteilung: Gepflegte Anlage. Von hier aus die Fahrt mit dem Glasboden-Boot zur Cathedral Cove unternehmen! **Kontakt:** 135 Albert Street, Whitianga, Tel. 07 866 5746, www.harboursideholidaypark.co.nz

Von der Cathedral Cove nach Coromandel Town

Die größte Stadt in der bezaubernden *Mercury Bay* hat einen 4,5 km langen und charmanten Strand, an dem Sie sicher schwimmen können. Auch die umliegenden idyllischen Buchten werden von Schwimmern, Surfern, Kajakfahrern und allen anderen Arten von Wassersportlern mit Begeisterung genutzt.

Während **Whitianga** *früher von der Verschiffung des Kauri Holzes und seines be*gehrten Harzes lebte, trägt heute neben dem Tourismus Fischfang und Landwirtschaft zum Broterwerb bei. Mit 4 000 Einwohnern ist *Whitianga* heute das Einkaufs- und Verwaltungszentrum der östlichen Coromandel Halbinsel. Gut essen können Sie im indischen Restaurant **Sangam Indian Cuisine** (121a Cook Dr, Tel. 07 866 0456).

Sie setzen Ihre Fahrt gen Norden entlang der **Mercury Bay** fort und erreichen nach 17 km **Kuaotunu**. Dort gibt es einen in Meeresnähe gelegenen Campingplatz (Kuaotunu Motor Camp, 33 Bluff Rd, Tel. 07 866 5628). Wenn Sie die Straße überqueren, sind Sie direkt an einem herrlichen weißen Sandstrand, an dem sicheres Schwimmen gewährleistet ist. Im Motorcamp werden Kajaks vermietet. 300 m vor dem Ort liegt direkt am Meer ein freier Stellplatz für zwei Wohnmobile.

Wenn Sie Lust dazu haben, können Sie einen Ausflug ins 9 km östlich gelegene **Opito** unternehmen. Die meist ungeteerte Straße führt steil über den Black Jack Hill und bietet reizvolle Ausblicke. Entlang der Strecke liegen einige Aussichtspunkte und Badebuchten. Am Ende der Landzunge wartet in der **Opito Bay** ein sehr ruhiger und traumhaft schöner, kleiner Strand auf Sie.

(370) WOMO-Stellplatz: Kuaotunu Boat Ramp

GPS: S 36°43'34" E 175°42'39". **Max. WOMOs:** 2

Ausstattung/Lage: Nichts / Kleiner Parkplatz am Meer.

Zufahrt: Am SH25, kurz nachdem dieser wieder die Küste erreicht hat, 300 m vor dem Abzweig nach Kuaotunu.

Hinweis: Maximal zwei Nächte sind erlaubt; Platz nach 9.00 Uhr räumen. Den für die Wohnmobile ausgeschilderten Bereich benutzen!

Beurteilung: Schön am Meer gelegen.

In *Kuaotunu* macht der SH25 eine scharfe Kurve Richtung Südwesten. Bald trifft er auf die große Bucht des *Whangapoua Harbour*, die vom *Waitekuri River* und vom *Opitonui Ri-*

Top-Spot: New Chums Beach

ver mit frischem Wasser aus der *Coromandel Range* versorgt wird. Hier zweigt eine Stichstraße zum mondänen Ferienort **Matarangi** ab. Im Jahr 1985 wurde begonnen, auf einer weißsandigen Nehrung touristische Infrastruktur für gehobene Ansprüche aufzubauen. Die kleine Stadt hat es wegen ihrer bekannt wohlhabenden Gäste zu einigem Wohlstand gebracht. Im Sommer schwillt die Einwohnerzahl von 300 auf über 7 000 an. Sie finden hier u.a. eine kleine Flugpiste sowie einen herrlich am Ende der Landzunge gelegenen 18-Loch-Golfplatz, und auch ein Bowling Green darf nicht fehlen.

Die gut 4 000 Einwohner zählende Gemeinde **Te Rerenga** liegt am südwestlichen Ende des **Whangapoua Harbour**, etwas von der Küste entfernt. Hier können Sie in der *Castle Rock Winery* eine ganze Reihe von Fruchtweinen probieren.

(371) WOMO-Stellplatz: Whangapoua Tangiora Avenue
GPS: S 36°42'48" E 175°36'53". **Max. WOMOs:** 2

Ausstattung/Lage: Toilette, Picknicktische, Spielplatz / Parkplatz am Meer.
Zufahrt: In Te Reranga rechts auf die Whangapoua Rd abbiegen, nach 5 m links auf Tangiora Ave. Nach 1 km Stichstraße nach Rechts nehmen.
Hinweis: Maximal eine Nacht, Platz nach 9 Uhr räumen. Die beiden für Wohnmobile vorgesehenen Stellplätze benutzen!
Beurteilung: Schön am Meer gelegen. Sie können von hier aus zur New Chums Beach laufen.

Achtung Top-Spot: Die **New Chums Beach** wird zu den zehn besten Stränden der Welt gerechnet. Sie liegt 5 km nördlich bei dem Ort **Whangapoua**. Man erreicht den Strand nur

Matarangi Beach

zu Fuß, wenn man einem rund 30-minütigen Wanderweg entlang der schroffen Küste folgt und durch natürlichen Buschwald und eine kleine Felsnase klettert. Dahinter findet man die fantastische goldgelbe Sandbucht, gesäumt von Pohutukawa Trees. Die abgeschiedene Lage macht den besonderen Reiz von New Chums Beach aus. Nehmen Sie ein erfrischendes Bad im tiefblauen Wasser der Bucht. Die New Chums Beach gilt als eines der am besten gehüteten Geheimnisse Coromandels. Doch auch Sie werden sicherlich feststellen, dass sich ihr besonderer Reiz zwischenzeitlich herumgesprochen hat. Lassen Sie sich dadurch nicht abschrecken! Die Wanderung startet an einem Parkplatz am Ende des Mangakahia Dr. in Whangapoua (GPS: S 36°42'33" E 175°36'33"). Zunächst müssen Sie ein kleines Flüsschen überqueren. Der Weg ist ausgeschildert.

Sie verlassen Te Rerenga durch ein üppiges Waldgebiet und erreichen etwa 10 km nördlich einen auf einer Kammhöhe gelegenen Aussichtspunkt. Hier sollten Sie unbedingt anhalten und die atemberaubende Aussicht hinunter zum *Hauraki Gulf* genießen, in dem in lieblicher Anordnung mehrere Inseln drapiert sind. Auch *Coromandel Town* ist im Blickfeld.

Coromandel Town

Sie werden in **Coromandel Town** einen angenehm entspannten und lockeren Lebensstil antreffen. Das war nicht immer so. Der aufsehenerregende Goldfund beim Driving Creek 1852 brachte *Coromandel Town* einen gewaltigen Aufschwung und zeitweise eine Einwohnerzahl von über 10 000. Noch heute verleihen restaurierte Erinnerungsstücke an die Goldgräberzeit und herrschaftliche Gebäude aus der Gründerzeit der Stadt eine besondere Note. Bewundern Sie auf dem **Heritage Trail** die

Blick auf Coromandel Town

eleganten Villen aus den Goldgräbertagen. Im 1,5 km nördlich gelegenen *Coromandel Goldfields Centre & Stamper Battery* haben Sie die Gelegenheit, sich im Rahmen einer einstündigen Führung über alles, was zum Goldabbau gehörte, zu informieren. Die 1861 gegründete und heute ca.1.600 Einwohner zählende Stadt verdankt ihren Namen dem britischen Schiff *HMS Coromandel*, das im Jahr 1820 in der Bucht ankerte, um das für die Schifffahrt wertvolle Kauri-Holz an Bord zu nehmen.

(372) WOMO-Stellplatz: Kapanga Road Carpark Coromandel Town

GPS: S 36°45'26" E 175°29'55". **Max. WOMOs:** 4
Ausstattung/Lage: Picknicktisch / Parkplatz an der Kapanga Road.
Zufahrt: Sie fahren geradeaus ins Stadtzentrum und biegen am Ende der Straße rechts in die Kapanga Road ab. Die Plätze liegen nach 350 m rechts.
Hinweis: Maximal zwei Nächte; Platz zwischen 17 Uhr und 9 Uhr nutzbar. Den für die Wohnmobile vorgesehenen Bereich benutzen!
Beurteilung: Parkplatz an der Hauptstraße, gegenüber dem DOC Visitor Centre. Die vier Plätze sind ausreichend breit. Hinter dem Parkplatz liegt ein schmaler Grünstreifen mit Picknicktisch. Sehr zentral gelegen.

(373) WOMO-Stellplatz: Woollams Ave Carpark Coromandel Town

GPS: S 36°45'32.5" E 175°29'55.5". **Max. WOMOs:** 4
Ausstattung/Lage: Toilette in der Nähe / Sehr zentral gelegener Parkplatz.
Zufahrt: Sie fahren gerade aus ins Stadtzentrum und biegen am Ende der Straße rechts in die Kapanga Road ab. Nach 160 m biegen Sie rechts in die Woollams Avenue ein. Die Plätze liegen nach 60 m rechts.
Hinweis: Maximal zwei Nächte in der Zeit zwischen 17 Uhr und 9 Uhr.Den für Wohnmobile vorgesehenen Bereich benutzen!
Beurteilung: Großer Parkplatz. Die freedom camping Plätze sind sehr eng.

Heute sind neben dem Tourismus vor allem die reichen Fischgründe, Muschelfarmen und Austernbänke für *Coromandel Town* von wirtschaftlicher Bedeutung. Auch fühlen sich vie-

Driving Creek Railway

le Künstler und Kunsthandwerker von der entspannten Atmosphäre der Gegend angezogen und in ihrem Schaffen gefördert. Einige von Neuseelands besten Künstlern leben im Coromandel Town District. Die *Craft Gallery* in der Wharf Rd ist das Zentrum des örtlichen Kunsthandwerkes.

Um den Ort kennenzulernen, ist die Broschüre *Visiting the Town of Coromandel* sehr hilfreich. Sie erhalten sie in der Touristeninformation (Coromandel Town Information Centre, 85 Kapanga Road, Tel. 07 866 8598, www.coromandeltown.co.nz). Wenn Sie auf der Straße am Hafen, der Wharf Road, 3 km westwärts fahren, gelangen Sie zum **Long Bay** Motorcamp. 100 m hinter dem Motorcamp ist der Startpunkt für eine markierte 40-minütige Wanderung durch ein Landschaftsschutzgebiet. Alleine wegen der besonders hübschen Straße entlang des *Coromandel Harbour* ist dieser kleine Ausflug unbedingt empfehlenswert. Ob Sie frühstücken, Mittag essen oder dinieren wollen, wir empfehlen Ihnen das Pepper Tree. Das im historischen Stil gebaute Restaurant hat mehrere Auszeichnungen gewonnen. Bitte reservieren Sie (**Pepper Tree**, 31 Kapanga Road, Tel. 07 8668 211, www.peppertreerestaurant.co.nz).

(374) WOMO-Campingplatz-Tipp:
Shelly Beach Top 10 Holiday Park

GPS: S 36°44'6" E 175°28'59". **WOMOs:** 60 mit Stromanschluss
Ausstattung/Lage: Spielplatz / An einer Bucht. **Preiskategorie 3.**
Zufahrt: In Coromandel rechts in die Kapanga Rd Richtung Norden einbiegen. Dann der Rings Rd und später der Colville Rd folgen. D
Kontakt: 243 Colville Rd, Coromandel, Tel. 0800 424 655, www.shellybeachcoromandel.co.nz. **Beurteilung:** Friedvolle Anlage mit sehr gepflegten Sanitäranlagen! Excellente Lage an der Kikowhakarere Bay. Wunderbare Sonnenuntergänge über dem Meer.

Landschaft im Norden der Coromandel-Halbinsel

Neuseelands einzige schmalspurige Bergeisenbahn liegt am *Driving Creek* unweit der Stelle, an der 1852 das erste Gold gefunden wurde, ein wenig außerhalb von *Coromandel Town*. Sie finden sie, wenn Sie nördlich Richtung *Colville* fahren und kurz vor dem Ortsausgang rechts der Ausschilderung zur Station der **Driving Creek Railway** folgen. Die Schmalspur-Eisenbahnstrecke durch den dichten Wald diente zunächst der Versorgung einer Ziegelei mit Tonerde aus den Bergen. Sie führt in abenteuerlicher Schienenführung 3 km steil hinauf zur Aussichtsplattform *Eyefull Tower,* von der aus Sie eine phantastische Sicht haben. Es ist ratsam, unter Tel. 07 866 8703 zu buchen (380 Driving Creek Road, www.drivingcreekrailway.co.nz). Die Fahrt dauert ca. eine Stunde. Die allgegenwärtigen, von dem 2016 verstorbenen Töpfer und Ökoaktivisten *Barry Brickell* selbstgebauten liebevollen Details, die von kleinen Bahnhöfen über Mäuerchen, die die Strecke umsäumen, bis zu kleinen Tonfiguren reichen, sind zwingende Gründe diese Fahrt zu unternehmen. Besuchen Sie auch das auf dem Weg zur Eisenbahnstation liegende **Driving Creek Café** (380 Driving Creek Rd, Tel. 07 866 7066). Es hat ein ganz besonderes Flair mit teilweise kräftiger Farbgebung. In gemütlicher Atmosphäre können Sie ausgezeichneten hausgemachten Kuchen und frischgerösteten Kaffee genießen.

Der Norden der Coromandel Halbinsel

Wer einen Ausflug in den weiter nördlich gelegenen Teil der Coromandel-Halbinsel plant, sollte beachten, dass nördlich von Coromandel Town der bergigste und wildeste Teil der Halbinsel liegt und nur die Strecke bis kurz hinter **Colville** geteert ist. Hinter Colville warten unbefestigte, kurvenreiche, steile und sehr enge Straßen auf Ihr Wohnmobil. Besonders warnen möchten wir vor der Straße, die von *Little Bay* über *Kennedy Bay*

Blick vom Coromandel Coastal Walkway

nach *Coromandel Town* zurückführt. Dieser Streckenabschnitt ist eine staubige, graue Schotterstraße, die unter der Rubrik „berühmt-berüchtigt“ einzuordnen ist. Obwohl alle „Schotten dicht waren“, mussten wir auf dieser Straße mehrfach anhalten, weil der Rauchmelder im Inneren unseres Wohnmobils Alarm schlug. Sie brauchen auf die unberührten Naturschönheiten von Coromandels Norden jedoch nicht zu verzichten. Eine sehr zu empfehlende Ganztagestour bringt Sie zur *Fletcher Bay*, von der aus Sie den wundervollen **Coromandel Coastal Walkway** 8 km entlangwandern. In *Sandy Bay* werden Sie vom Kleinbus wieder abgeholt (**Coromandel Discovery**, Tel. 07 866 8175, www.coromandeldiscovery.co.nz).

Von Coromandel Town nach Thames

Die 56 km lange Strecke von *Coromandel Town* entlang der Westküste nach Thames folgt der felsigen Küstenlinie der **Pohutukawa Coast**. Wie dieser Name erahnen lässt, ist die Fahrt auf dieser Straße zwischen Mitte Dezember und Mitte Januar besonders reizvoll, denn dann blühen die Neuseeländischen Weihnachtsbäume. Wenn Sie Glück haben, können Sie einzelne Exemplare auch noch Ende Februar in ihrem leuchtenden Rot bewundern. Die in weiten Teilen sehr enge Straße kommt gelegentlich an kleinen Ansiedlungen und Sandbuchten vorbei, steigt dann aber sofort wieder an und verläuft größtenteils ein gutes Stück über dem Meeresspiegel. Sie werden sicherlich immer wieder Fotostopps an den Aussichtspunkten einlegen und wer gerne wandert, wird der Versuchung, in den links liegenden, dichten, grünen Busch hineinzulaufen, irgendwann nachgeben. Die DOC-Broschüre **Coromandel Recreation Information** hilft Ihnen, sich nicht zu verlaufen. Nur 7 km hinter *Coromandel Town* biegt links der legendäre Highway 309 ab.

Die kurvenreiche, oft steile und in weiten Streckenabschnitten unbefestigte Straße bringt Sie nach 25 km auf die Ostseite der Halbinsel zum *Whitianga Harbour.* Wer den Mut hat den SH309 zu fahren, trifft nach wenigen Kilometern auf den etwas schrägen Funpark **Waiau Waterworks** (Tel. 07 866 7191). Legen Sie an die skurrilen, wasserbetriebenen Kunstwerke Hand an. Anschließend können Sie preiswert essen, Besuchen Sie auch die nahen **Waiau Falls**, in deren Pool Sie ein Bad nehmen können. Weitere zehn Minuten entfernt, wartet ein **Kauri-Hain** darauf, von Ihnen erkundet zu werden.

(375) WOMO-Stellplatz: Waiomu Beach Side Domain

GPS: S36°45'26" E175°29'55".
Max. WOMOs: 5
Ausstattung/Lage: Toilette, Wasser, Picknicktische, BBQ / Im einem Park direkt am Meer.
Zufahrt: Nicht zu verfehlen.
Hinweis: Maximal zwei Nächte, der Platz soll nach 9 Uhr geräumt werden. Sehr beliebt. Die Ankunftszeit 17 Uhr könnte schon zu spät für eine der 5 SP sein.
Beurteilung: Toller freier Stellplatz in einem Park am Meer, mit überdachten Sitzgelegenheiten und kostenlosen Gas-Barbecues. Trotz der Nähe zum SH25 sehr ruhig.

Zurück an der Pohutukawa Coast fahren Sie Richtung *Thames* und haben in dem kleinen Ort **Tapu** allen Grund zu einem weiteren Abstecher in das Innere der Halbinsel. Nach 6 km wartet in einer hügeligen Waldlandschaft ein kleines Paradies auf Sie, der **Rapaura Watergardens**. Besuchen Sie zunächst das Café, in dem Sie einen sehr guten Tee trinken oder eine überaus leckere Zwischenmahlzeit zu sich nehmen können. Dann betreten Sie den Garten, in dem Sie neben exotischen Pflanzen kleine verspielt gelegene Teiche bewundern können. In einem größeren Teich wachsen unzählige Wasserrosen und der plätschernde Bach bringt Sie zu einem 3-stufigen Wasserfall, in dessen Pool Sie sehr schön baden können. Wandern Sie durch die von Pfaden durchzogene Anlage und lassen Sie sich dann auf einer der Bänke nieder und genießen Sie die dargebotenen Skulpturen oder denken Sie über eine der philosophischen Botschaften nach, die dem Besucher auf Tafeln angeboten werden. Eine Stunde sollten Sie für den Rapaura Watergardens mindestens einplanen (**Rapaura Watergardens**, 586 Tapu-Coroglen Rd, Tapu, Tel. 07 868 4821, www.rapaura.co.nz).

Ein besonderer Tipp ist der **Butterfly and Orchid Garden**, der zum ebenfalls sehr zu empfehlenden Dickson Holiday Park

Rapaura Watergardens

gehört und 3 km nördlich des Stadtzentrums von Tararu liegt. Hier werden in einem eindrucksvollen Schmetterlings- und Orchideenhaus eine Vielzahl von exotischen Pflanzen und Tieren dargeboten. Der *Butterfly and Orchid Garden* wurde schon mehrfach im Fernsehen vorgestellt und gewann verschiedene Auszeichnungen (**Butterfly and Orchid Garden**, Victoria St, Tararu, Thames, Tel. 07 868 8080, www.butterfly.co.nz, tgl. 9.30-16 Uhr, Mitte Juli bis Ende August geschlossen).

(376) WOMO-Campingplatz-Tipp: Dickson Holiday Park

GPS: S 37°6'39" E 175°31'20". **WOMOs:** 20 mit Stromanschluss.
Ausstattung/Lage: Spielplatz, Swimmingpool / Der Campingplatz liegt neben einem Fluss und ist von ursprünglichem Busch umgeben. Ausgangspunkt einer dreistündigen Buschwanderung.
Preiskategorie 2. Zufahrt: In Tararu, 3 km nördlich von Thames, links in die Victoria St abbiegen. Der Platz liegt auf der rechten Seite an der Straße.
Kontakt: Victoria Street, Thames, Tel. 07 8687 308, www.dicksonpark.co.nz
Beurteilung: Schöne Anlage, sehr gepflegt. Schauen Sie sich das eindrucksvolle Schmetterlings- und Orchideenhaus mit einer Vielzahl von exotischen Pflanzen und Tieren an.

Thames

Thames, das westliche Tor zur *Coromandel Halbinsel*, wurde 1867 als Goldgräberstadt gegründet und war wenige Jahre später drittgrößte Stadt des Landes. Zu dieser rasanten Entwicklung trug auch die Verarbeitung und der Abtransport des Kauriholzes bei, das im Hinterland geschlagen wurde. In der nur kurz währenden Blütezeit der Stadt wurden bis zu 70 Goldminen betrieben. Erinnerungen an diese Zeit werden im **Thames Historical Museum** dargeboten (Ecke Pollen St / Cochrane St, Tel. 07 868 8509, tgl. 13-16 Uhr). Ein besonders lebendiger Eindruck der Vergangenheit wird Ihnen im *Museum Goldmine Experience* vermittelt. In den restaurierten Gebäuden der

Blick auf Thames vom *War Memorial Monument*

Golden Crown Mine und der *Stamper Battery* kann man als Besucher eindrucksvoll sehen, wie damals unter schwierigsten Bedingungen und mit einfachsten Mitteln Gold aus dem Felsgestein gewonnen wurde. Anhand einer immer noch voll funktionsfähigen Anlage wird Ihnen gezeigt, wie die Bruchstücke des Gesteins zerstampft und zu einem glitzernden Brei gemahlen werden. Nach dem Auswaschen bleiben Gold, Silber und einige andere Mineralien übrig. Neben diesem Prozess der Goldgewinnung sind zahlreiche weitere Anlagen aus der Zeit des Goldrausches zu sehen. Als krönenden Abschluss können Sie ein Stück weit in den Stollen hineinkrabbeln (**Goldmine Experience**, Ecke Moanataiari Rd / SH25, Tel. 07 868 8514, www.goldmine-experience.co.nz, Führungen tgl. 10-16 Uhr). **Gastro-Empfehlung:** Melbourne Café, 715 Pollen Street, Thames, Tel. 07 856 83159.

(377) WOMO-Stellplatz: Thames Freedom Camping

GPS: S 37°8'29" E 175°32'30". **Max. WOMOs:** 4
Ausstattung/Lage: Toilette / Parkplatz zwischen Danby Field und Queen Street/SH25. **Zufahrt:** Am SH25 im Herzen von Thames.
Kontakt: Tel. 07 868 0200, www.thecoromandel.com.
Hinweis: Maximal zwei Nächte, Platz bis 9 Uhr räumen. Den für die Wohnmobile vorgesehenen Bereich benutzen! Die Toilette finden Sie etwa 100 m nördlich vor „The Warehouse".
Beurteilung: Die Straße ist natürlich zu hören, hat unseren Schlaf aber nicht gestört. Hinter dem Sportplatz sind Mangroven zu sehen. Der Coastal Walkway ist nicht weit entfernt, ebenso wie die Vogel-Beobachtungsstation inmitten des Mangrovenwaldes (Karaka Bird Hide). In das Stadtzentrum laufen Sie ebenfalls nur wenige Meter. Guter Übernachtungsplatz.

Heute ist *Thames* ein eher beschauliches Städtchen mit etwa 10 000 Einwohnern. Es ist das Versorgungs- und Haupteinkaufszentrum der *Coromandel Peninsula*. Die Menschen im Stadtgebiet leben hauptsächlich vom Tourismus, dem Einzelhandel sowie der Landwirtschaft. Spazieren Sie die historische

Morgenstimmung an der Kaueranga Road

Hauptstraße entlang und entdecken Sie an vielen Stellen Reminiszenzen an die grandiose Geschichte der Stadt. Verlassen Sie die Hauptstraße und bestaunen Sie charmante und gut erhaltene Holzhäuser. Besonders hübsch sind die beiden alten Kirchen *St. James* und *St. George's*. An jedem Samstagmorgen haben Sie die Gelegenheit, den örtlichen Markt am nördlichen Ende der Pollen Street zu besuchen. Dort werden neben den üblichen Pflanzen und Lebensmitteln auch Kunsthandwerk, Sammlerstücke und Krimskrams angeboten. Besuchen Sie auch die Bio-Käserei Es gibt zwei Stellen, von denen aus Sie eine ausgezeichnete Aussicht auf die Stadt haben. Zum einen das nahe der Goldmine Experience im Norden der Stadt gelegene *War Memorial Monument*, zu dem Sie über die Waiotahi Creek Rd gelangen. Und zum anderen die *Totora Pa*, der im Süden der Stadt an die Te Arapipi Rd liegt, die vom SH25 abzweigt.

(378) WOMO-Wanderparkplatz:
Hotoritori Kauaeranga Valley - DOC Scenic Campsite

GPS: S 37°5'59" E 175°38'4". **WOMOs:** 20
Ausstattung/Lage: Trinkwasser, Toilette / Mitten im Wald.
Preiskategorie 2.
Zufahrt: Südlich von Thames über die Banks St und später die Parawai Rd in die Kauaeranga Valley Rd fahren. Nach 12 km erreichen Sie das DOC Visitor Centre. Hier buchen. Bis zum Campingplatz noch 2,5 km.
Kontakt: Kauaeranga Visitor Centre, Tel. 07 867 9080
Beurteilung: Sehr schöne Stellplätze. Der Platz liegt ideal zur Erkundung des Kauaeranga Valley. Der 20-minütige Jasper Creek Walk startet hier.

Das Kauaeranga Valley

Östlich von *Thames* liegt das bis zur *Coromandel Range* reichende **Kauaeranga Valley**. Sie sollten dieses üppig bewachsene Tal unbedingt besuchen. Neben ursprünglicher Natur warten eindrucksvolle Relikte aus der Gold- und Holzfällerzeit, Badepools im Flussbett und einige beschaulich in die Natur eingebettete DOC-Campingplätze auf Sie. Sie fahren vom Zentrum aus auf dem SH25 nach Süden, biegen links in die Banks St ab und 450 m später rechts in die Parawai Road, die nach 1,5 km in die Kauaeranga Valley Road übergeht. Nach 10 km endet der Asphaltbelag. Die letzten zwei Kilometer bis zu Ihrer ersten Anlaufstelle, dem DOC Visitor Centre, fahren Sie auf einer „gravel road“. Im Besucherzentrum versorgen Sie sich mit Informations- und Kartenmaterial und buchen den von Ihnen ausgewählten DOC-Campingplatz. Sie können zwischen sieben Plätzen, die jeweils mit Wasser und Toilette ausgestattet sind auswählen (**DOC Visitor Centre,** GPS: S 37°7'16" E 175°37'47", Tel. 07 867 9080).

Hoffmans Pool im Kaueranga Valley

Im *Kauaeranga Valley warten* 21 Wanderungen auf Sie, wobei Sie zwischen kurzen Spaziergängen, von einer guten Viertelstunde bis hin zu herausfordernden Wanderungen mit Übernachtung wählen können. Direkt hinter dem Besucherzentrum startet der kurze **Kahikatea Walk**, der Sie in zehn Minuten zu einem künstlich angelegten Kauri-Damm führt. In der Holzfällerzeit gab es viele derartige Dämme, in denen man Wasser zu kleinen Seen aufstaute. Das Wasser wurde dann auf einen Schlag abgelassen und spülte die zuvor eingebrachten Kauristämme ein Stück weit in das Tal hinab. Ein zweiter kurzer Naturlehrpfad startet 1 km hinter dem DOC Visitor Centre. Vorbei an mehreren Informationstafeln führt Sie der Pfad zum *Hoffmans Pool*, einem beliebten Platz zum Picknicken und zum Schwimmen.

Am Ende der Schotterstraße durch das *Kauaeranga Valley*, 8 km hinter dem DOC Visitor Centre, liegt der letzte von insgesamt sechs DOC-Campingplätzen (Trestle View), die mit dem Wohnmobil erreicht werden können. Hier startet der anspruchsvolle und sehr beliebte **The Pinnacles Walk**. Die ganz Fitten laufen an einem Tag hin und zurück, die anderen laufen vier Stunden hin, übernachten in der großen und modernen Pinnacle Hut (beim DOC reservieren) und wandern am darauffolgenden Tag den um das Jahr 1900 von Holzfällern und Goldgräbern angelegten Maultierpfad zurück. Sie werden die Wanderung durch herrlichen Kauri- und Rimu-Wald genießen. Die Pinnacles, die der Wanderung ihren Namen gaben, liegen im Gipfelbereich eines bis zu 759 m hohen Vulkanmassivs.

TOUR N14
Hauraki Gulf
Waiheke Island
Hauraki Gulf
Ponui Island
Coromandel Forest Park
Motutapu Island
Rangitoto Island
Tamaki Strait
10 km
N
Kawakawa Bay
Orere Point
394 WC
Thames
Maraetai
Beachlands
Kauri Bay
399
398
Mt Victoria
397 WC E
Half Moon Bay
Firth of Thames
396
Waitemata Harbour
Auckland
400 WC
38
16
Whitford
Clevedon
Ness Valley
Mt Kohukohunui
688 m
Hunua Ranges Regional Park
393 WC
Kaiaua
Hunua Falls
395 WC
Ardmore Airport
392
Miranda Shorebird Centre
Miranda
20
Papakura
Miranda Hot Springs
391
Waitakaruru
25
Piako River
Auckland International Airport
Manukau Harbour
Mangatangi
Miranda Scenic Reserve
Maukoro Canel
Mangatarata
1
2

Tour N14: Auckland - City of Sails

Thames - Miranda - Orere Pt - Clevedon - Hunua Ranges Regional Park - Auckland - 120 km

Camping:	Miranda, Auckland: Manukau, Remuera Motor Lodge, North Shore, Takapuna Beach
Stellplätze:	Kaiaua, Kawakawa Bay, Half Moon Bay, Hunua Falls
Baden:	Orere Point, Kawakawa Bay, Takapuna, Devonport
Wandern:	Hunua Ranges Regional Park, Auckland: Queen Street, Mt Victoria, Mt Eden Heritage Walk, Coast to Coast Walk, auf den Inseln des Hauraki Gulf Marine Parks
Essen:	Kaiaua Fisheries, Auckland: Drehrestaurant Orbit im Sky Tower, Kermadec Ocean Fresh Rest., Le Garde-Manger

In Tour N14 schließt sich der Kreis der in diesem Buch beschriebenen Touren und Sie kehren zurück nach **Auckland**. Sie verlassen das altehrwürdige *Thames* und überqueren kurz danach die neue zweispurige Kopu Bridge. Die weitere Reise führt Sie durch die **Hauraki Plains** und in **Miranda** treffen Sie auf heiße Quellen. Danach fahren Sie am Westufer der *Firth of Thames* genannten Meeresbucht Richtung Norden. Von Ornithologen wird dieser Küstenabschnitt als hervorragendes Revier zur Beobachtung von See- und Wattvögeln sehr geschätzt. Am *Matingarahi Point* wendet sich die Streckenführung vom Firth of Thames ab und verläuft Richtung Westen. Nach 75 km erreichen Sie Aucklands Zentrum, das Sie sich nun genauer anschauen werden.

Von Thames nach Auckland

Sie verlassen Thames Richtung Süden über den SH25 und biegen nach 5 km in **Kopu** rechts ab. Wenig später überqueren Sie den *Waihou River* auf der 580 m langen, neuen Kopu Bridge. Der 150 km lange Waihou River ist zusammen mit dem benachbarten *Piako River* für das fruchtbare Schwemmland der Hauraki Plains verantwortlich, das Sie nun durchfahren.

Direkt hinter der Brücke können Sie links abbiegen, um die 6 km entfernte **Piako Ostrich Farm** zu besuchen. In der Straußenfarm finden Sie alle Informationen zu den größten Vögeln der Erde (311 Piako Rd, Turua, Tel. 07 867 5326, www.ostrichfarm.co.nz, tgl. 9.30 - 16 Uhr, im Juli geschlossen). 10 km hinter der Brücke bietet sich für Familien ein 7 km Abstecher nach **Ngatea** in die **Ngatea Water Gardens** (Bratlie Place, Ngatea, Tel. 07 867 7275, Sonntag bis Donnerstag 10 bis 17 Uhr) an. Dort wartet ein 5 ha großer Garten mit Brücken, Wasserfällen, Wasserrädern und magischen Brunnen auf Sie. 18 km hinter Kopu biegen Sie rechts in die Front Miranda Rd ein und erreichen nach 6

Thermalpool, Miranda Holiday Park

km das Thermal-Bad **Miranda Hot Springs**. Nebenan können Sie im Miranda Holiday Park übernachten und in dessen Thermalpool kostenlose Bäder nehmen.

(391) WOMO-Campingplatz-Tipp: Miranda HP

GPS: S 37°12'25" E 175°19'55". **WOMOs:** 60 mit Stromanschluss
Ausstattung/Lage: Spielplatz, großzügiger, wunderschöner Thermalpool / Liegt etwas von der Straße ins Hinterland abgerückt, von Feldern umgeben.
Zufahrt: In Waitakaruru Richtung Miranda fahren, ausgeschildert.
Kontakt: 595 Front Miranda Rd, Waitakaruru, Tel. 0800 833 144, www.mirandaholidaypark.co.nz **Preiskategorie 3**.
Beurteilung: Dieser belebte Holiday Park hat schön gestaltete Stellplätze und einen wunderschönen heißen Mineralpool, der abends bis 22 Uhr genutzt werden kann. Herrlich beleuchtet, toll !!!

Nördlich von Miranda liegt an der Straße das **Miranda Shorebird Centre** (283 East Coast Rd). Die Wattzonen am Firth of Thames sind Winterquartiere für viele arktische Wandervögel wie Regenpfeifer, Flussuferläufer, Zwergstrandläufer, Brachvogel und Steinwälzer. Sie kommen von Alaska, der Mongolei oder Sibirien und haben eine Flugstrecke von ca. 15 000 km hinter sich. Von April bis August sind riesige Schwärme des Schiefschnabel- Regenpfeifers zu sehen. Das Shorebird Centre gibt alle benötigten Informationen, benennt die besten Beobachtungsplätze und verleiht Ferngläser. Für ornithologisch Interessierte ein absolutes Muss! Nun wird verständlich, warum die gesamte windreiche Westküste des Firth of Thames den Namen **Seabird Coast** trägt.

Den mehrfachen Sieger für die besten „Fish and Chips" des Landes treffen Sie 4 km nördlich in Kaiaua. Im **Kaiaua Fisheries** können Sie im Restaurant zwischen verschiedenen Fischgerichten auswählen oder auch eine Portion „Fish and Chips", ganz klassisch in Zeitungspapier eingewickelt, mitnehmen

Freier Stellplatz am Firth of Thames

(939 East Coast Rd, Tel. 09 232 2776). 13 km hinter Kaiaua verlässt die Straße am *Matingarahi Point* die Küste, die sie erst 16 km später an der *Kawakawa Bay* wieder erreicht. Unterwegs zweigt eine kleine Stichstraße zum **Orere Point** (netter Campingplatz mit viel Platz, www.orerepointholidaypark.co.nz) ab. 9 km hinter Kawakawa erreichen Sie **Clevedon**. Jeden Sonntag können Sie hier zwischen 8.30 und 12 Uhr den *Clevedon Village Farmers Market* besuchen.

(392) WOMO-Stellplatz: Kaiaua - Rays Rest Camping

GPS: S 37°8'50" E 175°18'18". **Max. WOMOs:** 30
Ausstattung/Lage: Nichts / Unweit der Straße, direkt am Strand.
Zufahrt: Genau zwischen Miranda und Kaiaua, nicht zu übersehen.
Beurteilung: Sehr schöne Stelle. Sie verbringen die Nacht direkt am Ufer des vogelreichen Firth of Thames (Tel. 0800 734 834).
Hinweis: Campingzeiten zwischen 18 Uhr und 10 Uhr, maximal 2 Nächte.

(393) WOMO-Stellplatz: Kaiaua Boat Club

GPS: S 37°6'34" E 175°17'55". **Max. WOMOs:** 10
Ausstattung/Lage: Toilette, Picknicktische / Am Hafen.
Zufahrt: In Kaiaua am Hafen, nicht zu übersehen.
Beurteilung: Viele Stellplätze auf einer Wiese. Tolle Aussicht auf den Firth of Thames. Zu den Kaiaua Fisheries nur 150 m. Maximal 2 Nächte.

(394) WOMO-Stellplatz: Whitford Point Reserve

GPS: S 36°56'52" E 175°9'53". **Max. WOMOs:** 5
Ausstattung/Lage: Toilette/ Auf einer kleinen Halbinsel.
Zufahrt: An der Clevedon-Kawakawa Road ausgeschildert.
Beurteilung: Guter Übernachtungsplatz mit Blick auf Pakihi Island.

Die Hügelkette, die Sie an der Küste umfahren haben, war die sanft geformte **Hunua Range**, Aucklands Wasser-Reservoire. In vier Stauseen, dem *Cosseys*, *Wairoa, Mangatangi* und *Mangatawhiri Reservoir,* wird der jährliche Niederschlag von 2.300 mm gespeichert. Im *Hunua Ranges Regional Park* gibt es ein dichtes Netz von Wanderwegen, über das Sie sich im *Hunua Ranges Park Visitor Centre* informieren können. Der Park beherbergt mehr als 450 Vertreter einheimischer Pflanzen. **Hunua** liegt 12 km südlich von **Clevedon**. Nicht weit entfernt finden Sie die spektakulären 30 m hohen **Hunua Falls** und einen Übernachtungsplatz. Es gibt einen kurzen Weg zum Picknickareal am Fuße des Wasserfalls und einen längeren Rundweg zu einem Aussichtspunkt für einen herrlichen Blick auf die Gicht versprühenden Wasserfälle.

Hunua Falls

(395) WOMO-Wanderplatz: Hunua Falls Regional Park

GPS: S 36°52'48" E 174°54'8". **Max. WOMOs:** 10

Ausstattung/Lage: Toilette / Wiese hinter dem Parkplatz.

Zufahrt: Von Clevedon aus fahren Sie 12 km auf der Monument Rd Richtung Süden und biegen dann wie ausgeschildert links ab.

Kontakt: Auckland Council, Tel. 09 301 0101, regionalparks.aucklandcouncil.govt.nz **Preiskategorie 2.** **Hinweise:** Maximal 2 Nächte. Buchung online oder per Telefon, Zahlung über Kreditkarte.

Beurteilung: Toller ruhiger Platz im Grünen, Schranke wird nachts geschlossen. Sie hören das Rauschen des Wasserfalls.

Auckland

Im schnell wachsenden Ballungsraum **Auckland**, der sich aus den bis 2010 eigenständigen *Auckland City, North Shore, Waitakere* und *Manukau* zusammensetzt, leben rund 1,5 Millionen Menschen. Die Landenge zwischen dem Pazifischen Ozean und der Tasmanischen See ist an der im Herzen Aucklands gelegenen engsten Stelle weniger als zwei Kilometer breit. Auf beiden Seiten bestimmen große Naturhäfen das Stadtbild, der **Waitemata Harbour** und der **Hauraki Gulf** Richtung Pazifik und der **Manukau Harbour** zur Tasmanischen See hin. Die stark befahrene *Auckland Harbour Bridge* ist eine enorm wichtige Verkehrsader über den Hauraki Gulf und verbindet North Shore (250 000 Einwohner) mit dem Stadtzentrum. Neben diesen maritimen Gegebenheiten wird das landschaftliche Bild Aucklands von 48 erloschenen Vulkanen geprägt, von denen **Mount Eden, Mount Victoria** und **One Tree Hill** wegen ihrer zentralen Lage besonders hervorzuheben sind. Ein weiterer Reiz der einzigartigen Topographie Aucklands sind die unzähligen in der Tasmansee und hauptsäuchlich im Pazifik verstreuten Inseln, Halbinseln und Landengen, die mit etwas Glück bereits beim Landeanflug zu beobachten sind. Zahlreiche geschütz-

Auckland Downtown

te Meeresbuchten beherbergen unzählige Segelboote, was der Stadt den Beinamen **City of Sails** einbrachte. Nachdem 1995 und 2000 das Team Neuseeland mit dem Skipper *Russell Coutts* zweimal den *Americas Cup* gewonnen und damit die Kiwis in einen kollektiven Freudentaumel versetzt hatte, wurde Segeln immer beliebter und ist heute unangefochtener Freizeitsport Nummer eins.

In Auckland reihen sich vielfältige Sport und Freizeitmöglichkeiten aneinander und neben dem Kulturleben in der Großstadt bietet es an seiner Peripherie großartige Naturerlebnisse wie urwüchsige Regenwälder und viele Sandstrände. So überrascht es nicht, dass Auckland gemeinsam mit Vancouver nach einer im Mai 2010 veröffentlichten Untersuchung der Beratungsgesellschaft Mercer hinter Wien, Zürich und Genf auf Platz vier der lebenswertesten Städte der Welt liegt. Mit dem Attribut »Hauptstadt« darf sich Auckland dennoch nicht schmücken. Diesen Status musste man auf politischen Druck der Südinsel 1856 zähneknirschend an das zentraler gelegene Wellington abgeben. Auckland breitet sich über eine enorme Fläche von ca. 5 000 km^2 aus. Vom relativ kleinen Stadtzentrum mit seinen Hochhäusern abgesehen, ist die größte Stadt

Neuseelands eine ausgedehnte Ansiedlung von Einfamilienhäusern und damit weltweit eine der am dünnsten besiedelten Großstädte. Die Bewohner Aucklands weisen eine bemerkenswerte ethnische Vielfalt auf. Die Kulturen Europas, Asiens und Polynesiens sind hier zu Hause. Der in jüngerer Zeit stetig ansteigende Anteil der Asiaten betrug im Jahr 2010 etwa 14%, ebenso der Anteil der Menschen, die von den Pazifischen Inseln stammen. Letztere machen Auckland zusammen mit den Maori zur größten polynesischen Stadt der Erde. Der polyne-

Auckland Ferry Building

sische Einfluss ist traditionell auf einige wenige Stadtgebiete begrenzt, entfaltet sich aber in jüngerer Zeit immer mehr und ist insbesondere in der Kunst überall deutlich spürbar.

Auch klimatisch ist Auckland (mit über das Jahr hinweg gesehen geringen Temperaturschwankungen) bestens ausgestattet. Milden Wintern mit durchschnittlich 15°C folgen lange, warme Sommer mit angenehmen Temperaturen, die selten über 35°C liegen. Der durchschnittliche Jahresniederschlag beläuft sich auf etwa 1.200 mm. Im Folgenden werden einige wenige der zahlreichen Aktivitäten vorgestellt, die diese multikulturelle Großstadt dem Besucher bietet:

(396) WOMO-Campingplatz-Tipp: Remuera Motor Lodge
GPS: S 36°52'55" E 174°48'46". **WOMOs:** 45 mit Stromanschluss
Ausstattung/Lage: Großer Pool / In Aucklands Stadtteil Remuera.
Preiskategorie 3. **Zufahrt:** Vom SH1 in die Green LN einbiegen (2 km). Schilder beachten. **Kontakt:** 16 Minto Road, Remuera, Auckland, Tel. 0508 244 244, www.remueramotorlodge.co.nz
Beurteilung: Sauberer Platz. Zufahrt etwas versteckt. Verschiedene Busse bringen Sie in 30 Minuten in die City.

Die Inseln im Hauraki Gulf

Sie sollten Auckland nicht verlassen, ohne einen Ausflug in den **Hauraki Gulf** unternommen zu haben. Im **Hauraki Gulf Maritime Park** liegen 47 Inseln, von denen wir Ihnen einige vorstellen. Weitere Informationen liefert Ihnen die überall erhältliche gleichnamige Broschüre.

Auf **Rangitoto Island** liegt Neuseelands jüngster Vulkan, der vor 600 bis 700 Jahren in einem Ausbruch die Insel über die Meeresoberfläche hob und einige hundert Jahre aktiv blieb. Ein ca. 4 km langer Weg führt auf seinen 260 m hohen Gipfel, der an klaren Tagen eine fantastische Sicht auf den *Hauraki Gulf* und auf *Auckland* bietet. Der Aufstieg zum Gipfel des Vulkans führt an Neuseelands größtem Pohutukawa-Wald vorbei.

Der Anblick der im Sommer in leuchtendem Rot blühenden Neuseeländischen Weihnachtsbäume ist sehr eindrucksvoll. Für jene, die nicht gerne in der sommerlichen Hitze wandern, gibt es einen kleinen Traktor mit Anhänger, der über holprige Schotterwege fast bis zum Gipfel fährt.

Ausflugstaktor auf Rangitoto Island

Ein weiteres Highlight der Inselwelt ist das einzigartige Naturreservat **Tiritiri Matangi Island**. Nach der einstündigen Fährüberfahrt mit 360 Discovery Cruises erreicht man die zur offenen Schutzzone erklärte Insel. Man kann sich frei auf der Insel bewegen, aber auch eine von DOC-Rangern angebotene Führung in Anspruch nehmen. Auf der einst im Ackerbau genutzten Insel wurden mehr als 300 000 einheimische Bäume gepflanzt. Die von Raubtieren freie Insel ist heute ein ideales Vogelschutzgebiet. Elf bedrohte Vogelarten, darunter auch der besonders seltene Takahe, fühlen sich heute auf Tiritiri Matangi Island zu Hause.

(397) WOMO-Stellplatz: Half Moon Bay Marina

GPS: S 36°52'48" E 174°54'8". **WOMOs:** 4 mit Stromanschluss
Ausstattung/Lage: Toilette, Wasser, Müllcontainer, Entsorgungsstation / Yachthafen. **Preiskategorie 2.**
Zufahrt: Vom SH1 in die Green LN einbiegen (2 km). Schilder beachten.
Kontakt: 50 Argo Drive, Auckland, Tel. 09 533139 (1 drücken), www.hmbmarina.co.nz
Hinweise: Maximale Länge 8 m. Maximal 2 Nächte (verhandelbar). Restaurants und Supermarkt sind ebenso direkt nebenan, so wie die Anlegestellen der Fähren in die Stadt und nach Waiheke Island. Telefonisch anmelden oder bei Ankunft am Tower melden.
Beurteilung: Wohnmobilstellplätze auf Asphalt auf dem Gelände des Yachtclubs. Die Plätze werden rund um die Uhr bewacht (Mobile: 021 867 728).

Nur 35 Minuten dauert die Überfahrt von Auckland nach **Waiheke Island**. Auch diese, von 5 000 Menschen bewohnte Insel, hat sich in unmittelbarer Nähe des urbanen Lebens ihren Südseecharme bewahrt: Grüne Hügel, weiße Sandstrände und türkisfarbene Lagunen laden zum Wandern, Radeln, Baden oder Segeln ein. Zu allem Überfluss gedeiht auf Waiheke Island auch noch einer der besten Rotweine Neuseelands. Zögern Sie nicht sich die Insel anzuschauen.

Die 88 Kilometer nordöstlich von Auckland gelegene **Great Barrier Island** ist durch seine schönen Strände, phantastische

Schnorchel- und Tauchmöglichkeiten und viele reizvolle Wanderwege bekannt. Wege von insgesamt mehr als 100 km erstrecken sich über diese schöne, abgeschiedene Idylle. Wegen seiner vielfältigen Möglichkeiten und relativ großen Entfernung zu Auckland empfiehlt es sich, eine Übernachtung einzuplanen, die rechtzeitig gebucht werden sollte. Mit Great Barrier Airlines können Sie von Auckland und von North Shore in einer halben Stunde nach Great Barrier Island fliegen.

Devonport ist ein auf der Nordseite des Waitemata Harbour auf einer Halbinsel gelegener kleiner und charmanter Ort, der zum North Shore gehört. Während man Devonport vom Ferry Building aus in 12 Minuten mit der Fähre erreichen kann, muss man mit dem Auto einen zeitaufwendigen ca. 16 km langen Umweg über die Harbour Bridge in Kauf nehmen. Der Reiz Devonports geht von seinen gepflegten viktorianischen Holzhäusern und Villen aus. Seine Blumenpracht, Gärten und Nikau-Palmen verleihen dem Ort das Flair eines malerischen

Seebades. Unweit der Anlegestelle liegt das im victorianischen Stil erbaute Esplanade Hotel und genau hier beginnt die Victoria Road. Entlang der Victoria Road, der Hauptgeschäftstraße Devonports,

Devonport

die vielleicht besser als Shopping- und Flaniermeile bezeichnet werden sollte, findet man kleine Cafés, interessante Galerien sowie gut sortierte Buchläden und Antiquariate. Am Ende der Victoria Road beginnt der steile Anstieg zum **Mount Victoria**, dessen beide kegelförmige Hügel vulkanischen Ursprungs sind. Sie waren von Maori bewohnt, die auf dem Gipfel eines ihrer Wehrdörfer errichteten. Die von den Maori angelegten Terrassen sind noch heute zu sehen. Obwohl der größere der beiden Vulkankegel gerade mal 87 m hoch ist, bietet er einen ungehinderten Panoramablick in alle Richtungen, der unseres Erachtens nach wirklich umwerfend ist und das Attribut „atemberaubend" 100-prozentig verdient. Besuchen Sie auch den 1 km östlich gelegenen Vulkankegel North Head.

Viaduct Harbour

Aucklands Zentrum

Aucklands Zentrum an der »Waterfront« wird beherrscht von dem markanten **Ferry Building**, das der Architekt *Alex Wiseman* 1912 im Stil des englischen Barock anlegen ließ. Es liegt gegenüber vom *Britomart Transport Centre*, dem Verkehrszentrum für lokale Busse und Züge, am unteren Ende der Queen Street. Das Ferry Building ist das quirlige Zentrum des Fährverkehrs und der Hafenrundfahrten im *Waitemata Harbour*. Es gewinnt seinen außergewöhnlichen Reiz aus seiner exponierten Lage und seiner lebhaften Nutzung durch Touristen und Einheimische Pendler. An diesem Ort ist immer Leben, es herrscht ein ständiges Kommen und Gehen vor. Vom Ferry Building aus hat man einen wunderbaren Blick auf die Vulkaninsel *Rangitoto*, *Devonport* mit dem *Mount Victoria*, die Harbour Bridge und den Yachthafen. Neben dem zentralen Reisebüro der Fährgesellschaft Fullers ist im Gebäude auch das Hauptbüro des Department of Conservation untergebracht.

Sie können Auckland City durchaus zu Fuß erkunden. Der **Mt Eden Heritage Walk** und der **Coast to Coast Walkway** sind zwei der vielen Möglichkeiten. Infos erhalten Sie in der i-SITE am Viaduct Harbour. Der **Viaduct Harbour** ist ausgesprochen betriebsam und sehenswert. Von den vielen Cafés und Restaurants sei das **Kermadec Ocean Fresh Restaurant** (Viaduct Harbour Level 1/204 Quay St, Tel. 09 304 0454) hervorgehoben. Daneben stehen Ihnen zwei Möglichkeiten zur Verfügung, die im Folgenden beschriebenen Attraktionen kennenzulernen. Zum einen der **Explorer Bus**, der am Ferry Terminal startet und 14 Haltepunkte hat, an denen Sie ein- und aussteigen können. Alternativ dazu können Sie sich ein Tagesticket kaufen (*Discovery Pass*), das für alle öffentlichen Verkehrsmittel einschließlich der Fähre nach Devonport gilt. Empfehlenswert ist der **Inner Link Bus**, der je nach Tageszeit alle 10 oder 15 Minuten fährt und in ca. 1,5 h eine große Schleife um Aucklands Zentrum zurück legt (www.linkbus.co.nz). Der Link Bus hält auch in den trendy Stadtteilen **Parnell** und **Ponsonby**. Parnell gilt als schick und teuer, Ponsonby als angesagt.

Platz vor dem Britomart Transport Centre

Aucklands betriebsame Hauptgeschäftstraße **Queen Street** beginnt am *Britomart Transport Centre* und verläuft meist gerade bergauf in einer südwestlichen Richtung bis zur Karangahape Rd. Es ist empfehlenswert die gesamte Strecke von ca. 2 km entlang zu schlendern, denn es wird viel Abwechslung geboten auf der einstigen Prachtstraße, die einen reizvollen Kontrast zwischen modernsten Glashochhäusern und gut erhaltenen Bauten aus der Zeit um 1900 bietet. Am oberen Ende der Queen St mit ihren zahlreichen Sakralbauwerken wird dieser Gegensatz durch den alten Myers Kindergarten und das benachbarte moderne Verwaltungszentrum ausgedrückt. Ebenfalls am oberen Ende der Queen St liegt der „Aotea Square", auf dem fliegende Händler und Marktbuden ihre Waren feilbieten. Im **Le Garde-Manger** (466 Queen St, Tel. 09 362 0655) bekommen Sie gute französische Küche geboten. Aucklands Hauptschlagader beherbergt trendige Edelboutiquen, Textil-Discounter, Buchläden, Sushi Shops, Internetcafés, Spielhallen und Kinos. Sehr in Mode sind Passagen und Arkaden, von denen die „Queens Arcade" und die 100 Jahre alte „The Strand Arcade" hervorzuheben sind.

(398) WOMO-Campingplatz-Tipp:
Auckland North Shore Motels & Holiday Park

GPS: S 36°47'36" E 174°44'46". **WOMOs:** 40 mit Stromanschluss
Ausstattung/Lage: Spielplatz, Pool, Spa / Im nördlichen Stadtteil Northcote, Restaurants sind in der Nähe. **Preiskategorie 3.**
Zufahrt: Vom Zentrum aus die Harbour Bridge überqueren. An der Ausfahrt *Exit 419 Northcote Rd* links in die Northcote Rd einbiegen, nach 700 m links.
Kontakt: 52 Northcote Rd, Auckland, Tel. 09 418 2578, www.top1.co.nz
Beurteilung: Sauberer, enger Platz, ideal als Ausgangspunkt für Ausflüge nach Auckland per Bus oder für die Weiterfahrt gen Norden.

Der 1997 eröffnete **Sky Tower** ist mit 328 m Höhe das höchste Gebäude auf der südlichen Halbkugel. Seine Aussichtsplattformen bieten spektakuläre Ausblicke auf Auckland und die herrliche Umgebung. Gläserne Aufzüge bringen die Gäste in einer 40 Sekunden dauernden, rasanten Fahrt zur

Blick vom Mount Eden

182 m hoch gelegenen ersten Station. Dort befindet sich ein Café, die *Sky Lounge*. Das 4 m höher gelegene »main observation deck« ermöglicht durch in den Boden eingelassene, dicke Glasscheiben Blicke in die Tiefe. Man kann die Glasscheiben auch betreten, was sicherlich nicht jedermanns Sache ist. In einer Höhe von 194 m befindet sich das **Drehrestaurant Orbit**, das sich in einer Stunde um die eigene Achse dreht. Nehmen Sie hier ein Lunch oder Dinner ein. Essen und Service sind ausgesprochen gut und im Preis angemessen. Für Gäste des Restaurants ist die Benutzung des Aufzuges frei.

Das **Auckland Museum** ist in einem neoklassizistischen Bau über drei Stockwerke untergebracht. Das wuchtige Gebäude mit Säulenportal befindet sich im oberen Bereich der *Auckland Domain* - der größten zentrumsnahen Grünanlage - und bietet einen schönen Ausblick auf Aucklands Zentrum und den *Waitemata Harbour*. Das Erdgeschoss ist weitgehend von dem großen Saal „He Taonga Maori“ eingenommen, in dem in eindrucksvoller Fülle und Intensität Maori-Geschichte, -Kultur und -Kunst präsentiert wird. Die kleineren Säle im Erdgeschoß sind der Lebensform und Kunst der Völker des Pazifik-Raumes gewidmet. Im ersten Stock wird die Naturgeschichte Neuseelands präsentiert. Neben der gefährdeten Tier- und Pflanzenwelt des Landes wird auch das Leben in den Ozeanen gezeigt. Auch ein Fossil des ausgestorbenen Riesenvogels Moa kann hier bewundert werden. Sehr eindrucksvoll ist die Darstellung der geologischen Entstehungsgeschichte Neuseelands und das Aufzeigen der Implikationen der Plattentektonik für die Zukunft des Landes. Der zweite Stock ist Neuseelands Militärgeschichte gewidmet. Etwa drei Kilometer südwestlich des Museums befindet sich der 196 m hohe **Mount Eden**, der höchste der zahlreichen Vulkankrater auf Aucklands Stadtgebiet. Sein Gipfel beherbergt Überreste eines sehr alten *Maori-Pa* und bietet die sicherlich schönste Aussicht über die Stadt. Der mit Gras bewachsene recht steile Krater ist 50 m tief. Ihn hinunterzuwandern, ist nicht mehr erlaubt.

(399) WOMO-Campingplatz-Tipp: Takapuna Beach HP

GPS: S 36°47'3" E 174°46'31". **WOMOs:** 40 mit Stromanschluss
Ausstattung/Lage: Spielplatz / Im nördlichen Stadtteil North Shore direkt an der Küste mit weißem Sandstrand gelegen. Nur 350 m vom Zentrum Takapunas mit Cafés und Restaurants entfernt. Den Sonnenaufgang sehen Sie direkt über der nahen Rangitoto Island.
Preiskategorie 3.
Zufahrt: Vom Zentrum aus die Harbour Bridge überqueren, am *Exit 420* Richtung National Route 26 fahren, dieser 3 km folgen (im Kreisverkehr erste Ausfahrt), dann rechts in die Straße *The Promenade* abbiegen.
Kontakt: 22 The Promenade, Takapuna, Auckland, Tel. 09 489 7909, www.takapunabeachholidaypark.co.nz
Beurteilung: Toll gelegener Platz mit Grasplätzen und Bäumen. Um nach Auckland zu gelangen, gehen Sie zur nahen Bushaltestelle. Von dort können dann entweder direkt ins Zentrum fahren oder zunächst zum Fähranleger in Devonport und dann mit der Hafenfähre übersetzen.

(400) WOMO-Stellplatz: Western Springs Garden Community Hall

GPS: S 36°52'6" E 174°43'15". **Max. WOMOs:** 10
Ausstattung/Lage: Toilette / Parkplatz an der Community Hall.
Zufahrt: Auf SH16 Ausfahrt 6 nehmen, SH16 überqueren in links in die Great North Rd fahren. Der Parkplatz liegt nach 600 m links.
Beurteilung: Ziemlich laut, da der von Bäumen eingerahmte Parkplatz . zwischen Motorway und der Great North Rd liegt. Maximal zwei Nächte.
Hinweis: Auf der anderen Seite der Great North Rd liegt ein Bahnstation.

Der **Albert Park** ist sehr zentral gelegen und kann über die City schnell erreicht werden. Entsprechend ist diese grüne Oase bei Bankern, Verkäufern und anderen Geschäftsleuten als Ort für ihre Mittagspause sehr beliebt. Der Park im viktorianischen Stil hat einen tollen Baumbestand und zieht sich den Hügel hinauf bis zur Universität. Er zeigt eine Bronzestatue von *Königin Victoria* und verfügt in seinem Südteil über einen Konzertpavillon. Am südwestlichen Ende des Parks ist die Auckland **Art Gallery Toi o Tamaki** anzutreffen, die vor ihren Toren mit einigen Exponaten auf sich aufmerksam macht, darunter *George Rickeys* „Double L Gyratory“ (1984) aus rostfreiem Stahl und *Neil Dawsons* monumentale, halbkreisförmige „Throwback“-Skulptur.

Anreise

Die Anreise mit dem **Schiff** dauert 4 bis 5 Wochen und ist auch auf einem Frachtschiff mit Kabinenplatz teurer als ein Flug. Die allermeisten Neuseeland-Besucher wählen deshalb den Luftweg mit einer reinen Flugzeit von ca. 24 Stunden. Sie können zwischen der Ost- (Asien) und Westroute (Amerika) und den **Ankunftsflughäfen Auckland** und **Christchurch** wählen. Die Preise liegen in der Economy Class zwischen 900,- € und 1500,- €. Flugtickets erhält man online direkt bei den Fluggesellschaften oder aber in Reisebüros. Auf Neuseeland spezialisierte Reiseanbieter bieten Flüge in Verbindung mit Pauschalangeboten oder dem Anmieten von Wohnmobilen an.

Wegen des großen Zeitunterschiedes von bis zu 12 Stunden ist zu prüfen, ob Sie nicht einen längeren Zwischenstopp in Australien, Asien oder den USA einlegen wollen. Ebenfalls möglich ist es, im Rahmen eines *Round-the-World-Tickets*, in Neuseeland einen längeren Zwischenstopp einzulegen. Vor allem *Air New Zealand* hat spezielle Angebote mit Hinreise über Asien und Rückreise via dem Pazifik und Los Angeles oder umgekehrt.

Wer einen Gabelflug wählt, muss sich entscheiden, ob er nach Auckland fliegen will und von Christchurch aus die Heimreise antritt oder umgekehrt.

Folgende **Airlines** bieten Flüge nach Neuseeland an:

• Air New Zealand	www.airnewzealand.de	0800 1830619
• Air China	www.airchina.de	0800 86100999
• Cathay Pacific	www.cathaypacific.com/de	0800 7244208
• Emirates	www.emirates.de	069 945192000
• Korean Air	www.koreanair.com	0800 065652001
• Lufthansa	www.lufthansa.com	069 86799799
• Malaysia Airlines	www.malaysiaairlines.com	069 380791399
• Qantas	www.qantas.de	069 299571421
• Qatar Airways	www.qatarairways.com	..069 260904400
• Singapore Airlines	www.singaporeair.de	069 7195200
• Thai Airways	www.thaiair.de	069 92874444

Zwischen Lufthansa und Air New Zealand, sowie zwischen einigen anderen Airlines besteht *code sharing*. Die angegebenen Buchungstelefonnummern sind nur in Deutschland gültig. Für weitere Informationen zum Thema An- und Abreise steht Ihnen das Fremdenverkehrsamt zur Verfügung.

Webseite von Tourism New Zealand: www.newzealand.com/de

Tipp: Wenn Sie über 55 Jahre alt sind oder eine Venenerkrankung haben, sprechen Sie vor der Reise mit Ihrem Hausarzt wegen einer Thrombosespritze für diesen Langstreckenflug.

Automobilclub, Pannenhilfe

Neuseelands Automobilclub AA (New Zealand Automobile Association) leistet landesweit **Pannenhilfe (Tel. 0800 500 222)**. Die Mietwagen haben meist einen AA-Servicevertrag. Mitglieder einiger ausländischer Automobilclubs erhalten gegen Vorlage ihres Mitgliedsausweises eine kostenlose, halbjährige Mitgliedschaft im AA. Für Wohnmobile über 3,5 t müssen Sie ein Upgrade auf AA Motorhome Plus vornehmen (75 NZD pro Jahr). Mit Ihrer AA-Mitgliedschaft können Sie den AA-Service in Anspruch nehmen und erhalten darüber hinaus kostenlos ausgezeichnetes Kartenmaterial. AA hat fast überall im Lande Vertretungen.

AA-Office, Level 17, 99 Albert St, Auckland, Tel. 09 966 8800 (8689), www.aa.co.nz, info@aa.co.nz

Campen

Campingparadies Neuseeland

Neuseeland ist wie für einen Wohnmobilurlaub gemacht! Die Flexibilität, die Ihnen ein Womo bietet, passt ideal zu dem entspannten Lebensstil der Neuseeländer. Neuseeland ist so groß wie die alte Bundesrepublik und hat gerade einmal 4,8 Millionen Einwohner. Sie werden also fast überall genügend Platz vorfinden, um sich nach Belieben entfalten zu können. Überfüllte Straßen gibt es nur in den wenigen Großstädten. Das Landschaftsbild ändert sich nach fast jeder Kurve und oft haben Sie die enorm vielfältigen Naturschönheiten Aotearoas ganz für sich alleine. Zudem ist Neuseeland extrem gut für Camper ausgestattet. Es gibt eine Vielzahl von Campingmöglichkeiten, Picknickplätzen und öffentlichen Toiletten, denn auch die Kiwis (Neuseeländer) lieben den Urlaub mit dem Wohnmobil (*Motorhome, Camper, Campervan, RV, Mobile Home*). Neuseeland mit dem Wohnmobil zu erkunden, ist ein einzigartig schönes Erlebnis, das Ihnen ein Höchstmaß an Unabhängigkeit bietet.

Kommerzielle Campingplätze

Neuseeland verfügt über eine Vielzahl von Campingplätzen verschiedener Preisklassen, die oft an den schönsten Stellen des Landes liegen. Sie werden beeindruckt sein von den umfassenden Ausstattungen (*facilities*), die auf den Campingplätzen angeboten werden, wie sanitäre Einrichtungen, große und gut bestückte Gemeinschaftsküchen, Waschmaschinen, Trockner, Grillbereiche, Spielplätze, Swimmingpools und vieles mehr. Auf großen Plätzen werden diese Einrichtungen mehrfach angeboten, alles befindet sich in erreichbarer Nähe. Häufig gibt es auch einen gemeinsamen Speiseraum sowie ein gemütliches Fernsehzimmer. Für die Nutzung der Waschmaschinen und Trockner sollten Sie 1- und 2-Dollar-Münzen bereithalten. Sie können zwischen Plätzen mit (*powered sites*) oder ohne Stromanschluss wählen. In den i-SITEs finden Sie ein kostenloses Heft von Jasons „Holiday Parks, Campgrounds", in dem die allermeisten Campingplätze aufgelistet und beschrieben sind. Allgemein gilt die Regel, *Holiday Parks* gehören zur gehobenen Kategorie, während *Campgrounds, Motor Camps* oder *Caravan Parks* preisgünstiger zu haben sind. Fast alle Campingplätze verfügen über *Tourist Cabins* und *Motel Units*, bieten also auch PKW-Reisenden Unterkunftsmöglichkeiten.
Die *Holiday Parks* werden von drei Ketten angeboten:

- Top 10 Holiday Parks www.top10.co.nz
- Kiwi Holiday Parks www.kiwiholidayparks.com
- Family Parks www.familyparks.co.nz

Wenn Sie die Kundenkarte einer dieser Ketten erwerben, erhalten Sie auf allen Plätzen der jeweiligen Kette Rabatte. Informieren Sie sich über die aktuellen Angebote! Ein Beispiel: Mit der Mitgliedskarte der Top 10 Holiday Parks sparen Sie 10% bei Nutzung der Interisländer Fähre. Neben den Holiday Parks findet man, oft abseits der Hauptreiserouten, privat geführte Campingplätze, die gemütlicher, individueller und auch preisgünstiger sind.

DOC Campingplätze

Die Alternative zu kommerziellen Campingplätzen bieten DOC Campingplätze (siehe **Department of Conservation**). Diese vom DOC unterhaltenen **Conservation Campsites** sind immer naturnah und liegen meist landschaftlich besonders schön inmitten von Nationalparks und umgeben von herrlichen Wanderwegen. Verzeichnisse aller DOC-Campingplätze der Nord- und der Südinsel finden Sie in jedem Information Centre. Fragen Sie dort auch nach dem **DOC Campsite Pass**. DOC-Website zum Download:

www.doc.govt.nz/parks-and-recreation/places-to-stay

Für Wohnmobile gibt es vier Kategorien von DOC Campsites:

Basic Campsite, keine Gebühr (*fee*)
Einfache Ausstattung mit Plumpsklo und Wasser vom Tank, Fluss oder See.

Standard Campsite, 8 NZD pro Erwachsenem und Nacht
Bessere Ausstattung, die zusätzlich Picknicktische, Duschen (kalt), Müllentsorgung, Kochgelegenheit sowie Grill und Feuerstelle umfassen kann.

Scenic Campsite, 13 NZD (16 mit Strom) pro Erwachsenem und Nacht
Ausstattung: Toiletten, Wasser, kalte Duschen, Picknicktische, Abfalleimer und Kochgelegenheit. Sie liegen oft in beliebten Küstenlagen.

Serviced Campsite, 18 NZD (21 mit Strom) pro Erwachsenem und Nacht
Zur Ausstattung gehören: Toiletten mit Wasserspülung, fließendes Wasser, Küche, heiße Duschen und Müllentsorgung. Auch Waschmaschine, Barbecue und Feuerstelle sind möglich.

Kinder zwischen 5 und 17 Jahren zahlen den halben Preis, Kinder unter 5 Jahren sind frei. Für Basic Campsites gibt es keine Reservierung, für Standard- und Scenic Campsites nur in der Hauptsaison. An der Einfahrt der Campsites finden Sie eine Preistafel und Umschläge zur Selbstregistrierung. Diese beschriftet man sofort bei Ankunft, steckt die Gebühr hinein und wirft den Umschlag in eine Box. Bei Unterlassung wird man am nächsten Morgen zwischen 6 und 7 Uhr von einem DOC-Ranger geweckt! Bei Serviced Campsites gibt es einen Host. Sie können online über ein DOC Visitor Centre gebucht und bezahlt werden.

Freies Campen

Freies Campen (*freedom camping*) hat in Neuseeland eine große Tradition und ist im Selbstverständnis der Kiwis ein natürlich gegebenes Recht. Leider hat der zunehmende Tourismus negative Auswirkungen gebracht, die in Neuseeland heftig diskutiert werden. Fälle, in denen freie Camper den Übernachtungsplatz verschmutzt zurücklassen, häufen sich. Das hat in den letzten Jahren zu Einschränkungen geführt. In der Folge hat heute jeder Bezirk (*district*) in Neuseeland seine eigenen Vorschriften darüber, wo freies Campen erlaubt ist und wo nicht. Im Internet können Sie sich unter www.camping.org.nz einen sehr guten Überblick verschaffen. Sie können sich aber auch an jede i-SITE wenden, wenn Sie Auskunft über Campingmöglichkeiten an einem bestimmten Ort haben möchten. Wohnmobile freier Camper sollten auf jeden Fall ihre eigene Toilette und ihren eigenen Abwassertank (*greywater tank*) an Bord haben, also *selfcontained* sein (Prüfplakette erforderlich!). Freie Camper, die diese Voraussetzung nicht erfüllen, müssen mit erheblichen Strafen rechnen (bis zu 10.000 NZD). Wir appellieren an Sie, Ihren freien Übernachtungsplatz so zu verlassen, wie Sie ihn angetroffen haben. Wenn die Fälle von Verschmutzungen der Übernachtungsplätze weiter ansteigen, ist mit einer Verschärfung der Regelungen zu rechnen. In diesem Buch werden eine Reihe von Plätzen aufgezeigt, an denen im März 2017 eine freie Übernachtung möglich war.

Tipp: Laden Sie sich die **App CamperMate** auf Ihr iOS-Gerät. Diese ausgesprochen hilfreiche App ist leicht bedienbar und kostenlos. Aus Basis einer Neuseeland-Karte kann die jeweilige Umgebung erkundet werden. Geliefert werden übersichtliche Informationen über:

Campingplätze, freie Stellplätze, Entsorgungsstationen, i-SITEs, Tankstellen, öffentliche Toiletten, Supermärkte, und vieles mehr.

Achtung: Das Schild „No Camping“ mit rot durchgestrichenem Zelt gilt nicht für selfcontained Motorhomes!

Es gilt die Regel: Wird es nicht explizit verboten, so ist freies Übernachten erlaubt. Um eine Gefährdung durch Übermüdung zu vermeiden, ist zudem ein sogenanntes *short term sleeping* zur Wiederherstellung der Fahrtauglichkeit auf ansonsten verbotenen Stellflächen erlaubt. Folgende Regeln sollten Sie für freies Campen beachten:

- Ihr Wohnmobil muss self-contained sein (Prüfplakette erforderlich!)
- In Nationalparks ist freies Campen verboten

- An allen Stellen, die in öffentlicher Hand sind, ist freies Campen möglich, wenn es nicht ausdrücklich durch Schilder oder Regelungen des Distriktes ausgeschlossen wird
- Auf privatem Gelände die Erlaubnis des Eigentümers einholen
- Den Übernachtungsplatz so verlassen, wie Sie ihn angetroffen haben

Department of Conservation (DOC)

Dem Kürzel **DOC** werden Sie während Ihres Neuseelandurlaubes immer wieder begegnen. Es steht für **Department of Conservation (www.doc.govt.nz).** DOC, die Behörde zum Schutz des Natur- und Kulturerbes, definiert ihre eigene Aufgabe wie folgt: „Das ursprüngliche und historische Erbe Neuseelands zur Freude aller, heute und in der Zukunft zu bewahren“. In Neuseeland gibt es 14 Nationalparks, die zusammengenommen rund 10% der Gesamtfläche des Landes einnehmen. Für den Unterhalt dieser Parks ist das DOC zuständig, genauso wie für Naturschutzgebiete, Waldparks und einige Formen von Reservaten. Der Zugang ist, mit einigen wenigen Ausnahmen, kostenlos. Die meisten Wanderwege führen durch vom DOC verwaltete Naturschutzgebiete. Auch die Gebiete der neun „Great Walks“ werden vom DOC verwaltet. Sie befinden sich in Staatsbesitz und stehen unter Naturschutz. Das DOC ist zuständig für die Instandhaltung der Hütten, Campingplätze, Wanderwege, Brücken und aller anderen Einrichtungen. Sie sind für den öffentlichen Gebrauch zugänglich, jedoch werden für die Unterkunft in den Hütten und für die Nutzung der Campingplätze Gebühren erhoben. Auch der Erhalt einheimischer Arten gehört zu den Aufgaben des DOC. Darunter fällt auch das Aufstellen von Fallen für eingeschleppte „Schädlinge“, die Ihnen bei Ihren Wanderungen immer wieder begegnen werden. Das DOC unterhält eigene Visitor Information Centres, deren Besuch sehr zu empfehlen ist. Sie erfahren dort viel über die einzigartige Tier- und Pflanzenwelt Neuseelands, oft in ausgezeichneten audiovisuellen Vorführungen. In den i-SITEs (siehe Touristeninformation) erhalten Sie ein Verzeichnis dieser Informationsbüros.

Diplomatische Vertretungen in Neuseeland

Botschaft Deutschland
90-92 Hobson Street, P.O.Box 1687, Thorndon, Wellington
Telefon 04 473 6063, Mobil 021 651 987
German.Embassy@iconz.co.nz, www.wellington.diplo.de

Honorarkonsulat Österreich
Level 4, 75 Ghuznee Street, P.O.Box 24477, Wellington
Telefon 04 540 3000 / 0800 333 322, Mobil 021 0273 5205
wellington@austria.org.nz, www.bmeia.gv.at

Botschaft Schweiz
10 Customhouse Quay, Level 12, P.O.Box 25004, Wellington
Telefon 04 472 15 93
wel.vertretung@eda.admin.ch, www.eda.admin.ch/wellington

Einreise

Für Staatsbürger aus Deutschland, Österreich oder der Schweiz ist ein Urlaub in Neuseeland ohne vorherige Beantragung eines Visum möglich, wenn Sie nicht länger als drei Monate bleiben wollen und folgende Bedingungen erfüllen:

(1) Nachweis eines gültigen Ausreisetickets innerhalb von drei Monaten

(2) Nachweis von 1500 NZD für jeden Monat Aufenthalt in Neuseeland.

(3) Reisepass, der drei Monate länger gültig ist als das geplante Ausreisedatum.

Der Nachweis zu (2) kann über Ihre Kreditkarte geführt werden. Wer länger als drei Monate bleiben möchte, kann online ein Besuchervisum beantragen.

www.immigration.govt.nz/new-zealand-visas/apply-for-a-visa

Die neuseeländische Botschaft in Berlin ist auch für Österreich und die Schweiz zuständig.

Botschaft von Neuseeland
Friedrichstr. 60, D-10117 Berlin
Tel. 0049 30 206 210, Visaabteilung 0049 30 2065 3900
www.nzembassy.com/de/deutschland

Elektrizität

Die Netzspannung beträgt 230/240 Volt bei 50 Hertz. Stecker haben zwei oder drei abgeschrägte Pins, wie sie auch in Australien und Teilen Asiens genutzt werden. Adapter bekommen Sie in neuseeländischen Flughäfen, Duty Free Shops, Outdoor Geschäften, Baumärkten oder beim AA. Da Sie im Wohnmobil sicherlich diverse Geräte betreiben oder aufladen wollen, raten wir Ihnen eine deutsche **Mehrfachsteckdose** mitzunehmen. Sie können dann alle elektrischen Geräte über einen Adapter betreiben.

Essen und Trinken

Restaurants

Äpfel, Kiwi, Honig, Lamm- und Wildfleisch, Fisch und Muscheln sind neben dem Wein wohl die bekanntesten neuseeländischen Nahrungsprodukte. Lange Zeit dominierte in Neuseeland die englische Küche. Vor allem die zahlreichen Einwanderer aus Asien und der Südsee haben die „Kiwi-Küche" in den letzten Jahren bereichert, indem sie Spezialitäten aus ihren Heimatländern mitbrachten. Heute gibt es eine Multikulti-Mischung, in der auch mediterrane Einflüsse sichtbar sind. Schaf, Rindfleisch und Wild, Langusten, Austern, Muscheln und Fische, frisches Gemüse und Obst, die neuseeländische Küche ist sehr vielfältig geworden! Es ist jedoch nicht ganz einfach, ein gutes Restaurant zu finden, daher der

Tipp: Dort, wo die Tische sehr schön und liebevoll eingedeckt sind, ist das Essen fast immer gut. Das gilt insbesondere für die ausgezeichneten Restaurants der Weingüter. In den besseren Restaurants wird Ihnen ein Platz zugewiesen. Ein Restaurant, das über keine Lizenz zum Ausschank von Alkohol verfügt, erlaubt in der Regel das Mitbringen von Alkohol (BYO - Bring Your Own). Es wird dann ein Korkengeld erhoben.

Das charakteristisch neuseeländische Frühstück ist reichhaltig, mittags gibt es einen leichten Lunch und die warme Hauptmahlzeit wird abends eingenommen. Eine Besonderheit ist das **Maori-Hangi**, eine Zubereitungsmethode, die von den polynesischen Vorfahren übernommen wurde. Fleisch und Gemüse werden in Blätter eingewickelt und in einem mit heißen Steinen ausgelegten Erdofen gegart. Das traditionelle Hangi wird im Rahmen von Maori Veranstaltungen für Touristen angeboten. Die beliebteste Nachspeise trägt den Namen **Pavlova** und besteht aus einer zuckersüßen Baiser-Basis, die je nach Belieben mit Früchten und viel Sahne gefüllt wird.

Getränke

Das Leitungswasser hat in Neuseeland eine ausgezeichnete Qualität und wird Ihnen in Cafés und Restaurants kostenlos angeboten. Neuseeland hat zwar keine namhaften **Biere**, aber die Brauereikultur kann sich durchaus sehen lassen. Die neuseeländische Brautradition begann schon mit der Ankunft der ersten europäischen Siedler. Der in der Region Nelson angebaute Hopfen wird heute in ca. 50 Brauereien zu Bier verarbeitet. Der neuseeländische Biermarkt ist von den beiden Großbrauereien *Dominion Breweries* und *Lion Nathan* geprägt, die zusammen knapp 90% des Umsatzes generieren.

Die südlichsten **Weinbaugebiete** der Welt liegen in Neuseeland und sind heute jedem Weinkenner ein Begriff. Die Wachstumsbedingungen für Weinreben sind durch die starken Winde rund um den 40. Breitengrad nicht ideal, doch die hohe Sonneneinstrahlung, der mineralische Boden und der Pioniergeist der Kiwis machen das mehr als wett. In den 1980er Jahren wurde aus Frankreich die Rebsorte *Sauvignon Blanc* importiert und brachte es bis zur Jahrtausendwende zur Spitzenqualität. Auch der *Chardonnay* nimmt heute eine bedeutende Position auf dem Weltmarkt ein. *Riesling* und *Pinot Gris* werden ebenfalls angebaut und unter den Rotweinen ist die Rebsorte *Pinot Noir* am erfolgreichsten.

Hochprozentigen Alkohol gibt es nur in speziellen Shops zu kaufen **(Liquor Stores** oder **Bottle Shops)**. Supermärkte verkaufen ausschließlich Bier, Wein und Sekt. Tankstellen dürfen überhaupt keinen Alkohol verkaufen. Wer jünger als 25 Jahre alt aussieht, darf beim Kauf nach seinem Alter gefragt werden.

Lebensmittel

Als Selbstversorger ist es empfehlenswert in folgenden **Supermärkten** einzukaufen: *Countdown, FreshChoice, NewWorld, PAK'nSAVE oder SuperValue*. Sehr zu empfehlen sind die Theken mit frischem Fisch, der preisgünstig zu haben ist. Probieren Sie auch mal die *Süßkartoffel (Kumara)*, die Sie in den Farben lila-rot und orange erwerben können. An die Rechnung des Supermarktes angehängt erhalten Sie *Gutscheine für Preisnachlässe an kooperierenden Tankstellen*. *PAK'nSAVE* wirkt wenig einladend und ist sehr unübersichtlich, hat aber die günstigsten Preise. In kleineren Orten gibt es oft den kleinen und recht teuren *Four Square Supermarkt*. Daneben finden Sie in ländlicheren Gegenden Läden, die **Dairy** genannt werden. In diesen „Tante-Emma-Läden“ können Sie alle Grundnahrungsmittel erwerben. Etwas, das Sie in Neuseeland sicher vermissen werden, ist das gute deutsche Brot. In den Supermärkten werden Sie eine schier unendliche Auswahl an Toastbrotvariationen vorfinden. Auch in einer Bakery ist in der Regel kein besseres Brot zu haben. Es gibt jedoch eine wachsende Anzahl Bäcker in Neuseeland, bei denen Sie die Chance haben, Ihre Lust auf gehaltvolles Brot zu befriedigen.

Geld und Devisen

Währung ist der **Neuseeland-Dollar (NZD)**, der in 100 Cents (c) unterteilt ist (1 und 2 Cent-Münzen gibt es nicht). Gängige Kreditkarten werden im ganzen Lande akzeptiert, aber z.B. nicht an jedem Campingplatz. Zu Bargeld kommen Sie am einfachsten an **Geldautomaten** mit Kredit- oder ec-Karte und PIN-Nummer. **Banken** haben montags bis freitags zwischen 9.30 und 16.30 Uhr geöffnet und werden Ihnen dann gerne Ihre Euro- oder USD-Reisechecks einlösen. Die Einfuhr von Bargeld-Beträgen im Gegenwert von 10.000 NZD erfordert das Ausfüllen eines Cash Reports beim Zoll.

Gesundheit, Ärzte, Apotheken

Um in Neuseeland einzureisen, sind keine speziellen **Impfungen** vorgeschrieben. Aus ärztlicher Sicht sind jedoch die folgenden Impfungen generell zu empfehlen: *Tetanus, Diphtherie, Polio, Masern, Mumps, Röteln und Hepatitis A + B*. Der medizinische Standard in Neuseeland ist hoch, die Versorgung mit Ärzten und **Apotheken** (*Chemists, Pharmacies*) sehr gut. Im Krankheitsfall wenden Sie sich zunächst an einen **Allgemeinarzt** (*General Practitioner, GP*). Das Büro des Campingplatzes oder die i-SITE können Ihnen bei der Suche weiterhelfen. In dringenden Fällen steht Ihnen der **Notruf 111** zur Verfügung. In Neuseeland gibt es nicht alle in Europa erhältlichen Medikamente unter dem gleichen Namen. Darum empfiehlt es sich, dringend benötigte **Medikamente** mitzubringen. Bei Medikamenten, die Narkotika enthalten, müssen die entsprechenden Rezepte und die Originalverpackungen mitgeführt werden (Zollvorschrift).

Während das Leitungswasser bedenkenlos getrunken werden kann, sollte man kein Wasser aus Seen, Teichen oder Flüssen trinken, ohne es vorher drei Minuten abgekocht zu haben. Diese Vorsichtsmaßnahme ist erforderlich, da der eine schwere Darminfektion auslösende **Parasit Giardia** recht weit verbreitet ist. In dem heißen Wasser natürlicher *Hot Water Pools* kommen oft **Amöben** vor, die Meningitis verursachen können, wenn sie durch Nase oder Ohren in den Körper eindringen können. Sie sollten also beim wohligen Bad im *Hot Water Pool* den Kopf über Wasser lassen, es sei denn, der Betreiber des Pools erlaubt dies ausdrücklich.

Beim Baden im Meer sollten Sie immer große Vorsicht walten lassen, da es an den Küsten Neuseelands recht oft gefährliche Strömungen gibt.

Neuseeland hat eine klare, unverschmutzte Atmosphäre und liegt dem Äquator deutlich näher als Deutschland. Daher ist die **Sonneneinstrahlung** in Neuseeland wesentlich stärker als bei uns. Da meist ein leichter Wind weht, wird die Temperatur als angenehm empfunden und eine Sonnenbrandgefahr oft zu spät bemerkt. Es empfiehlt sich immer, Sonnenbrille und Sonnenschutzkleidung dabei zu haben und eine Sonnencreme mit einem Lichtschutzfaktor von mindestens 30 aufzutragen. Neuseeland hat die höchste **Hautkrebsrate** der Welt.

Die gute Nachricht ist, in Neuseeland lebt keine einzige giftige Schlange, die schlechte, es gibt hier Millionen von *Sandflies*. Speziell beim Durchfahren der Westküste der Südinsel stürzen sie sich sofort in großen Schwärmen auf jeden potentiellen Blutlieferanten. Die winzigen Kriebelmücken verursachen mit ihren Bissen Quaddeln, deren Größe etwa dem 50-fachen ihres eigenen Körpervolumens entsprechen. Die Pusteln jucken etwa drei bis vier Tage lang teuflisch. Nutzen Sie also rechtzeitig Mückenschutzmittel!

Internet Zugang

In Neuseeland ist die Internetnutzung unkompliziert und die Netzabdeckung ist gut. Lediglich in einigen ländlichen und abgelegenen Gebieten steht kein Mobilfunknetz zur Verfügung. Wenn Sie unterwegs mit dem Internet verbunden sein möchten, empfehlen wir Ihnen, eine SIM-Karte mit Datenpaket von einem der neuseeländischen Mobilfunkanbieter zu erwerben:

Spark (Telecom), Two Degrees und Vodafone haben Stände an den Flughäfen. Suchen Sie sich dort gleich nach der Ankunft das für Sie passende Angebot aus. Beachten Sie die aktuellen Kombi-Pakete: Vodafone „Travel SIM", Spark „Travel Pack", Two Degrees „Jucy Visitor Combo Pack".

- www.telecom.co.nz/internet/mobilebroadband/plansandpricing/prepaid
- www.vodafone.co.nz/prepay
- www.2degreesmobile.co.nz/prepay/pricing

Dazu gibt eine Reihe von Mobilfunk-Discountern, welche keine eigenen Funknetze betreiben.

- Warehouse (nutzt das Netz von Two Degrees/Vodafone)
- Skinny (nutzt das Netz von Spark)
- Compass (nutzt das Netz von Spark)
- Blue Sky (nutzt das Netz von Spark)

Wenn Sie mehrere Geräte für die Internetnutzung verwenden, ist es die kostengünstigste Variante, das Handy als WLAN-Hotspot einzurichten, auf das die anderen Geräte dann zugreifen.

Tipp: Wenn Sie sich für ein Mobilfunkpaket vom Anbieter Spark (Telecom) entscheiden, können Sie die Spark-WLAN-Hotspots, die im ganzen Land verteilt sind, kostenlos nutzen.

Kostenloses WLAN:

- in den Stadtzentren von Auckland, Rotorua, Wellington und Dunedin
- in allen öffentlichen Bibliotheken
- in vielen i-SITES, Cafés, Restaurants, Supermärkten, Fastfoodketten und Campingplätzen

Kleidung

In Neuseeland brauchen Sie immer alles: Sie erleben manchmal alle Jahreszeiten an einem Tag. Das Wetter wechselt sehr schnell. Wo es eben noch sonnig und warm war, ist es auf einmal unangenehm kalt und windig. Auch im Sommer kann es nachts richtig kalt werden, und wenn Sie in einem Tief reisen müssen, freuen Sie sich über warme Socken und eine Fleecehose. Eine Regenjacke ist unbedingt notwendig und gute Wanderschuhe sind sehr wichtig. Zu empfehlen ist Kleidung, die vor Kälte schützt, aber auch schnell wieder trocknet. Eine gute Idee ist es auch, warme Kleidung mitzunehmen, die Sie lagenweise tragen können. Wenn Sie sich nun Sorgen machen, so sei Ihnen versichert: Neuseelands Bekleidungsgeschäfte sind auf Kälte vorbereitet, überall bekommen Sie sehr schöne, warme Kleidung zu kaufen. Aus Merino- und Possum-Wolle gefertigte Produkte sind sehr angenehm zu tragen.

Kiwis lieben es leger - Shorts und ein einfaches Shirt gehören zur Standardkleidung - und so wird in Neuseeland zu fast allen Anlässen ungezwungene Kleidung getragen. Schicke Freizeitkleidung wird auch in feinen Restaurants und Nachtclubs akzeptiert. Es gibt nahezu keinen Anlass, zu dem man lässige Kleidung nicht tragen könnte.

Klima, Jahreszeiten, Reisezeit

In Aotearoa sind die Jahreszeiten gegenüber Europa vertauscht: Wenn in Deutschland die Blätter anfangen bunt zu werden, beginnt im *Land der langen weißen Wolke* der Frühling. Neuseeland hat ein sehr ausgeglichenes, maritimes Klima und kann zu allen Jahreszeiten bereist werden. Die Temperaturen in den warmen, sonnigen Sommermonaten und den milden Wintern unterscheiden sich in den meisten Teilen des Landes nur um 10°C. Die wärmsten Monate sind Januar und Februar. Wer also der Winterkälte der Nordhalbkugel entfliehen möchte, für den ist von Dezember bis März die ideale Reisezeit. Allerdings verbringen über Weihnachten und Neujahr auch die Kiwi-Familien an den begehrtesten Stellen des Landes ihre Sommerferien. Fähren und Campingplätze sollten dann vorgebucht werden.

Aber auch von Ende September bis Anfang Mai ist das Klima angenehm warm. In den Spätsommermonaten März und April ist das Wetter sehr stabil und diese Monate eignen sich hervorragend für Aktivitäten im Freien. Ein schöner Reisemonat ist auch der in Deutschland oft so graue November, wenn am anderen Ende der Welt die Bäume blühen. Die Durchschnittstemperatur liegt im Sommer zwischen 20-30°C und im Winter zwischen 10-15°C. Im Winter erwarten Sie in den Bergregionen Schnee und hervorragende Skipisten. In allen anderen Regionen sind die Winter mild, und die Temperaturen fallen normalerweise nicht unter den Gefrierpunkt. Informationen zum Wetter in Neuseeland finden Sie auf der Website des *New Zealand Met Service* (neuseeländischer Wetterdienst).

Das Wetter kann sich in Neuseeland aufgrund plötzlicher Kaltfronten oder tropischer Wirbelstürme abrupt ändern. Sie sollten auf diese Veränderungen vorbereitet sein, insbesondere wenn Sie wandern gehen oder andere Aktivitäten im Freien unternehmen. Mitten im Ozean, zwischen tropischer Südsee im Norden und frostiger Antarktis im Süden, sind rasche Wetterwechsel fast schon die Regel. Bei uns nennt man das „Aprilwetter". In Neuseeland kann man vier Jahreszeiten an einem Tag erleben. Die Kiwis leben daher nach folgender Wetterweisheit: *„Wenn euch das Wetter nicht gefällt, wartet 10 Minuten".*

Kriminalität

Neuseeland ist eines der sichersten Reiseländer der Welt, auch wenn die Zeiten, in denen die Kiwis ihre Autos und Häuser nicht abzuschließen brauchten, der Vergangenheit angehören. Es gibt eine leicht, aber kontinuierlich steigende Kriminalitätsrate. Insbesondere kommt es vermehrt zu Diebstählen und Autoaufbrüchen, von denen häufig Touristen betroffen sind. Schließen Sie Ihr Womo immer ab und lassen Sie keine Wertsachen (insbesondere Ihren Pass, Bargeld oder Kameras) im geparkten Wohnmobil zurück. Dies gilt besonders an populären Aussichtspunkten oder an den Startplätzen beliebter Wanderwege. Dort werden Sie durch das Schild ***„lock it or lose it"*** permanent daran erinnert. Sein Wohnmobil ohne Rucksack oder Taschen zu verlassen signalisiert Kriminellen: „Da ist was zu holen". Der Abschluss einer Reisegepäckversicherung ist eine sinnvolle ergänzende Maßnahme. Melden Sie einen Diebstahl sofort der Polizei. Die **Notrufnummer 111** können Sie von allen Telefonen aus anrufen.

Maori

Die aus Polynesien kommenden ersten Einwanderer Neuseelands werden Maori genannt. Die Polynesier waren große Seefahrer, die nach den Sternen, Meeresströmungen und Zugvögeln navigierten. Beginnend vor etwa 1000 Jahren kamen sie in mehreren Einreisewellen in Reisekanus (*Wakas*) über den Pazifik. Vermutlich war Überbevölkerung die Ursache für diese wagemutigen Seereisen. Die Maori nennen das Heimatland ihrer Vorfahren **Hawaiki**. Viele ihrer traditionellen Künste wie Schnitzen, Weben und Tätowieren werden heute noch im ganzen Land praktiziert. Gäste werden überall in Neuseeland mit der Maori-Sprache konfrontiert, da die Mehrzahl der Ortsnamen eine Maori-Bedeutung haben. Die Maori-Sprache und Kultur ist reich an Geschichten und Legenden. Diese Mythen werden Ihnen bei verschiedenen Kulturveranstaltungen, in den Versammlungshäusern (*Marae*) oder bei von Maori geführten Wanderungen begegnen. Bei dem Besuch eines Versammlungsplatzes lernen Sie die eindrucksvolle formelle Begrüßungszeremonie der Maori kennen. Mit weit aufgerissenen Augen, herausgestreckten Zungen, imposanten Posen und lautem Brüllen prüfen die Maori-Krieger die Absichten der Neuankömmlinge. In aller Regel bestehen die Touristen diese Prüfung und werden mit einem Nasenkuss (**Hongi**) willkommen geheißen. Danach folgt ein gemeinsames Essen, das in einem *Hangi-Erdofen* zubereitet wurde. Schauen Sie sich die Gesichtstätowierungen der Maori an, sie sind faszinierend ebenso wie ihr Jade-Brustschmuck sowie die Federmäntel aus Kiwi-Federn. Die Motive der traditionellen Gesichtstätowierungen in Spiralmustern geben Auskunft über Identität und soziale Stellung. Die Maori sind für ihr kunsthandwerkliches Geschick bekannt.

Der 1840 unterzeichnete **Vertrag von Waitangi** besiegelte die politische Inbesitznahme **Aotearoas** - so der Maori Name für Neuseeland - durch Großbritannien und sicherte den Maori den Schutz der englischen Krone zu. In der Folgezeit kam es zu sehr billigen Landkäufen durch die Krone und zu mehreren kriegerischen Auseinandersetzungen als Folge von Unklarheiten des Vertrags. Bis in die Gegenwart gibt es Unstimmigkeiten über die Auslegung des Vertragstextes. Sie werden im sogenannten *Waitangi Tribunal* behandelt. Die Maori stellen heute 15% der Bevölkerung und besitzen 5% des Landes.

In der heutigen neuseeländischen Gesellschaft sind die Maori sehr gut integriert. Viele Ranger in den Nationalparks, Mitarbeiter in den i-SITEs und manche Reiseführer, denen Sie auf Ihrer Reise begegnen werden, sind Maori. Das durchschnittliche Pro-Kopf-Einkommen der Maori liegt jedoch immer noch deutlich unter dem gesamtneuseeländischen und die Maori sind in der sozialen Unterschicht überproportional häufig vertreten.

Einige Maori-Begriffe:

Aotearoa	Das Land der langen weißen Wolke (Neuseeland)
haka	Kriegstanz
haere mai	willkommen
hangi	im Erdofen gegartes, traditionelles Mahl
hongi	Begrüßung durch aneinander drücken der Nasen.
iwi	Stamm
kia ora	Hallo, danke, alles Gute
kumara	Süßkartoffel
marae	Versammlungshaus, heiliger Boden
moko	traditionelle Gesichtstätowierung
pakeha	Nicht-Maori, Fremder, (heute: Europäer)
pounamu	Jade
tane	Mann
tapu	etwas Unantastbares, Unverletzliches, Geheiligtes (tabu)
wahine	Frau
wai	Wasser
waka	Kanu
whenua	Land, Boden, Plazenta
whanga	Bucht, Hafen, Meeresarm

Siehe auch: www.maoridictionary.co.nz

Nationalparks, Naturschutzgebiete

In Neuseeland gibt es 14 Nationalparks, drei Meeresparks und zahlreiche weitere Naturschutzgebiete. Insgesamt wird in einem Drittel des Landes das natürliche Erbe Neuseelands geschützt. Dabei werden 10 Prozent der Gesamtfläche von Nationalparks eingenommen. Geschützt werden darin eine große Vielfalt verschiedener Landschafts- und Vegetationsformen sowie die einheimischen Tierarten. In den Nationalparks werden Sie Neuseeland in seiner ursprünglichen Schönheit kennenlernen. Bitte erkundigen Sie sich beim DOC (siehe Department of Conservation) über die jeweiligen Regelungen. Dort erhalten Sie auch die Broschüre *Exploring New Zealand's Parks.*

Neuseeländer

Es kann kein Zuckerschlecken gewesen sein, sich in einer Wildnis am Ende der Welt ein neues Leben aufzubauen. Die *europäischen Pioniere,* die Neuseeland besiedelten, waren tapfer, rau und unabhängig. Ein ruhiger, bisweilen derber Individualismus zeichnet manchen Neuseeländer heute noch aus. Die Isolation und die Tatsache, den Elementen ungeschützt ausgesetzt zu sein, zwang die Neuankömmlinge, abgehärtet und vielseitig zu werden. Zusammenhalt war gefragt. Wenn man etwas aus der alten Welt benötigte, musste man monatelang darauf warten. Da war es oft leichter, sich Dinge selbst zu bauen. Handwerkliche Begabung, Findigkeit und Einfallsreichtum wurden damals überlebenswichtig. Heute gehören Gefrierfleisch, das Jetboot und das Bungy-Jumping zu den bekanntesten neuseeländischen Erfindungen.

Die Neuseeländer sind abgehärtet und zwischen November und April meist in Shorts, T-Shirt und Sandalen unterwegs, auch wenn es für unser Empfinden eisig kalt ist. Die Frage „wie ist die Wassertemperatur?" ist für einen echten Kiwi völlig unverständlich. Wenn er schwimmen will, geht er ins Wasser, sonst nicht, so einfach ist das. Die Wassertemperatur spielt da keine Rolle!

Neuseeländer sind stolz auf ihr Land und viele lieben die Landschaft und die freie Natur. Wandern, Mountainbiken, Kajakfahren und Angeln sind beliebte Freizeitbeschäftigungen. Bei 15 000 km Küste ist es kein Wunder, dass die Neuseeländer das Wasser mögen. Sie haben eine Leidenschaft für meeresgängige Boote, stehen an der Spitze des internationalen Jachtdesigns und gewinnen von Zeit zu Zeit den prestigeträchtigen America's Cup oder olympische Medaillen im Segeln, Windsurfen, Kajakfahren und Rudern. Nationalsport ist jedoch Rugby und die All Blacks, die neuseeländische Rugby Nationalmannschaft, sind der ganze Stolz der Nation. Die ganz in schwarz gekleideten All Blacks gelten als beste Mannschaft der Welt. Vor jedem Spiel tanzen sie den Haka, um die gegnerische Mannschaft einzuschüchtern und sich selbst auf das Match einzustimmen.

Nach der OECD Studie „How's Life" gehören Neuseeländer weltweit zu den Menschen, die am zufriedensten mit ihrem Leben sind. Ein Kiwi ist demnach glücklicher, als die meisten Angehörigen anderer Nationen. Am stärksten schnitt Neuseeland beim Sozialfaktor ab. 97 % der Befragten gaben an, Freunde oder Verwandte zu haben, die ihnen jederzeit helfen würden. Loyalität gegenüber Freunden und Nachbarn ist ein geschätzter sozialer Wert. Der Gemeinschaft wird in Neuseeland eine große Bedeutung zugeschrieben. Es ist weit verbreitet, Aktivitäten gemeinsam zu unternehmen, mit den Freunden oder der Familie. Man genießt das Zusammensein auf dem Sportplatz, im Pub, beim Barbecue oder beim Campen.

Mit dem Fortschreiten des 20. Jahrhunderts begann sich die Zusammensetzung und der Charakter der neuseeländischen Bevölkerung radikal zu ändern. In den 70er Jahren des 20. Jahrhunderts ließen sich viele Einwanderer von den pazifischen Inseln in Neuseeland nieder, gefolgt in den 80er und 90er Jahren von Asiaten und Europäern. Die kulinarischen Geschmäcker, Moden und Lebensstile dieser Neuankömmlinge wurden in die bestehenden eingefügt und trugen so, zusammen mit technischen und wirtschaftlichen Veränderungen, zu einer vollkommen neuen nationalen Identität bei. Neuseelands Regierung bemüht sich sehr darum, diese Entwicklung zu erhalten, denn sie trägt wesentlich zur Vielseitigkeit und Identität Neuseelands bei. In den letzten zwanzig Jahren haben die Neuseeländer die Herausforderungen der globalen Wirtschaft und die neuesten technischen Errungenschaften angenommen. Pro Kopf der Bevölkerung haben die Neuseeländer die meisten Handys und Internetzugänge auf der Welt.

Trotz aller Veränderungen hat Neuseeland immer noch eine ansehnliche ländliche Bevölkerung und die Landwirtschaft gehört zu den wichtigsten Exportbranchen. Diversifizierung und Technologisierung machten Neuseeland zu einem der produktivsten und effizientesten landwirtschaftlichen Produzenten der Welt. Während die traditionellen Exporte von Wolle stark zurückgegangen sind, haben Fleisch und Milchprodukte ihre Bedeutung erhalten können. Heute sind Rehfleisch, Blumen, Früchte, Biotechnologie und Wein wichtige Exportgüter.

Im Land der langen weißen Wolke ticken die Uhren langsamer als bei uns. *„Take it easy!"* ist das allgegenwärtige Motto der Kiwis. Geduld ist eine ihrer Haupttugenden. In einem Land, das regelmäßig von Erdbeben erschüttert wird und in dem es oft heftig stürmt und wolkenbruchartig regnet, können vom Menschen erbaute Strukturen nicht dauerhaft widerstehen. So werden zum Beispiel regelmäßig Straßen am Hang ganz oder teilweise weggeschwemmt (*washouts*) oder von Erdrutschen überdeckt (*slides*), Bäume stürzen auf Stromleitungen und Dächer werden vom Wind abgedeckt. Der Neuseeländer lebt in und mit der wilden Umwelt und baut ohne zu Murren wieder auf, was ihm die Naturkräfte zuvor kaputt gemacht haben. Entsprechend bringt einen Kiwi auch nichts so schnell aus der Ruhe und ein sehr beliebter Spruch ist *„she'll be alright!"* was so viel heißt wie: *„das wird schon (wieder)!"*.

Kiwis sind weltoffen und interessiert und lieben es, ein Schwätzchen zu halten. Der leichte, unverfängliche Plausch wird häufig eingeleitet mit *„How are you?"*, oder *„Where are you coming from?"*. Sie werden fast überall in Neuseeland auf Gastfreundschaft und Hilfsbereitschaft stoßen. Kiwis sind höflich und helfen bereitwillig, ohne von Ihnen eine Gegenleistung zu erwarten. Wer nach Neuseeland reist, der wird eine Zeit mit herzlichen und gastfreundlichen Menschen erleben.

Pflanzen

Neuseeland verdankt seine üppige und vielfältige Pflanzenwelt dem Zusammenwirken von starken Niederschlägen, vielen Sonnenstunden und dem insgesamt milden Klima. Trotz großflächiger Rodungen, vor allem seit Ankunft der Europäer, ist noch immer ein Viertel des Landes bewaldet (vor Ankunft der Maori waren es etwa 80 %). Waldflächen mit einheimischen Arten werden dabei in zahlreichen Nationalparks vor der Ausbeutung durch den Menschen geschützt. So können Sie auch heute noch von den Kauri-Wäldern im hohen Norden und auf der Coromandel-Halbinsel bis zu den Südbuchenwäldern vor allem der Südinsel und dem alpinen Tussock-Grasland der alpinen Vegetationszone der *Southern Alps* überall faszinierende Pflanzen und Bäume finden. Die majestätischen, immergrünen Wälder werden Sie beeindrucken: Rimu, Totara, Südbuchenarten und der größte einheimische Baum, der gigantische Kauri, werden Ihnen besonders auffallen. Aktuell sind die Kauri-Bestände durch eine übertragbare Pilzerkrankung (Phytophtora agathis) bedroht, und als Wanderer werden Sie am Beginn mancher Wanderwege deshalb aufgefordert, Ihre Schuhe an den eingerichteten Waschstationen zu säubern. Beachten Sie diese Maßnahme sorgfältig!

Unterhalb der Bäume befindet sich meist dichtes und üppiges Unterholz mit heimischen Sträuchern, einer Vielzahl von Farnen, Moosen und Flechten. Im typisch neuseeländischen Wald sind die riesigen Baumfarne allgegenwärtig und Kletterpflanzen und Epiphyten lassen ihn wie einen tropischen Dschungel erscheinen. Von den 200 Farnarten ist der bis zu 10 m hohe Silberfarn (Maori: Ponga) mit der silberfarbenen Blattunterseite der bekannteste. Er dient als nationales Symbol im Landeswappen, als Emblem von Air New Zealand und Symbol verschiedener Nationalmannschaften. Der sich entfaltende Farnwedel (Koru) wird symbolisch als Zeichen von Stärke und Wachstum gedeutet und findet sich im Schmuck der Maori.

Wenn Sie in der Weihnachtszeit die Nordinsel besuchen, werden Ihnen wunderschön blühende, immergrüne Bäume aus der Familie der Myrtengewächse auffallen, die sich im neuseeländischen Sommer in einen dunkelroten, leuchtenden Feuerball verwandeln. Die Rede ist vom Pohutukawa, dem neuseeländischen Weihnachtsbaum, der vorwiegend in Küstenregionen wächst und 15 m bis 20 m hoch werden kann. Leider haben ihn auch die Possums „zum Fressen gerne" und gefährden seinen Bestand.

Auch die südlichste Palmenart der Welt, die bis zu 15 m hoch werdende Nikau-Palme, gehört zu den nur in Neuseeland heimischen Pflanzen. Sie trägt keine Nüsse, sondern kleine rote Früchte, eine Nahrungsgrundlage einheimischer Vogelarten, ebenso wie der Nektar der Blüten.

Besonders auffällig ist der Cabbage Tree, dessen schwertähnliche Blätter von den Maoris zum Herstellen von Medizin genutzt werden. Eine weit verbreitete Pflanze ist der neuseeländische Flax (Maori: Harakeke, nicht verwandt mit unserem Flachs, sondern ein Tagliliengewächs), aus dessen Fasern die Maori Matten, Unterlagen, Körbe, Seile oder auch Angelschnüre fertigten. Auch als Medizinpflanze fand Flax bei den Maori Anwendung.

Im Pflanzenreich gibt es in Neuseeland jedoch unerwünschte Einwanderer, die sich unkontrollierbar ausbreiten und so die einheimischen Pflanzen verdrängen. Dazu gehören zuallererst Stechginster, Lupinen und die gemeine Waldrebe, aber auch die exotische Alge Didymo, die sich in Flüssen und Seen ausbreitet. Sie wird z.B. über Sportboote und verunreinigtes Angelgerät weiter verbreitet wird. Hier gilt die Devise: Check, clean, dry!

Post

Die Postämter in Neuseeland haben in der Regel Öffnungszeiten montags bis freitags von 9.00-17.00 Uhr. Wohingegen Postshops, also Läden (Bookshops, Convenience Stores, etc.) mit einer Postannahmestelle, länger und auch samstags und sonntags geöffnet haben. Sie sind in fast jedem Dorf anzutreffen. Öffnungszeiten und Adressen lassen sich schnell und einfach auf der Webseite der New Zealand Post herausfinden (www.nzpost.co.nz/tools/postshop-kiwibank-locator). Briefe/Karten und Dokumente via Luftpost sind nach Europa ca. 6-10 Tage unterwegs und Porto für eine Standardpostkarte kostet 2.20 NZD. Bringen Sie auch einen blauen „International Air" Aufkleber an. Die Sendungen können in den meisten Postshops abgegeben werden. Die Briefkästen der NZ-Post sind rot. Der Einwurfschlitz für internationale Postsendungen ist mit einem blauen Aufkleber versehen. Wir raten Ihnen, die Briefmarken erst dann zu kaufen, wenn Ihre Postkarten oder Briefe versandbereit sind. Sie können dann Ihre Post dort abgeben, wo Sie die Briefmarken erworben haben. Zumindest kann man Ihnen dort einen geeigneten nahen Briefkasten nennen.

Reiseführer

Bergwild Verlag: Neuseeland live
Völlig neues Konzept. Buch, App, eBook und Hörbuch in einem! Der Reiseführer beschreibt u.a. 87 Wander-, Fahrrad- und Städtetouren.

Dumont, Richtig Reisen: Neuseeland
Von einem absoluten Kenner Neuseelands geschrieben. Es zeichnet sich durch eine Fülle von Hintergrundinformationen aus.

Iwanowski's: Neuseeland
Reiseführer mit Routenbeschreibungen und einem übersichtlichen Informationsteil: Pro Reiseziel Unterkünfte, Restaurants, Aktivitäten, etc.

Lonely Planet: Neuseeland
Bei Backpackern beliebter Reiseführer mit umfassenden praktischen Informationen und Tipps. Alles Wichtige wird angesprochen.

Mana: Aotearoa, Ein Reiseführer durch das Neuseeland der Maori
Liefert kulturelle Angebote, die Einblicke in Vergangenheit und Gegenwart der Ureinwohner und Zugang zur Maori-Kultur vermitteln.

Mana: Wandern in Neuseeland
Das Buch enthält alles Wichtige für den Wanderer in Neuseeland. Die meist mehrtägigen Wandertouren werden sehr lebendig beschrieben.

Michael Müller Verlag: Neuseeland
Neben zahlreichen praktischen Tipps liefert dieser Reiseführer die Beschreibung von mehr als 40 Trekking und Radtouren.

Stefan Loose: Neuseeland
Bei Backpackern beliebt, mit vielen praktischen Informationen und Tipps. Alle Regionen werden vorgestellt, die Highlights am Anfang aufgezeigt.

Terra Natur Reiseführer: Neuseeland
Pflanzen und Tiere Neuseelands werden anschaulich und informativ beschrieben. Enthalten sind auch Wander- und Tourenvorschläge mit Karten.

360°Medien: Als Dach der Sternenhimmel: Camping in Neuseeland
Enthält vielfältige Informationen rund um das Campen, die Ihnen bei der Vorbereitung auf einen Wohnmobilurlaub in Neuseeland helfen können.

Sprache

Seit 1987 ist **Maori** (siehe Maori) neben dem Englischen 2. Amtssprache. Neuseeländisches Englisch ist irgendwo zwischen dem australischen Englisch und dem britischen Englisch angesiedelt. Neuseeländer sind meist gut zu verstehen. Im folgenden sind einige nützliche Begriffe vorgestellt:

Aussie	Australier
Awesome	Klasse, super
Bach	Ferienhaus
Bucks	Dollar, Geld
Bush	Regenwald, Urwald
Camping Ground	Campingplatz
Caretaker	Verantwortlicher (z.B. an Campingplätzen)
Concealed Road	versteckte Einfahrt, schlecht einsehbare Seitenstraße
Cattle	Rinder, Rindvieh, Vieh
Cattlestop (-grid)	In die Straße eingelassenes Viehgitter/-roste
Dairy	Tante-Emma-Laden, Eck-Kiosk
Dump Station	Entsorgungsstation für Womo Bordtoilette und Abwasser
EFTPOS	mit Karte zahlen (wie mit der EC Karte in Deutschland)
Fee	Gebühr, Preis
Give Way	Vorfahrt achten
G'day	guten Tag
Good on ya	ausgezeichnet, gut gemacht
Gravel road	Schotterstraße
Greywater	Abwasser
Guys	Leute (Are you guys ready? - Seid ihr fertig?)
Hump	Verkehrsberuhigungs-Buckel (Achtung mit dem Womo!)
Indicator	Blinker
Landfill	Wertstoffhof
Long drop toilet	Plumpsklo, chemische Toilette
Loop	Schleife, Rundweg
Mate	Kumpel
Motorhome	Wohnmobil
No worries	keine Sorge, alles ok
One Lane Bridge	einspurige Brücke
Passing Lane	Überholspur
Peninsula	Halbinsel
(Powered) Site	Stellplatz (mit Strom)
Public Toilet	öffentliche Toilette
Range	Bergkette, Gebirgszug
Roadworks ahead	Straßenbaustelle folgt
Roundabout	Kreisverkehr
Speed limit	Geschwindigkeitsbegrenzung
See ya	bis dann
(live)Stock	Vieh
Track	langer Wanderweg
Traffic Lights	Ampeln
Tramp, tramping	Wanderung, wandern

Uneven Surface	unebener Straßenbelag
Walk	Spaziergang
Windscreen	Windschutzscheibe

Strände

An den 15 000 km langen Küsten Neuseelands finden Sie neben schneeweißen oder goldgelben Sandstränden auch schwarzgraue Kies- oder Felsstrände. Es gibt unzählige einsame, romantische und bezaubernde Strände, aber auch wilde und ursprüngliche, von Wind und Wellen umtoste Küstenabschnitte. Ob Sie surfen, schnorcheln, tauchen, angeln, Kajak fahren oder einfach nur schwimmen wollen, Neuseelands Strände bieten Ihnen die Gelegenheit dazu. Oft können Sie in unmittelbarer Nähe dieser Strände auch campen. Die Neuseeländer verbringen gerne viel Zeit in oder am Wasser, trotzdem werden Sie nie einen überfüllten Strand erleben. Was Ihnen immer wieder an den Stränden begegnen wird, sind Autos! Für Neuseeländer ist es ganz selbstverständlich, mit ihren Fahrzeugen auf den Strand zu fahren, wo immer dies möglich ist.

Sicherheit im Wasser

Die Wassertemperaturen erreichen maximal 22°C. Bei dem immer erfrischenden Bad im Wasser sollten Sie vorsichtig sein. Es gibt oft starke Strömungen, Querströmungen, kalte Unterströmungen oder sogar Bodensog. Am sichersten ist es, nur dort zu baden, wo offizielle und überwachte Strände sind. Wir empfehlen Ihnen, die Webseite von *Water Safety New Zealand* zu besuchen, www.watersafety.org.nz, die Ihnen Tipps für den sicheren Aufenthalt an Neuseelands Stränden und Gewässern gibt.

Telefonieren

Die größten Anbieter sind die Spark New Zealand und Vodafone New Zealand. Gespräche ins Ausland können in Neuseeland von jedem Münz- und Kartentelefon aus getätigt werden. Diese Gespräche sind in der Regel auch nicht allzu teuer. Beim Telefonieren aus dem Festnetz oder aus der Telefonzelle ist die preisgünstigste Möglichkeit die Nutzung einer aufladbaren Prepaid Calling Card oder Prepaid Phone Card. Diese sind in Postämtern, vielen Hotels, Herbergen, Zeitungsläden, Internet-Cafés und in allen Dairies (Tante-Emma-Läden) erhältlich.

Wir empfehlen Ihnen Ihr Handy mitzunehmen und eine Prepaid SIM-Karte zu erwerben. Achten Sie auf Angebote, die eine bestimmte Zahl von Gesprächsminuten nach Europa und ein Internet Datenvolumen umfassen. Die größten Anbieter sind Spark, Vodafone und Two Degrees. Auf den folgenden Webseiten sind die verschiedenen Netzabdeckungen grafisch dargestellt:

- www.spark.co.nz/shop/mobile/whyultramobile/network.html
- www.vodafone.co.nz/coverage
- www.2degreesmobile.co.nz/coverage

Einige Unternehmen in Neuseeland bieten kostenlose Servicenummern an, unter der Sie Buchungen vornehmen können. Diese beginnen mit 0800 (in Ausnahmefällen auch mit 0508) und können nicht aus dem Ausland genutzt werden. In den größeren Städten sind die Polizei, Feuerwehr und der Rettungsdienst über die **Notrufnummer 111** zu erreichen, andernfalls finden Sie entsprechende Informationen auf den ersten Seiten des Telefonbuchs oder in jeder Telefonzelle. Die Telefonauskunft hat die Nummer 018 für das Inland und 0172 für das Ausland. Die Vorwahl für Deutschland ist „0049“, Österreich „0043“ und in die Schweiz „0041“. Um von Deutschland aus in Neuseeland anzurufen, wählen Sie bitte die „0064“ vor.

Tipp: Die billigste Möglichkeit ist ein Telefonat über Internet (Skype, WhatsApp, etc.).

Tiere

Als Neuseeland sich vor etwa 80 Millionen Jahren vom urzeitlichen Superkontinent Gondwana löste, gab es dort weder Schlangen noch Säugetiere.

Vielmehr prägten Vögel, Reptilien und Insekten die Tierwelt. Zu den direkten Nachkommen der prähistorischen Tierwelt gehört neben den Vögeln z.B. die Brückenechse Tuatara, die als „lebendes Fossil“ gilt. Sie kann beachtliche 75 cm lang werden, ist jedoch völlig harmlos und am besten im Museum von Invercargill zu bestaunen. Von der Isolation profitierten vor allem die Vögel, die ungestört einzigartige Formen bilden konnten. Es gab keine feindlichen Säugetiere, sodass die Vögel sich ohne Gefahr auch auf dem Boden aufhalten, fressen und brüten konnten. So verloren einige Arten im Laufe der Evolution nach und nach ihre Flugfähigkeit. Der bekannteste der flugunfähigen Vögel ist der Kiwi, Neuseelands Nationalsymbol, der heute vom Aussterben bedroht ist. Flugunfähig sind auch Weka, Takahe und der Kakapo, mit bis zu 3,5 kg der weltweit schwerste Papagei. Weithin bekannt ist der neugierige Bergpapagei der alpinen Region der Südinsel, der Kea, einer der intelligentesten Vögel der Welt. Er ist gegenüber Menschen wenig scheu und liebt vor allem ihre Autos, von denen er gerne Scheibenwischer oder andere Gummiteile anknabbert! Leider musste er vor kurzem auf die neuseeländische Rote Liste der bedrohten Arten gesetzt werden.

Von den zahlreichen heimischen Singvögeln sollte der Tui besonders hervorgehoben werden, der in ganz Neuseeland anzutreffen ist. Er hat einen wunderschönen, markanten Gesang und ein auffälliges Paar aufgeplusterter, weißer Kehlfedern („Pastorenkragen“). Sein dunkles, schwarz wirkendes Federkleid hat einen grünlich-bläulichen Schimmer.

Für Vogelliebhaber empfiehlt sich ein Besuch auf Kapiti Island (nördlich von Wellington) und Tiritiri Matangi (nördlich von Auckland). Beide Inseln wurden von Ratten und anderen Beutegreifern befreit, um den neuseeländischen Vögeln eine Chance zu geben. Zu den Seevögeln, die in Neuseeland brüten, gehören Königsalbatros, Australtölpel (Morus serrator) und Silberreiher. Auch die Zwergpinguine (Little Blue Penguins, Eudyptula minor) und die seltenen Gelbaugenpinguine nisten hier. Aotearoa ist außerdem Winterquartier für viele arktische Zugvögel wie Regenpfeifer, Flussuferläufer, Zwergstrandläufer, Brachvogel und Steinwälzer. Viele legen beachtliche Strecken von bis zu 12 000 km zurück.

Als die Maori in ihren Kanus in Neuseeland anlandeten und die polynesische Ratte und Hunde mitbrachten, endete die paradiesische Zeit der Vögel. Die Europäer beförderten einige hundert Jahre später 30 weitere Säugetierarten nach Aotearoa, darunter zwei Rattenarten, Wiesel (syn. Hermelin), Katzen und Füchse. Diese fanden unter den flugunfähigen Vögeln und ihren Eiern reichlich Nahrung. Die eingeführten Tiere richten bis heute großen Schaden an, da sie keine natürlichen Feinde haben und gelten als große Plage. Dazu gehört zuallererst das aus Australien eingeführte Possum (Deutsch: Fuchskusu). Die Population dieser kletternden, nachtaktiven Beuteltiere war nach Aufgabe permanenter Bejagung geradezu explodiert. Heute bedrohen ca. 30 Millionen (in den 80er Jahren sollen es 60-70 Millionen gewesen sein) der etwa katzengroßen Possums die einheimische Pflanzen- und Tierwelt. Die Ausbringung von Giftködern (1080 Poison) ist ein umstrittener Versuch zur notwendigen Dezimierung der Possums. Abschuss und Fang mit Fallen sind weitere angewandte Methoden.

Der Mensch trug und trägt zur Dezimierung von Arten bei. Der Moa, der größte Laufvogel, der jemals auf der Erde gelebt hat, wurde von den Maori bis auf das letzte Exemplar gejagt und getötet. Heute ist die Hälfte der endemischen Vogelarten Neuseelands ausgestorben und weitere Arten sind bedroht. Mit zahlreichen Schutzprogrammen versucht man ihr Überleben sicherzustellen. Informationen dazu finden sich auf der Website des Department of Conservation (www.doc.ovt.nz). Nicht zu unterschätzen ist die Gefährdung von Lebensräumen, z.B. ursprünglich klaren Seen und Flüssen durch die intensive Milchviehwirtschaft und die damit verbundene Überdüngung.

Neben den tierischen Attraktionen an Land ist auch das Meeresleben in Neuseeland reich und vielfältig. Das Beobachten von Robben, Seelöwen und Walen sowie das Schwimmen mit Delfinen sind zwei der besonders zu empfehlenden Touristenattraktionen. Der Hector-Delfin ist der seltenste Delfin der Welt und kommt nur in den Gewässern Neuseelands vor. Auch Orcas, Bottlenose-, Dusky- und Common-Dolphins tummeln sich vor den Küsten, ebenso wie zahlreiche Fischarten. In Kaikoura sind neben Whale Watching Bootsfahrten mit Schwerpunkt Albatros-Beobachtung lohnend, da die Vögel auf Armeslänge an den Beobachter herankommen.

Toiletten

Es ist kein Problem, in Neuseeland eine öffentliche Toilette zu finden. Es gibt sie überall, selbst an abgelegenen Stränden, Picknickplätzen, Sehenswürdigkeiten und in kleinen Ortschaften. Und sie sind in den allermeisten Fällen sauber und mit Toilettenpapier ausgestattet. Die bekannteste - und mit Abstand kunstvollste - öffentliche Toilette in Neuseeland ist die Hundertwasser Toilette in Kawakawa.

Touristeninformation

Fast jeder kleine Ort in Neuseeland hat ein *Visitor Information Centre*. Es ist zu unterscheiden zwischen kommerziellen Büros, die in erster Linie eigene Produkte vermarkten wollen, und offiziellen Fremdenverkehrsämtern, die objektiv informieren. Diese sind an grün-weiß-grauen Schildern mit der grünen Aufschrift **i-SITE** zu erkennen. Die i-SITEs (www.newzealand.com/travel/i-sites) sind immer sehr gut ausgeschildert und haben in der Regel Parkplätze, die für Wohnmobile geeignet sind. Während in kleineren Ortschaften auch weniger gut ausgebildetes Personal anzutreffen ist, zeichnen sich die i-SITEs in größeren Orten durch Kenntnisreichtum, enorme Hilfsbereitschaft und sehr guten Service aus. Sie werden dort umfassend und objektiv informiert, z.B. über Attraktionen und mögliche Aktivitäten in der Region. Außerdem erhalten Sie in den i-SITEs kostenloses Kartenmaterial der jeweiligen Umgebung, wobei Ihnen Campingplätze auf Nachfrage eingezeichnet werden. Die i-SITEs buchen für Sie auch Touren oder fragen bei Campingplätzen verfügbare Plätze an. Auch die Fähre zwischen Nord- und Südinsel können Sie hier buchen. Broschüren, in denen Wanderungen der Region beschrieben werden, können Sie gegen eine kleine Gebühr erwerben.

Neben den i-SITEs betreibt das DOC (siehe Department of Conservation) ausgezeichnete und sehr informative Besucherzentren. Über die Webseite von Neuseelands Tourismusorganisation *Tourism New Zealand (www.newzealand.com)* können Sie sich sehr gut über Neuseeland informieren. Die Basisinformationen gibt es auch in deutscher Sprache. Ausgesprochen informativ sind auch die deutschsprachigen Online-Magazine www.neuseeland-news.co.nz und www.360grad-neuseeland.de.

Die Fremdenverkehrsämter haben einen **Radio**-Service für Touristen eingerichtet. Wissenswertes in deutscher Sprache empfangen Sie unter 100.4 FM.

Trinkgeld

Alle Preise in Bars, Cafés, Hotels, Restaurants oder Taxis sind Komplettpreise. Trinkgeld wird also nicht erwartet. Auf der anderen Seite ist in den letzten Jahren ein Trinkgeld in den besseren Restaurants durchaus üblich geworden. Also scheuen Sie sich nicht den Rechnungsbetrag großzügig aufzurunden, wenn Sie mit dem Service zufrieden sind.

Verkehr

Verkehrsregeln

Die wichtigste Verkehrsregel vorweg: Auf der linken Straßenseite fahren! Die Umstellung auf den Linksverkehr wird Ihnen wahrscheinlich nicht schwerfallen, dafür werden Sie in den ersten Tagen die Hebel von Blinker und Scheibenwischer vertauschen.Trotz Linksverkehr gilt im Prinzip *rechts vor links*. Details siehe:

www.nzta.govt.nz/resources/roadcode/about-driving/the-give-way-rules/

„Give Way" bedeutet *„Vorfahrt achten"*. Die Regel rechts vor links bewirkt, dass der Kreisverkehr Vorfahrt hat. Ansonsten gelten meist die uns bekannten Verkehrsregeln. Detaillierte Straßenverkehrsregeln sind zu finden unter:

www.nzta.govt.nz/resources/roadcode/road-code-index.html

Die **Höchstgeschwindigkeit** beträgt innerhalb geschlossener Ortschaften 50 km/h und außerhalb 100 km/h. Ein haltender Schulbus darf mit maximal 20 km/h überholt werden. Geschwindigkeitskontrollen werden häufig vorgenommen und es gibt keine Toleranz. Vor Kurven wird oft eine maximale Richtgeschwindigkeit angegeben. Wir empfehlen dringend diese einzuhalten. Bei 15 km/h wird's eng!

Europäische nationale Führerscheine werden anerkannt, sofern eine englische Übersetzung vorliegt. Einfacher ist es zusätzlich zum nationalen Kartenführerschein einen **internationalen Führerschein** mitzuführen. Er wird von den Bürgerämtern ausgestellt und ist drei Jahre gültig. Man muss persönlich erscheinen, seinen nationalen Führerschein und ein Passfoto mitbringen. Das gesetzliche Mindestalter, um ein Auto in Neuseeland zu mieten, beträgt 21 Jahre. In Neuseeland herrscht Sitzgurtpflicht für Fahrer sowie alle Insassen. Für Alkohol am Steuer gilt unter 20 Jahren die Null-Promille-Grenze und ab 20 Jahren eine Obergrenze von 0,5 Promille. Gelbe Linien am Straßenrand bedeuten Parkverbot. Kleine blaue Schilder zeigen die maximal erlaubte Parkzeit an. Eine Parkscheibe ist nicht nötig. Die Parkzeit beginnt erst zu laufen, wenn ein Kontrolleur einen Reifen mit Kreide markiert hat.

Wir möchten Sie noch auf zwei Besonderheiten aufmerksam machen. Anders als bei uns soll die weiß schraffierte Fläche vor den Abbiegebuchten befahren werden! Der rückwärtige Verkehr wird es Ihnen danken. Auch zwischen den Fahrbahnen gibt es gelegentlich weiß schraffierte Flächen. Diese dürfen zum Abbiegen befahren werden.

Straßennetz

Das neuseeländische Fernstraßennetz besteht aus den so genannten State Highways und ist gut gepflegt. Die State Highways sind in der Regel zweispurig ausgebaut, verfügen also über eine Fahrspur in die jeweilige Richtung. Die Bezeichnung der State Highways, wie sie auch in diesem Buch verwendet wird, besteht aus den beiden Buchstaben „SH", sowie der Nummer des Highways (z.B. „SH77").

Es gibt immer noch viele Schotterstraßen *(metal surface, unsealed* oder *gravel road)* in Neuseeland. Schauen Sie bitte in Ihren Vertrag, ob Sie diese fahren dürfen. Manche dieser Straßen sind sehr unschön und löchrig, das Womo leidet. In Neuseeland haben viele Brücken aus Kostengründen nur eine Spur (*one lane bridges*). Der rote Pfeil in Fahrtrichtung heißt Vorfahrt gewähren. Das Verkehrsschild *„concealed road"* heißt „Vorsicht, versteckte Einfahrt" oder „Schlecht einsehbare Seitenstraße". Selbst auf Highways müssen Sie immer damit rechnen, dass Farmer Rinder oder Schafe über die Fahrbahn treiben. Nicht immer wird mit einem Hinweisschild (etwa *„Stock on the road"*) oder gelbem Blinklicht vor dem Tiertrieb gewarnt. Haben Sie Geduld, der Viehtrieb kann eine Weile dauern.

Straßenzustand

Die Straßen sind überwiegend in einem guten Zustand. Die geografischen Gegebenheiten in Neuseeland führen jedoch häufig zu schmalen, kurvenreichen und steil ansteigenden Straßen. Auch sind einige Nebenstraßen holprig (*bumpy).* Das Hinweisschild *„uneven surface"* sollten Sie ernst nehmen, um Ihr Womo nicht zu heftig ins Schaukeln zu bringen. Bei Sturm und starken Regenfällen kommt es regelmäßig zu Erdrutschen oder Auswaschungen. Die Straße wird dann schnellstmöglich wieder fahrbereit gemacht. Der Automobilclub Neuseeland (AA) kann Ihnen aktuelle Informationen über den Straßenzustand in den genannten Gebieten geben.

Fahrtzeiten

Außerhalb der Städte sind die meisten Straßen in beiden Richtungen einspurig und teilen sich nur hier und da in zwei Spuren, um ein sicheres Überholen zu ermöglichen. Da die Straßen zudem häufig eng und kurvenreich verlaufen, müssen Sie mit längeren Fahrtzeiten als erwartet rechnen. Planen Sie mit einer Durchschnittsgeschwindigkeit von 50 km/h. Nehmen Sie sich viel Zeit, damit Sie die Reise entspannt genießen können.

Andere Verkehrsteilnehmer haben es eiliger als Sie. Bitte fahren Sie bei passender Gelegenheit an den Straßenrand, und ermöglichen so dem nachfolgenden Verkehr Sie zu überholen. Man wird es Ihnen mit einem freundlichen Hupen danken.

Versicherungen

Eine Auslandskrankenversicherung ist sehr zu empfehlen. Über Ihre Kreditkarte sind die ersten sechs Wochen in aller Regel abgedeckt. Für längere Aufenthalte benötigen Sie eine Langzeitversicherung, die möglichst auch einen Rücktransport umfassen sollte.

In Neuseeland gibt es keine Versicherungspflicht für Autofahrer. Wenn Sie ein Wohnmobil anmieten, werden Sie in Sachen Versicherung beraten und haben verschiedene Optionen. Alle anderen sollten eine Unfallversicherung abschließen. Eine einfache *Third Party-Versicherung* ist preiswert und unbedingt zu empfehlen. Diese erhalten Sie z.B. beim AA (siehe Automobilclub).

Wandern

Es gibt kaum eine bessere Möglichkeit, die unberührten Landschaften und außergewöhnlichen Naturschönheiten Neuseelands kennenzulernen, als zu Fuß. Neuseeland ist von einem dichten Netz aus Wanderwegen durchzogen und damit ein Eldorado für Wanderer. Dabei wird jeder eine Vielzahl von für ihn geeigneten Tracks vorfinden. Das Spektrum reicht von *Short Walks*, die nicht länger als eine Stunde in Anspruch nehmen, bis zu den mehrtägigen *Great Walks.* Das vielfältige Angebot an Wanderungen kann in jeder *i-SITE* erfragt werden. Dort erhalten Sie kostenlose oder kostengünstige Broschüren, in denen die Wanderwege beschrieben sind. Bei Wanderungen in Nationalparks empfiehlt es sich, vor Ort bei einem *DOC Visitor Information Centre* (siehe *Department of Conservation*) Informationen zu Wetter, Beschaffenheit, Dauer und Schwierigkeit der Ausflüge zu besorgen.

In vielen Städten gibt es Historic Walks, die an historisch interessanten Stätten vorbeiführen. Es werden Wanderungen in allen **Schwierigkeitsgraden und Längen angeboten.** Wählen Sie die Strecke entsprechend Ihrer Fähigkeit und aktuellen Kondition aus. Die *Walking Tracks* sind in der Regel relativ einfach und auch für wenig geübte Wanderer geeignet. Alle Wege sind gut ausgeschildert und am Startpunkt auf einer Schautafel beschrieben. Bedenken Sie bitte, dass es zu sehr schnellen Wetterwechseln kommen kann, daher sollten Sie bei Wanderungen in der neuseeländischen Natur immer gut ausgerüstet sein. Bei längeren Ausflügen raten wir Ihnen zu guten Wanderschuhen, warmer Thermo-Kleidung (Fleecejacken haben sich gut bewährt), Regenjakke, Mütze, Sonnen- und Mückenschutz. Auch ein „Erste Hilfe Päckchen" und ausreichend Verpflegung sollten Sie mit auf den Weg nehmen. Informieren Sie sich beim nächsten Visitor Centre über die aktuellen Wanderbedingungen und über den Wetterbericht.

Die neun mehrtägigen *Great Walks* werden vom DOC verwaltet. Um sie wandern zu können, benötigen Sie einen *Great Walk Pass*, den Sie in den Büros der *DOC Visitor Information Centre* bekommen. Der Pass beinhaltet die Übernachtungen in Hütten. Die einzelnen *Great Walks* müssen oft lange im Voraus gebucht werden! Die Gebühren variieren zwischen den einzelnen Wanderwegen. Es gibt folgende Buchungsmöglichkeiten:

- Online booking.doc.govt.nz
- Telefon +64 3 249 8514,
- E-Mail greatwalksbooking@doc.govt.nz

Wohnmobil, eine Liebe auf Zeit!

Es gibt verschiedene Wege, in Neuseeland zu einem Wohnmobil zu kommen:

1. Sie mieten ein Wohnmobil
2. Sie tauschen Ihr Wohnmobil gegen das eines Kiwis
3. Sie kaufen ein Wohnmobil in Neuseeland
4. Sie verschiffen Ihr eigenes Wohnmobil nach Neuseeland

1. Mieten:

Da dies die mit Abstand gebräuchlichste Variante ist, werden wir ausführlich auf die WOMO-Vermieter eingehen. Es gibt inzwischen eine unglaubliche Vielzahl von Firmen. Für die wichtigsten Anbieter geben wir Ihnen die Kontaktdaten:

Apollo	09 889 2976	www.apollocamper.co.nz
Bedmobil	21 182 5277	www.bedmobils.com
Britz	09 255 3910	www.britz.co.nz
Iconic Motorhomes	03 366 4364	www.iconicmotorhomes.com
Jucy	09 374 4360	www.jucy.co.nz
Kea	0800 688 558	www.keacampers.com
Maui	09 255 3983	www.maui.co.nz
Pacific Horizon	04 233 8881	www.pacificmotorhomes.co.nz
Wilderness Motorhomes	09 255 5300	www.wilderness.co.nz
Wendekreisen	09 256 0177	www.wendekreisen.co.nz

Die hochwertigste Fahrzeugflotte haben Iconic Motorhomes und Kea. Über die Webseite **www.newzealand.com/de** von *Tourism New Zealand* gelangen Sie über die Auswahl „Transport“ und den Knopf „Wohnmobile“ zu den restlichen Verleihern von Wohnmobilen. Beachten Sie bei der Auswahl auch die Gütesiegel von Qualmark. Bewertungen zu den einzelnen Anbietern finden Sie auf folgender Webseite:

www.rankers.co.nz/tags/motorhomes-campervans-rv

Von fast allen Anbietern werden ähnliche Fahrzeugtypen angeboten: Zwei verschiedene Modelle für 2 Personen, ein Modell für 4 Personen und ein Modell für 6 Personen. Bei den letztgenannten Modellen ist ein Doppelbett über dem Führerstand (Alkoven) platziert. Auch wenn Sie zu zweit durch Neuseeland reisen wollen, ist die Anmietung eines Womos für 4 Personen in Erwägung zu ziehen. Es bietet Ihnen zwei wesentliche Vorteile: Ihnen steht mehr Platz zur Verfügung und Sie brauchen ihr Bett nicht jeden Tag umzubauen. Abhängig von der Saison gibt es große Preisunterschiede. Buchen Sie möglichst früh, das spart Ihnen viel Geld (Frühbucherrabatt)!

Es gibt gute Gründe, das Wohnmobil über deutsche Reiseunternehmen zu buchen. Sie erzielen damit nicht unbedingt die besseren Konditionen, haben aber einen deutschen Vertragspartner. Selbstverständlich können Sie auch über das Internet ein Wohnmobil in Neuseeland anmieten:

- www.adacreisen.de/ratgeber/camper/neuseeland
- www.bestcamper.de
- www.camperboerse.de

Ausstattung der gemieteten Wohnmobile

Die Wohnmobile aller Anbieter sind mit einem Kühlschrank, einer Spüle sowie Gasherd und Gasflasche ausgestattet. Gasflaschen können Sie ohne Probleme an fast jeder Tankstelle nachfüllen lassen. Leider werden auch Camper ohne WC angeboten. Wegen der eingeschränkten Möglichkeiten zu freiem Campen raten wir davon ab. Die Küchenausstattung ist im Preis enthalten. Ebenso ein Laken, Bettdecke und Kissen mit Überzug, Handtücher und Geschirrtücher. Die Größe des Stauraumes für Gepäck und der Schrankfläche für Ihre Kleidung schwankt stark. Zur Unterbringung im Wohnmobil sollten Ihre Gepäckstücke elastisch sein. Sie können Ihre Koffer zwar kostenlos bei den Vermietern unterstellen, aber es ist oft praktischer, mit nicht ausgepacktem Koffer loszufahren bzw. vor Abgabe des Campers zu packen.

Darauf sollten Sie bei der Auswahl besonders achten:

- Wie hoch ist die Selbstbeteiligung?
- Sind Fahrzeugunterboden, Dach, Windschutzscheibe und Reifen versichert?

- Verfügt der Camper über ein Navigationsgerät?
- Gibt es eine Rückfahrkamera oder einen Rückfahrwarner?
- Ist die Dieselsteuer im Preis enthalten (ca. 6,20 NZD / 100 km)?
- Ist die Campingausrüstung im Preis enthalten?
- Verlangt der Vermieter einen internationalen Führerschein?
- Wie hoch ist das Mindestfahreralter?
- Zahlt ein junger Fahrer mehr?
- Gibt es Gebühren für einen zweiten Fahrer?
- Ist der Transfer zwischen Flughafen und Mietstationen kostenfrei?
- Gibt es eine 24-Stunden-Notfallnummer?
- Gibt es eine Einwegmiete zwischen Auckland und Christchurch?
- Gibt es einen Sonderpreis für die Fähre zwischen Nord- und Südinsel?
- Welche Straßen dürfen nicht befahren werden?

Ankunft und Übernahme des Wohnmobils

Wegen der meist anstrengenden Anreise und dem Jetlag raten wir, zumindest die erste Nacht im Hotel zu verbringen. Sollten Sie den Camper gleich bei Ankunft übernehmen wollen, empfehlen wir für die erste Nacht, den nächstgelegenen Campingplatz anzusteuern. Bei den meisten Anbietern ist der Transfer vom Flughafen bzw. dem Hotel zum Depot inklusive. Die Übernahme des für Sie bereitgestellten Wohnmobils erfolgt in der Regel gegen Mittag oder sogar erst am frühen Nachmittag. Bitte nehmen Sie sich bei der Fahrzeugübernahme Zeit und lassen Sie sich das Fahrzeug genau erklären. Die meisten Anbieter haben deutschsprechendes Personal. Nach der gründlichen Einweisung in die Handhabung des Fahrzeuges und die Ausrüstung, sowie die Benutzung von Propan-Kühlschrank, Herd und Heizung, richten Sie sich häuslich in Ihrem Fahrzeug ein. Falls Sie sich in der Kürze der Zeit nicht alles merken konnten, hilft man Ihnen am nächsten Campingplatz gerne weiter. Planen Sie für die Fahrzeugübernahme mindestens eine Stunde ein, besser zwei. Eventuelle Fahrzeugmängel sowie Kratzer und Dellen sollten Sie sofort reklamieren. Sie werden in einem Übergabeprotokoll vermerkt. Die Fahrzeuge werden mit gefüllter Gasflasche und vollen Wasser- und Treibstofftanks übernommen. Nachdem Sie Ausrüstung und Funktionsfähigkeit Ihres Wohnmobils selbst kontrolliert haben, geht es los. Ihr erstes Anlaufziel wird sicherlich ein großer Supermarkt sein. Gute Fahrt!

Mietvertrag und Kaution

Falls dies nicht schon vorher geschehen ist, schließen Sie vor der Übernahme des Wohnmobils einen rechtsgültigen Mietvertrag ab. Lassen Sie sich seinen Inhalt genau erklären. Bei Fahrzeugübernahme ist eine Kaution fällig, deren Höhe vom Vermieter und der gewählten Versicherung abhängig ist. Die Kaution zahlen Sie über Ihre Kreditkarte. Bei einigen Anbietern wird der komplette Betrag umgehend von Ihrem Konto abgebucht. Bitte beachten Sie für diesen Fall, dass Ihre Kreditkarte einen entsprechenden Verfügungsrahmen aufweist. Die Kaution wird nach einwandfreier Fahrzeugrückgabe ohne Schäden und unter Einhaltung der Mietbedingungen rückerstattet. Die Rückzahlung auf Ihr Kreditkartenkonto dauert in der Regel ca. 2-3 Wochen. Der Vermieter haftet dabei nicht für eventuelle Kursverluste. Bei anderen Anbietern ist die Kaution mittels *Kreditkarten-Imprint* zu hinterlegen. Diesen erhalten Sie bei ordnungsgemäßer Rückgabe zurück, bzw. er wird in Ihrem Beisein vernichtet.

Wohnmobil Rückgabe

Die Fahrzeuge müssen besenrein und vollgetankt zurückgebracht werden. Die Endreinigung ist meistens im Mietpreis inklusive. Abwassertank und Bordtoilette müssen leer sein. Ansonsten wird Ihnen eine Gebühr berechnet. Bei einem vorzeitigen Reiseabbruch werden nicht genutzte Miettage nicht rückerstattet, ebenso wenig wie nicht genutztes Gas. Das Wohnmobil wird auf Schäden untersucht und gegen das Übergabeprotokoll gecheckt. Bei

Dieselfahrzeugen wird noch eine kilometerbezogene *Diesel tax recovery fee* fällig (derzeit 6,20 NZD pro 100 km für Fahrzeuge unter 3,5 t).

2. Tauschen (Swap):

Wir haben damit sehr gute Erfahrungen gemacht. Sie stellen Ihr Wohnmobil einer Kiwi-Familie zur Verfügung und nutzen im Gegenzug deren *motorhome* in Neuseeland. Die folgenden Internet-Tauschbörsen machen es möglich:

- www.motorhomeholidayswap.com/index.php
- www.RVworldwide.com

3. Kaufen und Verkaufen:

Wohnmobile sind in NZ sehr teuer, selbst für ältere Modelle zahlen Sie viel Geld. Zudem ist nicht einfach, den Camper wieder punktgenau zur Abreise zu verkaufen. Oft wird das erworbene Wohnmobil zum Ende der Saison wieder verkauft, also nicht gerade zum günstigsten Zeitpunkt. Mit etwas Glück können Sie bei Kauf und Verkauf eines Wohnmobils einen sehr preisgünstigen Urlaub haben. Wenn es dagegen schlecht läuft, bleiben Sie auf Ihrem Womo sitzen. Das kann Ihnen nicht passieren, wenn Sie ein Womo mit einem garantierten Rückkauf (*buy back*) erwerben. Diese Option wird von einigen Autohändlern angeboten sowie von bedmobils (www.bedmobils.com).

4. Verschiffen:

Für einen sehr langen Aufenthalt ist auch das Mitbringen des eigenen Wohnmobils eine Option. Das Verfahren von der Einschiffung in Deutschland bis zur Zulassung in Neuseeland ist jedoch sehr aufwendig und dann sitzen Sie auch noch auf der falschen Seite. Anbieter sind:

www.pangaeacargo.com/de/fahrzeug-transport/wohnmobil-verschiffung
www.seabridge-tours.de/html/verschiffung_australien_neuseeland.php

Zeitunterschied

Der Zeitunterschied zu Neuseeland schwankt zwischen 10 und 12 Stunden. Er ist abhängig von der jeweiligen Sommer- und Winterzeit, denn die Uhren werden sowohl in Deutschland als auch in Neuseeland entsprechend den Jahreszeiten umgestellt. Die Sommerzeit in Neuseeland beginnt am letzten Sonntag im September und endet am ersten Sonntag im April. In unserer Winterzeit ist uns Neuseeland 12 Stunden voraus, wenn dort Sommerzeit ist. In Neuseelands Winterzeit, d.h. in deutscher Sommerzeit, beträgt der Zeitunterschied lediglich 10 Stunden. In den dazwischenliegenden Phasen beträgt der Zeitunterschied kurzfristig 11 Stunden.

Zollbestimmungen

Um Neuseeland frei von Schädlingen, Pflanzenkrankheiten und Tierinfektionen zu halten, wird die Einfuhr folgender Waren mit erheblichen Geldstrafen geahndet:

- Tierprodukte, einschließlich Häuten, Fellen, Dung, Federn, Knochen, Korallen, Eiern, Honig und Muscheln.
- Frische, verderbliche Lebensmittel wie Obst, Gemüse und Fleisch.
- Aus Pflanzenprodukten hergestellte Artikel. Diese können keimfähige Samen oder Insekten mit sich führen.

Beispiel: Wenn man in Ihrem Gepäck einen nicht angemeldeten Apfel findet, haben Sie 400 NZD Strafe zu zahlen. Einen angemeldeten Apfel nimmt man Ihnen ab. Bevor Sie durch die Passkontrolle gehen, müssen Sie eine *arrival card* (Zollkarte) ausfüllen. Bitte deklarieren Sie hier alle Waren, von denen Sie nicht sicher sind, ob sie eingeführt werden dürfen. Verschreibungspflichtige Medikamente können Sie nur einführen, wenn Sie eine ärztliche Verschreibung vorweisen können.

Stichwortverzeichnis

Info-Blatt aus dem WOMO-Buch: Neuseeland (Nord) '18
(komplett ausgefüllt erhalte ich 10% Info-Honorar auf Bestellungen direkt beim Verlag)

Lokalität: Seite: Datum:
(Stellplatz, Campingplatz, Wandertour, Gaststätte, usw.)
unverändert gesperrt/geschlossen folgende Änderungen:

Lokalität: Seite: Datum:
(Stellplatz, Campingplatz, Wandertour, Gaststätte, usw.)
unverändert gesperrt/geschlossen folgende Änderungen:

Lokalität: Seite: Datum:
(Stellplatz, Campingplatz, Wandertour, Gaststätte, usw.)
unverändert gesperrt/geschlossen folgende Änderungen:

Lokalität: Seite: Datum:
(Stellplatz, Campingplatz, Wandertour, Gaststätte, usw.)
unverändert gesperrt/geschlossen folgende Änderungen:

Lokalität: Seite: Datum:
(Stellplatz, Campingplatz, Wandertour, Gaststätte, usw.)
unverändert gesperrt/geschlossen folgende Änderungen:

Lokalität: Seite: Datum:
(Stellplatz, Campingplatz, Wandertour, Gaststätte, usw.)
unverändert gesperrt/geschlossen folgende Änderungen:

Meine Adresse und Tel.-Nummer:
(nur komplett ausgefüllte, zeitnah eingesandte Infoblätter können berücksichtigt werden)

Wir bestellen: (Preisänderungen vorbehalten)

☐	Wohnmobil Handbuch	19,90 €
☐	Wohnmobil Kochbuch	12,90 €
☐	Heitere Geschichten	6,90 €
☐	Albanien	19,90 €
☐	Allgäu	17,90 €
☐	Auvergne	19,90 €
☐	Baden-Württemberg	19,90 €
☐	Baltikum	20,90 €
☐	Bayern (Nordost)	19,90 €
☐	Bayern (Südost/Oberbayern)	19,90 €
☐	Belgien & Luxemburg	19,90 €
☐	Bretagne	18,90 €
☐	Burgund	17,90 €
☐	Dänemark	19,90 €
☐	Elsass	19,90 €
☐	England (Süd)	19,90 €
☐	Finnland	19,90 €
☐	Franz. Alpen	20,90 €
☐	Franz. Atlantikküste (Nord)	19,90 €
☐	Franz. Atlantikküste (Süd)	17,90 €
☐	Französisches Jura	19,90 €
☐	Griechenland	19,90 €
☐	Hessen (Norden + Osten)	19,90 €
☐	Hessen (Mitte + Süden)	19,90 €
☐	Hunsrück/Mosel/Eifel	20,90 €
☐	Irland	19,90 €
☐	Korsika	18,90 €
☐	Kroatien / Montenegro	19,90 €
☐	Languedoc/Roussillon	19,90 €
☐	Latium/Rom/Abruzzen	18,90 €
☐	Ligurien	17,90 €
☐	Loire-Tal/Paris	17,90 €
☐	Lothringen	17,90 €
☐	Marokko	19,90 €
☐	Meckl. Vorpommern (West)	18,90 €
☐	Meckl. Vorpommern (Ost)	18,90 €
☐	Namibia	20,90 €
☐	Neuseeland (Nord)	19,90 €
☐	Neuseeland (Süd)	19,90 €
☐	Niederlande	19,90 €
☐	Nord-Frankreich	18,90 €
☐	Normandie	19,90 €
☐	Norwegen (Nord)	19,90 €
☐	Norwegen (Süd)	19,90 €
☐	Österreich (Ost)	19,90 €
☐	Österreich (West)	17,90 €
☐	Ostfriesland	20,90 €
☐	Peloponnes	19,90 €
☐	Pfalz	19,90 €
☐	Piemont/Aosta-Tal	19,90 €
☐	Polen (Nord/Masuren)	18,90 €
☐	Polen (Süd/Schlesien)	17,90 €
☐	Portugal	19,90 €
☐	Provence & C. d'Azur (Ost)	19,90 €
☐	Provence & C. d'Azur (West)	19,90 €
☐	Pyrenäen	19,90 €
☐	Rumänien	19,90 €
☐	Sachsen	20,90 €
☐	Sardinien	19,90 €
☐	Schleswig-Holstein	19,90 €
☐	Schottland	18,90 €
☐	Schwarzwald	17,90 €
☐	Schweden (Nord)	19,90 €
☐	Schweden (Süd)	19,90 €
☐	Schweiz (Ost)	19,90 €
☐	Schweiz (West)	19,90 €
☐	Sizilien	18,90 €
☐	Slowenien	18,90 €
☐	Spanien (Nord/Atlantik)	19,90 €
☐	Spanien (Ost/Katalonien)	18,90 €
☐	Spanien (Süd/Andalusien)	18,90 €
☐	Südafrika (Krüger NP)	24,90 €
☐	Süditalien (Ost/Apulien)	19,90 €
☐	Süditalien (West/Kalabrien)	19,90 €
☐	Süd-Tirol	18,90 €
☐	Thüringen	19,90 €
☐	Toskana & Elba	20,90 €
☐	Trentino/Gardasee	18,90 €
☐	Tschechien	18,90 €
☐	Tunesien	17,90 €
☐	Türkei (West)	18,90 €
☐	Türkei (Mitte-Kappadokien)	17,90 €
☐	Umbrien & Marken mit Adria	18,90 €
☐	Ungarn	18,90 €
☐	Venction/Friaul	19,90 €
☐	Wales	18,90 €

... und jährlich werden's mehr!

* WOMO * WOMO * WOMO * WOMO *

Absender:

Datum

Unterschrift

WOMO-VERLAG
Versandabteilung

Wiesenweg 4-6

98634 Mittelsdorf/Rhön

DIE REISE- UND ERLEBNISFÜHRER

* Bequeme Touren durchs ganze Urlaubsland.
* Viele Plätzchen für freie Übernachtungen mit GPS.
* Genaue Hinweise auf viele Trinkwasserstellen.
* Die schönsten Badeplätze, die nicht jeder kennt.
* Bergtouren und Spaziergänge für groß und klein.
* Die besten Anreiserouten, Fähren, usw.
* 300 Tipps und Tricks – für Ausrüstung, Reisevorbereitung und Urlaub.
* Ausgefeilte Profipackliste.
* Spezialkarten mit präzisen Einträgen der freien Stellplätze, Trinkwasser- und Entsorgungsstellen.

DAS KOCHBUCH

* Einrichtung der WOMO-Küche.
* Lebensmittel-Grundausstattung.
* Konserven selbst gemacht.
* Backen in der Bratpfanne – Kuchen, Pizza, Brote.
* Viele, viele WOMO-Rezepte für zwei Gasflammen – einfach, schnell und lecker!
* Einkochen im Urlaub.
* Spezialrezepte für den Dampftopf.
* Der WOMO-Pfannenknecht.

DAS HANDBUCH

* Beratung bei Kauf und Miete.
* Gas-, Wasser-, Elektroinstallation.
* Einrichten des Wohnmobils.
* Tipps & Tricks fürs Wochenende.
* 3200 freie deutsche Stellplätze.
* 700 deutsche Entsorgungsstationen.
* Urlaubsvorbereitung, Profipackliste.
* .Stellplatz-Infos für ganz Europa.
* Wohnmobil und Wintersport.
* Der WOMO-Urlaubspartner-Service.
* Gastankstellen in ganz Europa.

Unsere Bücher erhalten Sie in jeder Buchhandlung oder auf Rechnung direkt vom Verlag. Hier gibt's auch die aktuellen Infos über unsere ständigen Neuerscheinungen. (Versandkosten 1,20 €, ab 10 € portofrei / Ausland 4 €, Preisänderungen vorbehalten).

Bestell-Telefon: 036946-20691 * Fax: 036946-20692**
Internet: www.womo.de * eMail: verlag@womo.de**